सम्पूर्ण
इंगलिश ग्रामर

अनुवाद सहीत

प्रतियोगी परीक्षाओं एवं हिन्दी माध्यम से पढ़ने वाले
इण्टरमीडिएट व हाईस्कूल के छात्रों के लिए विशेष उपयोगी

दयाराम सिंह

एम.ए., बी.एड.

प्रकाशक
यूनीकॉर्न बुक्स

F-2/16, अंसारी रोड, दरियागंज, नई दिल्ली-110002
☎ 23262683, 23250704
ई-मेल: info@unicornbooks.in • वेबसाइट: www.unicornbooks.in

ISBN: 978-81-7806-348-5

संस्करण : 2026

मुद्रकः परम ऑफसेटर्स, ओखला, नई दिल्ली-110020

यदा यदा हि धर्मस्य ग्लानिर्भवति भारत।
अभ्युत्थानमधर्मस्य तदात्मानं सृजाम्यहम्।।
परित्राणाय साधूनां विनाशाय च दुष्कृताम्।
धर्मसंस्थापनार्थाय सम्भवामि युगे युगे।।

–गीता (IV. 7/8)

Whenever there is
Decline of righteousness,
And rise of unrighteousness,
I incarnate Myself
To protect the virtuous
And to destroy the wicked,
From Age to Age.

–Geeta (IV. 7/8)

प्रस्तावना

यह युग वैश्वीकरण व प्रतियोगिता का युग है। प्रतियोगिता में बने रहने के लिए अंग्रेजी का ज्ञान आवश्यक है। हमें जीवन के प्रत्येक क्षेत्र में अंग्रेजी की आवश्यकता का अनुभव होता है। प्रतियोगी परीक्षाओं की तैयारी कर रहे विद्यार्थियों को तो इसकी आवश्यकता और भी अधिक है। वैसे तो बाजार में अंग्रेजी पुस्तकों की भरमार है लेकिन कोई भी अपने में पूर्ण मालूम नहीं होती है। इसी कमी को दूर करने के लिए यह पुस्तक लिखी गई है।

वर्तमान समय में यह देखने में आ रहा है कि लोग अंग्रेजी की व्याकरण के ज्ञान के बजाय बोलने को अधिक महत्व देते हैं। यह सत्य है कि उचित रुप से पढ़ना, लिखना व बोलना भाषा के पूर्ण ज्ञान का द्योतक है लेकिन व्याकरण के ज्ञान के बिना न तो ठीक तरह से लिखा जा सकता है और न ही बोला जा सकता है। सामान्यतः यह देखने में आता है कि अंग्रेजी माध्यम से पढ़े विद्यार्थी भी व्याकरण में कमजोर होते हैं। इसका कारण यह है कि उनको बोलने का तो अभ्यास कराया जाता है लेकिन व्याकरण पर उतना ध्यान नहीं दिया जाता है। ऐसे विद्यार्थी प्रतियोगी परीक्षाओं में अक्सर पिछड़ जाते हैं।

यह पुस्तक विशेष रुप से हिन्दी माध्यम से शिक्षा प्राप्त करने वाले विद्यार्थियों के लिए लिखी गई है। पुस्तक को सरल व बोधगम्य शैली में लिखा गया है। मुझे आशा है कि पुस्तक के समुचित अध्ययन के द्वारा विद्यार्थी प्रतियोगी परीक्षाओं में पूछे गये प्रश्नों के उत्तर आसानी से दे सकेंगे।

पुस्तक को तीन भागो में विभाजित किया गया है। प्रथम भाग में अनुवाद के सम्पूर्ण नियम दिये गये हैं। नियमों को स्पष्ट करने हेतु समुचित उदाहरणो का प्रयोग किया गया है। अधिकाँश शब्दों व वाक्यों का अर्थ दिया गया है। पाठ के अन्त में अभ्यास दिये गये हैं जिनका समाधान पुस्तक के अन्त में दिया गया है। 200 से अधिक मुख्य क्रियाओं को

तीनों रूपों में उच्चारण व अर्थ सहित दिया गया है। इसके अतिरिक्त 400 से अधिक आकर्षक शब्दों को उच्चारण व अर्थ सहित दिया गया है तथा 500 से अधिक व्यावहारिक शब्द अर्थ सहित दिये गए हैं। मुख्य क्रियाओं व आकर्षक शब्दों को प्रत्येक पाठ में देने का उद्देश्य यही है कि जिससे पाठक आसानी से इन्हें याद कर सकें।

द्वितीय भाग में सम्पूर्ण व्याकरण समुचित उदाहरणों के प्रयोग द्वारा समझाई गयी है। अंग्रेजी व्याकरण के लगभग सभी नियमों को प्रयोग द्वारा स्पष्ट किया गया है जिससे पाठक भाषा पर पूर्ण अधिकार प्राप्त कर सकें।

तृतीय भाग में विशिष्ट प्रकार के वाक्यों की रचना, समाचार पत्रों के शीर्षक, वाक्याँश सम्बन्धी क्रियाएँ व उनके प्रयोग तथा अभ्यासों का समाधान समाविष्ट है।

मैं अपने सुपुत्र सन्दीप सिंह चौहान का विशेष आभारी हूँ जिसने मेरा पुस्तक लेखन में, पुस्तक को सुन्दर बनाने में तथा बेहतर फॉरमैटिंग में हर सम्भव प्रयास किया है। मैं 'यूनिकॉर्न बुक्स' का भी आभारी हूँ जिसने पुस्तक को आप तक पहुँचाने में सक्रिय भूमिका अदा की है।

अन्ततः सतर्क प्रयासों के उपरान्त पुस्तक में कुछ कमियों तथा त्रुटियों के रहने की सम्भावना हो सकती है। अतः आप सुधी पाठकों का सुझाव सादर आमंत्रित है।

दयाराम सिंह

विषय–सूची

भाग - 1

भाग - 2

भाग - 3

भाग - 1

अंग्रेजी वर्णमाला के अक्षर							
Aa *ए*	**Bb** *बी*	**Cc** *सी*	**Dd** *डी*	**Ee** *इ*	**Ff** *एफ*	**Gg** *जी*	**Hh** *एच*
Ii *आई*	**Jj** *जे*	**Kk** *के*	**Ll** *एल*	**Mm** *एम*	**Nn** *एन*	**Oo** *ओ*	**Pp** *पी*
Qq *क्यू*	**Rr** *आर*	**Ss** *एस*	**Tt** *टी*	**Uu** *यू*	**Vv** *वी*	**Ww** *डब्ल्यू*	**Xx** *एक्स*
		Yy *वाई*			**Zz** *जैड*		

वर्ण	उच्चारण	उदाहरण
A	ए	Safe *सेफ*
	अ	Rascal *रॉस्काल*
	ऐ	Sad *सैड*
	ऑ	All *ऑल*
B	ब	Book *बुक*
C	क	Can *कैन*
	स	Cement *सीमैन्ट*
D	ड	Did *डिड*
E	इ	Near *नियर*
	ई	She *शी*
	अ	Term *टर्म*
	ए	Men *मेन*
F	फ	Leaf *लीफ*
G	ग	God *गॉड*
	ज	Gentle *जैन्टल*
H	ह	Enhance *इन्हान्स*

I	इ	India *इंडिया*
	आई	Bite *बाइट*
J	ज	Join *ज्वाइन*
K	क	King *किंग*
L	ल	Delete *डिलीट*
M	म	Man *मैन*
N	न	Name *नेम*
O	ओ	Open *ओपन*
	ऑ	Problem *प्रॉबलम*
P	प	Rope *रोप*
Q	क	Queue *क्यू*
R	र	Rest *रेस्ट*
S	स	Sun *सन*
	ज	Reason *रीजन*
T	ट	Master *मास्टर*
	श	Portion *पोर्शन*
U	उ	Push *पुश*
	अ	Shut *शट*
V	व	Wave *वेव*
W	व	War *वार*
X	ज	Examination *ऍग्जॅमिनेशन*
	एक्स	Exclude *एक्सक्ल्यूड*
Y	य	Yes *येस*
	आई	By *बाइ*
	ई	Worry *वरी*
Z	ज	Zoo *जू*

संयुक्त व्यंजन		
Ch	च	Batch *बैच*
	ख	Clachan *क्लेखन*
	क	Chaos *केओस*
Gh	घ	Ghost *घोस्ट*
Ph	फ	Phone *फोन*
Sh	श	Shawl *शॉल*
Th	थ	Thin *थिन*
	द	Thine *दाइन*

संयुक्त स्वर		
Ae	ई	Encyclopaedia *एनसाइक्लोपीडिया*
Au	ऑ	Audio *ऑडियो*
Ea	ई	Clean *क्लीन*
Ei	आई	Either *आइदर/ईदर*
	ए	Eight *एट*
Eo	इऑ	Peon *पिऑन*
Eu	यू	Eucalyptus *यूकेलिप्टस*
Ew	इयू	View *व्यू*
Ei	ई	Receive *रिसीव*
Ie	ई	Grieve *ग्रीव*
Io	आईओ	Iota *आइओटा*
Ia	आई	Diamond *डाइमंड*
Oo	उ	Look *लुक*
	ऊ	Room *रूम*

	ऊ	Shoe *शू*
Oe	ई	Oedipus *ईडिपस*
	ओ	Roe *रो*
Oa	ओ	Moan *मोन*
Oi	ऑई	Join *जॉइन*
Ou	आऊ	Shout *शाउट*
Uu	यूअ	Vacuum *वैक्यूअम*

लिपि में हिन्दी रोमन

स्वर				
अ **a**	आ **ā**	इ **e**	ई **ē**	
उ **u**	ऊ **ū**	ऋ **r**	ए **e**	ऐ **ai**
ओ **o**	औ **au**	अं **an**	अः **ah**	

व्यंजन				
क् **k**	ख् **kh**	ग् **g**	घ् **gh**	ङ् **n**
च् **ch**	छ **chh**	ज् **j**	झ् **jh**	ञ् **n**
ट् **t**	ठ् **th**	ड् **d**	ढ् **dh**	ण् **n**
त् **t**	थ् **th**	द् **d**	ध् **dh**	न् **n**
प् **p**	फ् **ph**	ब् **b**	भ् **bh**	म् **m**

य् **y**	र् **r**	ल् **l**	व् **v**	
श् **sh**	ष् **shh**	स् **s**	ह् **h**	

संयुक्त अक्षर		
क्ष **ksh**	त्र **tr**	ज्ञ **jn**

1

अंग्रेजी भाषा में प्रयुक्त होने वाली सहायक क्रियाएँ (Helping Verbs/ Auxiliary Verbs)

is	am	are	was	were
इज	एम	आर	वाज	वर
has	**have**	**had**	**do**	**does**
हैज	हैव	हैड	डू	डज
did	**can**	**could**	**may**	**might**
डिड	कैन	कुड	मे	माइट
shall	**should**	**will**	**would**	**must**
शैल	शुड	विल	वुड	मस्ट
ought to	**used to**	**dare**	**need**	**had better**
औट टू	यूज्ड टू	डेयर	नीड	हैड बैटर

अंग्रेजी भाषा में प्रयुक्त होने वाले संक्षिप्त रूप (Contractions)

I'm	=	I am
I've	=	I have
I'll	=	I will
I'd	=	I had/ I would
You're	=	You are
You've	=	You have
You'll	=	You will
You'd	=	You had/ would
He's	=	He is/ has
He'll	=	He will
She'd	=	She had/ would
It's	=	It is/ has
She'll	=	She will
We're	=	We are
We've	=	We have
We'll	=	We will
We'd	=	We had/ would
He'd	=	He had/ would
They're	=	They are
They've	=	They have
They'll	=	They will
They'd	=	They had/ would
There's	=	There is/ has
There'll	=	There will

There'd	=	There had/ would
Aren't	=	Are not
Can't	=	Can not
Couldn't	=	Could not
Daren't	=	Dare not
Didn't	=	Did not
Doesn't	=	Does not
Don't	=	Do not
Hadn't	=	Had not
Hasn't	=	Has not
Haven't	=	Have not
Isn't	=	Is not
Mightn't	=	Might not
Mustn't	=	Must not
Needn't	=	Need not
Oughtn't	=	Ought not
Shan't	=	Shall not
Won't	=	Will not
Shouldn't	=	Should not
Usedn't	=	Used not
Wasn't	=	Was not
Weren't	=	Were not
Wouldn't	=	Would not

अंग्रेजी भाषा में प्रयुक्त होने वाले महत्वपूर्ण शब्द व वाक्यांश

- This *दिस* = यह, इस
- This boy = यह लड़का / इस लड़के ने
  - ➢ This boy goes there daily. (यह लड़का वहाँ प्रतिदिन जाता है।)
  - ➢ This boy helped me. (इस लड़के ने मेरी सहायता की।)

- That *दैट* = वह, उस
- That boy = वह लड़का / उस लड़के ने
  - ➢ That girl goes to market daily. (वह लड़की प्रतिदिन बाजार जाती है।)
  - ➢ That girl helped you. (उस लड़की ने तुम्हारी सहायता की।)

- These *दीज* = ये, इन
- These boys = ये लड़के / इन लड़कों ने
  - ➢ These girls read in this college. (ये लड़कियाँ इस कॉलेज में पढ़ती हैं।)
  - ➢ These girls won the race. (इन लड़कियों ने दौड़ जीती।)

- Those *दोज* = वे, उन
- Those boys = वे लड़के / उन लड़कों ने
  - ➢ Those teachers teach in that college. (वे अध्यापक उस कॉलेज में पढ़ाते हैं।)
  - ➢ Those players won the match. (उन खिलाड़ियों ने मैच जीता।)

- Which *व्हिच* = कौनसा, कौनसी , कौनसे (प्रश्नवाचक)
  - ➢ Which girl helped you? (कौनसी लड़की ने तुम्हारी सहायता की?)

- Which = जो, जिसे (सम्बन्ध वाचक); (केवल बेजानदार चीजों के साथ)
    - ➢ This is the book which you bought. (यह वही पुस्तक है जिसे तुमने खरीदा।)

- Who हू = कौन, किसने (प्रश्नवाचक)
    - ➢ Who helped you? (किसने तुम्हारी सहायता की?)
- Who = जो, जिसने (सम्बन्ध वाचक)
    - ➢ This is the boy who lives in Delhi. (यह वही लड़का है जो दिल्ली में रहता है।)

- What *व्हाट* = क्या (प्रश्नवाचक)
    - ➢ What is your name? (तुम्हारा क्या नाम है?)
- What = जो, जो कुछ (सम्बन्ध वाचक)
    - ➢ What he said is correct. (जो उसने कहा सही है।)

- Whom *हूम* = जिसे, जिसको (सम्बन्ध वाचक)
    - ➢ This is the girl whom you helped. (यह वही लड़की है जिसकी तुमने सहायता की।)
        - ☞ प्रशंसा व सहायता के साथ जिसका, जिसकी, जिसके की अंग्रेजी whom होती है न कि whose.
- Whom = किसे, किसको (प्रश्नवाचक)
    - ➢ Whom didn't you invite? (तुमने किसे निमंत्रण नहीं दिया?)

- Where *व्हेयर* = कहाँ (प्रश्नवाचक)
    - ➢ Where do you live? (तुम कहाँ रहते हो?)
- Where = जहाँ (सम्बन्ध वाचक)
    - ➢ This is the place where I live. (यह वही स्थान है जहाँ मैं रहता हूँ।)

- How *हाऊ* = कैसे, किस विधि से (प्रश्नवाचक)
    - ➢ How did he cross the river? (उसने नदी को कैसे पार किया?)

- How= जिस विधि से (सम्बन्ध वाचक) अर्थात् इसी विधि से
    - ➢ This is the way how you can cross the river. (यही विधि है कि तुम नदी पार कर सकते हो।)

- Why *व्हाई* = क्यों (प्रश्नवाचक)
    - ➢ Why did he go to Sitapur? (वह सीतापुर क्यों गया?)

- Why = इसी कारण से (सम्बन्ध वाचक)
  - ➢ This is the reason why he failed. (इसी कारण से वह फेल हो गया।)
- How far *हाऊ फार* = कितनी दूर (प्रश्नवाचक)
  - ➢ How far is it to Mainpuri? (मैनपुरी कितनी दूर है?)

- How much *हाऊ मच* = कितना (मात्रा) (प्रश्नवाचक)
  - ➢ How much wheat did you buy? (तुमने कितना गेहूँ खरीदा?)

- How much= कितना (मूल्य) (प्रश्नवाचक)
  - ➢ How much did you pay for this book? (तुमने इस पुस्तक का कितना मूल्य अदा किया?)

- How many *हाऊ मैनी* = कितने, कितनी (संख्या) (प्रश्नवाचक)
  - ➢ How many girls went to Bareilly by train? (कितनी लड़कियाँ रेल से बरेली गईं?)

- How often *हाऊ ऑफन* = कितनी बार (प्रश्नवाचक)
  - ➢ How often do you take milk a day? (तुम दिन में कितनी बार दूध पीते हो?)

- How long *हाऊ लॉग* = कितना लम्बा (प्रश्नवाचक)
  - ➢ How long is this bridge? (यह सेतु कितना लम्बा है?)
- How long = कितने समय तक (प्रश्नवाचक)
  - ➢ How long will she stay in Jaipur? (वह जयपुर में कितने समय तक ठहरेगी?)

- Of you *ऑफ यू* = तुममें से
- Of us *ऑफ अस* = हममें से
- Of them *ऑफ दैम* = उनमें से

➢ How many girls of you went to Agra last year? (तुममें से कितनी लड़कियाँ गत वर्ष आगरा गईं?)

- How many teachers of us = हममें से कितने अध्यापक
- How many books of them = उनमें से कितनी पुस्तकें

- What *व्हाट* = क्या, कौन (बेजानदार होने की स्थिति में) (प्रश्नवाचक)

➢ What made she laugh? (उसे किस वजह से हँसी आई?)

➢ What is making a noise? (कौन शोर कर रहा है? अर्थात् कोई बेजानदार चीज–मशीन आदि।)

• What time *व्हाट टाइम* = किस समय (प्रश्नवाचक) ➢ What time does he get up? (वह किस समय उठता है?)
• Whose *हूज* = किसका, किसकी, किसके (प्रश्नवाचक) ➢ Whose son are you? (तुम किसके पुत्र हो?) • Whose = जिसका, जिसकी, जिसके (सम्बन्ध वाचक) ➢ This is the lady whose son is a doctor. (यह वही महिला है जिसका पुत्र डॉक्टर है।)

किसी संज्ञा (noun) का सर्वनाम (**pronoun**) कैसे जानें–

i) पुरुष एकवचन **he** के आधार पर

ii) स्त्री एकवचन **she** के आधार पर

iii) बेजानदार व पशु एकवचन **it** के आधार पर

iv) पुरुष, स्त्री, बेजानदार व पशु बहुवचन में होने पर **they** के आधार पर

Pronoun			
Noun	**Subject/ Nominative case**	**Objective case**	**Possessive case**
Mohan (एकवचन)	he	him	his
Sita (एकवचन)	she	her	her, hers
Parrot, book (एकवचन)	it	it	its
Boys, girls, parrots, books (बहुवचन)	they	them	their, theirs

2

Translation (ट्रांसलेशन)
अनुवाद

एक भाषा में कही हुई बात को दूसरी भाषा में लिखना या कहना अनुवाद कहलाता है। अनुवाद (हिन्दी से अंग्रेजी में) करते समय निम्नलिखित बातों की जानकारी होना आवश्यक है।

i) वाक्य का स्वरूप – पाठक को जानना है कि वाक्य वर्तमान काल से सम्बन्धित है या भूत काल से या भविष्यत् काल से। इस के साथ यह भी जानकारी रखनी होगी कि वाक्य में स्वीकृति पायी जा रही है या इंकार पाया जा रहा है या प्रश्न किया जा रहा है।

ii) वाक्य का अनुवाद दूसरी भाषा में करने के लिये शब्दों का ज्ञान होना आवश्यक है।

iii) वाक्य में मुख्य क्रिया (full verb), काल (tense) व प्रकार (kind) के अनुसार ही प्रयोग की जायेगी। मुख्य क्रिया के दूसरे नाम 'base form', 'main verb' व 'principal verb' भी हैं। मुख्य क्रिया के सामान्यतः तीन रूप होते हैं।

Infinitive (first form)	**Past Tense** (second form)	**Past Participle** (third form)
teach *टीच*	taught *टॉट*	taught *टॉट*

iv) वाक्य में कौनसी सहायक क्रिया प्रयोग की जानी है इसकी जानकारी होनी चाहिए। सहायक क्रियाओं की चर्चा पाठ–1 में की जा चुकी है।

v) वाक्य में संक्षिप्त रूप (contraction) का प्रयोग हो सकता है जिसकी चर्चा पाठ–1 में की गई है।

vi) वाक्य को सामान्यतः तीन भागों में विभाजित किया जाता है–

हिन्दी स्वरूप–	कर्ता (subject)	कर्म (object)	क्रिया (verb)
	1	2	3
अंग्रेजी स्वरूप–	कर्ता	क्रिया	कर्म
	1	3	2

अर्थात् 1, 2, 3 के स्थान पर 1, 3, 2 हो जाता है। समय होने पर उसे अंग्रेजी में time expression *टाइम एक्सप्रेशन* कहेंगे। स्थान होने पर उसे अंग्रेजी में place expression *प्लेस एक्सप्रेशन* कहेंगे। यदि वाक्य में दोनों ही expressions *एक्सप्रेशन्स* हैं तो object के बाद हम पहले स्थान की उसके बाद समय की अंग्रेजी का प्रयोग करेंगे।

मोहन	सुबह को	अपने कक्ष में	रामायण	पढ़ता है।
कर्ता	समय	स्थान	कर्म	क्रिया
	time expression	place expression		
1	2	3	4	5

Mohan	**reads**	**the Ramayan**	**in his room**	**in the morning.**
subject	verb	object	place ex- pression	time expression
1	5	4	3	2

vii) वाक्य का पहला शब्द बड़े अक्षर (capital letter) *कैपिटल लैटर* का होगा। अन्त में अंग्रेजी भाषा के पूर्ण विराम (full stop) *फुल स्टाप* (.) का प्रयोग होगा। प्रश्नवाचक की स्थिति में प्रश्न वाचक चिन्ह (interrogative mark) *इन्ट्रेगेटिव मार्क* (?) तथा विस्मय बोधक वाक्यों में सम्बोधन का चिन्ह (mark of exclamation) *मार्क ऑफ एक्सक्लेमेशन* (!) लगेगा।

viii) Present simple व past simple के affirmative/ positive *अफरमेटिव/ पोजिटिव* वाक्यों में सहायक क्रिया का प्रयोग नहीं होगा। शेष सभी स्थितियों में सहायक क्रियाएँ प्रयोग की जायेंगी।

ix) अनुवाद करते समय पाठक को यह भी ध्यान रखना होगा कि कुछ शब्दों का एक साथ ही प्रयोग किया जायेगा उन्हें अलग–अलग नहीं लिखा या बोला जा सकता है, वरना अनुवाद अशुद्ध हो जायेगा। जैसे कितने लड़के (how many boys), किसकी बहन (whose sister), उसके मित्र (his/ her friends), इस कॉलेज में (in this college). Preposition का प्रयोग noun या pronoun से पहले होगा। यह स्थिति उस समय होगी जब noun की विशेषता प्रकट की जा रही हो। यह स्थिति प्रश्नवाचक शब्द के रूप में भी हो सकती है और 'possessive adjective' के रूप में भी। इस स्थिति में noun की विशेषता प्रकट की जाती है।

☞ अनुवाद को रुचिकर बनाने के लिये प्रत्येक अभ्यास में मुख्य क्रियाओं के तीनों रूपों से सम्बन्धित कुछ शब्द तथा अन्य उपयोगी शब्द भी दिये गये हैं जिन्हें पाठकों को अच्छी तरह याद करना चाहिए।

First form (infinitive) to buy	**Second form** (past tense) bought	**Third form** (past participle) bought
खरीदना/खरीदने के लिए (ना, ने के लिए)	खरीदा, खरीदी, खरीदे (आ,ई,ऐ)	खरीदा हुआ, खरीदी हुई, खरीदे हुये (आ हुआ, ई हुई, ऐ हुये)

☞ यदि first form से पूर्व *to* शब्द को हटा दिया जाये तो *buy* शब्द शेष बचेगा तो उस स्थिति में उसका अर्थ ओ या इये में लिया जायेगा। अर्थात् खरीदो या खरीदिये होगा। Second form का अर्थ आ, ई, ऐ, में ही रहेगा। तथा third form का अर्थ आ हुआ, ई हुई व ऐ हुये होगा। यदि first form में *ing* जोड़ दिया जाता है उसके स्थिति के अनुसार तीन अर्थ हो सकते हैं। उदाहरणार्थ *buy* शब्दः

a) Buying (मुख्य क्रिया)– खरीद रहा, खरीद रही, खरीद रहे अर्थात् अन्त रहा, रही, रहे में होगा।

b) Buying (gerund) <u>जीरन्ड</u>– खरीदना अर्थात् अन्त ना में होगा।

c) Buying (present participle) <u>प्रीजेन्ट पार्टिसिपल</u>– खरीदता हुआ, खरीदती हुई, खरीदते हुये अर्थात् अन्त ता हुआ, ती हुई, ते हुये में होगा।

Buy- अर्थात् first form का दूसरा प्रयोग वर्तमान काल में I, you व बहुवचन कर्ता के साथ प्रयोग होगा।

Buys- अर्थात् first form में s या es जोडने पर यह, I और you को छोड़कर एकवचन कर्ता के साथ प्रयोग किया जायेगा।

Active voice – कर्ता के अनुसार यदि क्रिया में परिवर्तन हो तो उसे active voice कहतें हैं। जैसे– मोहन पुस्तकें पढ़ता है।

Passive voice – कर्म के अनुसार यदि क्रिया में परिवर्तन हो तो उसे passive voice कहतें हैं। जैसे– पुस्तकें मोहन के द्वारा पढ़ी जाती हैं।

Present Tense (वर्तमान काल)

Affirmative/Positive	Negative	Interrogative (question)
<u>Present Simple Tense</u> **Active Sentence** first form go या goes	do not या does not+ first form बिना s या es के	i) do/ does+ subject (not)+ first form ii) question word+ do/ does+ subject (not)+ first form
Passive Sentence is/ am/ are+ third form of the verb	is/ am/ are not+ third form	i) is/ am/ are+ subject (not)+ third form ii) question word+ is/ am/ are+ subject (not)+ third form
<u>Present Continuous/ Progressive Tense</u> **Active Sentence** is/ am/ are+ ing added to first of verb	is/ am/ are not+ ing	i) is /am/ are+ subject (not)+ ing ii) question word+ is/ am/ are+ subject (not)+ ing
Passive Sentence is/ am/ are+ being+ third form ☞ do या does सहायक क्रिया के प्रयोग के बाद मुख्य क्रिया में s या es नहीं जोड़ा जाता है।	is/ am/ are not being+ third form	i) is/ am/ are+ subject (not)+ being+ third form ii) question word+ is/ am/ are+ subject (not)+ being+ third form
<u>Present Perfect</u> **Active** has/ have+ third form	has not/ have not+ third form	i) has/ have+ subject (not)+ third form ii) question word+ has/ have+ subject (not)+ third form

Passive has/ have been+ third form	has/ have not been+ third form	i) has/ have+ subject (not)+ been+ third form ii) question word+ has/ have+ subject (not)+ been+ third form
<u>Present Perfect Continuous/Progressive</u> **Active** has been/ have been+ ing	has/ have not been+ ing	i) has/ have+ subject (not)+ been+ ing ii) question word+ has/ have+ subject (not) been+ ing
Passive NOT POSSIBLE	NOT POSSIBLE	NOT POSSIBLE

कृपया उपरोक्त सारणी में दिये गये नियमों को कंठस्थ करें।

Present Indefinite/ Simple Tense

हिन्दी भाषा में इस प्रकार के वाक्यों के अन्त में *ता है, ती है, ते हैं, ता हूँ* आदि शब्द आते हैं। इस प्रकार के वाक्यों का अंग्रेजी में अनुवाद करते समय is, am, are सहायक क्रियाओं का प्रयोग active voice में नहीं होगा। परन्तु वे वाक्य जिनके अन्त में *ता हूँ, ती है, ते हैं, ता है* आदि शब्द आये हैं और उनका passive में अनुवाद करना है तो उपरोक्त सहायक क्रियाएँ is, am, are का प्रयोग स्थिति के अनुसार किया जायेगा।

A) Affirmative/ Positive (स्वीकारात्मक)

यदि कर्ता एकवचन है तो मुख्य क्रिया में s या es जोड़ा जायेगा परन्तु यह नियम I और you के साथ लागू नहीं होगा। *I* first person है और *you* एकवचन व बहुवचन दोनों है। अतः I और you दोनों ही में बहुवचन की क्रिया का प्रयोग होगा। अर्थात् क्रिया में s या es नहीं जोड़ा जायेगा।

- ये लड़के रेल से कानपुर जाते हैं। (These boys go to Kanpur by train.)
- मैं नियमित रूप से कॉलेज जाता हूँ। (I go to college regularly.)
- तुम्हारे पिता समय पर कार्यालय जाते हैं। (Your father goes to office in time.)

➢ तुम अपने माता–पिता का कहना मानते हो। (You obey your parents.)

➢ भारतवर्ष में जुलाई में वर्षा तेज होती है। (It rains heavily in India in July.)

➢ गाँव वाले चोर का पीछा करते हैं। (The villagers chase the thief.)

➢ सुनीता कपड़ों को अच्छी तरह धोती है। (Sunita washes the clothes well.)

B) Negative (निषेधात्मक)

वाक्य में *नहीं* शब्द आने पर मुख्य क्रिया की first form में s या es नहीं जोड़ा जायेगा चाहे कर्ता एकवचन का हो या बहुवचन का। एकवचन कर्ता के साथ (I और you को छोड़कर) *नहीं* शब्द की अंग्रेजी does not होगी। तथा बहुवचन कर्ता के साथ (I और you को सम्मिलित करके) *नहीं* शब्द की अंग्रेजी do not होगी। परन्तु वाक्य में *कभी नहीं* शब्द की अंग्रेजी never होगी। यदि कर्ता एकवचन है तो मुख्य क्रिया में s या es जोड़ा जायेगा। कर्ता बहुवचन होने पर मुख्य क्रिया में s या es नहीं जोड़ा जायेगा। इस स्थिति में do not या does not का प्रयोग नहीं होगा।

➢ वे लड़के इस कॉलेज में नहीं पढ़ते हैं। (Those boys do not read in this college.)

➢ मधु चाय नहीं पीती है। (Madhu does not take tea.)

➢ तुम उसकी सहायता नहीं करते हो। (You do not help him.)

➢ गीता एक सुन्दर स्वेटर नहीं बुनती है। (Gita does not knit a beautiful sweater.)

➢ रात को हवा तेज नहीं चलती है। (It does not blow hard at night.)

➢ वह कभी सच नहीं बोलता है। (He never speaks the truth.)

➢ तुम्हारी बड़ी बहन कभी झूठ नहीं बोलती है। (Your elder sister never tells a lie.)

➢ ममता कभी मधुर गीत नहीं गाती है। (Mamta never sings a sweet song.)

➢ मैं कॉलेज कभी विलम्ब से नहीं जाता हूँ। (I never go to college late.)

C) Interrogative (question) (प्रश्नवाचक)

प्रश्नवाचक वाक्य दो प्रकार के होते हैं। जब हिन्दी का वाक्य *क्या* शब्द से प्रारम्भ हो तो अंग्रेजी में अनुवाद करते समय कर्ता की स्थिति नम्बर दो पर होगी और प्रथम स्थान सहायक क्रिया का होगा। दूसरे प्रकार के प्रश्नवाचक में कर्ता की स्थिति नम्बर तीन पर, सहायक क्रिया नम्बर दो पर व पहले स्थान पर प्रश्नवाचक शब्द होगा जो हिन्दी के वाक्य के मध्य में होगा। यदि प्रश्नवाचक के साथ इंकार भी पाया जाता है तो *नहीं* शब्द की अंग्रेजी *not* का प्रयोग कर्ता के बाद होगा। अन्त में दोनों ही भाषाओं में प्रश्नवाचक चिन्ह का प्रयोग होगा। यदि not को संक्षिप्त रूप में प्रयोग करना चाहते हैं तो इसे सहायक क्रिया के साथ कर्ता से पूर्व ही प्रयोग किया जायेगा।

- क्या वह रेल से बरेली नहीं जाती है? (Does she not go to Bareilly by train?)

संक्षिप्त रूप–Doesn't she go to Bareilly by train?

- सोहन आजकल कहाँ रहता है? (Where does Sohan live these days?)
- तुम्हारी सबसे छोटी बहिन कौनसे कॉलेज में पढ़ाती है? (In which college does your youngest sister teach?)
- क्या तुम्हारे मित्र प्रतिदिन देहरादून जाते हैं? (Do your friends go to Dehradun daily?)
- मनीता दिल्ली कब जाती है? (When does Manita go to Delhi?)

☞ यदि वाक्य में कर्ता अज्ञात (unknown) *अननोन* है। जैसे– कौन, कौनसा छात्र, किसके पिता, तुममें से, हम में से, उनमें से कौनसा छात्र, हम में से कौनसी लड़कियाँ आदि। अज्ञात कर्ता की स्थिति में जब प्रश्नवाचक शब्द के बाद noun (संज्ञा) हो तो हम उन्हें अलग नहीं कर सकते अर्थात् साथ–साथ ही प्रयुक्त होंगे। जैसे–

कौनसी	लड़की
अज्ञात	संज्ञा
1	2

कौनसी	लड़कियाँ
अज्ञात	संज्ञा
1	2

परन्तु जब अज्ञात कर्ता की स्थिति में *में से* शब्द का प्रयोग हो तो उसे इस प्रकार प्रयुक्त किया जायेगा।

उन	में से	कौनसे	लड़के
4	3	1	2

उन	में से	कौनसा	लड़का
4	3	1	2

इस प्रकार की स्थिति में अंग्रेजी अनुवाद 1, 2, 3, 4 के क्रम में होगा। *में से* शब्द की अंग्रेजी of होगी तथा of के बाद obejct (you, us, them) का प्रयोग होता है न कि we या they का। यदि अज्ञात कर्ता के साथ *नहीं* शब्द प्रयोग नहीं हुआ है तो वाक्य का अनुवाद affirmative की तरह होगा अर्थात् स्थिति अनुसार मुख्य क्रिया में s या es जोड़ा भी जा सकता है और नहीं भी। परन्तु do या does का प्रयोग कदापि नहीं होगा। अज्ञात कर्ता की स्थिति में यदि वाक्य में *नहीं* शब्द भी प्रयोग किया गया है तो स्थिति के अनुसार do not या does not प्रयोग किया जायेगा।

- ➢ कौनसी लड़की सीतापुर जाती है? (Which girl goes to Sitapur?)
- ➢ कौनसी लड़कियाँ सीतापुर जाती हैं? (Which girls go to Sitapur?)
- ➢ कौनसी लड़की सीतापुर नहीं जाती है? (Which girl does not go to Sitapur?)
- ➢ कौनसी लड़कियाँ सीतापुर नहीं जाती हैं? (Which girls do not go to Sitapur?)
- ➢ उनमें से कौनसा लड़का इस कॉलेज में पढ़ता है? (Which boy of them reads in this college?)
- ➢ तुममें से कौनसी लड़कियाँ उस कॉलेज में पढ़ती हैं? (Which girls of you read in that college?)
- ➢ हममें से कौनसा छात्र तुम्हारी सहायता नहीं करता है? (Which student of us does not help you?)
- ➢ हममें से कौनसे छात्र उनकी सहायता नहीं करते हैं? (Which students of us do not help them?)
- ➢ किसके पिताजी प्रतिदिन रेल से हरिद्वार जाते हैं? (Whose father goes to Hardwar by train daily?)
- ➢ किसकी माताजी प्रतिदिन खाना नहीं बनाती है? (Whose mother does not cook food daily?)

➢ वह उस गाय को कितने रुपये में खरीदता है? (How much does he pay for that cow?)

➢ कक्षा में शोर कौन करता है? (Who makes a noise in the class?)

➢ वह किसे पढ़ाता है? (Whom does he teach?)

➢ ऐसा कौन कहता है? (Who says so?)

➢ मैदान में कौन–कौन लड़के दौड़ते हैं? (Which boys run in the field?)

Present simple में यदि आदत (habit) *हैबिट* को प्रकट करना चाहें तो हमें article *आर्टिकल the* का प्रयोग नहीं करना पड़ेगा।

➢ Birds fly in the sky. (पक्षी आकाश में उड़ा करते हैं।) (आदत)

➢ The birds fly in the sky. (पक्षी आकाश में उड़ते हैं।)

इस tense में यह स्थिति बहुवचन कर्ता के साथ ही सम्भव है।

Present Simple का भिन्न–भिन्न स्थितियों में प्रयोग

1. इन्द्रियों से सम्बन्धित क्रियाएँ **(verbs of senses)** *वर्बस आफॅ सेन्सेज* जो अनैच्छिक कार्य को दर्शाती हैं सामान्यतः **present simple** में ही प्रयोग की जाती हैं। यदि **I gather, I hear, I see, I understand** आदि अभिव्यक्तियाँ **(expressions)** वाक्य के प्रारम्भ में हों, तो इनका अर्थ या तो **present perfect tense** में या **past simple** में लिया जायेगा।

   ➢ *I hear* Madhu is getting married. (मैंने सुना है/ सुना कि मधु का विवाह होने जा रहा है।)

   ➢ *I gather* Sunil is looking for a job. (मुझे पता चला है कि सुनील नौकरी तलाश कर रहा है।)

2. निर्देश (instruction) *इन्सट्रक्शन* या तो present simple में होंगे या imperative में होंगे। एक उदाहरण–

   ➢ How do I get to the station? You go straight on to the traffic lights then you turn left, after five minute walk you will see the station on your right. (मैं स्टेशन कैसे पहुँचूँ? तुम सीधे ट्रेफिक लाईट तक पहुँचो, उसके बाद बायें हाथ को मुड़ना, पाँच मिनट पैदल चलने के बाद तुम्हारे दाहिने हाथ पर स्टेशन दिखाई देगा।)

3. **Sometimes, always, never, occasionally, everyday, on Sundays, once a week** <u>*वन्स ए वीक*</u> (सप्ताह में एक बार) आदि शब्दों के साथ **present simple tense** का प्रयोग होता है।

> ➢ She catches the 7 o' clock train everyday. (वह प्रतिदिन सात बजे वाली गाड़ी पकड़ती है।)

4. सत्यता को दर्शाने वाला कथन **present simple** में प्रयुक्त होता है।

> ➢ Cats do not like water. (बिल्लियाँ पानी से घृणा करती हैं।)
>
> ➢ Where does your father work? (तुम्हारे पिता कहाँ काम करते हैं?)
>
> ➢ Water boils at 100 degrees centigrade. (पानी सौ डिग्री सेन्टीग्रेड पर उबलता है।)

5. अधिकार **(possession)** अर्थात् स्वामित्व को दर्शाने वाली क्रियाएँ भी **present simple** में प्रयुक्त होती हैं। जैसे– **belong, owe, own, possess** आदि।

> ➢ This book *belongs* to Sita. (यह पुस्तक सीता की है।)
>
> ➢ I *owe* him. (मैं उसका ऋणी हूँ।)
>
> ➢ Mohan *owns* that umbrella. (वह छाता मोहन का है।)
>
> ➢ She *possesses* a car. (उसके पास एक कार है।)

6. जो वाक्य शर्त **(condition)** <u>*कन्डीशन*</u> व समय **(time)** को दर्शाते हैं उनमें भविष्यत् काल छिपा होता है उन्हें **present simple** द्वारा व्यक्त किया जाता है। **When, unless, before, if, after, until, as soon as, whenever** आदि शब्दों के बाद सामान्यतः **present simple** का प्रयोग होगा।

> ➢ I will teach her English *when she comes back*. (मैं उसे अंग्रेजी पढ़ाऊँगा *जब वह वापस आयेगी*।)
>
> ➢ *If he runs fast*, he will catch the train. (*यदि वह तेज दौड़ेगा,* तो उसे गाड़ी मिल जायेगी।)

7. उद्धरण **(quotation)** <u>*क्वोटेशन*</u> का प्रमाण देने में **present simple** प्रयोग होगा।

> ➢ *The Danik Jagran says* that the government should create more jobs in the area. (दैनिक जागरण के अनुसार/दैनिक जागरण कहता है कि सरकार को क्षेत्र में अधिक नौकरियाँ सृजित करनी चाहियें।)

8. News paper की **head line** (शीर्षक) में **past simple** को **present simple** द्वारा दर्शाया जाता है।

➢ The PM Wins The Election (प्रधानमंत्री चुनाव जीत गये)

9. Commentators रेडियो व टेलिविजन पर **sport** के सम्बन्ध में **short action** *शॉर्ट–एक्शन* के लिये **present simple** का ही प्रयोग करते हैं।

➢ Dinesh *passes* the ball to Ritesh. (दिनेश ने गेंद को रितेश की तरफ बढ़ाया।)

10. भविष्यत् काल से सम्बन्धित **adverbial pharse** होने पर **present simple** का प्रयोग होगा परन्तु उसका अर्थ भविष्यत् काल में ही लिया जायेगा। **Next month, next day, next week, coming month, on Friday** आदि।

➢ Mrs Singh goes to Mainpuri next week. (श्रीमती सिंह अगले सप्ताह मैनपुरी जायेंगी।)

11. Itinerary *इटीनरेरी* (यात्रा वर्णन) में भी **present simple** का ही प्रयोग होगा।

➢ This is my itinerary. I leave home on the 9th, arrive in Jaipur on 10th, spend a day in Jaipur and set out that night for Ahmedabad. That sounds most interesting. You must tell me all about it when you get back. (यह मेरी यात्रा का प्रारूप है। मैं घर से नौ तारीख को प्रस्थान करूँगा, जयपुर दस तारीख को पहुँचूंगा, जयपुर में एक दिन बिताऊँगा और उसी रात को अहमदाबाद के लिये प्रस्थान करूँगा। यह बहुत ही दिलचस्प रहेगा। तुम्हें मुझे इस विषय में खुलासा करना होगा अर्थात् पूर्ण वृतान्त बतलाना पड़ेगा जब तुम लौट कर वापस आओगे।)

12. घटनाओं की क्रमबद्धता **(series of events)** *सीरीज ऑफ इवेन्टस* में भी **present simple** का प्रयोग किया जाता है।

➢ Sunil passes the ball to Harish, Harish to Ravi, Ravi back to Harish, Harish to Sunil and Sunil shoots- and it is a goal! (सुनील ने गेंद को हरीश की तरफ बढ़ाया, हरीश ने रवि की तरफ, रवि ने फिर हरीश की तरफ, हरीश ने सुनील की तरफ और सुनील ने लक्ष्य पूरा किया और एक गोल हो चुका है!)

13. Here comes व there goes भी present simple में ही प्रयोग किये जाते हैं।

➢ *There goes our train-* we will have to wait for the next one. (हमारी गाड़ी वह गई– अब हमें अगली गाड़ी की प्रतीक्षा करनी पड़ेगी।)

अभ्यास (practice)-1

A) निम्नलिखित वाक्यों का अंग्रेजी में अनुवाद करो।

1. सुभाष अपने गाँव को पैदल जाता है।
2. वे अपने कॉलेज साईकिलों से जाते हैं।
3. हम अपने बड़ो का कहना मानते हैं।
4. श्री गुप्ता हमें हिन्दी पढ़ाते हैं।
5. राधा अपने भाई को संस्कृत पढ़ाती है।
6. मोनिका सदा सच बोलती है।
7. शिकारी जंगल में हिरन का पीछा करता है।
8. वे लड़के अपना गृह कार्य नहीं करते हैं।
9. मैं कभी चाय नहीं पीता हूँ।
10. मोहन और विपिन कॉलेज को साथ–साथ नहीं जाते हैं।
11. क्या गार्गी तुम्हें निमंत्रण नहीं देती है?
12. कौनसी लड़की बस से हरिद्वार जाती है?
13. तुममें से कौनसा लड़का ऋषिकेश में रहता है?
14. किसके पिता इस कारखाने में काम करते हैं?
15. तुम्हारी कक्षा में कौन शोर करता है?

B) निम्नलिखित वाक्यों का हिन्दी में अनुवाद करो।

1. Mr Khan goes to his office in a car.
2. They do not do their work.

3. We do not invite our friends.
4. Mrs Yadav does not teach us Physics.
5. It does not rain heavily in April.
6. That washerman does not wash the clothes well.
7. Whom do you like most?
8. Which girl of you plays well?
9. By which train does your father go to Sitapur?
10. How many boys of you speak English?
11. How many girls of them do not speak Sanskrit?
12. Which boy of them teases you?
13. India wins by an innings.
14. Dogs bark at night.
15. I always help the needy.

C) Full verbs

निम्नलिखित first forms में *to* शब्द को छिपा दिया गया है। अतः पाठक first form से पूर्व *to* शब्द जोड़कर के याद करें। जैसे– To abide (first form)= रहना, ठहरना

First Form		अर्थ	**Second Form**		**Third Form**	
Abide	एबाइड	रहना, ठहरना	Abode	एबोड	Abode	एबोड
Wear	वियर	पहनना	Wore	वोर	Worn	वोर्न
Steal	स्टील	चुराना	Stole	स्टोल	Stolen	स्टोलन
Wring	रिंग	निचोड़ना	Wrung	रंग	Wrung	रंग
Chide	चाइड	धमकाना	Chid	चिड	Chidden	चिड़न

D) Attractive Words (आकर्षक शब्द)

Abandon	*एबैंडन*	छोड़ देना, परित्याग
Addition	*एडिशन*	जोड़, वृद्धि
Bold	*बोल्ड*	निडर, धृष्ट
Cabin	*कैबिन*	कोठरी, केबिन
Fertile	*फरटाइल*	उपजाऊ
Rustic	*रस्टिक*	असभ्य
Sacred	*सेक्रेड*	पवित्र
Sage	*सेज*	साधु, यति
Steep	*स्टीप*	सीधा, खड़ा
Statue	*स्टॅट्यू*	प्रतिमा, पुतला
Priest	*प्रीस्ट*	पुजारी, पादरी
Match	*मैच*	अनुरूप, सुमेल
Leech	*लीच*	जोंक
Layman	*लेमैन*	साधारण जन
Vigil	*विजिल*	चौकसी, रतजगा
Glorious	*ग्लोरियस*	शानदार, यशस्वी
Couple	*कपल*	युगल, दम्पति
Creator	*क्रिएटर*	सृष्टिकर्ता
Bitter	*बिटर*	कड़ुवा
Abroad	*एब्रोड*	विदेश में, चारों ओर

3

Present Continuous/ Progressive Tense

A) Affirmative

इस प्रकार के वाक्यों के अन्त में हिन्दी में *रहा है, रही है, रहे हैं, रहा हूँ* आदि शब्द आते हैं। कुछ स्थितियों में रहा, रही, रहे के स्थान पर हुआ, हुई, हुये शब्द हुआ करते हैं। *रहा, रही, रहे,* व *हुआ, हुई, हुये* के लिए ing जोड़ा जाता है। Ing को full verb की first form में जोड़ा जाता है। इस tense में I के साथ सहायक क्रिया am, एकवचन के साथ is, व बहुवचन के साथ are होती है।

Ing जोडने के कुछ नियम–

1. यदि first form के अन्त में e लगा हो तो e अक्षर (letter) को हटाकर ing जोडा जायेगा– make + ing = making. (अपवाद– dye+ ing = dyeing)
2. यदि शब्द के अन्त में ee हो तो कोई सा भी e नहीं हटेगा– see+ ing = seeing, agree+ ing = agreeing.
3. यदि शब्द के अन्त में ie हो तो ie का स्थान y लेगा उसके बाद ing जोड़ा जायेगा– lie+ ing = lying, die+ ing = dying.
4. यदि first form के अन्त में consonant हो और उससे पहला letter vowel है तो consonant को double किया जायेगा– run+ ing = running, put+ ing = putting.
5. यदि शब्द के अन्त में w, r, y आदि letters हैं और उनसे पहले vowel आया है तो हम w, r, y को double नहीं करेंगे। Bray+ ing = braying, water+ ing = watering, grow+ ing = growing.

वाक्य का स्वरूप

वे लड़के	मैदान में	क्रिकेट	खेल रहे	हैं।
subject phrase	adverb	object	m.v.	a.v.
1	5	4	3	2

अर्थ– Those boys are playing cricket in the field.

m.v. = main verb/ full verb

a.v. = auxiliary verb

☞ पहले स्थान पर कर्ता, दूसरे स्थान पर सहायक क्रिया, तीसरे पर मुख्य क्रिया+ ing, चौथे पर कर्म अन्त में क्रमशः स्थान, साधन व समय आदि को प्रयुक्त किया जायेगा।

➢ सुनीता ममता के साथ बैठी हुई है। (Sunita is sitting beside Mamta.)

B) Negative

इसमें सहायक क्रिया के बाद not का प्रयोग होता है।

➢ माधुरी इस समय अपने कॉलेज नहीं जा रही है। (Madhuri is not going to her college this time.)

➢ वे छात्र अपने गाँव नहीं जा रहे हैं। (Those students are not going to their village.)

➢ कविता अपने भाई महेश को भूगोल नहीं पढ़ा रही है। (Kavita is not teaching Geography to her brother, Mahesh.)

➢ वर्षा तेज नहीं हो रही है। (It is not raining heavily.)

➢ मोहन ताश नहीं खेल रहा है। (Mohan is not playing cards.)

➢ वह गाय को नहीं दुह रहा है। (He is not milking the cow.)

☞ उपरोक्त negative वाक्यों में सहायक क्रिया is, am, are के बाद not का प्रयोग होगा।

C) Interrogative (question)

जब हिन्दी के वाक्य का पहला शब्द क्या होगा तो उसका अंग्रेजी में अनुवाद करते समय– प्रथम स्थान पर सहायक क्रिया, दूसरा स्थान कर्ता व तीसरा स्थान *नहीं* शब्द का होगा, यदि

वाक्य में *नहीं* शब्द है। तत्पश्चात् मुख्य क्रिया ing के साथ, उसके बाद object, अन्त में स्थान, साधन व समय आदि का प्रयोग होगा। यदि हिन्दी के वाक्य के मध्य में प्रश्नवाचक शब्द है तो प्रश्नवाचक शब्द अंग्रेजी में प्रथम स्थान पर दूसरे पर सहायक क्रिया, फिर कर्ता, कर्ता के बाद not उसके बाद मुख्य क्रिया; शेष स्थिति साधारण प्रश्नवाचक के समान ही होगी। यह क्रम सभी tenses के सभी kinds (भेद) व अन्य शेष वाक्यों में भी रहेगा, अन्तर केवल सहायक क्रियाओं का ही रहेगा।

- क्या शीला कपड़े धो रही है? (Is Sheela washing the clothes?)
- हितेश दिल्ली से कब आ रहा है? (When is Hitesh coming from Delhi?)
- कितने अध्यापक आज कर्नाटक एक्सप्रेस से बंगलौर जा रहे हैं? (How many teachers are going to Banglore by the Karnatak Express today?)
- तुममें से कितने लड़के आज कॉलेज नहीं जा रहे हैं? (How many boys of you are not going to college today?)
- क्या यह गाड़ी जबलपुर नहीं जा रही है? (Is this train not going to Jabalpur?)
- उसकी बड़ी बहिन कौनसी कक्षा में पढ़ रही है? (In which class is his/ her elder sister reading?)
- वह लड़की धीरे–धीरे क्यों चल रही है? (Why is that girl walking slowly?)
- तुम्हारा मित्र उस मकान को कितने रुपयों में खरीद रहा है? (How much is your friend paying for that house?)

Present Continuous का भिन्न–भिन्न स्थितियों में प्रयोग

1a. बोलते समय कार्य प्रगति पर होने की स्थिति में

- What is the baby doing? (शिशु क्या कर रहा है?)

  He is tearing <u>*टेयररिंग*</u> up a hundred rupee-note. (वह पूरी तरह से सौ रुपये का नोट बरबाद कर रहा है।)

➤ Why are you sitting at her desk? (तुम उसकी डैस्क पर क्यों बैठे हुये हो?)

1b. कार्य प्रगति पर है परन्तु अधूरा है।

➤ He is talking to his father on the phone. (वह अपने पिता से फोन पर बात कर रहा है।)

2. अल्प कालिक स्थिति **(temporary situations)** में

Present continuous का प्रयोग उस स्थिति में भी होता है जबकि कार्य अधिक लम्बे समय तक घटित नहीं होगा।

➤ What is his sister doing these days? She is doing M.A. in English from Kanpur University. (उसकी बहिन इन दिनों क्या कर रही है? वह कानपुर विश्वविद्यालय से एम0ए0 अंग्रेजी में कर रही है।)

उस स्थिति में भी present continuous का प्रयोग होता है जो कार्य बोलते समय नहीं घटित हो रहा है।

➤ Don't take the bicycle away. *My father is using it.* (इस साइकिल का प्रयोग मत करो। सम्भवतः मेरे पिता इस साईकिल का प्रयोग कुछ समय बाद करेंगे।)

क्षणिक घटनाएँ भी बोलते समय घटित हो सकती हैं।

➤ The river is flowing very fast after last night's rain. (पिछली रात की वर्षा के बाद नदी बहुत तेजी से बह रही है।)

चालू रुझान को दर्शाने के लिए भी present continuous का प्रयोग होता है।

➤ People are becoming less tolerant of drinking these days. (आजकल मनुष्य मदिरा पान करने से बहुत कम सहनशील हो रहे हैं।)

3. परिवर्तन की क्रिया में भी **present continuous** का प्रयोग होता है।

➤ Agra is enlarging day by day. (आगरा का दिनों–दिन विस्तार हो रहा है।)

➤ The number of cars on the roads is increasing rapidly each year. (प्रतिवर्ष कारों की बहुत बड़ी संख्या सड़कों पर तेजी से बढ़ रही है।)

4. भविष्यत् काल के निश्चित **programme** को दर्शाने के लिये भी **present continuous** का प्रयोग होगा।

➢ I am meeting Mr Dhingra tonight. He is taking me to the theatre. (आज रात मैं श्री धींगड़ा से मिलूँगा। वह मुझे थियेटर ले जायेंगे।)

➢ Are you going to Bina on Monday night? (क्या सोमवार की रात को तुम बीना जाओगे?)

5. गतिशील क्रियाओं के साथ भविष्यत् काल का इरादा भी **present continuous** के द्वारा दर्शाया जाता है।

➢ She is flying back on Monday morning. (वह सोमवार की सुबह को हवाई जहाज से वापस आ जायेगी।)

6. कार्य निश्चित समय से पहले आरम्भ होने की स्थिति में **present continuous** का प्रयोग बाद में भी जारी रहता है।

➢ At six I am bathing the baby. (मैं शिशु को छः बजे से पूर्व नहलाना शुरू करता हूँ और उसके बाद भी नहलाता हूँ।)

7. **Always** के साथ भी **present continuous** का प्रयोग होता है। जो अक्सर कार्य की पुनरावृत्ति का द्योतक है तथा वक्ता के लिए नाराज़गी व अतार्किकता का कारण बनता है।

➢ Mohan never does any work in the field, he is always working on his car. (मोहन कभी भी खेत में काम नहीं करता है, वह हमेशा कार सम्बन्धी कार्य पर ही ध्यान देता रहता है।)

8. **See, hear, smell, feel** को भी **continuous tense** में प्रयोग किया जा सकता है। **See** का प्रयोग उस स्थिति में होता है जब हम किसी व्यक्ति से समय विशेष व स्थान विशेष पर भेंट करते हैं।

➢ I am seeing Mr Singh tomorrow morning. (मैं कल सुबह श्री सिंह से भेंट करूँगा।)

See का अर्थ visit में भी लिया जाता है तथा कर्ता को tourist माना जाता है।

➢ I am seeing the sights tomorrow.

यहाँ पर 'I' को visitor के रूप में प्रयोग किया जा रहा है।

- See about = Make arrangements/ enquaries (व्यवस्था करना/ जाँच करना)

  ➢ I am *seeing about* a work permit for Harish. (मैं हरीश के वास्ते रोजगार परमिट की व्यवस्था कर रहा हूँ।)

- See to = Arrange (व्यवस्था करना)

  ➢ The plumber is here. He is *seeing to* the leak in our tank. (प्लम्बर उपस्थित है। वह हमारे टैंक में लीक की व्यवस्था कर रहा है।)

- See (somebody) out = Escort him/ her to the door (किसी को दरवाजे तक छोड़ना)

- See (somebody) home = Escort him/ her home (किसी को घर तक छोड़ना)

- See (somebody) to+ place = किसी को अमुक स्थान तक छोड़ना

  ➢ Madhu is not seeing Dinesh home. She is just *seeing him to his bus*. (मधु दिनेश को घर तक नहीं छोड़ रही है। वह सिर्फ उसको उसकी बस तक छोड़ रही है।)

- Hear = सुनना (औपचारिक रूप में शिकायतें व प्रमाण आदि)

  ➢ The court is *hearing* evidence this afternoon. (न्यायालय आज तीसरे पहर साक्ष्य की सुनवाई करेगा।)

जब hear का अर्थ समाचार या पत्र प्राप्त करना होता है तब इस शब्द को या तो present perfect continuous में प्रयोग करते हैं या future में।

➢ I have been *hearing* all about your accident. (मुझे तुम्हारी दुर्घटना के विषय में पूरा समाचार मिलता रहा है।)

9. कुछ शब्द **appear, seem, understand, know, believe, smell, taste, own, owe, desire, hate, wish, hear** आदि सामान्यतः **indefinite** में प्रयुक्त किये जाते हैं परन्तु उनका अर्थ **indefinite** के साथ **continuous** में भी लिया जाता है।

- I understand you. (मैं तुम्हारी बात समझता हूँ या मैं तुम्हारी बात समझ रहा हूँ।)
- I understood you. (मैं तुम्हारी बात समझ गया या मैं तुम्हारी बात समझ रहा था।)

अभ्यास (practice)-2

A) निम्नलिखित का अंग्रेजी में अनुवाद करो।

1. गीता इस समय अपने कपड़े धो रही है।
2. वह लड़का अपनी बस की प्रतीक्षा कर रहा है।
3. वे सभी लड़कियाँ कक्षा में बैठी हुई हैं।
4. श्री शर्मा इन दिनों भारतीय दर्शनशास्त्र का अध्ययन कर रहे हैं।
5. वह खिलाड़ी मैदान में ठीक तरह से नहीं खेल रहा है।
6. हम अपने मित्रों की प्रतीक्षा नहीं कर रहे हैं।
7. क्या तुम्हारी सबसे छोटी बहिन आज लिंक एक्सप्रेस से इलाहाबाद नहीं जा रही है?
8. क्या मोहन का सबसे बडा भाई तुम्हारे कॉलेज में नहीं पढ़ रहा है?
9. कौनसा लड़का उसे तंग कर रहा है?
10. वह आज बाजार से कितना गेहूँ खरीद रहा है?
11. तुममें से कौनसा छात्र अगले वर्ष फ्रांस जा रहा है?
12. किसके पिता तुम्हारी प्रतीक्षा कर रहे हैं?
13. क्या हवा तेज नहीं चल रही है?
14. दिल्ली नगर प्रतिदिन विस्तृत हो रहा है।
15. मैं तुम्हारी बहिन को कॉलेज तक छोड़ रहा हूँ।

B) निम्नलिखित का हिन्दी में अनुवाद करो।

1. Dinesh is doing his work.
2. Her mother is teaching your brother.

3. All of those boys are standing in the class.
4. Mr Saxena is teaching Philosophy in the class.
5. It is not blowing very hard.
6. Who are you waiting for?
7. Is your eldest sister not returning from Khandwa today?
8. Whose mother is not sewing the clothes?
9. Which boy is waiting for his father?
10. How many girls of you are taking part in the debate?
11. I am seeing your teacher next Monday.
12. Is the city of Kanpur not enlarging day by day?
13. I am seeing your younger sister to the station.
14. By which train is she going to Haridwar?
15. She believes me.

C) Full Verbs

First Form		अर्थ	Second Form		Third Form	
Bind	बाइन्ड	बांधना	Bound	बाउन्ड	Bound	बाउन्ड
Get	गैट	पाना	Got	गॉट	Got	गॉट
Fight	फाइट	लड़ना	Fought	फॉट	Fought	फॉट
Allow	एलाऊ	आज्ञा देना	Allowed	एलाउड	Allowed	एलाउड
Bleed	ब्लीड	रक्त बहाना	Bled	ब्लेड	Bled	ब्लेड
Creep	क्रीप	रेंगना	Crept	क्रेप्ट	Crept	क्रेप्ट
Treat	ट्रीट	व्यवहार करना	Treated	ट्रीटेड	Treated	ट्रीटेड
Vanish	वैनिश	गायब होना	Vanished	वैनिश्ड	Vanished	वैनिश्ड
Wash	वाश	धोना	Washed	वाश्ड	Washed	वाश्ड
Write	राइट	लिखना	Wrote	रोट	Written	रिटन

Bring	ब्रिंग	लाना	Brought	ब्रॉट	Brought	ब्रॉट
Addict	एडिक्ट	व्यसन में पड़ना	Addicted	एडिक्टेड	Addicted	एडिक्टेड
Throw	थ्रो	फेंकना	Threw	थ्रियू	Thrown	थ्रोन
Kneel	नील	घुटनों पर झुकना	Knelt	नेल्ट	Knelt	नेल्ट

D) Attractive Words

Abduct	ॲबडक्ट	अपरहण करना
Curve	कर्व	घुमाव, मोड़
Damage	डेमिज	क्षति
Dame	डेम	शादीशुदा औरत
Feeble	फीबल	दुर्बल
Fellow	फेलो	व्यक्ति, संगी
Feminine	फेमिनिन	स्त्रीलिंग, स्त्री सम्बन्धी
Fashion	फैशन	रिवाज
Hindrance	हिन्ड्रेन्स	अड़चन
Heir	एयर	उत्तराधिकारी
Lid	लिड	ढक्कन
Less	लेस	कम, थोड़ा
Level	लेवल	समतल, स्तर
Miracle	मिरक्ल	चमत्कार, अलौलिक घटना
Miss	मिस	कुमारी, अविवाहिता
Mister	मिस्टर	श्रीमान, श्री
Victory	विक्टरी	विजय, फतह
Villain	विलेन	खलनायक, दुष्ट
Weight	वेट	वजन, वाट
Interfere	इन्टरफियर	हस्तक्षेप करना

4

Present Perfect Tense

A) Affirmative

इस tense में कार्य की पूर्णता पायी जाती है। इस tense में मुख्य क्रिया की third form प्रयोग की जाती है। एकवचन कर्ता के साथ सहायक क्रिया has तथा बहुवचन कर्ता के साथ have जिसमें I और you भी सम्मिलित हैं, प्रयोग होती है। इस प्रकार के वाक्यों के अन्त में *आ है, ई हैं, ऐ हैं, आ हूँ* आदि शब्द हिन्दी वाक्यों में आते हैं।

- वह एक पत्र लिख चुका है *या* उसने एक पत्र लिखा है *या* उसने एक पत्र लिख लिया है। (He has written a letter.)
- सुनीता ने बी0 एड0 पास किया है *या* सुनीता ने बी0 एड0 पास कर लिया है *या* सुनीता बी0 एड0 पास कर चुकी है। (Sunita has passed B.Ed.)
- मैंने माधुरी को हिन्दी और अंग्रेजी पढ़ाई है। (I have taught Madhuri Hindi and English.)
- आज वर्षा तेज हुई है। (It has rained heavily today.)
- उसने तुम्हें गाली दी है। (He has abused you.)
- तुमने सीता की सदा सहायता की है। (You have always helped Sita.)

B) Negative

इस प्रकार के वाक्यों में सहायक क्रिया के बाद not या never शब्द स्थिति के अनुसार प्रयोग किया जायेगा।

- वे लड़के कॉलेज नहीं गये हैं। (Those boys have not gone to college.)
- तुमने आज चाय नहीं पी है। (You have not taken tea today.)

➢ सरिता ने इस कुर्सी को नहीं तोड़ा है। (Sarita has not broken this chair.)

➢ गोविन्द ने उन गायों की अभी तक नहीं दुहा है। (Govind has not milked those cows yet.)

➢ गाड़ी अभी तक स्टेशन नहीं पहुँची है। (The train has not reached the station as yet.)

C) Interrogative

इस प्रकार के वाक्यों में सहायक क्रिया has या have कर्ता से पूर्व प्रयुक्त होगी तथा हिन्दी वाक्य के मध्य में प्रश्नवाचक शब्द होने पर, प्रथम स्थान पर प्रश्नवाचक शब्द का, दूसरे स्थान पर सहायक क्रिया का तथा तीसरे स्थान पर कर्ता का प्रयोग होगा।

➢ क्या रीता खाना बना चुकी है? (Has Rita cooked food?)

➢ क्या तुमने उसकी कभी सहायता की है? (Have you ever helped him?)

➢ क्या मालती ने अभी तक बी0एड0 की परीक्षा नहीं दी है? (Has Malti not taken B.Ed. Examination as yet?)

➢ कौनसा छात्र आज बुलन्दशहर गया है? (Which student has gone to Bulandshahr today?)

➢ कितनी छात्राओं ने इस उत्सव में भाग लिया है? (How many girl students have taken part in this function?)

➢ क्या इस छात्रा ने परीक्षा में सर्वप्रथम स्थान प्राप्त किया है? (Has this girl student topped the list of successful students in the examination?)

➢ क्या कभी तुम चित्तौडगढ़ गये हो? (Have you ever been to Chittaurgarh?)

➢ तुममें से कितनों ने बिरला मंदिर देखा है? (How many of you have seen the Birla Temple?)

Present Perfect का भिन्न–भिन्न स्थितियों में प्रयोग

1. वर्तमान काल में भी कार्य जारी होता है।

- आज सुबह तक मैंने चौदह पत्र लिखे हैं। (I have written fourteen letters *so far this morning*.)
- वह पहिले कभी इलाहाबाद नहीं देख चुकी है। (*She has never seen* Allahabad before.)
- यह सबसे ज्यादा रुचिकर पुस्तक है, ऐसी पुस्तक मैंने कभी नहीं पढ़ी है। (It is the most interesting book *I have ever read.*)

Just का प्रयोग present perfect tense में भी किया जाता है जो हाल में पूर्ण किये गये कार्य का द्योतक है।

- He has just gone out. = He went out a few minute ago. (वह अभी–अभी बाहर गया है।)
- Has he just gone out? (क्या वह अभी–अभी बाहर गया है?)

Just का प्रयोग सामान्यतः negative में नहीं होता है, यह सहायक क्रिया और मुख्य क्रिया (full verb) के मध्य में प्रयुक्त होता है।

2. उन चीजों को जिन्हें हमने किया है या उनका अनुभव कर चुके हैं।

- He has taught Mathematics in five different schools. (उसने गणित विषय को पाँच भिन्न–भिन्न विद्यालयों में पढ़ाया है।)
- Has she ever been to Indore? (क्या वह कभी इन्दौर गई है?)

  Yes, she has been there. (हाँ, वह वहाँ जा चुकी है।)

Been का प्रयोग उस स्थिति में होता है जब व्यक्ति अमुक स्थान पर जा कर के वापस आता है। अर्थात् travelled to and returned from. इस स्थिति में *gone* का प्रयोग असम्भव है।

Sentence में been का प्रयोग कभी–कभी past simple के अर्थ को दर्शाता है।

Teacher to monitor :

- Where is Mohan? (मोहन कहाँ है?)

The monitor to the teacher :

➢ He has gone to post office. (वह पोस्ट ऑफिस गया है।)

The teacher to Mohan (after returning from the post office) (मोहन के पोस्ट ऑफिस से लौटने के बाद):

➢ Where have you been, Mohan? (मोहन, तुम कहाँ गये थे?)

Mohan to the teacher :

➢ Sir, I have been to the post office. (श्रीमान जी, मैं पोस्ट ऑफिस गया हुआ था। अर्थात् मैं पोस्ट ऑफिस से होकर आया हूँ।)

3. **Past tense** की घटनाओं को भी **present perfect tense** में दर्शाया जाता है।

➢ Oh! she has had a hair cut. (अरे! उसने बालों को एक स्टाइल विशेष में कटवाया है।)

4. **News reporting** की स्थिति में

➢ At least fifteen people have been killed in a motor way crash. (कम से कम पन्द्रह व्यक्ति सड़क दुर्घटना में मारे जा चुके हैं।)

➢ The Prime Minister has announced that taxes are to be increased from the beginning of next year. (प्रधानमंत्री ने घोषणा की है कि कर आगामी वर्ष के प्रारम्भ से बढ़ने हैं।)

5. **Verb to be = is/ am/ are**

वर्तमान काल+ ordinal numbers (क्रम वाचक संख्यायें) या superlative degree के पश्चात् present perfect tense का प्रयोग होता है।

➢ This *is* (verb be) *the first* (ordinal) time I have been to Chennai. (यह पहला अवसर कि मैं चेन्नई होकर आया हूँ।)

➢ She is *the most beautiful* (superlative degree) girl I have ever seen.

6. **So far, up to now, lately, already, yet** आदि शब्दों के साथ सामान्यतः **present perfect tense** का प्रयोग होता है।

➢ She has already done her home work. (वह पहले ही अपना गृह कार्य कर चुकी है।)

➢ He has not answered yet. (उसने अभी तक उत्तर नहीं दिया है।)

Yet का प्रयोग interrogative में भी होता है।

➢ Has Sohan arrived yet? (क्या सोहन पहुँच चुका है?)

7. समय सन्दर्भ **(time refrence)** की स्थिति में– 'कि कार्य अभी भी जारी है।' **This morning, this afternoon, today, this week, this year, this centuary** *सेन्च्यूरी*, **this month** आदि शब्दों के साथ **present perfect tense** का प्रयोग होता है।

➢ I have read रैड three books this month. (मैं इस महीने तक तीन पुस्तकें पढ़ चुका हूँ।)

This month यह दर्शाता है कि मेरा पढ़ने का काम अभी भी जारी है।

☞ Read की second और third form का उच्चारण रैड है।

8. **Present perfect tense** का प्रयोग ***time*** व ***condition*** कंडीशन (शर्त) को दर्शाने वाली **clauses** (उपवाक्यों) में भी किया जाता है। ये उपवाक्य भविष्यत् काल में कार्य की पूर्णता को इंगित करते हैं।

➢ Do you think I could borrow that book after you have finished reading it? (क्या ऐसी सम्भावना है कि तुम्हारे पुस्तक को पढ़ने के बाद मुझे यह उधार मिल सकती है?)

9. **Since, for, how long** के साथ भी **present perfect tense** का प्रयोग होता है। कार्य भूतकाल में प्रारम्भ होता है और वर्तमान में जारी रहता है। सम्भवतः **future** में भी जा सकता है।

➢ He has been away from home for six months. (उसे घर से गये हुये छः माह हो चुके हैं।)

➢ Sohan, I haven't seen you for ages. (सोहन, मैंने तुम्हें काफी लम्बे समय से नहीं देखा है।)

➢ How long have you been here? (तुम्हें यहाँ आये हुये कितना समय हो चुका है?)

➢ I have been here since January. (मैं यहाँ जनवरी से हूँ।)

10. समाचार पत्रों की सुर्खियों में समाविष्ट **(implied in newes paper's head lines)-**

यदि news paper की head line *past simple* में हो तो उसमें present perfect passive समाविष्ट होता है।

➢ MANY VILLAGES DESTROYED IN EARTHQUAKE = Many villages have been destroyed in earthquake. (भूकम्प में अनेक गाँव बरबाद हो चुके हैं।)

अभ्यास (practice)-3

A) निम्नलिखित का अंग्रेजी में अनुवाद करो।

1. तुम्हारी बड़ी बहन ने आज एक कार खरीदी है।
2. उन तीर्थ यात्रियों ने गंगा जी में स्नान कर लिया है।
3. सुधीर ने आज एक कुन्तल चीनी खरीदी है।
4. उन ग्रामीणों ने आज एक भेड़िये को मार डाला है।
5. मैं पहले ही उसे निमंत्रण दे चुका हूँ।
6. शीला ने उन कपड़ों को अभी तक क्यों नहीं धोया है?
7. वे लखनऊ में कहाँ ठहरे हैं?
8. उसने इस पुस्तक को कितने रुपये में खरीदा है?
9. हम दस किलोमीटर चल चुके हैं।
10. कितने लड़को ने अपना गृह कार्य पूरा नहीं किया है?
11. क्या आज वर्षा तेज नहीं हुई है?
12. तुम्हारी छोटी बहन संगीता ने इस वर्ष कौनसी परीक्षा पास की है?
13. कौनसा छात्र अभी तक त्रिवेन्द्रम से नहीं लौटा है?
14. वह अभी–अभी बाहर गई है।
15. वे लड़के अभी कॉलेज नहीं गये हैं।

B) निम्नलिखित का हिन्दी में अनुवाद करो।

1. This is the most beautiful building I have ever seen.
2. Have you ever been to Mumbai?
3. How long has she been in Uttarakhand?
4. They have not washed their clothes well.
5. I have lost black gloves.
6. Have you seen them anywhere?
7. Have you seen today's paper?
8. Has anything happened intersting?
9. How long have you known my father?
10. I have known him for ten years.
11. Has the plumber arrived here yet?
12. Which man of them has helped you?
13. She has sold her house for three lakh of rupees.
14. How many cows has he milked so far?
15. There has been an accident.

C) Full Verbs

First Form		अर्थ	Second Form		Third Form	
Mean	मीन	अर्थ होना	Meant	मिन्ट	Meant	मिन्ट
Hang	हैंग	लटकाना	Hung	हंग	Hung	हंग
Face	फेस	सामना करना	Faced	फेस्ड	Faced	फेस्ड
Lead	लीड	मार्ग दिखाना	Led	लेड	Led	लेड
Name	नेम	नाम रखना	Named	नेम्ड	Named	नेम्ड
Walk	वाक	चलना	Walked	वाक्ड	Walked	वाक्ड
Solve	सोल्व	हल करना	Solved	सोल्वड	Solved	सोल्वड

Abuse	एबयूज	गाली देना	Abused	एबयूज्ड	Abused	एबयूज्ड
Bear	बेयर	जन्म देना	Bore	बोर	Born	बोर्न
Set	सैट	छिपना	Set	सैट	Set	सैट

D) Attractive Words

Anthem	ॲनथेम	भजन प्रशंसा–गीत
Commercial	कोमर्सियल	व्यापारिक
Palm	पाम	हथेली
Bangle	बैंगल	चूडी
Reed Chair	रीड चेयर	मोढा
Nephew	नेफ्यू	भतीजा
Shower/Drizzle	शॉवर	बौछार/फुहार
Qualification	क्वालिफिकेशन	योग्यता
Owner	ओनर	स्वामी
Monopoly	मोनोपोली	एकाधिकार
Literature	लिट्रेचर	साहित्य
Knight	नाइट	एक उपाधि, सूरमा, शतरंज में घोड़ा
Intimacy	इंटिमेसि	घनिष्टता
Honourable	ऑनरेबल	आदरणीय
Gleaning	ग्लीनिंग	बिनाई, संग्रह
Fuel	फ्यूल	ईंधन
Efficiency	इफिशॅनसी	कार्य क्षमता
Destination	डेस्टिनेशन	मंजिल, गन्तव्य
Uplift	अपलिफ्ट	ऊपर उठना
Prestige	प्रेस्टीज	प्रतिष्ठा, कीर्ति

5

Present Perfect Continuous Tense

A) Affirmative

इस tense में कार्य पूर्ण होने के साथ–साथ वर्तमान काल में भी जारी रहता है। इसमें सहायक क्रिया एकवचन कर्ता के साथ has been और बहुवचन कर्ता के साथ जिसमें I और you भी सम्मिलित हैं have been होती है। रहा, रही, रहे, होने पर मुख्य क्रिया में ing जोड़ा जाता है तथा *से* शब्द की अंग्रेजी निश्चित समय (point of time) के लिए *since* व अनिश्चित समय (period of time) के लिए *for* होती है। इस tense के वाक्य तीन तरह के होते हैं।

a) जिसमें समय दिया हुआ हो तथा अन्त में *रहा है, रही है, रहे हैं, रहा हूँ* आदि शब्द होते हैं।

b) जिसमें समय दिया हुआ हो तथा अन्त में *रहा है, रही है, रहे हैं, रहा हूँ* आदि शब्द न हों।

c) जिस वाक्य में न तो समय दिया हो और न ही *रहा है, रही है, रहे हैं, रहा हूँ* आदि शब्द हों अपितु उसका अन्त *ता रहा है, ती रही है, ते रहे हैं, ता रहा हूँ* आदि शब्दों में होता है।

➢

मोहन	सुबह से	उस पुस्तक को	पढ़ रहा	है।
1	5	4	3	2

अर्थ– Mohan has been reading that book since morning.

(1) subject (2) helping/ auxiliary verb (3) main verb+ ing (4) object (5) for/ since+ time

➢ सुनीता दो घन्टे से अनुपस्थित है। (Sunita has been absent for two hours.)

- वे लड़के मैदान में दौड़ते रहे हैं। (Those boys have been running in the field.)
- वे छात्र आधी रात से परीक्षा की तैयारी कर रहे हैं। (Those students have been preparing for the examination since mid-night.)
- तुम्हारे पिता आधे घन्टे से बस की प्रतीक्षा कर रहे हैं। (Your father has been waiting for the bus for half an hour.)
- विनीता का सबसे बडा भाई हरीश मंगलवार से बीमार है। (Vinita's eldest brother, Harish has been ill since Tuesday.)
- ये लड़कियाँ शोर मचाती रही हैं। (These girls have been making a noise.)

B) Negative

इस प्रकार के वाक्यों में *not* शब्द का प्रयोग has या have के बाद तथा been से पहले होगा।

- वे लड़के सुबह से नहीं पढ़ रहे हैं। (Those boys have *not* been reading since morning.)
- सुनील पाँचवें कालाँश से अनुपस्थित नहीं है। (Sunil has not been absent since the fifth period.)
- वर्षा दस मिनट से नहीं हो रही है। (It has not been raining for ten minutes.)
- मोहन पिछले सप्ताह से नहीं पढ़ रहा है। (Mohan has not been reading since last week.)
- सोनल दो घंटे से इस स्वेटर को नहीं बुन रही है। (Sonal has not been knitting this sweater for two hours.)
- राहुल पिछले दो महीने से उस मकान में नहीं रह रहा है। (Rahul has not been living in that house for the last two months.)

C) Interrogative

इस प्रकार के वाक्यों में सहायक क्रिया का पहला भाग has या have कर्ता से पूर्व प्रयोग

किया जाता है। कर्ता के बाद वाक्य में यदि *not* दिया हुआ है तो not के बाद सहायक क्रिया का शेष भाग *been*, तत्पश्चात् मुख्य क्रिया, कर्म तथा समय आदि शब्द प्रयोग किये जाते हैं। यदि हिन्दी के वाक्य में प्रश्नवाचक शब्द मध्य में प्रयुक्त हुआ है तो सहायक क्रिया के प्रथम भाग has या have से पूर्व प्रश्नवाचक शब्द प्रयोग किया जायेगा। शेष स्थिति क्या से प्रारम्भ होने वाले वाक्य की तरह ही रहेगी।

- क्या मीरा दो घंटे से अपने भाई को पढ़ना सिखा रही है? (Has Meera been teaching her brother to read for two hours?)
- क्या तुम मैदान मे नहीं दौड़ते रहे हो? (Have you not been running in the field?)
- क्या उसकी बहन 2009 से दिल्ली में नहीं है? (Has his/ her sister not been in Delhi since 2009?)
- वे लड़के दोपहर से क्या लिख रहे हैं? (What have those boys been writing since noon?)
- क्या आधी रात से लगातार वर्षा नहीं हो रही है? (Has it not been raining non-stop since mid-night?)
- वह कब से रेलगाड़ी की प्रतीक्षा कर रहा है? (Since when has he been waiting for the train?)
- तुममें से कितने छात्र पिछले तीन वर्षों से इस कॉलेज में नहीं पढ़ रहे हैं? (How many students of you have not been reading in this college for the last three years?)
- वे लड़कियाँ क्या करती रही हैं? (What have those girls been doing?)
- क्या ये अध्यापक परीक्षा नहीं लेते रहे हैं? (Have these teachers not been giving the examination?)
- राधा का सबसे छोटा भाई गणेश आधा घन्टे से कक्षा के बाहर क्यों खड़ा हुआ है? (Why has Radha's youngest brother, Ganesh been standing outside the class for half an hour?)
- कविता क्या गाती रही है? (What has Kavita been singing?)

अभ्यास (practice)-4

A) निम्नलिखित का अंग्रेजी में अनुवाद करो।

1. तुम्हारे भूगोल अध्यापक दस मिनट से कक्षा में पढ़ा रहे हैं।
2. कान्ता दस बजे से एक उपन्यास लिख रही है।
3. वे छात्र आज सुबह से मैदान में क्रिकेट खेल रहे हैं।
4. मैं दो दिन से नागपुर में रह रहा हूँ।
5. वह लड़की परसों से अनुपस्थित है।
6. हम एक बजे से उसकी प्रतीक्षा कर रहे हैं।
7. श्री शंकर आधा घंटे से बच्चों को एक कहानी सुना रहे हैं।
8. हम चार दिन से स्वस्थ नहीं हैं।
9. क्या तुम्हारी माता आधे घन्टे से भगवान शंकर की पूजा कर रही हैं?
10. तुममें से कौनसी लड़की दो दिन से अपना काम नहीं कर रही है?
11. वे कब से गंगा जी में स्नान कर रहे हैं?
12. क्या विनोद पिछले कालाँश से तुम्हें तंग कर रहा है?
13. वे कब से यहाँ पर है?
14. क्या शेर जंगल में नहीं दहाड़ते रहे हैं?
15. किसकी माता आधे घंटे से कक्षा के बाहर खडी हुई है?

B) निम्नलिखित का हिन्दी में अनुवाद करो।

1. Sudhir has been playing cards for twenty minutes.
2. They have been crying in the class.
3. She has been absent since the second period.
4. We have not been helping those men for the last five years.
5. Has Jyoti not been doing her home work since the day before yesterday?

6. Have those teachers not been teaching Hindi in this college for the last two years?
7. Whose father has not been working in this factory since last month?
8. Have the birds not been flying in the sky?
9. Which boy has been playing in the field since the first period?
10. I have been looking for my bag for ages.
11. He has been studying Sanskrit for three years.
12. How long have you been waiting for me?
13. The radio has been playing since 8 a.m.
14. How long has she been driving?
15. It has been snowing for three days.

C) Full Verbs

First Form		**अर्थ**	**Second Form**		**Third Form**	
Wait	वेट	प्रतीक्षा करना	Waited	वेटिड	Waited	वेटिड
Plunder	प्लन्डर	लूटना	Plundered	प्लन्डर्ड	Plundered	प्लन्डर्ड
Quit	क्विट	छोड़ना	Quit	क्विट	Quit	क्विट
Decorate	डैकोरेट	सजाना	Decorated	डैकोरेटड	Decorated	डैकोरेटड
Enter	ऐन्टर	प्रवेश करना	Entered	ऐन्टर्ड	Entered	ऐन्टर्ड
Fell	फैल	गिराना	Felled	फैल्ड	Felled	फैल्ड
Draw	ड्रा	खींचना	Drew	ड्रयू	Drawn	ड्रान
Hide	हाइड	छिपाना	Hid	हिड	Hidden	हिडन
Boast	बोस्ट	डींग मारना	Boasted	बोस्टेड	Boasted	बोस्टेड
Keep	कीप	रखना	Kept	केप्ट	Kept	केप्ट

D) Attractive Words

Despair	*डिसपेयर*	निराशा, हताश
Divorce	*डिवोर्स*	तलाक, सम्बन्ध विच्छेद
Engineer	*इंजीनियर*	अभियन्ता
Fence	*फेन्स*	घेरा, बाडा
Holy	*होली*	पवित्र, पावन
Identity	*आइडेन्टिटि*	पहचान, परिचय
Jackal	*जॅकॉल*	सियार, गीदड
Keen	*कीन*	उत्सुक, धारदार
Lack	*लैक*	न्यूनता, अभाव
Magistrate	*मैजिस्ट्रेट*	दण्डाधिकारी
Negligence	*नेग्लिजेन्स*	उपेक्षा, लापरवाही, गफलत
Objection	*ऑब्जेक्शन*	आपत्ति, विरोध
Pace	*पेस*	कदम, डग
Quarter	*क्वॉर्टर*	चतुर्थांश, निवास
Radio	*रेडियो*	आकाशवाणी
Rival	*राइवल*	प्रतिद्वंदी
Salary	*सेलरी*	वेतन, तनख्वाह
Tear	*टियर*	आंसू
Telephone	*टेलिफोन*	दूरभाष, टेलिफोन
The	*दी*	पूर्व वर्णित

6

Present Tense
(Active Voice - Passive Voice)

Active से **Passive** में परिवर्तन करने के लिये निम्नलिखित नियमों को ध्यान में रखना आवश्यक है।

1. Active voice का कर्ता (subject) passive voice में कर्म (object) में बदला जाता है।
2. Active voice का कर्म (object) passive voice में कर्ता (subject) बनेगा।
3. Passive voice में मुख्य क्रिया (full verb) की third form ही प्रयोग की जायेगी।
4. Active voice के अनुसार ही passive voice के वाक्य का क्रम रहेगा। अर्थात् यदि active में कर्ता नं0 1 पर है तो passive में भी नं0 1 पर रहेगा, दो पर है तो दो पर, नं0 3 पर है तो नं0 3 पर ही रहेगा।
5. Active में सहायक क्रिया नं0 दो पर है तो passive में भी नं0 दो पर, active में पहले स्थान पर है तो passive में भी पहले स्थान पर रहेगी।
6. Active का subject जो passive में object होगा उसे *agent* भी कहा जाता है तथा उस से पूर्व *by* शब्द का प्रयोग सामान्य रूप से होता है। Active में fullstop है तो passive में भी fullstop होगा। Active में question mark है तो passive में भी question mark रहेगा।
7. Passive के कर्ता (जो active voice में object था) के अनुसार सहायक क्रिया का प्रयोग किया जायेगा।
8. समय (time), स्थान (place), क्रिया विशेषण (adverb) तथा उपरोक्त से सम्बन्धित वाक्याँश (phrase) को कभी भी passive voice का कर्ता नहीं बनाया जा सकता। जैसे today, Allahabad, slowly, at eight o'clock (time phrase), in Kanpur (place phrase) आदि।

सभी प्रकार के passive में उपरोक्त आठ नियम लागू रहेंगे।

Present Simple

A) Affirmative

➢ She plays cards daily. **(active)**

She	plays	cards	daily.
subject	full verb	object	adverb

Cards are played by her daily. **(passive)** (ताश प्रतिदिन उसके द्वारा खेले जाते हैं।)

उपरोक्त वाक्य में कर्ता *she* active voice में नं0 1 पर प्रयुक्त हुआ है तो passive voice में होने वाला subject *cards* भी नं0 1 पर प्रयोग किया गया है।

➢ They help me in the class. **(active)**

They	help	me	in the class.
subject	full verb	object	place phrase

I am helped by them in the class. **(passive)** (कक्षा में उनके द्वारा मेरी सहायता की जाती है।)

B) Negative

➢ They do not invite her. **(active)**

They	do not	invite	her.
कर्ता	सहायक क्रिया	मुख्य क्रिया	कर्म

She is not invited by them. **(passive)**

क्योंकि active में सहायक क्रिया के बाद not है इसलिए passive में भी सहायक क्रिया के बाद not का प्रयोग किया गया है।

C) Interrogative

➢ Does Mohan write letters in the class? **(active)**

Does	Mohan	write	letters	in the class?
सहायक क्रिया	कर्ता	मुख्य क्रिया	कर्म	स्थान क्रिया विशेषण

Are letters written by Mohan in the class? **(passive)**

यदि active में सहायक क्रिया (does) नं0 1 पर है व कर्ता (Mohan) नं.0 2 पर है तो passive की सहायक क्रिया (are) भी नं0 1 पर ही रहेगी और passive का कर्ता (letters) नं0 2 पर ही रहेगा।

➢ Does she not knit a sweater daily? **(active)**

Does	she	not	knit	a sweater	daily?
सहायक क्रिया	कर्ता	not	मुख्य क्रिया	कर्म	समय क्रिया विशेषण

Is a sweater not knit by her daily? **(passive)**

यदि active में *not* कर्ता के बाद तीसरे स्थान पर है तो passive में भी तीसरे स्थान पर ही रहेगा।

➢ When do they not play cricket in the field? **(active)**

When is cricket not played by them in the field? **(passive)**

Active में क्रमशः प्रश्नवाचक शब्द, सहायक क्रिया, कर्ता तथा *not* का क्रम होता है। यही क्रम passive में भी रहेगा।

➢ Why does your father not take tea in the day? **(active)**

Why is tea not taken by your father in the day? **(passive)**

➢ Who teaches them English? **(active)**

By whom is English taught them? **(passive)**

= By whom are they taught English? **(passive)**

= Who is English taught them by? **(passive)**

= Who are they taught English by? **(passive)**

उपरोक्त passive को चार रूपों में दर्शाया गया है क्योंकि who का object 'who' भी है। इस स्थिति में *by* का प्रयोग वाक्य के अन्त मे होगा। यदि who का object, *whom* माना जाता है तो वाक्य के आरम्भ में *by* शब्द का प्रयोग होगा। उपरोक्त वाक्य में direct (English) व indirect (them) दो objects हैं, दोनों को passive में subject के रूप में दर्शाया गया है।

PRONOUN	
Subject	**Object**
I	me
we	us
you	you
he	him

she	her
it	it
they	them
Mohan/ Sita/ noun/ nouns	NO CHANGES

यदि active voice में *subjects*- someone, no one, some-body, nobody, anybody, anyone, people हों, तो passive voice बनाते समय उपरोक्त शब्द प्रयोग नहीं होंगे। अर्थात् उन्हें छोड़ दिया जायेगा और न ही *by* शब्द का प्रयोग होगा। यह नियम सभी tenses के सभी kinds में लागू होगा।

➤ *People* speak Gujrati in Gujrat. **(active)**

Gujrati is spoken in Gujrat. **(passive)**

कुछ स्थितियों मे *they* शब्द को भी छोड़ दिया जाता है तब they का अर्थ people से लिया जाता है।

➤ *They* (people) say the train is late by 15 minutes. (लोग कह रहे हैं कि गाड़ी पन्द्रह मिनट लेट है।) **(active)**

It is said that the train is late by 15 minutes. **(passive)**

इस प्रकार *they say* का passive *it is said* हुआ। कुछ स्थितियों में verb be (is, are) का प्रयोग बोलचाल की भाषा में passive में नहीं होता है।

➤ Tickets are sold here. **(passive)**

= Tickets sold here. (टिकट यहाँ बिकते हैं/बेचे जाते हैं।)

➤ Drafts are issued there. **(passive)**

= Drafts issued there. (ड्राफ्ट वहाँ जारी किये जाते हैं।)

Present Continuous

A) Affirmative

➤ Sita is preparing tea. (सीता चाय बना रही है।) **(active)**

Tea is being prepared by Sita. (चाय सीता के द्वारा बनाई जा रही है।) **(passive)**

➢ She is washing the clothes. **(active)**

The clothes are being washed by her. **(passive)**

B) Negative

➢ She is not teaching them History. **(active)**

They are not being taught History by her. **(passive)**

☞ जब सहायक क्रिया एक से अधिक भाग रखती हो और वाक्य में not का प्रयोग हुआ है तो पहले भाग के पश्चात् ही not शब्द प्रयोग होगा। यह स्थिति सभी tenses के सभी kinds में, active व passive में समान रूप से लागू होगी। उपरोक्त वाक्य में History को भी passive voice का कर्ता बनाया जा सकता है।

C) Interrogative

➢ Is she teaching the students in the class? **(active)**

Are the students being taught by her in the class? (क्या कक्षा में उसके द्वारा छात्रों को पढ़ाया जा रहा है?) **(passive)**

उपरोक्त passive voice में सहायक क्रिया का प्रथम भाग कर्ता से पूर्व प्रयुक्त किया गया है। यदि इस स्थिति में वाक्य में not शब्द भी प्रयुक्त हुआ है तो *not* का प्रयोग कर्ता के बाद व शेष सहायक क्रिया से पहले होगा। जैसे–

➢ Is Madhu not inviting these girls? **(active)**

Are these girls not being invited by Madhu? **(passive)**

➢ How many girls are not taking tea? **(active)**

By how many girls is tea not being taken? **(passive)**

उपरोक्त वाक्य में कर्ता अज्ञात (unknown) होने के कारण by शब्द अज्ञात प्रश्नवाचक वाक्याँश के साथ प्रारम्भ में ही प्रयोग किया जायेगा।

अन्य उदाहरण–

➢ Whose father is buying that car today? **(active)**

By whose father is that car being bought today? **(passive)**

- Which student is playing cards in the class? **(active)**

  By which student are cards being played in the class? **(passive)**

- Whose mother is knitting your sweater? **(active)**

  By whose mother is your sweater being knit? **(passive)**

- Whom are you helping now? (अब तुम किसकी सहायता कर रहे हो?) **(active)**

  यहाँ कर्ता ज्ञात है अर्थात् *you* है।

  Who/ whom is being helped by you now? **(passive)** (अब तुम्हारे द्वारा किसकी सहायता की जा रही है?)

Present Perfect

A) Affirmative

इस tense में सहायक क्रिया एकवचन के साथ has been तथा बहुवचन के साथ have been होगी।

- She has written five letters so far. (वह अब तक पाँच पत्र लिख चुकी है।) **(active)**

  Five letters have been written by her so far. **(passive)**

- I have taught your younger brother. **(active)**

  Your younger brother has been taught by me. **(passive)**

- That hunter has killed five wolves. **(active)**

  Five wolves have been killed by that hunter. **(passive)**

B) Negative

- They have not invited Mahesh. **(active)**

  Mahesh has not been invited by them. **(passive)**

➢ Those girls have not played cricket. **(active)**

Cricket has not been played by those girls. **(passive)**

➢ I have not typed those letters. **(active)**

Those letters have not been typed by me. **(passive)**

☞ Not का प्रयोग has या have के बाद तथा been से पहले होगा।

C) Interrogative

जब हिन्दी के वाक्य *क्या* शब्द से active में प्रारम्भ होंगे तो passive बनाते समय has या have कर्ता से पूर्व तथा कर्ता का स्थान नं0 2 पर होगा। उसके पश्चात् सहायक क्रिया का शेष भाग been तत्पश्चात् मुख्य क्रिया की third form प्रयोग की जायेगी। यदि हिन्दी के वाक्य के मध्य में प्रश्नवाचक शब्द है तो passive में उसका स्वरूप इस प्रकार होगा– (1)question word (2)has/ have (3)subject (not) (4)been (5)past participle+ object.

➢ Has Radha not invited those boys? (क्या राधा ने उन लड़कों को निमंत्रण नहीं दिया है?) **(active)**

Have those boys not been invited by Radha? **(passive)**

➢ Who has torn that one hundred rupee note? (उस सौ रुपये के नोट को किसने फाड़ा है?) **(active)**

By whom has that one hundred rupee note been torn? **(passive)**

➢ Which student of you has not completed the work? (तुममें से कौनसे विद्यार्थी ने काम को पूरा नहीं किया है?) **(active)**

By which student of you has the work not been completed? (तुममें से कौनसे विद्यार्थी द्वारा काम पूरा नहीं किया गया है?) **(passive)**

☞ दूसरे व तीसरे वाक्य में कर्ता अज्ञात हैं।

अभ्यास (practice)-5

A) निम्नलिखित का अंग्रेजी में **passive voice** बनाओ।

1. सुनीता एक स्वेटर बुनती है।
2. वे छात्र इस समय मैदान में क्रिकेट नहीं खेलते हैं।
3. मध्य प्रदेश, राजस्थान, उत्तराखण्ड, यू0पी0, बिहार, झारखण्ड, छत्तीसगढ़ व हरियाणा में हिन्दी बोली जाती है।
4. ड्राफ्ट खिडकी नं0 3 से जारी होते हैं।
5. ऐसा कहा जाता है कि गाड़ी आधा घन्टे लेट है।
6. क्या सरिता प्रतिदिन दस पत्र टाइप करती है?
7. कौनसा छात्र गाना गा रहा है?
8. क्या विद्यालय को सजाया जा रहा है?
9. वह अब तक कितने प्याले चाय पी चुका है?
10. कितनी लड़कियों ने तुम्हारी सहायता की है?
11. क्या धोबी उन सभी कपड़ों को धो चुका है?
12. तुममें से कितने छात्रों ने चिड़ियाघर देखा है?
13. कपड़ों पर इस्त्री हो रही है।
14. मुख्य अतिथि का सत्कार किया जा रहा है।
15. क्या श्री शर्मा के द्वारा पुरस्कार वितरित किये जा रहे हैं?

B) निम्नलिखित का हिन्दी में अनुवाद करो।

1. The room is being white washed.
2. That field is watered by a farmer.
3. Are those chairs being carried by the peons?
4. By whom are you taught English in the college?
5. Tickets are being sold for Kanpur.

6. Has that chain not been broken?

7. By whose mother is he taught Physics?

8. By which students is this room being cleaned daily?

9. By how many girls of them has the Kali Mandir been seen?

10. How has that work been done?

11. By whom is your room being white washed?

12. Who is Hindi taught you by?

13. At least five hundred people have been killed in the rail accident.

14. Has the roof been repaired?

15. The book has been published.

C) Full Verbs

First Form		अर्थ	Second Form		Third Form	
Stand	स्टैण्ड	खड़े होना	Stood	स्टूड	Stood	स्टूड
Fall	फाल	गिरना	Fell	फैल	Fallen	फालन
Take	टेक	लेना	Took	टुक	Taken	टेकन
Answer	आनसर	उत्तर देना	Answerd	आनसर्ड	Answerd	आनसर्ड
Believe	बिलीव	विश्वास करना	Believed	बिलीव्ड	Believed	बिलीव्ड
Capture	कैप्चर	पकड़ना	Captured	कैप्चर्ड	Captured	कैप्चर्ड
Hate	हेट	घृणा करना	Hated	हेटेड	Hated	हेटेड
Kick	किक	लात मारना	Kicked	किक्ड	Kicked	किक्ड
Miss	मिस	चूकना	Missed	मिस्ड	Missed	मिस्ड
Study	स्टडि	अध्ययन करना	Studied	स्टडिड	Studied	स्टडिड

(D) Attractive Words

Expansion	एक्सपेंशन	विस्तारण
Disturbance	डिस्टरबैन्स	अशान्ति
Condition	कंडीशन	शर्त

Brass	ब्रास	पीतल
Ascetic	अॅसेटिक	तपस्वी, सन्यासी
Lining	लाइनिंग	अस्तर
Fare	फेयर	किराया, भोजन
Grace	ग्रेस	कृपा
Incentive	इन्सेटिव	प्रेरक
Jam	जैम	मुरब्बा
Kiss	किस	चुम्बन
Lac	लैक	लाख (संख्या)
Magic	मैजिक	जादू
Napkin	नेपकिन	अंगोछा, रूमाल
Pilgrim	पिलग्रिम	तीर्थ यात्री
Red handed	रैड हेन्डेड	रंगे हाथ
Scythe	साइद	दरांती, हंसिया
Temperament	टैम्परामेन्ट	प्रकृति, स्वभाव
Ugly	अगली	कुरूप, भद्दा
Vaccination	वेक्सिनेशन	टीका

7

Past Tense

Affirmative	Negative	Interrogative (question)
Past Simple **Active** Second form	1) did not+ first form 2) never+ second form	i) did+ subject (not)+ first form ii) question word+ did+ subject (not)+ first form
Passive was/ were + third form	was not/ were not+ third form	i) was/ were+ subject (not)+ third form ii) question word+ was/ were+ subject (not)+ third form
Past Continuous **Active** was/ were+ main verb+ ing	was not/ were not+ main verb+ ing	i) was/ were+ subject (not)+ main verb+ ing ii) question word+ was/ were+ subject (not)+ main verb+ ing
Passive was/ were+ being+ third form	was not/ were not+ being+ third form	i) was/ were+ subject (not)+ being+ third form ii) question word+ was/ were+ subject (not)+ being+ third form
Past Perfect **Active** had+ third form	had not+ third	i) had+ subject (not)+ third form ii) question word+ had+ subject (not)+ third form
Passive had been+ third form	had not been+ third form	i) had+ subject (not)+ been+ third form ii) question word+ had+ subject (not)+ been+ third form
Past Perfect Continuous **Active** had been+ main verb+ ing	had not been+ main verb+ ing	i) had+ subject (not)+ been+ main verb+ ing ii) question word+ had+ subject (not)+ been+ main verb+ ing

Passive NOT POSSIBLE	NOT POSSIBLE	NOT POSSIBLE

कृपया उपरोक्त सारणी में दिये गये नियमों को कंठस्थ करें।

Past Simple (Indefinite) Tense

इस tense का प्रयोग भूतकाल की घटनाओं के लिये किया जाता है। इस tense का क्षेत्र अन्य tenses से व्यापक है। हिन्दी में इन वाक्यों के अन्त में *आ, ई, ऐ, था, थी, थीं, थे, ता था, ती थी, ते थे* आदि शब्द आते हैं। इनके अतिरिक्त सका, सकी, सके, भी इस tense के अन्त में आते हैं। इस tense में affirmative में मुख्य क्रिया की second form का प्रयोग होता है। Negative होने पर did not के बाद first form का प्रयोग होता है तथा never के साथ second form आती है। Interrogative होने पर दो स्थितियाँ होती हैं। (1) वाक्य के शुरू में *क्या* आने पर did + subject + first form का प्रयोग होगा। (2) वाक्य के मध्य में प्रश्नवाचक शब्द होने पर question word + सहायक क्रिया + subject + first form होगी। Interrogative में यदि *नहीं* शब्द आया है तो उस स्थिति में not कर्ता के बाद प्रयोग किया जायेगा।

A) Affirmative

- ➢ उसने कल एक पत्र लिखा। (He/ She wrote a letter yesterday.)
- ➢ मैंने उसकी सहायता की। (I helped him/ her.)
- ➢ उन छात्रों ने कक्षा में शोर किया। (Those students made a noise in the class.)
- ➢ कल अहमदाबाद में तेज वर्षा हुई। (It rained heavily in Ahmedabad yesterday.)
- ➢ उसने मेरी सहायता तो की। (He *did* help me.)

☞ *तो* शब्द को जोर देने के लिये प्रयोग किया जाता है। *तो* शब्द की अंग्रेजी *did* होती है तथा did का प्रयोग होने पर verb की first form प्रयोग की जाती है।

B) Negative

- ➢ उसने कपड़ों को अच्छी तरह नहीं धोया। (He did not wash the clothes well.)

➢ वह कभी रांची नहीं गया। (He never went to Ranchi.)

➢ उन लड़कियों ने श्री बालाजी मन्दिर नहीं देखा। (Those girls did not see the Shri Balaji Temple.)

➢ मैंने उसे कभी निमंत्रण नहीं दिया। (I never invited him.)

➢ उसके पिता ने कभी चाय नहीं पी। (His father never took tea.)

C) Interrogative

➢ क्या उन लड़कों ने इस वर्ष बी0ए0 पास किया? (Did those boys pass B.A. this year?)

➢ क्या उसने कभी तुम्हारी सहायता नहीं की? (Did he not ever help you? = Didn't he ever help you?)

☞ यदि हम interrogative negative में किसी भी tense में *not* का प्रयोग सहायक क्रिया के साथ कर्ता से पूर्व करना चाहते हैं तो हम उसे contraction (संक्षिप्त रूप) में प्रयोग करेंगे।

➢ वह अम्बाला कब गई? (When did she go to Ambala?)

➢ वह अम्बाला कब नहीं गई? (When did she not go to Ambala? = When didn't she go to Ambala?)

☞ यदि कर्ता अज्ञात (unknown) हो तो उस वाक्य में second form का प्रयोग होगा। सहायक क्रिया did का प्रयोग नहीं होगा।

➢ कितनी लड़कियों ने पिछले वर्ष इस कॉलेज से एम0एस0–सी0 पास किया? (How many girls passed M.Sc. from this college last year?)

➢ किसने इस कुर्सी को तोड़ा? (Who broke this chair?)

☞ यदि अज्ञात कर्ता होने की स्थिति में *नहीं* शब्द भी वाक्य में प्रयुक्त हुआ है तो हम उस स्थिति में did not के साथ first form का प्रयोग करेंगे।

➢ किसके पिता कल बंगलौर नहीं गये? (Whose father did not go to Banglore yesterday?)

➢ कितने लड़कों ने अपना काम पूरा नहीं किया? (How many boys did not complete their work?)

☞ प्रश्नवाचक शब्द के बाद यदि संज्ञा (noun) तुरन्त प्रयुक्त हो तो उसे एक साथ ही लिखा या बोला जायेगा। उसे विभाजित नहीं कर सकते।

➢ किसकी बहन आज मेरठ गई? (*Whose sister* went to Meerut today?)

अज्ञात कर्ता में *में से* शब्द आने पर–

➢ तुम में से कौनसे छात्रों ने रेल से यात्रा नहीं की?
4 3 1 2

अर्थ– Which students of you did not travel by train?

Past Simple का भिन्न–भिन्न स्थितियों में प्रयोग

1. पूर्ण कार्य **(completed actions)**—इस स्थिति में कार्य अभी–अभी पूर्ण हुआ है।

➢ Shobhna phoned me a moment ago. (शोभना ने मुझे अभी फोन किया।)

2. दूरस्थ भूतकाल **(distant past)**

➢ I had a word with Mohan this morning. (आज सुबह मोहन से मेरा वार्तालाप हुआ।)

3. उल्लेख के द्वारा **(understood from the context)**

➢ I saw Sumit in the town. (मैंने सुमित को नगर में देखा। अर्थात् आज सुबह जब मैं नगर में था।)

4. भूतकाल की आदत को दर्शाने के लिए

➢ She smoked thirty cigarettes a day till she gave up. (उसने सिगरेट पीना तब ही छोड़ा जब वह प्रतिदिन तीस सिगरेट पीने लगी।)

➢ He got up at 7 o' clock every morning to go to work. (काम पर जाने के लिये वह प्रतिदिन सात बजे उठा करता था।)

5. विनम्र पूछ–ताछ **(polite inquiries)**—सामान्यतः hope, think, wonder आदि क्रियाओं के द्वारा किसी विषय में जानकारी ली जाती है।

(1) I wonder if you could give me a lift. (मैं जानना चाहता हूँ कि क्या आप मुझे लिफ्ट दे सकते हैं।)

इन वाक्यों का अर्थ present tense में होगा, क्योंकि इन स्थितियों में past tense प्रयोग होने पर भी, past tense के अर्थ को नहीं दर्शाता। वाक्य नं0 2, वाक्य नं0 1 की अपेक्षा अधिक नम्रता को दर्शाता है।

(2) I wondered if you could give me a lift.

उपरोक्त दोनों वाक्यों में past tense से सम्बन्धित क्रिया प्रयोग की गई है परन्तु वास्तविक अर्थ present tense में है।

- lift = किसी के व्यक्तिगत वाहन पर निःशुल्क यात्रा करना।

6. Adverb clauses की स्थिति में

➢ I waited till he arrived. (मैंने उस समय तक प्रतीक्षा की जब तक वह नहीं आया।)

➢ I met Dinesh when I was at college. (मैं दिनेश से मिलता था जब वह कॉलेज में था।)

➢ She helped me when I was in the city. (जब मैं नगर में था तो वह मेरी सहायता करती थी।)

अभ्यास (practice)-6

A) निम्नलिखित का अंग्रेजी में अनुवाद करो।

1. उसने आगरा विश्वविद्यालय से बी0एस0–सी0 पास किया।
2. तुम्हारी बहिन कल कोयम्बटूर नहीं गई।
3. क्या सरिता ने कभी तुम्हारी सहायता की?
4. उसने कल कितने प्याले चाय पी?
5. वे छात्र गोरखपुर में कहाँ ठहरे?
6. उसने परीक्षा में कभी प्रथम स्थान प्राप्त नहीं किया।
7. राजा हरिश्चन्द्र ने अपने जीवन में कभी झूठ नहीं बोला।
8. उसने स्वयं को जला डाला।
9. कल वाराणसी में तेज वर्षा नहीं हुई।

10. उसने कल फिरोजाबाद से क्या–क्या खरीदा?

11. कौनसी छात्रा ने सांस्कृतिक कार्यक्रम में भाग लिया?

12. तुममें से कौनसे लड़के ने सुनील को कल इटारसी में देखा?

13. किसके भाई ने उसे गणित पढ़ाया?

14. अमृतसर मेल स्टेशन कब पहुँची?

15. उसने दिल्ली में क्या देखा?

B) निम्नलिखित का हिन्दी में अनुवाद करो।

1. He white washed his room.
2. They invited all of us.
3. It did not blow hard last night.
4. He invited himself to the party.
5. Who rang the bell?
6. How many people took a bath in the Yamuna?
7. Your grandmother told me a nice story.
8. That wolf killed five children in the jungle.
9. Today I cooked for Mohan.
10. Whose father wrote this novel?
11. How many teachers of them visited the Zoo?
12. Which boy of you did not obey him?
13. How did he do that work so soon?
14. I did wash my clothes.
15. The Indian team won the match by five wickets.

C) Full Verbs

First Form		अर्थ	Second Form		Third Form	
Win	विन	जीतना	Won	वन	Won	वन
Arise	एराइज	उठना	Arose	अरोज	Arisen	एराइजन
Shrink	श्रींक	सिकुडना	Shrank	श्रेंक	Shrunk	श्रंक
Break	ब्रेक	तोड़ना	Broke	ब्रोक	Broken	ब्रोकन
Eat	ईट	खाना	Ate	ऐट	Eaten	इटन
Forget	फोरगेट	भूलना	Forgot	फोरगॉट	Forgotten	फोरगॉटन
Weave	वीव	बुनना	Wove	वोव	Woven	वोवन
Build	बिल्ड	बनाना	Built	बिल्ट	Built	बिल्ट
Call	काल	पुकारना	Called	काल्ड	Called	काल्ड
Jump	जम्प	कूदना	Jumped	जम्पड	Jumped	जम्पड
Keep	कीप	रखना	Kept	कैप्ट	Kept	कैप्ट
Lend	लैन्ड	उधार देना	Lent	लैन्ट	Lent	लैन्ट
Make	मेक	बनाना	Made	मेड	Made	मेड
Spell	स्पेल	हिज्जे करना	Spelt	स्पेल्ट	Spelt	स्पेल्ट
Veil	वेल	नकाब से ढकना	Veiled	वेल्ड	Veiled	वेल्ड

D) Attractive Words

Ancient	एनशेन्ट	प्राचीन
Blame	ब्लेम	निन्दा, बुराई
Young	यंग	कम उम्र का, छोटा
Worthy	वर्दी	पूज्य, योग्य
Victim	विक्टिम	शिकार
Upbringing	अपब्रिगिंग	लालन–पालन
Upstairs	अपस्टेयर्स	ऊपर, ऊपर की मंजिल का
Tyrant	टाइरेन्ट	अत्याचारी शासक
Speech	स्पीच	भाषण, तकरीर

Reason	*रीजन*	कारण
Quantity	*क्वानटिटि*	परिमाण, मात्रा
Pilot	*पाइलट*	विमान चालक
Paradise	*पैरेडाइस*	बैकुन्ठ
Nude	*न्यूड*	निर्वस्त्र
Nil	*निल*	शून्य, कुछ नहीं
Modern	*मॉडर्न*	आधुनिक
Gesture	*जेसचर*	हाव भाव
Fragrance	*फ्रग्रेन्स*	सुगन्ध
Echo	*एको*	प्रतिध्वनि
Livelihood	*लाइवलिहुड*	जीविका

8

Past Continuous Tense

A) Affirmative

इस काल में कार्य बीते समय में जारी रहना पाया जाता है। यह tense भी present continuous के अनुरूप है। अन्तर केवल *रहा है, रही है, रहे हैं, रहा हूँ, हुआ है, हुई है, हुये हैं,* के स्थान पर *रहा था, रही थी, रहे थे, हुआ था, हुई थी, हुये थे* का रहेगा। मुख्य क्रिया में ing जोड़ा जायेगा और is, am, are, के स्थान पर was व were का प्रयोग होगा।

➢ मोहन कपड़े धो रहा है। (Mohan is washing the clothes.) **(present continuous)**

  मोहन कपडे धो रहा था। (Mohan was washing the clothes.) **(past continuous)**

➢ वे लड़कियाँ मैदान में बैठी हुई हैं। (Those girls are sitting in the field.) **(present continuous)**

  वे लड़कियाँ मैदान मैं बैठी हुई थीं। (Those girls were sitting in the field.) **(past continuous)**

➢ माधुरी कल जबलपुर जा रही थी। (Madhuri was going to Jabalpur yesterday.)

➢ वर्षा तेज हो रही थी। (It was raining heavily.)

➢ हम बस की प्रतीक्षा कर रहे थे। (We were waiting for the bus.)

B) Negative

निषेध की स्थिति में was या were के बाद *not* शब्द का प्रयोग किया जायेगा।

- वे छात्र तुम्हारी सहायता नहीं कर रहे थे। (Those students were not helping you.)
- शेर जंगल में नहीं दहाड़ रहे थे। (The lions were not roaring in the forest.)
- मधु दूध नहीं बिलो रही थी। (Madhu was not churning milk.)
- वह कर्नाटक एक्सप्रेस से खन्डवा नहीं जा रही थी। (She was not going to Khandwa by the Karnatak Express.)
- शिकारी हिरन का पीछा नहीं कर रहा था। (The hunter was not chasing a deer.)
- वह अपनी सबसे छोटी बहिन की सहायता नहीं कर रही थी। (She was not helping her youngest sister.)
- वे लड़के अपने कॉलेज पैदल नहीं जा रहे थे। (Those boys were not going to their college on foot.)

C) Interrogative

इस प्रकार के वाक्यों में यदि *क्या* शब्द हिन्दी के वाक्यों में प्रथम स्थान पर आया है तो अंग्रेजी में अनुवाद करते समय, स्थिति के अनुसार was या were शब्द कर्ता से पूर्व प्रयोग किया जायेगा।

- क्या तुम्हारा सबसे बड़ा भाई मदन, कल बाजार से तुम्हारे लिये कुछ पुस्तकें खरीद रहा था? (Was your eldest brother, Madan buying some books for you from the market yesterday?)
- क्या वे लड़कियाँ अपने कॉलेज साइकिलों से नहीं जा रही थीं? (Were those girls not going to their college on cycles?)
- क्या ममता अपनी बहिन को लिखना नहीं सिखा रही थी? (Was Mamta not teaching her sister *how to write/ to write*?)
- क्या वह धोबी कपड़ों को अच्छी तरह नहीं धो रहा था? (Was that washerman not washing the clothes well?)
- क्या वह तुम्हारे कमरे पर सफेदी नहीं कर रहा था? (Was he not white washing your room?)

☛ यदि प्रश्नवाचक शब्द हिन्दी के वाक्य के मध्य में है तो अंग्रेजी में प्रश्नवाचक शब्द पहले स्थान पर, दूसरे पर सहायक क्रिया was या were और तीसरा स्थान कर्ता (doer) का होगा।

- सौरभ बरेली से कब आ रहा था? (When was Saurabh coming from Bareilly?)
- वह परीक्षा की तैयारी क्यों नहीं कर रहा था? (Why was he not preparing for the examination?)
- तुम कल कक्षा में किसकी सहायता कर रहे थे? (Whom were you helping in the class yesterday?)
- उनमें से कितने छात्र परसों संगम एक्सप्रेस से अपने अभिभावकों के साथ कानपुर जा रहे थे? (How many students of them were going to Kanpur with their parents by the Sangam Express the day before yesterday?)

Past Continuous का भिन्न–भिन्न स्थितियों में प्रयोग

1. यदि **past simple** का **clause** (उपवाक्य) **conjunction** से प्रारम्भ होता है तो **main clause** (प्रधान उपवाक्य) **past continuous** में होगा। इस स्थिति में **past continuous** का कार्य पहले से ही प्रगति पर होता है।

   - They were watching a film when I arrived. (जब मैं पहुँचा, तो वे फिल्म देख रहे थे। अर्थात् मेरे पहुँचने से पूर्व वे फिल्म देख रहे थे।)
   - He was playing cards when his father entered the house. (उसके पिता के घर आने से पूर्व वह ताश खेल रहा था।)

2. भूतकाल में समय विशेष पर जब कार्य जारी था तो उस स्थिति में भी **past continuous** का प्रयोग होता है।

   - In 2010, Sunita was living in a small flat in Kanpur. (2010 में सुनीता कानुपर में एक छोटी सी मंजिल में रह रही थी।)
   - At 6 o' clock this morning I was walking along the road. (आज सुबह छः बजे मैं सड़क के किनारे टहल रहा था।)

3. **While** के प्रयोग के साथ भी इस **tense** का प्रयोग होता है जब दो कार्य साथ–साथ जारी रहते हैं।

➢ She was cooking dinner while her husband was talking to her. (वह भोजन बना रही थी जबकि उसका पति उस से बात कर रहा था।)

4. **Adverbials** जो **all** या **whole** से प्रारम्भ होते हैं उन्हें भी **past continuous** में प्रयोग किया जाता है। जैसे– **all night, all morning, all day, all week** आदि। ये दर्शाते हैं कि कार्य पूरे समय प्रगति पर था।

➢ She was watching television all night. (उसने पूरी रात टेलीविजन देखा/ देख रही थी।)

5. **Just as** का प्रयोग होने पर भी **past continuous** का प्रयोग किया जाता है।

➢ Just as I was leaving the house, it began to rain. (जैसे ही मैं घर छोड़ रहा था, वर्षा शुरू हो गई।)

छोटे काम को past simple में *when* connective का प्रयोग करके दर्शाया जाता है।

➢ I was having a bath *when* the phone rang. (जब फोन की घंटी बजी, तब मैं स्नान कर रहा था।)

➢ When I was fumbling for some money, my friend paid the fares. (जब मैं पैसा खोजने के लिये जेबों में हाथ इधर–उधर फेंक रहा था, तभी मेरे मित्र ने किराया अदा किया।)

6. समानान्तर स्थिति में भी **while** या **at the time** के साथ **past continuous** का प्रयोग होता है।

➢ While Mr Saxena was teaching the students, his wife was cooking food. (जब श्री सक्सैना विद्यार्थियों को पढ़ा रहे थे, उनकी पत्नी भोजन बना रही थी।)

7. पुनरावृत्ति की स्थिति में

➢ When he worked here, Sohan was always making mistakes. (जब सोहन यहाँ काम करता था, तो वह गलती पर गलती किया करता था।)

Always शब्द यहाँ पुनरावृत्ति का प्रतीक है।

8. विनम्रता के साथ जानकारी के लिए भी **past continuous** का प्रयोग करते हैं।

➢ *I was wondering* if you could give me a lift. (मैं जानना चाहता हूँ कि क्या आप मुझे लिफ्ट दे सकते हैं।)

यह past simple की अपेक्षा अधिक विनम्रता व अनिश्चितता को दर्शाता है।

9. भूतकाल में सामान्य उल्लेख

➢ The wind was blowing and the rain was beating down. Sunita was standing at the bus stop shivering. She was trying to imagine being at home sitting by a warm fire. Finally she saw some head lights of the bus approaching from the distance. (हवा चल रही थी और वर्षा हो रही थी। सुनीता बस स्टॉप पर खडी हुई ठिठुर रही थी। वह ऐसा आभास कर रही थी कि वह घर पर आग के पास बैठी हुई है। अन्त में उसने बस की हैड लाइट्स को दूर से देखा।)

Contrast (भिन्नता)– **Past continuous** का **past simple** के साथ प्रयोग

➢ Manita was cooking dinner when Kanta arrived. (मनीता खाना बना रही थी जब कान्ता आई।)

अर्थात् मनीता ने कान्ता के पहुँचने से पूर्व खाना बनाना शुरू किया और उसके (कान्ता) पहुँचने पर भी मनीता खाना बना रही थी।

➢ Vinita cooked the dinner when Rita arrived. (विनीता ने भोजन बनाया जब रीता पहुँची।)

अर्थात् रीता आई और तब विनीता ने भोजन बनाया– दो पूर्ण कार्य।

➢ I was reading a book about astronomy last night. (मैं पिछली रात गणित ज्योतिष के विषय में एक पुस्तक पढ़ रहा था।)

अर्थात् पिछली रात पुस्तक का पढ़ना जारी था। Past continuous पूर्णता का द्योतक नहीं होता अतः हम मानते हैं कि पिछली रात पुस्तक का पढ़ना पूरा नहीं हुआ।

➢ I read a book about astronomy last night. (मैंने पिछली रात गणित ज्योतिष के विषय में एक पुस्तक पढ़ी।)

अर्थात् मैंने सम्पूर्ण पुस्तक को शुरू से अन्त तक पढ़ लिया।

➢ It was raining all night. (पूरी रात वर्षा हो रही थी।)

अर्थात् वर्षा पूरी रात जारी रही और संकेत करता है कि वर्षा आगे भी जारी रही।

➢ It rained all night. (पूरी रात वर्षा हुई।)

अर्थात् वर्षा रात्रि के प्रारम्भ से रात्रि के अन्त तक हुई। कार्य पूर्ण हुआ और उसके बाद कोई वर्षा नहीं हुई।

➢ While Prabha was making the dinner, the children were watching television. (जब प्रभा डिनर तैयार कर रही थी, तब बच्चे टी0वी0 देख रहे थे।)

अर्थात् दोनों काम अर्थात् प्रभा का डिनर तैयार करना व बच्चों का टी0वी0 देखना एक ही समय हो रहे थे।

➢ While Prabha cooked the dinner, the children watched television. (जब प्रभा ने डिनर बनाया तभी बच्चों ने टी0वी0 देखा।)

अर्थात् दोनों कार्य एक साथ ही पूर्ण हुये।

➢ I was having a bath at 4 o' clock. (मैं चार बजे स्नान कर रहा था।)

अर्थात् स्नान का कार्य चार बजे से पूर्व प्रारम्भ हुआ और चार बजे भी जारी था।

➢ I had a bath at 4 o' clock. (मैंने चार बजे स्नान किया।)

यह कार्य की पूर्णता को दर्शाता है और यह भी स्पष्ट करता है कि स्नान करने का कार्य चार बजे प्रारम्भ हुआ।

अभ्यास (practice)-7

A) निम्नलिखित का अंग्रेजी में अनुवाद करो।

1. मीरा कल बाराबंकी जा रही थी।
2. वे छात्र बस स्टैण्ड पर तुम्हारी प्रतीक्षा कर रहे थे।
3. क्या सुबोध सुबह की गाड़ी से मथुरा जा रहा था?
4. वह तुम्हें क्यों चिढ़ा रही थी?

5. क्या वह भैंसो को पानी पिला रही थी?

6. वे सतना से कब लौट रहे थे?

7. कौनसी स्त्री धीरे–धीरे चल रही थी?

8. वह लंगडा कर क्यों चल रहा था?

9. जब रवि खेत को पानी दे रहा था तब मैं रेल से यात्रा कर रहा था।

10. कल पूरे दिन तेज हवा चल रही थी।

11. किसके पिता कल सभा में भाषण दे रहे थे?

12. तुममें से कौनसी लड़की समय पर अपने कॉलेज नहीं जा रही थी?

13. वह लंगड़े आदमी की क्यों हँसी उडा रहा था?

14. वे लड़के कक्षा में क्यों बैठे हुये थे?

15. जब वह पढ़ रहा था, तब उसकी माता पड़ोसी से झगड़ा कर रही थी।

B) निम्नलिखित का हिन्दी में अनुवाद करो।

1. They were not playing cards yestereday.
2. Vinita was teaching Mathematics in this school last year.
3. Were those girls not doing their home work?
4. Who were you waiting for?
5. Whose mother was knitting your sweater yesterday?
6. Why were those students not going to school in time?
7. Why was she dyeing her hair?
8. Why was he making a fool of you?
9. Was that train running 100 kilometres an hour?
10. How was he feeling last night?
11. I was not playing cricket all day.
12. Suruchi was singing a sweet song.

13. Were the peacocks not dancing in the forest?

14. Which examination were the teachers giving in the school yesterday?

15. Was she playing a flute?

C) Full Verbs

First Form		अर्थ	Second Form		Third Form	
Want	वान्ट	चाहना	Wanted	वान्टेड	Wanted	वान्टेड
Yawn	यान	जम्भाई लेना	Yawned	यान्ड	Yawned	यान्ड
Bet	बैट	शर्त लगाना	Bet	बैट	Bet	बैट
Cast	कास्ट	फेंकना	Cast	कास्ट	Cast	कास्ट
Awake	अवेक	जागना	Awoke	अवोक	Awoken	अवोकन
Behold	बिहोल्ड	देखना	Beheld	बिहैल्ड	Beheld	बिहैल्ड
Ring	रिंग	बजाना	Rang	रैंग	Rung	रंग
Bid	बिड	आज्ञा देना	Bade	बेड	Bidden	बिडन
Give	गिव	देना	Gave	गेव	Given	गिवन

D) Attractive Words

Caraway	कॅरवे	अजमूदा
Black pepper	ब्लैक पैपर	काली मिर्च
Pomegranate	पोमीग्रेनेट	अनार
Sauce	सॉस	चटनी
Itch	इच	खुजली
Anemia	एनिमिया	खून की कमी
Wick	विक	बत्ती, बाती
Yeoman	योमन	छोटा किसान, जमींदार
Void	वॉइड	शून्य, प्रभावहीन
Urin	यूरिन	मूत्र, पेशाब
To night	टू नाइट	आज रात

Surplus	सरप्लस	अतिरिक्त
Stool	स्टूल	तिपाई
Referee	रेफरी	खेल का निर्णायक, मध्यस्थ
Queue	क्यू	लाइन, कतार
Prince	प्रिंस	राजकुमार
Outline	आउट लाइन	रूपरेखा, खाका
Neighbour	नेबर	पड़ोसी
Marital	मैरिटल	वैवाहिक
Lavatory	लैवेटरि	शौचालय

9

Past Perfect Tense

इस tense में भूतकाल के कार्य की पूर्णता दर्शायी जाती है कि कार्य काफी समय पहले पूर्ण हो चुका था। कहीं–कहीं इस स्थिति को past simple द्वारा भी दर्शाया जाता है।

➢ Harsh Vardhan ruled over a large empire in 7th century.

यह घटना काफी पुरानी है फिर भी past simple का प्रयोग किया गया है।

Past perfect को सामान्यतः हिन्दी में निम्न रूपों में देखा जाता है।

1. जब एक ही कार्य होता है तो हिन्दी के वाक्य के अन्त में *चुका था, चुकी थी,* व *चुके थे* आदि शब्द आते हैं।

   ➢ सरिता जयपुर से लौट *चुकी थी।* (Sarita had returned from Jaipur.)

   इस काल में सहायक क्रिया had तथा मुख्य क्रिया की third form प्रयोग होती है।

2. जब इस काल में दो कार्य होते हैं तो वाक्य के मध्य में या तो *पूर्व* (before) शब्द होगा या *पश्चात्* (after) शब्द होगा। इन दोनों प्रकार के वाक्यों के अन्त में चुका था, चुकी थी, चुके थे आदि शब्द आना आवश्यक नहीं है। उनका अन्त *आ, ई, ऐ, आ था, ई थी, ऐ थे* तथा *चुका था, चुकी थी, चुके थे* में भी हो सकता है। वाक्य के मध्य में पूर्व शब्द आने पर connective के बाँयी तरफ की अंग्रेजी past simple में तथा दाँयी तरफ की अंग्रेजी past perfect में होगी।

सोहन के स्टेशन पहुँचने से	पूर्व	गाड़ी छूट चुकी थी।
past simple	before	past perfect
(3)	(2)	(1)

अर्थ– The train had left before Sohan reached the station.

➤ सोहन के स्टेशन पहुंचने से पूर्व गाड़ी नहीं छूटी/ नहीं छूट चुकी थी/ नहीं छूटी थी। (The train had not started before Sohan reached the station.)

➤ क्या सोहन के स्टेशन पहुँचने से पूर्व गाड़ी छूटी/ छूटी थी/ छूट चुकी थी?

क्या सोहन के स्टेशन पहुँचने से	पूर्व	गाड़ी छूटी/ छूटी थी/ छूट चुकी थी?
past simple	before	past perfect
(3)	(2)	(1)

अर्थ– Had the train started before Sohan reached the station?

➤ क्या सोहन के स्टेशन पहुँचने से पूर्व गाड़ी नहीं छूटी थी? (Had the train not started before Sohan reached the station?)

➤ सोहन के स्टेशन पहुँचने से पूर्व गाड़ी कब छूटी? (When had the train started before Sohan reached the station?)

पश्चात् (after) शब्द जब वाक्य के मध्य में connective का कार्य करे, तो निम्न नियम ध्यान में रखना होगा।

➤ डॉक्टर के आने के	पश्चात्	रोगी मरा।
past perfect	after	past simple
(3)	(2)	(1)

अर्थ– The patient died after the doctor had come.

➤ डाक्टर के आने के	पश्चात्	रोगी नहीं मरा।
past perfect	after	past simple
(3)	(2)	(1)

अर्थ– The patient did not die after the doctor had come.

➤ क्या डाक्टर के आने के	पश्चात्	रोगी मरा ?
past perfect	after	past simple
(3)	(2)	(1)

अर्थ– Did the patient die after the doctor had come?

➤ डॉक्टर के आने के	पश्चात्	रोगी कब मरा ?
past perfect	after	past simple
(3)	(2)	(1)

अर्थ– When did the patient die after the doctor had come?

☛ याद रखें जब वाक्य में before (पूर्व) या after (पश्चात्) शब्द connective के रूप में प्रयोग किये जायें तो हिन्दी में connective के बाद वाला भाग अर्थात् दाहिनी तरफ का अंग्रेजी में पहले लिखा जायेगा, वाक्य चाहे affirmative, negative या interrogative हो। यदि वाक्य के प्रारम्भ में *क्या* शब्द आया है तो उसका सम्बन्ध वाक्य के दूसरे भाग से होगा अर्थात् दूसरे भाग को ही connective के बाद *क्या* शब्द से शुरू किया जायेगा। यदि वाक्य को *पश्चात्* शब्द से जोड़ा गया है तो दाहिनी तरफ का भाग past simple में होगा तथा बायीं तरफ का past perfect में। शेष स्थिति *पूर्व* connective के समान रहेगी।

Past Perfect का भिन्न–भिन्न स्थितियों में प्रयोग

1. **When, after, as soon as, by the time that** आदि **connectives** के साथ **past perfect** का प्रयोग होता है।

   ➢ We cleared up *as soon as* our guests had left. (जैसे ही हमारे मेहमान गये, हमने हरेक चीज को साफ सुथरा करके व्यवस्थित किया।)

2. **Past perfect** उस स्थिति में भी प्रयुक्त किया जाता है जिस स्थिति में **present perfect** का प्रयोग होता है और ऐसा प्रतीत होता है कि यह **past simple** का काम कर रहा हो।

   ➢ Sunita was excited because she had never been to the Garhmukteshwar Kartik Fair. (सुनीता उत्तेजित थी क्योंकि वह पहले कभी गढ़मुक्तेश्वर के कार्तिक मेले में नहीं गई।)

   Past perfect कार्य की पूर्ति पर भी जोर देता है।

   ➢ A friend of mine began buying books in November and by May he had bought more than 500. (मेरे एक मित्र ने नवम्बर में पुस्तकों को खरीदना शुरू किया और मई तक वह 500 से अधिक पुस्तकें खरीद चुका था।)

   ➢ She had not finished that work by yesterday evening. (कल शाम तक वह कार्य को पूरा नहीं कर चुकी थी।)

3. **Past perfect** का प्रयोग अधूरी इच्छा व आशाओं के रूप में भी होता है।

   ➢ I had hoped to send him congratulations on his winning the election, but I did not manage it. (मेरी अभिलाषा थी कि उसके चुनाव जीतने पर बधाई दूँ, परन्तु मैं ऐसा नहीं कर पाया।)

4. सिलसिलेवार **(sequence)** घटनाओं में **past perfect** के स्थान पर **past simple** का प्रयोग करते हैं।

➢ I got out of the taxi, paid the fair, tipped the driver and deshed into the station. (मैं टैक्सी के बाहर आया, किराया दिया, ड्राइवर को उपहार स्वरूप कुछ पैसे दिये और तेजी से स्टेशन पहुँचा।)

5. यदि **conjunctiions : no sooner...........than** या **hardly/ scarcely/ barely....................when** को जोड़े के रूप में प्रयोग किया जाता है तो जोड़े के पहले भाग के साथ **past perfect** का प्रयोग होगा।

➢ *Monu had no sooner left the house,* than it began to rain.

= No sooner had Monu left the house, than it began to rain. (ज्योंहि मोनू ने घर छोड़ा, वर्षा होने लगी।) **(inversion)**

➢ Mr Rajendra had hardly/ scarcely/ barely reached the station when the train started.

= Hardly/ scarcely/ barely had Mr Rajendra reached the station when the train started. (श्री राजेन्द्र मुश्किल से ही स्टेशन पहुँचे कि गाड़ी चल दी।) **(inversion)**

6. यह **tense** भी **present perfect** के समक्ष ही है क्योंकि जिस प्रकार **present perfect** पिछली चीजों का स्मरण वर्तमान स्थिति में कराता है उसी प्रकार **past perfect** में भी भूतकाल की पिछली चीजों की पुनरावृत्ति होती है।

➢ Kanta and Sushil have just got married. (कान्ता और सुशील का अभी विवाह हुआ है।) **(present perfect)**

It was February 2009, Kanta and Sushil had just got married. (फरवरी 2009 की बात थी तब कान्ता और सुशील का विवाह हुआ था।) **(past perfect)**

जब **just** को **present perfect** में प्रयोग किया जाता है तो इसका अर्थ *अभी* होता है परन्तु **past perfect** में *तब* व *तभी* में इसका अर्थ लिया जाता है।

➢ Ritu is 21 now and she *has been* in a wheel chair since she *was* ten. (ऋतु अब इक्कीस वर्ष की है और जब वह दस वर्ष की थी तबसे वह पहियेदार कुर्सी पर है।) **(present perfect)**

Ritu was 21 and she *had been* in a wheel chair since she *was* ten. (ऋतु इक्कीस वर्ष की थी और जब वह दस वर्ष की थी तभी से वह पहियेदार कुर्सी पर थी।) **(past perfect)**

दोनों ही since से शुरू होने वाली clauses में was का प्रयोग किया गया है। क्योंकि दोनों ही वाक्यों में बोलते समय दस वर्ष की आयु को भूतकाल में दर्शाया गया है।

7. **Past perfect** का प्रयोग उस स्थिति में भी होता है जब वह **past simple** के समक्ष हो, तब वह भूतकाल के किसी बिन्दु विशेष **(point)** से पिछली घटना का स्मरण कराता है।

➢ Dhirendra is now 30. He started working for the company when he was 20. He quickly climbed the carrier ladder and is now the youngest managing director of the company. (धीरेन्द्र अब तीस वर्ष का है। जब वह बीस वर्ष का था तब उसने कम्पनी में काम करना शुरू किया। वह शीघ्रता से जीवनवृत्ति की सीढ़ी के शिखर पर पहुँचा और अब वह कम्पनी का सबसे कम आयु का प्रबन्ध कुशल संचालक (managing director) है।)

Dhirendra was now 30. He had started working for the company when he was 20. He had quickly climbed the carrier ladder and was now the youngest managing director of the company. (धीरेन्द्र उस समय तीस वर्ष का था। जब उसने कम्पनी में काम करना शुरू किया, उस समय उसकी आयु बीस वर्ष थी। उसने जीवनवृत्ति की सीढ़ी पर शीघ्रता से चढ़ाई की और उस समय वह कम्पनी का सबसे कम उम्र का प्रबन्ध कुशल संचालक था।)

Past tenses in typical (स्वभाविक सन्दर्भ में)

➢ It was just before 20th January 2007. Surendra was only 25 at the time and *was living* with his borther. He *was working* in a bank and *travelling* to Gwalior everyday. One morning he received a mysterious letter. It was addressed to Dhirendra. (यह ठीक बीस जनवरी 2007 से पहले की बात थी। सुरेन्द्र उस समय केवल पच्चीस वर्ष का था और वह अपने भाई के साथ रहा करता था। वह एक बैंक में काम करता था और प्रतिदिन ग्वालियर जाया करता था। एक दिन सुबह को उसे एक रहस्यमय पूर्ण पत्र प्राप्त हुआ। यह पत्र धीरेन्द्र के नाम पर भेजा गया था।)

Past continuous होते हुये भी उपरोक्त का आशय past simple को दर्शाता है।

अभ्यास (practice)-8

A) निम्नलिखित का अंग्रेजी में अनुवाद करो।

1. कविता के अलवर जाने से पूर्व ममता बरेली जा चुकी थी।
2. वह पहले ही स्टेशन पहुँच चुकी थी।
3. उसके दिल्ली पहुँचने के बाद मेघा कानपुर से लौट चुकी थी।
4. रीता के जाने के बाद मोहन ने खाना क्यों नहीं खाया?
5. पुष्पा के कपड़े धोने से पूर्व हरि चाय नहीं पी चुका था।
6. मेरे सोने से पूर्व तुम पाठ याद क्यों नहीं कर चुके थे?
7. घंटी बजने से पूर्व कितने छात्र कॉलेज पहुँच चुके थे?
8. घंटी बजने के बाद वह कॉलेज क्यों नही गई?
9. क्या वर्षा होने से पूर्व किसान अपने खेतों को पानी दे चुके थे?
10. सूर्य निकलने से पूर्व तुम कितने पाठ याद कर चुके थे?
11. शिक्षा मंत्री के आने से पूर्व कितने अध्यापक सम्मेलन में पहुँच चुके थे?
12. सुधीर के मेरठ जाने से पूर्व संतोष बाराबंकी से नहीं लौट चुका था।
13. क्या ऊषा के खाना बनाने के बाद मोहन स्कूल नहीं जा चुका था?
14. उनमें से कितने छात्र गाड़ी छूटने के बाद स्टेशन पहुँचे?
15. क्या सूर्य छिपने के बाद उसने कपड़े नहीं धोये?

B) निम्नलिखित का हिन्दी में अनुवाद करो।

1. She had already gone to Chandigarh.
2. Had he gone to Mussoorie before she went home?
3. Did they not complete the work after the teacher had left the class?
4. How many students had gone to college before it rained?
5. How many girls of them did not go to college after it had rained?

6. She had not gone to Kanpur before I came.
7. Whose mother had taught him History before I came?
8. How many lessons had they learnt before the night fell?
9. How many girls of them had gone to the station before it rained?
10. Who had not done his work before the teacher entered the class?
11. Why did they play cards after the teacher had gone?
12. Had Sunil gone to Jabalpur before Shanta went to Itarsi?
13. Why had they not washed their clothes?
14. Had the thieves run away before the police came?
15. Where had Ganesh gone before 12 o' clock?

C) Full Verbs

First Form		अर्थ	Second Form		Third Form	
Bear	बियर	सहन करना	Bore	बोर	Borne	बोर्न
Beat	बीट	पीटना	Beat	बेट	Beaten	बिटन
Forsake	फोरसेक	छोड़ना	Forsook	फोरसुक	Forsaken	फोरसेकन
Ride	राइड	चढना	Rode	रोड	Ridden	रिडन
Appoint	एपांइन्ट	नियुक्त करना	Appointed	एपांइन्टेड	Appointed	एपांइन्टेड
Borrow	बोरो	उधार लेना	Borrowed	बोरोड़	Borrowed	बोरोड़
Crow	क्रो	बांग देना	Crowed	क्रोड़	Crowed	क्रोड़
Float	फ्लोट	तैरना	Floated	फ्लोटेड	Floated	फ्लोटेड
Hear	हियर	सुनना	Heard	हियर्ड	Heard	हियर्ड
Injure	इन्जयोर	हानि पहुँचाना	Injured	इन्जयोर्ड	Injured	इन्जयोर्ड
Leave	लीव	छोड़ना	Left	लैफ्ट	Left	लैफ्ट
Meet	मीट	मिलना	Met	मैट	Met	मैट
Verify	वैरीफाई	जांचना	Verified	वैरीफाईड	Verified	वैरीफाईड
Taste	टेस्ट	चखना	Tasted	टेस्टेड	Tasted	टेस्टेड
Spend	स्पैन्ड	खर्च करना	Spent	स्पैन्ट	Spent	स्पैन्ट

D) Attractive Words

Element	एलिमेन्ट	तत्व, मूल तत्व
Distance	डिसटेन्स	दूरी, फासला
Darling	डार्लिंग	परम प्रिय, कृपा पात्र
Courtesan	कॉर्टिजन	वेश्या, गणिका
Climax	क्लाइमैक्स	पराकाष्ठा, चरम
Amulet	अॅमयूलेट	ताबीज, जंतर
Batch	बैच	टोली, जत्था
Fiction	फिक्शन	कथा साहित्य, उपन्यास
Zone	जोन	क्षेत्र, प्रदेश, इलाका
Whip	विप	कोड़ा, चाबुक
Visible	विजिबल	दृश्यमान
Unworthy	अनवर्दी	अयोग्य, नालायक
Timid	टिमिड	डरपोक, दब्बू
Strict	स्ट्रिक्ट	सख्त, कठोर
Salutation	सेल्यूटेशन	नमस्कार, अभिवादन
Riot	राइअट	दंगा फसाद, बलवा
Phrase	फ्रेज	वाक्याँश
Optimist	ऑपटिमिस्ट	आशावादी
Optional	ऑपशनल	ऐच्छिक, वैकल्पिक
Natural	नेचुरल	प्राकृतिक

10

Past Perfect Continuous Tense

इस tense में कार्य भूत काल में कुछ अंशो में पूर्ण होने के बाद भी जारी है। यह भी present perfect continuous के समान ही है। इस के तीन रूप देखने को मिलेंगे। सहायक क्रिया had been रहेगी तथा मुख्य क्रिया में ing जोड़ा जायेगा।

1. समय दिया होगा और वाक्य में रहा था, रही थी, रहे थे भी होगा ।

➤ सोहन दो बजे से ताश खेल रहा था। (Sohan had been playing cards since 2 o' clock.)

➤ वे लड़कियाँ आधी रात से परीक्षा की तैयारी कर रहीं थीं। (Those girls had been preparing for the examination since mid-night.)

2. समय नहीं दिया हुआ होगा और ता रहा था, ती रही थी, ते रहे थे आदि शब्द वाक्य के अन्त में प्रयुक्त किये जायेंगे।

➤ मधु और चित्रा लिखती रहीं थीं। (Madhu and Chitra had been writing.)

➤ गीता पुस्तक पढ़ती रही थी। (Gita had been reading a book.)

3. समय दिया होगा और रहा था, रही थी, रहे थे आदि शब्द वाक्य के अन्त में प्रयुक्त नहीं किये जायेंगे।

➤ वे लड़के बीस मिनट से अनुपस्थित थे। (Those boys had been absent for twenty minutes.)

➤ वह सोमवार से बीमार थी। (She had been ill since Monday.)

➤ सीता दो दिन से उपन्यास नहीं पढ़ रही थी। (Sita had not been reading a novel for two days.)

☞ *नहीं* की अंग्रेजी *not* का प्रयोग had के बाद तथा been से पहले होगा।

➢ क्या वे लड़के सुबह से ताश नहीं खेल रहे थे? (Had those boys not been playing cards since morning?)

➢ सुनीता कबसे खाना बना रही थी? (Since when had Sunita been cooking food?)

➢ वे पिछले दो वर्षों से कहाँ रह रहे थे? (Where had they been living for the last two years?)

➢ मोहन कब से अनुपस्थित था? (Since when had Mohan been absent?)

☞ Past perfect continuous के affirmative, negative व question अर्थात् सभी प्रकार के sentences को present perfect continuous की तरह बनाया जायेगा। केवल has व have के स्थान पर had का प्रयोग होता है।

इस tense में दो काम भी देखने को मिलते हैं।

➢ श्री सिशोदिया से पहली बार जब मैं मिला तो वह एक कॉलेज में दस वर्ष से पढ़ा रहे थे। (When I first met Mr Sishodia, he had been teaching in a college for ten years.)

प्रत्यक्ष व अप्रत्यक्ष प्रमाण के निष्कर्ष पर पहुँचने के लिए हम स्थिति के अनुसार present perfect continuous या past perfect continuous का प्रयोग करते हैं।

➢ Her eyes are red. She has been crying. (उसकी आँखे लाल हैं। वह चिल्लाती रही है।) **(present)**

Her eyes were red. It was obvious she had been crying. (उसकी आँखे लाल थी। यह स्पष्ट था कि वह चिल्लाती रही थी।) **(past)**

Past perfect के पुनरावृत्ति वाले कार्य को भी past perfect continuous के द्वारा दर्शाया जाता है।

➢ He had tried five times to get Mr Mathur on the phone. (वह श्री माथुर से मिलने के लिये फोन पर पाँच बार प्रयास कर चुका था।) **(past perfect)**

He had been trying to get Mr Mathur on the phone. (वह श्री माथुर से मिलने के लिये फोन पर प्रयास करता रहा था।) **(past perfect continuous)**

➢ When I got home, I found that Rita had been washing the clothes. (जब मैं घर पहुँचा तो मैंने देखा कि रीता कपड़े धो रही थी।) **(past perfect conitnuous)**

अर्थात् कार्य पूर्ण नहीं हुआ, रीता ने मेरे घर पहुँचने से पूर्व कपड़ों की धुलाई शुरू की और बाद में भी कपड़े धोती रही।

When I got home, I found that Rita had washed the clothes. (जब मैं घर पहुँचा तो मैंने पाया कि रीता कपड़े धो चुकी थी।) **(past perfect)**

अर्थात् मेरे घर पहुँचने के बाद उसने कपड़े नहीं धोये। कार्य पूर्ण हो चुका था।

अभ्यास (practice)-9

A) निम्नलिखित का अंग्रेजी में अनुवाद करो।

1. किसान सुबह से अपने खेतों को जोत रहे थे।
2. सुनार कब से अगूँठी बना रहा था?
3. कितने लड़के सुबह से मैदान में खेल रहे थे?
4. उसकी माताजी सुबह से सिलाई नहीं कर रहीं थीं।
5. क्या बबीता दो घंटे से हारमोनियम बजा रही थी?
6. हरि दोपहर से कौनसा उपन्यास पढ़ रहा था?
7. वे लड़कियाँ कक्षा में क्यों हँसती रही थीं?
8. क्या नीलम दो घंटे से खाना बना रही थी?
9. उनमें से कौनसा छात्र दो वर्ष से इस कॉलेज में पढ़ रहा था?
10. राधा कब से अलीगढ़ में थी?
11. क्या वर्षा आधे घंटे से लगातार हो रही थी?
12. जब मोहन घर पहुँचा तो उसने देखा कि उसके पिता एक उपन्यास पढ़ रहे थे।
13. वह श्री शर्मा से मिलने का प्रयास करता रहा था।
14. क्या भारत के स्वतंत्र होने से पूर्व अंग्रेज शासन नहीं करते रहे थे?
15. वे गीत गाती रहीं थीं।

B) निम्नलिखित का हिन्दी में अनुवाद करो।

1. Saurabh had been making a speech for ten minutes.
2. Whose father had been teaching in this college for the last thirty years?
3. Had she not been doing her home work since yesterday morning?
4. How had they been doing this work?
5. I had not been teaching in this college for five years.
6. Had Krishna not been helping your brother since the second period?
7. Shobhna had not been ill for five days.
8. Had her mother not been sewing the clothes well?
9. Had he been playing cards before I went home?
10. Since when had he been writing before I went there?
11. Which student had been making a noise all the time?
12. Since when had those girls been playing cards?
13. Had you not been well since Thursday?
14. He had not been scolding those children.
15. I had been helping that man for a long time.

C) Full Verbs

First Form		अर्थ	Second Form		Third Form	
Agree	एग्री	सहमत होना	Agreed	एग्रीड	Agreed	एग्रीड
Bend	बैन्ड	झुकना	Bent	बैन्ट	Bent	बैन्ट
Catch	कैच	पकड़ना	Caught	कॉट	Caught	कॉट
Hire	हायर	किराये पर लेना	Hired	हायर्ड	Hired	हायर्ड
Join	जोइन	शामिल होना	Joined	जोइन्ड	Joined	जोइन्ड

Lay	ले	रखना	Laid	लेड	Laid	लेड
Melt	मेल्ट	पिघलना	Melted	मेल्टेड	Melted	मेल्टेड
Swear	स्वीयर	शपथ लेना	Swore	स्वोर	Sworn	स्वोर्न
Show	शो	दिखाना	Showed	शोड	Shown	शोन
Tear	टेयर	फाड़ना	Tore	टोर	Torn	टोर्न
Blow	ब्लो	हवा चलना	Blew	ब्लू	Blown	ब्लोन
Freeze	फ्रीज	जमना	Froze	फ्रोज	Frozen	फ्रोजन
Defeat	डिफीट	हराना	Defeated	डिफिटेड	Defeated	डिफिटेड
Confuse	कनफ्यूज	घबराना	Confused	कनफ्यूज्ड	Confused	कनफ्यूज्ड
Pardon	पार्डन	क्षमा करना	Pardoned	पार्डन्ड	Pardoned	पार्डन्ड

(D) Attractive Words

Abstract	ऐबस्ट्रेक्ट	अमूर्त, भाववाचक
Aerodrome	एयरोड्रोम	हवाई अड्डा
Ear ring	इयर रिंग	कुन्डल
Zest	जेस्ट	चस्का
Worm	वॉर्म	कृमि, कीड़ा
Vision	विजन	दृष्टि, निगाह
Urgent	अरजेन्ट	आवश्यक
Unseen	अनसीन	अनदेखा, अपठित
Together	टुगैदर	साथ–साथ, एक साथ
Suitable	स्यूटेबल	अनुकूल, उपयुक्त
Stable	स्टेबल	अस्तबल, घुड़शाला
Refreshment	रिफ्रेशमेन्ट	जलपान
Quilt	क्विल्ट	लिहाफ, रजाई
Pulse	पल्स	नब्ज, धड़कन
Peculiar	पिक्यूलियर	विशिष्ट, असाधारण
Out cast	आउट कास्ट	बहिष्कृत, निष्कासित

Obstinate	*ऑबस्टिनॅट*	जिद्दी, हठी
Lichen	*लाइकेन*	काई
Justification	*जस्टिफिकेशन*	औचित्य, तर्क संगतता
Homage	*हॉमेज*	श्रद्धांजलि, सम्मान

11

Past Tense
(Active Voice - Passive Voice)

A) Past Simple

Present simple के passive voice में is, am, are सहायक क्रियाओं का प्रयोग होता है जबकि past simple में was और were का। शेष नियम यथावत रहेंगे।

➢ She wrote three letters yesterday. **(active)**
subject verb object adverb

अर्थ– उसने कल तीन पत्र लिखे।

Three letters were written by her yesterday. **(passive)**

➢ They did not help Hari. **(active)**

Hari was not helped by them. **(passive)**

➢ Did Madhuri take tea this morning? **(active)**

Was tea taken by Madhuri this morning? **(passive)**

➢ Who taught them History last year? **(active)**

By whom were they taught History last year? **(passive)**

= By whom was History taught them last year? **(passive)**

= Who were they taught History by last year? **(passive)**

= Who was History taught them by last year? **(passive)**

- When did they play cricket? **(active)**

  When was cricket played by them? **(passive)**

- Somebody picked his pocket in the bus. **(active)**

  His pocket was picked in the bus. **(passive)** **(agent** आवश्यक नहीं है।)

B) Past Continuous

Present continuous के passive में सहायक क्रियाएँ is being, am being व are being होती हैं तथा past continuous के passive में इनके स्थान पर was being व were being का प्रयोग किया जाता है। शेष नियम present continuous की तरह ही रहेंगे।

- Sita was washing the clothes. (सीता कपड़े धो रही थी।) **(active)**

  Clothes were being washed by Sita. (सीता के द्वारा कपड़े धोये जा रहे थे।) **(passive)**

- They were not helping Mohan and Sohan. **(active)**

  Mohan and Sohan were not being helped by them. **(passive)**

- Was Mr Kaimlaksh teaching History in class IX? (क्या श्री कैमलक्ष कक्षा 9 में इतिहास पढ़ा रहे थे?) **(active)**

  Was History being taught by Mr Kaimlaksh in class IX? (क्या श्री कैमलक्ष के द्वारा कक्षा 9 में इतिहास पढाया जा रहा था?) **(passive)**

- Whose father was washing the clothes? **(active)**

  By whose father were the clothes being washed? **(passive)**

- Which of those boys were not completing the home work? (उन लड़कों में कौन गृह कार्य पूर्ण नहीं कर रहे थे?) **(active)**

  By which of those boys was the home work not being completed? (उन लड़कों में से किसके द्वारा गृह कार्य पूरा नहीं किया जा रहा था?) **(passive)**

C) Past Perfect

इस tense में सहायक क्रिया had been रहेगी। शेष नियम present perfect passive की तरह ही रहेंगे।

- She had invited sixty guests to tea. (वह चाय के लिये साठ अतिथियों को निमंत्रण दे चुकी थी।) **(active)**

  Sixty guests had been invited by her to tea. (चाय के लिये उसके द्वारा साठ अतिथियों को निमंत्रण दिया जा चुका था।) **(passive)**

जब past perfect में दो कार्य हों तो passive voice में वाक्य का दूसरा भाग ही होगा चाहे वह past perfect का हो या past simple का। यह क्रम हिन्दी के वाक्य का है।

- *How many sweaters did Gita knit* after I had gone to Jaipur? **(active)**

अर्थ– मेरे जयपुर जाने के पश्चात् गीता ने कितने स्वेटर बुने?
past simple

  How many sweaters were knit by Gita after I had gone to Jaipur? **(passive)**

- *How many sweaters had Gita knit* before I went to Jaipur? **(active)**

अर्थ– मेरे जयपुर जाने के पूर्व गीता ने कितने स्वेटर बुने?
past perfect

  How many sweaters had been knit by Gita before I went to Jaipur? **(passive)**

अभ्यास (practice)-10

A) निम्नलिखित का अंग्रेजी में **passive voice** बनाओ।

1. सीता ने कल राधाकृष्ण मंदिर देखा।
2. बस में किसी ने मोहन की जेब काट ली।

3. क्या वे छात्र कक्षा में ताश खेल रहे थे?

4. मधु ने कल कौनसी पुस्तक पढ़ी?

5. श्री वर्मा कल हमें एक कहानी सुना रहे थे।

6. श्री पाण्डेय ने तुम्हें हिन्दी कब पढ़ाई?

7. मेरे इन्दौर जाने से पूर्व माधुरी ने कौनसी पुस्तक पढ़ी?

8. क्या वर्षा होने के बाद सुषमा ने खाना नहीं बनाया?

9. कितने छात्रों ने उस चिड़ियाघर को देखा?

10. तुमने इस कार्य को कैसे किया?

11. वह उस सूटकेस को ले जा रहा था।

12. ललिता ने उस कुर्सी को क्यों तोड़ा?

13. क्या धीरेन्द्र उस मकान को नहीं खरीद चुका था?

14. इन लड़कियों ने चाय कब पी?

15. किसके भाई ने उसे एक कार दी?

B) निम्नलिखित का हिन्दी में अनुवाद करो।

1. Was Sunita not invited?
2. Were they not punished by the teacher?
3. Why was she being punished by the teacher?
4. When had they not been invited by Mohan?
5. He was robbed in the jungle.
6. How many books were read by your father after I had gone to Guna?
7. Whose brother was punished by the teacher?
8. The minister was criticized.
9. By whom was that glass broken?
10. By which boy had that book been bought?

11. I was not called by Harish.

13. Was he stoned to death?

13. Why had those clothes not been washed by Sangeeta?

14. Tea was served to the guests at 8 o' clock.

15. Why was he expelled from the college?

C) Full Verbs

First Form		अर्थ	Second Form		Third Form	
Collect	कलेक्ट	एकत्रित करना	Collected	कलेक्टेड	Collected	कलेक्टेड
Boil	बॉइल	उबालना	Boiled	बॉइल्ड	Boiled	बॉइल्ड
Cross	क्रास	पार करना	Crossed	क्रास्ड	Crossed	क्रास्ड
Ask	आस्क	पूछना	Asked	आस्कड	Asked	आस्कड
Write	राइट	लिखना	Wrote	रोट	Written	रिटन
Slay	स्ले	मार डालना	Slew	स्लयू	Slain	स्लेन
Cry	क्राई	चिल्लाना	Cried	क्राईड	Cried	क्राईड
Copy	कॉपी	नकल करना	Copied	कॉपीड	Copied	कॉपीड
Preach	प्रीच	धर्मोपदेश करना	Preached	प्रीच्ड	Preached	प्रीच्ड
Need	नीड	आवश्यकता होना	Needed	नीडेड	Needed	नीडेड
Prefer	प्रीफर	अधिक पसन्द करना	Preferred	प्रीफर्ड	Preferred	प्रीफर्ड
Work	वर्क	काम करना	Worked	वर्कड	Worked	वर्कड

D) Attractive Words

Knee	नी	घुटना
Zeal	जील	उत्साह, जोश
Wheat	वीट	गेहूँ
Vulgar	वलगर	अशिष्ट, घटिया
Vocation	वोकेशन	व्यवसाय
Utility	यूटिलिटि	उपयोगिता

Upper class	*अपर क्लास*	उच्च श्रेणी
Tusk	*टस्क*	हाथी के दांत
Tradition	*ट्रेडिशन*	परम्परा, रीति
Thoroughly	*थौरोली*	पूरी तरह से
Thorough fare	*थोरोफेयर*	आम रास्ता
Sure	*स्यूअर*	निश्चय, पक्का
Revolution	*रिवोल्यूशन*	उथल–पुथल, क्रान्ति
Quick	*क्विक*	शीघ्र, जल्दी
Puzzle	*पजल*	पहेली, उलझन
Prey	*प्रे*	शिकार, आखेट
Other wise	*अदरवाइज*	अन्यथा
Ordinary	*आर्डिनरी*	साधारण, सामान्य, आम, मामूली
Naughty	*नॉटी*	शैतान, हठी
Interview	*इन्टरव्यू*	मुलाकात, साक्षात्कार
Economy	*इकोनॉमी*	अर्थव्यवस्था

12

Future Tense

Affirmative	Negative	Interrogative (question)
Future Simple **Active** will/ shall+ first from	will not/ shall not+ first form	i) will/ shall+ subject (not)+ first form ii) question word+ will/ shall+ subject (not)+ first form
Passive will be/ shall be+ third form	will not be/ shall not be+ third form	i) will/ shall+ subject (not)+ be+ third form ii) question word+ will/ shall+ subject (not)+ be+ third form
Future Continuous **Active** will be/ shall be+ main verb+ ing	will not be/ shall not be+ main verb+ ing	i) will/ shall+ subject (not)+ be+ main verb+ ing ii) question word+will/ shall+subject (not)+ be+ main verb+ ing
Passive NOT POSSIBLE	NOT POSSIBLE	NOT POSSIBLE
Future Perfect **Active** will have/ shall have+ third form	will not have/ shall not have+ third form	i) will/ shall+ subject (not)+ have+ third form ii) question word+ will/ shall+ subject(not)+ have+ third form
Passive will have been/ shall have been +third form	will not have been/ shall not have been+ third form	i) will/ shall+ subject (not)+ have been+ third form ii) question word+ will/ shall+ subject (not)+ have been+ third form

Future Perfect Continuous **Active** will have been/ shall have been+ main verb+ ing	will not have been/ shall not have been+ main verb+ ing	i) will/ shall+ subject (not) have been+ main verb +ing ii) question word+ will/ shall has+ subject (not) have been+ main verb+ ing
Passive NOT POSSIBLE	NOT POSSIBLE	NOT POSSIBLE

कृपया उपरोक्त सारणी में दिये गये नियमों को कंठस्थ करें।

Future Simple/ Indefinite Tense

इस tense की सहायक क्रियाएँ will तथा shall हैं। इसमें मुख्य क्रिया की first form प्रयोग होती है। इस tense का प्रयोग सामान्यतः उस स्थिति में किया जाता है जबकि हम पूर्व ज्ञान, अनुभव व विचार के आधार पर भविष्य में होने वाली घटना का विचार करते हैं। सामान्य स्थिति में I और we के साथ shall का प्रयोग होता है। शेष सभी प्रकार के कर्ताओं के साथ will का प्रयोग होता है। Will तथा shall दोनों का अर्थ *गा, गी, गे,* आदि शब्दों में होता है। परन्तु कुछ परिस्थितियों में जैसे– धमकी, वायदा, दृढ़ संकल्प आदि का आभास होने पर shall के स्थान पर will, और will के स्थान पर shall का प्रयोग होता है।

- ➢ Sheela will pay the fee. (शीला शुल्क जमा करेगी।)
- ➢ Sheela shall pay the fee. (शीला को शुल्क जमा करना पड़ेगा।)
- ➢ I will buy you a bicycle for your birthday. (मैं तुम्हारे जन्मदिन पर तुम्हारे वास्ते अवश्य ही साईकिल खरीदूँगा।) **(promise)**

Will व Shall का भिन्न–भिन्न स्थितियों में प्रयोग

1. **Will** का प्रयोग प्रार्थना **(request)** के रूप में भी होता है।
   - ➢ Will you borrow me one hundred rupees, please? (क्या कृपया आप मुझे एक सौ रुपये उधार देगें? = कृपया मुझे एक सौ रुपये उधार दीजिये।)
2. यदि **shall** का प्रयोग **I** और **we** से पूर्व होता है तो यह सुझाव व प्रस्ताव की ओर इंगित करता है।
   - ➢ Shall I give you a cheque or cash? (क्या मैं तुम्हें चैक दूँ या नकद?) (सुझाव)

   इस स्थिति में shall का अर्थ गा, गी, गे में नहीं होगा।

➢ Shall I open the window (for you)? (क्या मैं आप के वास्ते खिड़की खोलूँ?) (प्रस्ताव)

यहाँ पर भी shall का अर्थ गा, गी, गे में नहीं होगा।

3. निर्धारित कार्यक्रम के अनुसार औपचारिक रूप में **will** का प्रयोग होता है।

➢ The wedding will take place at Ashoka's on 28th February. The reception will be at Indralok Hotel. (विवाह अशोका होटल में अठ्ठाईस फरवरी को होगा। प्रीतिभोज इन्द्रलोक होटल में होगा।)

4. उम्मीदों को प्रकट करने के लिये निम्नलिखित **verbs** व **verb phrases** के बाद **will** या **shall** का प्रयोग होता है– **assume, be afraid, be (is, am, are, was, were), be sure, believe, doubt, expect, hope, suppose, think.**

➢ I hope he will get the job he has applied for. (मुझे आशा है कि उसे वह नौकरी मिल जायेगी जिसके लिये उसने प्रार्थना पत्र भेजा है।)

Hope के बाद present simple का प्रयोग भी हो सकता है उसका आशय भी future simple में होगा।

➢ I hope he gets the job he has applied for.

उपरोक्त दोनों वाक्यों का अर्थ एक ही है।

5. जब सन्देह जनक स्थिति हो अर्थात् निश्चितता ना हो तो ऐसी स्थिति में निम्नलिखित **adverbs** के साथ **will** का प्रयोग किया जायेगा– **perhaps, possibly, probably, surely.**

➢ Ask Mohan again perhaps he will change his mind. (मोहन से पुनः पूछो, शायद वह अपना विचार बदल दे।)

6. **Just** और **now** भी **future** का उल्लेख करते हैं।

➢ The market will now be open on Monday. (बाजार अब सोमवार को खुला रहेगा।)

➢ I am nearly ready. I'll just put my coat on. (मैं करीब–करीब तैयार हूँ। मुझे कोट पहिनना ही बाकी है।)

- Just - कोट पहिनने का कार्य जो आने वाले समय में होना है।

7. **Future simple** को निम्नलिखित चौदह विधियों से भी दर्शाया जा सकता है।

a) Be (is/ am/ are) going to+ first form

➢ He is going to see her tomorrow. (वह कल उससे मिलेगा।)

b) Be (is/ am/ are) to+ first form

➢ He is to see her tomorrow. (वह कल उससे मिलेगा।)

c) Present continuous

➢ He is seeing her tommorw.

= He will see her tomorrow. (वह कल उससे मिलेगा।)

d) Present simple

➢ He sees her tomorrow.

= He will see her tommorw. (वह कल उससे मिलेगा।)

e) Be (is/ am/ are) due to+ first form

➢ She is due to leave at 7:30.

= She will leave at 7:30. (उसका साढ़े सात बजे प्रस्थान करना निश्चित है।)

उपरोक्त पाँच नियमों में भविष्यत् काल से सम्बन्धित शब्दों का होना आवश्यक है।

f) Be (is/ am/ are)+ about to+ first form

➢ The train is about to start. (गाड़ी छूटने को है अर्थात् छूटने वाली है।)

नियम (f) के अन्तर्गत soon शब्द छिपा हुआ है।

g) Be (is/ am/ are)+ on the point of+ first form+ ing

➢ The train is on the point of starting.

= The train will start soon. (गाड़ी छूटने को है अर्थात् छूटने वाली है।)

नियम (g) के अन्तर्गत भी soon शब्द छिपा हुआ है।

h) If+ going to+ first form+ future simple

➤ If it is going to rain, they won't leave home. (यदि वर्षा होगी, तो वे घर से नहीं जायेंगे।)

i) Infinitive की passive form भी future simple को दर्शाती है।

➤ These tablets (are) to be taken twice a day.

= These tablets will be taken twice a day. (दिन में दो बार ये टेबलेट्स ली जायेंगी।)

j) Had better+ first form भी भविष्यत् काल को दर्शाता है।

➤ You had better buy a car. (अच्छा रहेगा कि आप एक कार खरीदें।) (सलाह)

k) If या when clause यदि present simple में है तो main clause future simple में ही रहेगा और if या when वाले clause का अर्थ future simple में ही होगा।

➤ If she works hard, she will pass. (यदि वह कठिन परिश्रम करेगी, तो पास हो जायेगी।)

➤ I will phone you when I get there. (जब मैं वहाँ पहुँचूँगा तो आपको फोन करूँगा।)

l) Do you think? (क्या ऐसी सम्भावना है) के साथ भी future simple का प्रयोग होता है।

- Do you think? = Just likely

➤ Do you think (that) she will go to Sitapur today? (क्या ऐसी सम्भावना है कि वह आज सीतापुर जायेगी?)

m) धमकी व मनाही में भी future simple का प्रयोग होता है।

➤ Stop that or I will call the police. (इसे बन्द करो वरना मैं पुलिस को बुलाता हूँ/ बुलाऊँगा।)

➢ He won't come with me. (वह मेरे साथ नहीं आ सकता अर्थात् मेरे साथ नहीं आयेगा।) (मनाही)

n) वक्ता की राय में (speaker's belief)

➢ The number of students will fall over the next five years. (विद्यार्थियों की संख्या अगले पाँच वर्षों में गिर जायेगी।)

वर्तमान रुख **(present trend)**

The number of students is going to fall over the next five years. (विद्यार्थियों की संख्या अगले पाँच वर्षों में गिरने वाली है।)

अभ्यास (practice)-11

A) निम्नलिखित का अंग्रेजी में अनुवाद करो।

1. सुनीता कल रेल से बंगलौर जायेगी।
2. क्या कल वर्षा होगी?
3. यदि तुम तेज दौड़ोगे तो तुम्हें गाड़ी मिल जायेगी।
4. क्या ऐसी सम्भावना है कि कल वे बरेली जायेंगे?
5. तुममें से कौनसा छात्र अगले महीने हैदराबाद जायेगा?
6. वह समय पर कॉलेज क्यों नहीं पहुँचेगा?
7. जब वह यहाँ आयेगा, तो मैं चला जाऊँगा।
8. बस छूटने को है।
9. अच्छा होगा कि आप एक मकान खरीदें।
10. मैं कल फतेहपुर जा रहा हूँ।
11. क्या ऐसी सम्भावना है कि कल बाजार बन्द रहेगा?
12. उसे किराया अदा करना पड़ेगा।
13. क्या बबीता तुम्हारे लिए एक स्वेटर बुनेगी?
14. क्या मैं एक कार खरीदूँ या स्कूटर?
15. यह दवाई दिन में एक बार ली जानी है।

B) निम्नलिखित का हिन्दी में अनुवाद करो।

1. Shall I invite him or not?
2. Is it likely that it will rain heavily today?
3. Do you think that she will win the election?
4. Whose father will go to Nagpur today?
5. Which student of them will attend the function?
6. When her mother cooks food, she will play cards.
7. The number of tourists will increase next five days.
8. He won't help me in any case.
9. The rain is on the point of falling.
10. You had better not invite him.

C) Full Verbs

First Form		अर्थ	Second Form		Third Form	
Clothe	क्लोद	कपड़े पहनना	Clothed	क्लोदड	Clothed	क्लोदड
Count	काउन्ट	गिनना	Counted	काउन्टेड	Counted	काउन्टेड
Die	डाई	मरना	Died	डाइड	Died	डाइड
Defend	डिफेन्ड	रक्षा करना	Defended	डिफेन्डेड	Defended	डिफेन्डेड
Earn	अर्न	कमाना	Earned	अर्न्ड	Earned	अर्न्ड
Punish	पनिश	दंडित करना	Punished	पनिश्ड	Punished	पनिश्ड
Plant	प्लान्ट	पौधा लगाना	Planted	प्लान्टेड	Planted	प्लान्टेड
Rob	रौब	लूटना	Robbed	रोब्ड	Robbed	रोब्ड
Receive	रिसीव	प्राप्त करना	Received	रिसीव्ड	Received	रिसीव्ड
Obtain	ऑबटैन	प्राप्त करना	Obtained	ऑबटैन्ड	Obtained	ऑबटैन्ड

D) Attractive Words

Violence	वायलेन्स	हिंसा
Virgin	वरजिन	कुँवारी, कुमारी
Witness	विटनैस	साक्षी, गवाह
Wicked	विकिड	दुष्ट
Volcano	वोलकेनो	ज्वालामुखी
Useful	यूजफुल	लाभप्रद
Twofold	टूफोल्ड	दुगना
Tray	ट्रे	तश्तरी
Sympathy	सिम्पेथी	सहानुभूति
Status	स्टेटस	प्रतिष्ठा
Rainbow	रेनबो	इन्द्रधनुष
Quotation	क्वोटेशन	उद्धरण, कथित मूल्य
Pleasure	प्लेजर	सुख
Organs	आरगन	इन्द्रिय, अंग
Luggage	लगिज	यात्रा-सामग्री
Interval	इन्टरवल	अन्तराल, मध्यांतर
At a glance	ऐट ए ग्लांस	सरसरी नजर में
Fact	फैक्ट	तथ्य
Designation	डेजिग्नेशन	पदनाम, ओहदा
Chance	चान्स	संयोग

13

Future Continuous Tense

इस tense का प्रयोग उस स्थिति में किया जाता है जबकि कार्य निकट या दूरस्थ भविष्य में जारी रहेगा। इन वाक्यों के अन्त में *रहा होगा, रही होगी, रहे होंगे* आदि शब्द आते हैं। सहायक क्रिया will be या shall be होगी तथा मुख्य क्रिया में ing जोड़ा जायेगा।

- Hurry up! The guests will be arriving at any minute. (शीघ्रता कीजिये! अतिथि किसी भी क्षण आ जायेंगे अथवा आ रहे होंगे।)
- She will be living in Dehradun in four month's time. (वह चार महीने के अन्दर देहरादून में रह रही होगी।)

Future Continuous का भिन्न–भिन्न स्थितियों में प्रयोग

1. पूर्व में बनाई गई भविष्यत् गतिविधि को मस्तिष्क में चित्रित करने पर–

- Tomorrow this time I shall be travelling by the Karnatak Express. (कल इस समय मैं कर्नाटक एक्सप्रेस से यात्रा कर रहा होऊँगा।)
- This time tomorrow you will be sitting on the plane. (इस समय कल आप हवाई जहाज में बैठे हुये होंगे।)

2. उस घटना का वर्णन करने के लिये भी **future continuous** का प्रयोग होता है जिन्हें हम सही मान कर चलते हैं कि अमुक व्यक्ति इस समय क्या कर रहा है।

- Don't phone Sushila now. It is 4 o' clock. She will be collecting the children from the school. (सुशीला को इस समय फोन मत करो। चार बजे हैं। वह इस समय बच्चों को स्कूल से लेने जा रही होगी।)

3. इस **tense** का प्रयोग उस स्थिति में भी किया जाता है जब कोई कार्य व धंधा पूरे समय में घटित होगा।

- She will be working in the office all the day. (वह पूरे दिन कार्यालय में काम कर रही होगी।)

Future conitnuous भविष्य के कार्यक्रम को इंगित करता है परन्तु वह इरादा व इच्छा व्यक्त नहीं करता।

- I will teach him tomorrow. (सम्भवतः वचन है।)
- I will be teaching him tomorrow. (पूरी तरह से भविष्यत् काल है। यहाँ कोई इरादा या वचन नहीं है।)
- When will you finish these letters? (अधिकारी, सहायक से कहता है।) **(future simple)**
- When will you be seeing Mr Jain? (सहायक, अधिकारी से विनम्रता से पूछता है।) **(future continuous)**
- Will you join us for dinner. (क्या डिनर में आप हमारा साथ देंगे? अर्थात् डिनर पर हमारा साथ दीजिये।) (निमंत्रण)
- Will you be joining us for dinner? (पूरा भविष्यत् काल है। केवल प्रश्न किया जा रहा है कोई निमंत्रण नहीं है।)

4. भविष्यत् काल की योजनायें व कार्यक्रम (विशेष रूप से यात्रा) को **future continuous** के द्वारा दर्शाया जा सकता है।

   - We will be spending the summer in Mussoorie. (=We are spending..................)
   - Professor Malhotra will be giving a lecture on Hindi literature tomorrow evening. (=Professor Malhotra is giving........................)

5. **Future continuous** एक साधारण **continuous** के रूप में– निश्चित समय से पूर्व कार्य का आरम्भ होकर, कुछ समय बाद भी जारी रहता है।

   विद्यार्थियों की एक कक्षा, समय प्रातः 9:30–

   - Now students are sitting in their class. They are listening to a teacher. This time tomorrow they will be sitting in the cinema. They will be watching a film. On Saturday there is no class. So on Saturday they will not be sitting in the class. They will be doing other things. Sunita will be playing tennis. Madhu will be shopping. (विद्यार्थी कक्षा में बैठे हुये हैं। वे अध्यापक की बात सुन रहे हैं। कल वे इस समय सिनेमा हाऊस में बैठे हुये होंगे। वे फिल्म देख रहे होंगे। शनिवार को पढ़ाई नहीं होगी। इस लिये शनिवार को वे कक्षा में नहीं बैठे हुये होंगे। वे अन्य काम कर रहे होंगे। सुनीता टेनिस खेल रही होगी। मधु खरीददारी कर रही होगी।)

6. **Future conitnuous** को **time expression** (समय अभिव्यक्ति) या बिना **time expression** के प्रयोग किया जा सकता है।

➢ She will be meeting me *tomorrow/ next year/ on Monday.* (समय की अभिव्यक्ति के साथ)

➢ She will be meeting me. (बिना समय की अभिव्यक्ति के) (अनिश्चितता)

➢ She is meeting me. (निश्चितता) **(present continuous)**

7. जब हम इरादा जानना चाहें तो इसे **question** के रूप में इस प्रकार प्रयुक्त करेंगे।

➢ What kind of jam will you be making? (किस प्रकार का मुरब्बा तुम बना रहे होंगे?)

इरादा होने या न होने की स्थिति में इस प्रकार से प्रश्न करेंगे।

➢ What will you be *doing this time next week*? (तुम अगले सप्ताह इस समय क्या कर रहे होंगे?) (समय की अभिव्यक्ति के साथ)

अभ्यास (practice)-12

A) निम्नलिखित का अंग्रेजी में अनुवाद करो।

1. सुनील इस समय ताश खेल रहा होगा।
2. जब तुम आओगे, मैं उस समय पुस्तक पढ़ रहा होऊँगा।
3. कुछ घंटे के अन्दर मैं रेल से यात्रा कर रहा होऊँगा।
4. जब वह घर पहुँचेगा, उसका पुत्र दरवाजे पर बैठा हुआ उसकी प्रतीक्षा कर रहा होगा।

5. कुछ वर्षो के अन्दर हम सब सौर ऊर्जा वाले गर्म घरों में रह रहे होंगे।

6. क्या वे इस समय कक्षा में बैठे हुये होंगे?

7. सूर्य एक मिनट में उदय हो रहा होगा।

8. इस समय अगले माह वह हरिद्वार में रह रही होगी।

9. पचास वर्षों के अन्तर्गत हम सब दवाईयों पर निर्भर रह रहे होंगे।

10. जब तुम मुझसे अगली बार मिलोगे तब मैं अपनी नयी वेशभूषा पहन रहा होऊँगा।

B) निम्नलिखित का हिन्दी में अनुवाद करो।

1. In a hundred year's time people will be going to Mars for their holidays.
2. She will be seeing me again.
3. What do you think the children will be doing when we get home?
4. The garden will be looking its best next week.
5. Airhostess: Please fasten your safety belts. We will be taking off in few minutes.
6. That football club has lost some of its players. They will be looking out for new men.
7. I will give Hemraj your messege. I can do it easily because I will be seeing him tomorrow.
8. It is a serious injury but he will be walking again within six weeks.
9. We'd better go out tomorrow because Rachna will be practising the piano all day.
10. My son will be in the sixth from next year. That means Mr Baghela will be teaching him Mathematcis.

C) Full Verbs

First Form		अर्थ	Second Form		Third Form	
Complete	कम्पलीट	पूरा करना	Completed	कम्पलिटेड	Completed	कम्पलिटेड
Deal	डील	व्यवहार करना	Dealt	डिल्ट	Dealt	डिल्ट
Dive	डाइव	गोता खाना	Dived	डाइव्ड	Dived	डाइव्ड
Drown	ड्राउन	डूबना	Drowned	ड्राउन्ड	Drowned	ड्राउन्ड
Finish	फिनिश	समाप्त करना	Finished	फिनिश्ड	Finished	फिनिश्ड
Flee	फ्ली	भागना	Fled	फ्लेड	Fled	फ्लेड
Lean	लीन	झुकना	Leaned	लीन्ड	Leaned	लीन्ड
Lift	लिफ्ट	उठाना	Lifted	लिफ्टेड	Lifted	लिफ्टेड
Move	मूव	हिलना	Moved	मूव्ड	Moved	मूव्ड
Intend	इन्टेन्ड	इरादा करना	Intended	इन्टेन्डेड	Intended	इन्टेन्डेड

(D) Attractive Words

Chest	चेस्ट	छाती (पुरुष)
Breast	ब्रेस्ट	छाती (स्त्री)
Wrist	रिस्ट	कलाई
Zoo	जू	चिड़ियाघर
Yarn	यार्न	सूत, तार
X-mas	एक्समस	क्रिसमस
Wound	वून्ड	घाव, जख्म
Wireless	वायरलैस	बेतार
Wicked	विकिड	दुष्ट, पापी
Widow	विडो	विधवा, बेवा
Vital	वाइटल	जीवनगत, महत्वपूर्ण
Visibility	विजिबिलिटि	दृष्टिगोचरता
Urinal	यूरिनल	मूत्रालय, पेशाबघर
Tunnel	टनल	सुरंग

Tourist	*टूअरिस्ट*	यात्री
Summary	*समरि*	साराँश
Standard	*स्टेन्डर्ड*	स्तर, ध्वजा, पताका
Ridiculous	*रिडिक्यूलस*	हास्यास्पद
Qudruped	*काड्रिपेड*	चौपाया, चार टांगो वाला
Pressure	*प्रेसर*	दबाव, मुसीबत
Outcome	*आउटकम*	परिणाम, नतीजा
Mortal	*मोरटल*	मरणशील, नाशवान, नश्वर
Layer	*लेयर*	परत, तह

14

Future Perfect Tense (पूर्ण भविष्यत्)

इस काल में सहायक क्रिया will have या shall have होगी तथा मुख्य क्रिया की third form प्रयोग की जायेगी। आगे का समय दिया हुआ होगा तथा निर्दिष्ट समय तक कार्य पूरा होने की सम्भावना होगी। *तक* शब्द के लिये अंग्रेजी में *by* का प्रयोग होगा।

➢ By tomorrow evening Sunita will have reached Ahmedabad. (सुनीता कल शाम तक अहमदाबाद पहुँच चुकेगी।)

यह tense भूतकाल में प्रयुक्त होता है परन्तु कार्य भविष्यत् काल का होता है।

मान लीजिये आज 15 मार्च है। सोहन परीक्षा के विषय में चिंतित है। वह परीक्षा 20 मार्च को देगा। कोई व्यक्ति पार्टी की योजना बनाते समय कह सकता है–

➢ We had better wait till March 21. Sohan will have had his examination by then. So he will be able to enjoy himself. (अच्छा रहेगा कि हम इक्कीस मार्च तक प्रतीक्षा करें। सोहन तब तक अपनी परीक्षा पूरी कर चुकेगा। इसलिये वह भी पार्टी का भरपूर आनन्द ले सकेगा।)

➢ I save 5000 rupees a month and I started it in November. So by the end of the next year I will/ shall have saved seventy thousand rupees. (मैं प्रतिमाह पाँच हजार रुपये बचाता हूँ और मैंने यह काम नवम्बर से शुरू किया। अतः अगले वर्ष के अन्त तक मैं सत्तर हजार रुपये बचा चुका होऊँगा।)

Future perfect tense के द्वारा भूतकाल की अवधि भी दर्शायी जाती है।

➢ She will have been married 25 years on March 25th, 2035. (उसे पच्चीस मार्च 2035 तक विवाहित हुये पच्चीस वर्ष हो जायेंगे।)

☛ जब दिनाँक तथा मास की चर्चा की गई हो तो *तक* की अंग्रेजी by के स्थान पर *on* होगी।

➢ On January 26, 2038 India will have been republic for eighty eight years. (छब्बीस जनवरी 2038 तक भारत को गणतंत्र हुये अठ्ठासी वर्ष हो जायेंगे।)

➢ Tourist : We have got ten hours in Jaipur. We are leaving at nine in the evening but I am sure that we will have seen every thing of importance by then. (यात्री : हमारे पास जयपुर में ठहरने के दस घंटे हैं। हम नौ बजे सांयकाल प्रस्थान कर रहे हैं लेकिन मुझे विश्वास है कि तब तक हम सभी महत्वपूर्ण स्थल देख चुके होंगे।)

➢ House holder to Zoo : One of your elephants is in my garden eating my tomatoes.

Zoo official : The elephant keeper will be with you in half an hour.

House holder : Your elephant will have eaten all my tomatoes by then.

(गृह स्वामी चिड़ियाघर में : तुम्हारे हाथियों में से एक मेरे बगीचे में टमाटर खा रहा है।

चिड़ियाघर का अधिकारी : हाथी पालक आधे घंटे में तुम्हारे साथ जायेगा।

गृह स्वामी : तुम्हारा हाथी उस समय तक मेरे सारे टमाटर खा चुकेगा।)

इस tense को प्रश्न के रूप में भी प्रयोग कर सकते हैं।

➢ By what time will they have reached Bareilly? (कब तक वे बरेली पहुँच चुकेंगे?)

इस tense में दो कार्य भी देखे जाते हैं उस स्थिति में हिन्दी वाक्य के मध्य में जोड़ने वाला शब्द (connective), *पूर्व* (before) या *पश्चात्* (after) होगा। इसका क्रम भी past perfect की तरह ही रहेगा जहाँ दो कार्य होते हैं, यहाँ पहले पूर्ण होने वाला कार्य future perfect में, तथा बाद में होने वाला कार्य present simple में होगा।

➢ मेरे दिल्ली पहुँचने से पूर्व वे कानपुर से लौट चुकेंगे।
present simple before future perfect
(3) (2) (1)

अर्थ–They will have returned from Kanpur before I reach Delhi. **(affirmative)**

➢ मेरे दिल्ली जाने से पूर्व वे कानपुर से नहीं लौट चुकेंगे। (They will not have returned from Kanpur before I reach Delhi.) **(negative)**

➢ क्या मेरे दिल्ली जाने से पूर्व वे कानपुर से नहीं लौट चुकेंगे?
(3) (2) (1)

अर्थ–Will they not have returned from Kanpur before I reach Delhi? **(interrogative)**

➢ मेरे दिल्ली जाने से पूर्व वे कानपुर से क्यों लौट चुकेंगे? (Why will they have returned from Kanpur before I reach Delhi?) **(interrogative)**

➢ मेरे दिल्ली जाने के पश्चात् वे कानपुर पहुँच चुकेंगे।
future perfect after present simple
(3) (2) (1)

अर्थ–They reach Kanpur after I shall have gone to Delhi.

➢ मेरे दिल्ली जाने के पश्चात् वे कानपुर नहीं पहुँच चुकेंगे।
future perfect after present simple
(3) (2) (1)

अर्थ–They do not reach Kanpur after I shall have gone to Delhi.

➢ क्या मेरे दिल्ली जाने के पश्चात् वे कानपुर पहुँच चुकेंगे?
future perfect after present simple
(3) (2) (1)

अर्थ–Do they reach Kanpur after I shall have gone to Delhi?

➢ मेरे दिल्ली जाने के पश्चात् वे कानपुर से क्यों नहीं लौट चुकेंगे?
future perfect after present simple
(3) (2) (1)

अर्थ– Why do they not return from Kanpur after I shall have gone to Delhi?

अभ्यास (practice)-13

A) निम्नलिखित का अंग्रेजी में अनुवाद करो।

1. परसों सुबह तक वह त्रिवेन्द्रम पहुँच चुकेगी।
2. क्या कल सुबह तक तुम्हारी बहन उस स्वेटर को बुन चुकेगी?
3. कितनी लड़कियाँ आज रात तक अपना गृह कार्य कर चुकेंगी?
4. मेरे स्टेशन पहुँचने से पूर्व गाड़ी छूट चुकेगी।
5. मैं अगले वर्ष तक उस मकान को खरीद चुकूँगा।
6. एक महीने के अन्दर ये छात्र परीक्षा दे चुकेंगे।
7. तुम्हारे मेरठ जाने से पूर्व वह बुलन्दशहर से क्यों नहीं आ चुकेगी?
8. क्या सौरभ के कॉलेज पहुँचने से पूर्व घंटी बज चुकेगी?
9. वह हाथरस से कब लौट चुकेगी?
10. कल सुबह तक मैं उस उपन्यास को पढ़ चुकूँगा।

B) निम्नलिखित का हिन्दी में अनुवाद करो।

1. I shall have finished this job in twenty minutes.
2. By the time we get to the party everything will have been eaten.
3. The police will have heard of the theft by evening.
4. On the fourth of next month he will have been in prison for five years.
5. If you do not hurry the sun will have risen before we reach the top.
6. When we reach Nagpur we will have done half of the journey.
7. By mid-night he will have been unconscious for forty eight hours.
8. On November 25th they will have married for 30 years.

9. At your present rate you will have burnt all that coal by the end of the month.

10. By the time you get there they will have finished their speeches and every one will have gone home.

C) Full Verbs

First Form		अर्थ	Second Form		Third Form	
Dig	डिग	खोदना	Dug	डग	Dug	डग
Hold	होल्ड	पकड़ना	Held	हेल्ड	Held	हेल्ड
Run	रन	दौड़ना	Ran	रैन	Run	रन
Visit	विज़िट	देखने जाना	Visited	विज़िटेड	Visited	विज़िटेड
Succeed	सक्सिड	सफल होना	Succeeded	सक्सेडेड	Succeeded	सक्सेडेड
Select	सलैक्ट	चुनना	Selected	सलैक्टेड	Selected	सलैक्टेड
Shave	शेव	दाढ़ी बनाना	Shaved	शेव्ड	Shaved	शेव्ड
Shoot	शूट	गोली मारना	Shot	शॉट	Shot	शॉट
Prove	प्रूव	सिद्ध करना	Proved	प्रूव्ड	Proved	प्रूव्ड
Pursue	प्रस्यू	पीछा करना	Pursued	प्रस्यूड	Pursued	प्रस्यूड
Place	प्लेस	रखना	Placed	प्लेस्ड	Placed	प्लेस्ड
Pull	पुल	खींचना	Pulled	पुल्ड	Pulled	पुल्ड
Reach	रीच	पहुँचना	Reached	रीच्ड	Reached	रीच्ड
Polish	पोलिश	चमकाना	Polished	पोलिस्ड	Polished	पोलिस्ड
Read	रीड	पढ़ना	Read	रैड	Read	रैड
Reply	रिप्लाई	उत्तर देना	Replied	रिप्लाइड	Replied	रिप्लाइड

D) Attractive Words

Matchstick	मैच स्टिक	दिया सलाई
Cataract	कटेरेक्ट	मोतियाबिंद
Zodiac	जोडिआक	राशि चक्र
Yard	यार्ड	आंगन, पशुओं का बाडा, गज (तीन फुट)

X-ray	ऐक्सरे	एक्सरे
Wrath	रॉथ	क्रोध, गुस्सा
Wrong	रॉन्ग	अनुचित, अपकार
Worth	वर्थ	के मूल्य का, के दाम का
Waist	वेस्ट	मध्य कमर, कटि
Vocal	वोकल	वाचिक, उच्चारित
Vauge	वेग	अस्पष्ट, गोलमोल
Unlimited	अनलिमिटेड	अपार, असंख्य
Unlikely	अनलाइकली	असंभाव्य
Triumph	ट्राइअम्फ	जययात्रा, जीत प्राप्ति
Symbol	सिम्बल	प्रतीक, संकेत
Swan	स्वान	हंस, राजहंस
Situation	सिट्युएशन	अवस्था, स्थिति, सूरत
Quiet	क्वाइट	शान्त, मौन
Purse	पर्स	बटुआ, मनी बैग
Navy	नेवि	नौसेना
Ornament	औरनामेन्ट	आभूषण, गहने, अलंकार

15

Future Perfect Continuous Tense

इस tense में कार्य भविष्य में पूरा होता है तथा पूरा होने के बाद भी जारी रहता है। इसमें सहायक क्रियाएँ will have been तथा shall have been हुआ करती हैं। *रहा, रही, रहे,* होने पर मुख्य क्रिया में ing जोड़ा जाता है। इसमें भविष्यत् काल से सम्बन्धित समय होता है तथा फिर समय की गिनती दिन, महीना, वर्ष, सप्ताह, मिनट, सेकेन्ड आदि में की जायेगी।

➢ कल सुबह तक सुनीता को उस पुस्तक को पढ़ते हुये इक्कीस घंटे हो जायेंगे। (By tomorrow morning Sunita will have been reading that book for twenty one hours.)

उपरोक्त वाक्य में भविष्यत् काल से सम्बन्धित शब्द

- समय = कल सुबह तक
- गिनती = इक्कीस घंटे

☞ कुछ वाक्य इस tense में इस तरह के भी होंगे जिनमें रहा, रही, रहे आना सम्भव नहीं है। उनमें *be* क्रिया की third form *been* का प्रयोग करके future perfect और future perfect continuous दोनों को सम्मिलित माना जाता है।

➢ भारत को 15 अगस्त 2080 तक स्वतंत्र हुये 133 वर्ष हो जायेंगे। (On August 15, 2080 India will have *been* free *for* 133 years.)

इस को future perfect में भी माना जा सकता है क्योंकि इसमें सहायक क्रिया के रूप में be क्रिया की third form *been* है। इस को future perfect continuous में भी माना जा सकता है क्योंकि भारत स्वतंत्र हो चुका है और स्वतंत्रता के वर्ष बढते ही जायेंगे इसलिये गिनती के कारण *for* का प्रयोग किया है।

☞ Future perfect continuous को वर्तमान या भूतकालिक समय से दर्शाना अशुद्ध है। जैसे– शीतल दो घंटे/ दो बजे से पढ़ रहा होगा। (अशुद्ध)

जब हम यह जानते हैं कि शीतल दो घंटे/ दो बजे से पढ़ रहा है तो पढ़ रहा होगा कहना ठीक नहीं होगा। तो यही कहा जायेगा कि शीतल दो घंटे से पढ़ रहा है या शीतल दो बजे से पढ़ रहा है। कुछ तर्क देंगे की शीतल सम्भवतः दो घंटे से पढ़ रहा होगा। जब इस प्रकार की स्थिति सम्भावना में व्यक्त की जायेगी तो हम will have been या shall have been का प्रयोग नहीं करेंगे। उपरोक्त के स्थान पर may have been या might have been का प्रयोग करना होगा।

इसी प्रकार वह पिछले सप्ताह से दिल्ली में रह रहा होगा। इसमें भी will have been या shall have been प्रयोग नहीं किया जायेगा। उपरोक्त रेखांकित वाक्य को उच्चारित करना अशुद्ध है। हम आगे का समय देंगे और फिर गिनती से दर्शाया जायेगा। उपरोक्त वाक्य को शुद्ध रूप में इस तरह बोला जा सकता है।

➢ 20 दिसम्बर तक उसे दिल्ली में रहते हुये दस वर्ष हो जायेंगे।

अभ्यास (practice)-14

A) निम्नलिखित का अंग्रेजी में अनुवाद करो।

1. उसे कल सुबह तक यात्रा करते हुये 54 घंटे हो जायेंगे।
2. आज रात तक वर्षा को होते हुये 22 घंटे हो जायेंगे।
3. आज रात तक मुझे उस उपन्यास को पढ़ते हुये 63 घंटे हो जायेंगे।
4. कल दोपहर तक सुनीता को उस स्वेटर को बुनते हुये 21 घंटे हो जायेंगे।

B) निम्नलिखित का हिन्दी में अनुवाद करो।

1. I shall have been living here for twenty years by the end of the year.
2. By this time next week I will have been working for this company for 24 years.
3. They will have been married ten years on June 21st.
4. By next month she will have been living here for seven months.

5. My brother will have been living in Kanpur for five months by the end of the week.

C) Full Verbs

First Form		अर्थ	Second Form		Third Form	
Grow	ग्रो	उगना	Grew	ग्रू	Grown	ग्रोन
Lie	लाई	लेटना	Lay	ले	Lain	लेन
Rise	राइज	उठना	Rose	रोज	Risen	रिजन
Strive	स्ट्राइव	कोशिश करना	Strove	स्ट्रोव	Striven	स्ट्रीवन
Boil	बोइल	उबालना	Boiled	बोइल्ड	Boiled	बोइल्ड
Arrest	अरेस्ट	गिरफ्तार करना	Arrested	अरेस्टेड	Arrested	अरेस्टेड
Burn	बर्न	जलाना	Burnt	बर्न्ट	Burnt	बर्न्ट
Invite	इनवाइट	निमंत्रण देना	Invited	इनवाइटेड	Invited	इनवाइटेड
Grant	ग्रान्ट	स्वीकार करना	Granted	ग्रान्टेड	Granted	ग्रान्टेड

D) Attractive Words

District Magistrate	डिस्ट्रिक्ट मजिस्ट्रेट	जिलाधीश
Administrator	एडमिनिस्ट्रेटर	प्रशासक
Paddy	पैडी	धान
Grapes	ग्रेप्स	अंगूर
Measles	मीजल्स	खसरा
Wine	वाइन	शराब, मदिरा
Warrior	वारियर	योद्धा, बहादुर सैनिक
Voluntary	वॉलन्टरि	स्वैच्छिक, ऐच्छिक
Volunteer	वॉलन्टीअर	स्वयंसेवक
Understanding	अन्डरस्टैंडिंग	बुद्धि, समझ
Underground	अन्डरग्राउन्ड	भूमिगत, जमीन के नीचे
Unanimous	अनऑनिमस	एक मत से, सर्वसम्मत

Turban	*टरबन*	साफा, पगड़ी, फेंटा
Thus	*दस*	इस प्रकार, यों, इस तरह
Temperature	*टेम्प्रेचर*	तापमान, बुखार, हरारत
Synonymous	*सिनॉनिमस्*	पर्यायवाची, समानार्थक
Reasonable	*रीजनेबल*	युक्तिपूर्ण, तर्कसंगत
Pity	*पिटी*	दया, करूणा

16

Future Tense in the Past

भूतकालिक क्रियाओं में भी भविष्यत् काल होता है। भविष्यत् काल निम्नलिखित स्थितियों में होता है।

A) Was/ were going to+ first form

- I was going to see Mr Shukla tomorrow, but the appointment has been cancelled.

B) Was/ were+ to+ first form

- I was to see Mr Shukla tomorrow, but the appointment has been cancelled.

C) Was/ were+ to+ have+ third form

- I was to have seen Mr Shukla tomorrow but the appointment has been cancelled. (मैं कल श्री शुक्ला से मिलने वाला था लेकिन मुलाकात को निरस्त कर दिया गया है।)

श्री शुक्ला से मिलना भविष्य का संकेत है। उपरोक्त तीनों वाक्यों का एक ही अर्थ है।

D) Was about to/ were about to+ first form

- Sunita was *just* going to leave *when* her sister fell and hurt her ankle. (सुनीता जैसे ही जाने वाली थी तभी उसकी बहन गिर पड़ी और उसके टखने में चोट लग गई।)

अर्थात् सुनीता का जाना भविष्य को इंगित करता है।

Just......................when व्यवधान को दर्शाता है।

E) Was/ were on the point of+ first form+ ing

➢ When I met you at the station, the train was on the point of starting in ten minutes. (जब मैं तुमसे स्टेशन पर मिली तब गाड़ी दस मिनट के अन्दर छूटने वाली थी।)

संदिग्ध स्थिति-

➢ He was going to see Mr Kapoor.

यहाँ दोनों स्थिति हो सकती हैं–

1. उसने श्री कपूर से भेंट कर ली।

2. वह श्री कपूर से भेंट नहीं कर सका।

परन्तु–

➢ He was to have seen Mr Kapoor. (उसने श्री कपूर से भेंट नहीं की।)

F) सीमित दायरे में would+ first form

➢ We had already reached 10000 feet. Soon we would reach the top. (हम पहले ही दस हजार फीट तक पहुँच चुके थे। शीघ्र ही हम शिखर पर पहुँचने वाले थे।)

शिखर पर पहुँचना भविष्य को इंगित करता है।

अभ्यास (practice)-15

A) निम्नलिखित का हिन्दी में अनुवाद करो।

1. Yesterday she was going to see her mother.
2. I was to have invited my friends.
3. She was on the point of dying.
4. He was about to go in ten minutes.
5. I was just going to leave when it began to rain.

B) Full Verbs

First Form		अर्थ	Second Form		Third Form	
Wound	वून्ड	घायल करना	Wounded	वुन्डेड	Wounded	वुन्डेड
Whistle	व्हिसल	सीटी बजाना	Whistled	व्हिसिल्ड	Whistled	व्हिसिल्ड
Yield	यील्ड	अधीन होना	Yielded	यील्डेड	Yielded	यील्डेड
Arrive	अराइव	पहुँचना	Arrived	अराइव्ड	Arrived	अराइव्ड
Fly	फ्लाई	उड़ना	Flew	फ्लू	Flown	फ्लोन

C) Attractive Words

Garlic	गारलिक	लहसुन
Jackfruit	जैकफ्रूट	कटहल
Mustard	मस्टर्ड	सरसों
Wall	वाल	दीवार, भीत
Virtue	वर्चू	सदाचार, सद्गुण
Useless	यूजलैस	बेकाम, लाभरहित
Toilet	टॉइलेट	प्रसाधन, शौचघर
Strength	स्ट्रेन्थ	शक्ति, संख्या, हिम्मत
Storey	स्टोरि	तल, मंजिल
Stale	स्टेल	बासी, नीरस
Savage	सेवेज	जंगली, असभ्य
Party	पार्टि	समारोह, दल
Pasture	पास्चर	चरागाह
Occupation	ऑक्यूपेशन	व्यवसाय, धंधा
Necessity	नेसिसिटि	आवश्यकता, जरूरत
Moral	मोरल	नैतिक

17

Future Tense
(Active Voice - Passive Voice)

Future Simple

इस tense में सहायक क्रियाएँ will be व shall be होंगी तथा verb की third form प्रयोग की जायेगी।

- Sarita will buy five books tomorrow. **(active)**
  subject main verb object time expression.

  Five books will be bought by Sarita tomorrow. (पाँच पुस्तकें सरिता के द्वारा खरीदी जायेंगी।) **(passive)**

Negative- Will not be/ shall not be + third form

Interrogative

- Will they help us in this matter? **(active)**

  Shall we be helped by them in this matter? (क्या इस विषय में उनके द्वारा हमारी सहायता की जायेगी?) **(passive)**

- Who will teach us Sanskrit? **(active)**

  By whom shall we be taught Sanskrit? **(passive)**

  = By whom will Sanskrit be taught us?

  = Who shall we be taught Sanskrit by?

  = Who will Sanskrit be taught us by?

उपरोक्त वाक्य में us और Sanskrit दो objects हैं। Passive में कोई भी subject बनाया जा सकता है। यदि हम who को subject के रूप में प्रयोग करेंगे तो by का प्रयोग वाक्य के अन्त में होगा।

Future Perfect

इस tense में सहायक क्रिया will have been या shall have been होगी।

- Rita will have cooked food by nine o' clock. **(active)**
  subject — main verb — object — time expression

  Food will have been cooked by Rita by nine o' clock. (रीता के द्वारा खाना नौ बजे तक बनाया जा चुकेगा।) **(passive)**

Negative- Will not have been/ shall not have been + third form

Interrogative

- Will those girls not have completed the home work by the third period? **(active)**

  Will the home work not have been completed by those girls by the third period? (क्या उन लड़कियों के द्वारा गृह कार्य तीसरे वादन तक पूरा नहीं किया जा चुकेगा?) **(passive)**

- Who will not have taken food by one o' clock? **(active)**

  By whom will food not have been taken by one o'clock? **(passive)**

- Which servant will not have irrigated the field by this evening? **(active)**

  By which servant will the field not have been irrigated by this evening? (कौनसे नौकर के द्वारा खेत को आज शाम तक सींचा नहीं जा चुकेगा?) **(passive)**

Miscellaneous मिस्लेनिअस् (मिश्रित)

- Write. (लिखो।) **(active)**

  Be written. **(passive)**

- Write a letter. (एक पत्र लिखो।) **(active)**

  Let a letter be written. **(passive)**

- Do not write a letter. (पत्र मत लिखो।) **(active)**

  Let a letter not be written. **(passive)**

- Please/ Sir/ Madam mark me present. (कृपया / श्रीमान / श्रीमती मेरी उपस्थिति लगाइये।) **(active)**

  You are requested to mark me present. **(passive)**

- Please/ Sir/ Madam do not go there. (कृपया / श्रीमान / श्रीमती वहाँ मत जाओ।) **(active)**

  You are requested not to go there. **(passive)**

Can, could, may, might, will, would, shall, should, must, ought to + first form (active)

Can, could, may, might, will, would, shall, should, must, ought to + be + third form (passive)

- She can lift this load. (वह इस वजन को उठा सकती है।) **(active)**

  This load can be lifted by her. **(passive)**

Can, could, may, might, will, would, shall, should, must, ought to + have + third form (active)

Can, could, may, might, will, would, shall, should, must, ought to +have + been + third form (passive)

- Might Lalita have completed the work by this evening? (क्या सम्भवतः ललिता आज शाम तक कार्य पूरा कर चुकेगी?) **(active)**

  Might the work have been completed by Lalita by this evening? **(passive)**

अभ्यास (practice)-16

A) निम्नलिखित का अंग्रेजी में **passive** बनाओ।

1. मैं कल तुम्हें एक पुस्तक दूँगा।
2. वे कल तुम्हारी सहायता नहीं करेंगे।
3. उसे गणित कौन पढ़ायेगा?
4. धोबी उन कपडों को क्यों नहीं धोयेगा?
5. वे कब तक उस कार्य को पूरा कर चुकेंगे?
6. कौनसी लड़की दस बजे तक खाना बना चुकेगी?
7. क्या वे सभी छात्र कल तक जन्तर–मन्तर को देख चुकेंगे?
8. वह परसों गीता के लिए एक कार खरीदेगा।
9. क्या आज श्री रेड्डी उस पुल का उद्घाटन करेंगे?
10. उनमें से कौनसी लड़की कल एक कार खरीदेगी?

B) निम्नलिखित का हिन्दी में अनुवाद करो।

1. Who will be punished by the teacher?
2. How will the work have been completed by these boys?
3. By which student will that work not be completed?
4. Will you not have been invited by Harish?
5. Will that man be invited to the party?
6. Will he not be treated well?
7. By which team will the match be won?
8. By what time will those clothes have been washed?
9. Will a sweet song be sung by Mirdula?
10. By what time will the house have been white washed?

C) Full Verbs

First Form		अर्थ	Second Form		Third Form	
Shine	शाइन	चमकना	Shone	शोन	Shone	शोन
Spring	स्प्रिंग	कूदना	Sprang	स्प्रैंग	Sprung	स्प्रंग
Forbid	फोरबिड	मना करना	Forbade	फोरबेड	Forbiddin	फोरबिडन
Accuse	एक्क्यूज	अपराधी ठहराना	Accused	एक्क्यूज्ड	Accused	एक्क्यूज्ड
Appear	एप्पीयर	दिखाई पड़ना	Appeared	एप्पीयर्ड	Appeared	एप्पीयर्ड
Fine	फाईन	जुर्माना करना	Fined	फाईन्ड	Fined	फाईन्ड
Feel	फील	महसूस करना	Felt	फेल्ट	Felt	फेल्ट
Hunt	हन्ट	शिकार करना	Hunted	हन्टेड	Hunted	हन्टेड
Learn	लर्न	याद करना	Learnt	लर्न्ट	Learnt	लर्न्ट
Lie	लाई	झूठ बोलना	Lied	लाईड	Lied	लाईड
Seize	सीज	पकड़ना	Seized	सीज्ड	Seized	सीज्ड
Sow	सो	बोना	Sowed	सोड	Sowed/ sown	सोड/सोन
Slip	स्लिप	फिसलना	Slipped	स्लिप्ड	Slipped	स्लिप्ड
Suffer	सफर	कष्ट सहना	Suffered	सफर्ड	Suffered	सफर्ड
Try	ट्राई	प्रयत्न करना	Tried	ट्राईड	Tried	ट्राईड
Thank	थैंक	धन्यवाद देना	Thanked	थैंक्ड	Thanked	थैंक्ड

D) Attractive Words

Curd	कर्ड	दही
Sugar-candy	सुगर कैंडी	मिश्री
Butter milk	बटर मिल्क	लस्सी
Vinegar	विनेगर	सिरका
Turmeric	टरमरिक	हल्दी
Sweet-pudding	स्वीट पुडिंग	हलवा
Wake	वेक	रतजगा, जागरण
Vain	वेन	सारहीन, अहंकारी

Sin	सिन	पाप, अपराध
Signal	सिग्नल	संकेत, इशारा
Ridge	रिज	पर्वत माला, पहाड़ की संकरी लम्बी चोटी
Risk	रिस्क	जोखिम, खतरा
Pack	पैक	गठरी, शिकारी कुत्तों का दल, ताश की गड्डी
Opium	ओपियम	अफीम
Oath	ओथ	कसम, शपथ, सौगन्ध
Nectar	नेक्टर	सुधा, अमृत
Melody	मेलडि	मधुर संगीत, स्वर माधुर्य
Honey	हनि	मधु, शहद
Glimpse	ग्लिम्पस	झलक, झांकी

18

Verb 'Be/ To Be'

- Be/ To Be= होना

First form	**Second form**	**Third form**
is, am, are	was, were	been

Be के अन्य रूप– Is being, am being, are being, was being, were being, has been, have been, had been, will be, shall be, will have been, shall have been.

- Is = है
- Am = हूँ
- Are = हो, हैं
- Was = था, थी
- Were = थे, थीं

Be का सहायक क्रिया के रूप में प्रयोग

➢ She is working hard. (वह कठोर परिश्रम कर रही है।)

➢ They are playing cards. (वे ताश खेल रहे हैं।)

➢ The building is being decorated. (भवन को सजाया जा रहा है।)

☞ *होता* शब्द की अंग्रेजी वर्तमान काल में एकवचन के लिए *is* तथा बहुवचन के लिए *are*, भूतकाल में एकवचन के लिये *was* तथा बहुवचन के लिये *were* होती है।

➢ गंगा का पानी स्वच्छ *होता है*। (The water of the Ganga *is* clean.)

➢ राजपूत वीर *होते हैं*। (The Rajputs *are* brave.)

➢ राजा बुद्धिमान *होता था*। (The king *was* wise.)

☞ अंग्रेजी भाषा में सम्मान सूचक शब्द नहीं होता है। परन्तु हिन्दी भाषा में स्थिति के अनुसार सम्मान सूचक शब्द प्रयुक्त होते हैं। अतः सम्मान देने के लिये *is* का अनुवाद *'है'* है। परन्तु *है* न करके *'हैं'* में ही करेंगे। इसी प्रकार भूतकाल में *was* का अनुवाद *था, थी,* के स्थान पर *थे* या *थीं* में ही किया जायेगा।

➢ Shri Chetan Bhagat *is* a famous author. (श्री चेतन भगत एक प्रसिद्ध लेखक हैं।)

➢ Shri Lal Bahadur Shastri *was* the second Prime Minister of India. (श्री लाल बहादुर शास्त्री भारत के द्वितीय प्रधानमंत्री थे।)

1) Be सहायक क्रिया के रूप में कुछ स्थितियों में अपने अर्थ को स्पष्ट करेगा, कुछ में नहीं।

➢ She *is* preparing tea. (वह चाय बना रही है।)

➢ She *has been* playing cards since morning. (वह सुबह से ताश खेल रही है।)

Has been का यहाँ सहायक क्रिया के रूप में कोई अर्थ हिन्दी में देखने को नहीं मिल रहा है।

2) जब is being, are being, was being, were being के पश्चात् clever, stupid, helpful, unhelpful, quiet, polite, funny, difficult, selfish, generous, mean, economical, extravagant आदि adjectives प्रयुक्त होते हैं तो उस स्थिति में subject जानबूझकर उस प्रकार की गतिविधि करता है जो क्षणिक होती है।

➢ Madhu is polite. (मधु नम्र है।)

यहाँ मधु के स्वभाव की चर्चा है।

➢ Madhu is being polite. (मधु इस समय नम्र बनने का ढोंग रच रही है, जबकि उस का स्वभाव नम्र नहीं है।)

It के साथ **verb be** का प्रयोग निम्नलिखित स्थितियों में होता है।

a) समय (time)/ दिनाँक

- What time is it? (क्या समय है?)

  It is five o' clock. (पाँच बजा है।)

- It is ten years since I met him. (दस वर्ष बीत गये हैं तबसे मैं उससे नहीं मिला।)

- It is twenty years since he left Rishikesh. (बीस वर्ष बीत गयें हैं जब उसने ऋषिकेश छोड़ा।)

- It is December 12. (बारह दिसम्बर है।)

b) दूरी (distance)

- How far is it to Dehradun? (देहरादून कितनी दूर है?)

  It is 45 kilometres. (पैंतालिस किलोमीटर है।)

- It is not far to Raipur. (रायपुर दूर नहीं है।)

- It is a long way to Jaunpur. (जौनपुर दूर है।)

☛ स्वीकृति वाले वाक्यों में दूर के लिये *far* शब्द के स्थान पर *a long way* वाक्याँश (phrase) का प्रयोग होगा।

c) मौसम (weather), तापमान (temperature) आदि को दर्शाने के लिये

- It is hot/ cold/ wet/ windy. (मौसम गरम/ ठण्डा/ भीगा–भीगा/ हवादार है।)

- It will be foggy tomorrow. (कल कोहरा रहेगा।)

d) पहचान (identity) के रूप में प्रश्न व उत्तर

- Mohan : Gita, you are wanted on the office phone. (मोहनः गीता, कार्यालय में तुम्हारा फोन आया है।)

  Gita : Who is it? (वह कौन है। अर्थात् किसने फोन किया है?)

  Mohan: I think it is your friend. (मैं समझता हूँ वह तुम्हारे मित्र का फोन है।)

(e) उन वाक्यों में जहाँ **infinitive** ही वास्तविक कर्ता होता है।

- *It is easy to know* why he left home. (उसने घर क्यों छोड़ा इसे जानना आसान है।)

(f) जब वाक्य में किसी शब्द व वाक्याँश पर जोर दिया जाता है तो उस स्थिति में ***it*** के साथ ***verb be*** का प्रयोग होता है।

- It was Rita who stole your purse. (रीता ही थी जिसने तुम्हारा पर्स चोरी किया। अर्थात् रीता के सिवाय कोई दूसरा नहीं।)

Be के अन्य प्रयोग

a) Be+ noun

- Be a good boy at school. (स्कूल में एक अच्छे लड़के बनो।)
- Don't be a racing driver. It is so dangerous. (तेज चालक मत बनों। यह बहुत खतरनाक है।)

b) Be+ adjective

- Be patient. (धैयवान बनो।)
- Don't be impatient. (अधीर मत बनो।)
- Be quiet. (शान्त रहिये।)

c) Be+ third form

- Be seated. (बैठिये।)
- Be prepared. (तैयार हो जाइये।)

d) आयु (age)

- How old is he? (उसकी क्या आयु है?)

  He is fifteen. या He is fifteen years old. (वह पन्द्रह वर्ष का है।)

परन्तु 'He is fifteen years.' अशुद्ध है। Years, months आदि के साथ old शब्द प्रयोग करना आवश्यक है।

- How old is this building? (यह भवन कितना पुराना है?)

  It is 300 years old. (यह तीन सौ वर्ष पुराना है।)

☞ जब बेजानदार चीजों की आयु बतलाई जा रही हो तो उसे हम संख्या तक सीमित नहीं रख सकते। उस स्थिति में years, months, days आदि के साथ old लगाना आवश्यक होगा।

e) कद (size) व वजन (weight)

➢ How tall is she? या What is her height? (उसकी लम्बाई क्या है?)

She is 1.63 meters. (उसकी लम्बाई 1 मीटर 63 सेन्टीमीटर है।)

यात्री (विमान में) : How high are we now? (अब हम कितनी ऊँचाई पर हैं?)

पाइलट : We are about 20000 feet. (लगभग बीस हजार फीट की ऊँचाई पर।)

➢ What is your weight? या What do you weigh? या How much do you weigh? (आप का वजन कितना है?)

I am 63 kilos. या I weigh 63 kilos. (मेरा वजन 63 किलो है।)

f) मूल्य (price)

➢ How much is this book? या What does this book cost? (इस पुस्तक का कितना मूल्य है?)

It is 300 rupees. या It costs 300 rupees. (इसका मूल्य 300 रुपये है।)

g) अधिकार (possession)

➢ It is mine/ yours/ hers/ his/ ours/ theirs/ Mohan's/ Sita's. (यह मेरा/ तुम्हारा/ उसका (स्त्री)/ उसका (पुरुष)/ हमारा/ उनका/ मोहन का/ सीता का है।)

h) स्थान (place)

➢ She is in the kitchen. (वह रसोई में है।)

➢ They are upstairs. (वे ऊपरी मंजिल पर हैं।)

i) राष्ट्रीयता (nationality)

➢ She is a German. या She is from Germany. (वह जर्मनी की है।)

j) Be+ adverb particles - in/ out/ away आदि

➢ Is Harish in?- No, he is out. (क्या हरीश उपस्थित है?– नहीं, वह बाहर गया हुआ है।)

➢ He is back in the thirty minutes. (वह तीस मिनट में वापस होगा।)

Is, am, are, was, were का प्रयोग home के साथ भी होता है। Home से पूर्व at ऐच्छिक होता है।

➢ Where was Mohan? (मोहन कहाँ था?)

Was he home? (क्या वह घर पर था?)

दोनों वाक्यों के अन्तर पर ध्यान दें।

1) Mohan is *home* now. (मोहन अपने घर पर वापस पहुँच चुका है।)

2) Mohan is *at home* now. (सम्भवतः मोहन ने अपना घर न छोड़ा हो अर्थात् वह घर पर ही हो।)

k) Has, have व **had** के स्थान पर स्थिति के अनुसार **is, am, are, was, were** का प्रयोग

➢ *I am* done with all that problem. (मैंने उस सारी समस्या को समाप्त कर दिया है।)

- I am = I have

➢ I left my umbrella just there and the next moment *it was* gone. (मैंने अपना छाता ठीक वहाँ छोड़ा और थोड़ी देर बाद ही वह गायब हो गया।)

- It was = It had

➢ Have you finished with the paper? *I am* nearly finished it. (क्या तुम पेपर पूरा कर चुके हो? मैं लगभग इसे पूरा कर चुका हूँ।)

Do, finish तथा go क्रियाओं के साथ यह नियम लागू होता है। अर्थात जब ये क्रियाएँ third form में प्रयुक्त की गई हों तो present tense में has, have के स्थान पर is, am, are तथा past tense में had के स्थान पर was, were का प्रयोग होगा।

l) Has been/ have been/ had been सामान्यतः व्यवसाय व व्यवहार को इंगित करते हैं।

➢ Have you ever been a lawyer? (क्या कभी आप वकील रहे हैं?)

I have been a lawyer, but now I am a teacher. (मैं वकील रहा हूँ लेकिन अब मैं अध्यापक हूँ।)

उपरोक्त वाक्य को past perfect tense में बदला जा सकता है।

➢ He told me he had been a lawyer before he become a teacher. (उसने मुझे बतलाया कि अध्यापक होने से पूर्व वह एक वकील था।)

m) Has been, have been, had been तथा has gone, have gone, had gone के प्रयोग व अन्तर

Has been, have been, had been का प्रयोग किसी स्थान पर जाकर लौटने की स्थिति में किया जाता है।

➢ Where have you been? (तुम कहाँ गये हुये थे?)

➢ I have been to a party. (मैं दावत में सम्मिलित होकर के वापस आया हूँ।)

➢ I have been in the canteen. (मैं कैन्टीन में गया और वापस आया हूँ।)

Has gone, have gone व had gone का प्रयोग

➢ He has gone to Delhi. (वह दिल्ली गया है अर्थात् या तो वह रास्ते में है या दिल्ली पहुँच गया है परन्तु वापस नहीं आया है।)

➢ Where has Mohan gone? (मोहन कहाँ गया है?)

➢ He has gone out. (वह बाहर गया है अर्थात् इस समय यहाँ नहीं है।)

➢ Dinesh has come home. (दिनेश अपने घर पर वापस आ गया है।)

➢ Dinesh has come from home. (दिनेश घर से आया है ।)

Home से पूर्व from प्रयुक्त होने पर वाक्यों में बहुत बड़ा परिवर्तन देखने को मिलता है।

➢ He has been a long time. (उसे गये हुये बहुत लम्बा समय हो चुका है और अभी तक नहीं लौटा है।)

Has been के साथ a long time का प्रयोग होने पर अर्थ पूर्णरूपेण परिवर्तित हो चुका है।

n) Has been, have been, had been+ adjective

यह स्थिति मनुष्य का व्यवहार, दशा तथा मनोवृत्ति को दर्शाती है।

➢ She has been very quiet. (वह बहुत ही शान्त स्वभाव वाली रही है।) (व्यवहार)

- ➢ I have never been so tired. (मैंने कभी भी इतनी थकान महसूस नहीं की है।) (दशा)
- ➢ He has been very gloomy. (वह बहुत ही निराशाजनक रहा है।) (मनोवृत्ति)

Indirect- I said he had been very gloomy.

o) Has been, have been, had been+ third form या **first form+ ing**

- ➢ My friend has been retired more than three years. (मेरे मित्र को अवकाश प्राप्त किये हुये तीन वर्ष से अधिक हो चुके हैं।)
- ➢ His ox has been missing for two days. (उसका बैल दो दिन से लुप्त है।)

p) Has been, have been, had been को मौसम **(weather)** की स्थिति में भी प्रयुक्त किया जाता है।

- ➢ It has been very cold lately. (हाल में बहुत ठण्डा रहा है।)

कुछ निश्चित सन्दर्भ में संख्या वाचक adjective भी सम्भव है।

- ➢ He is speaking as if he had never been 20 years old in his life. (वह इस तरह बोल रहा है मानो वह कभी बीस वर्ष का न रहा हो।)

q) Have been और **have gone** एक दूसरे के स्थान पर विनिमयशील हैं जब वे अनुभव के सन्दर्भ में प्रयुक्त किये जाते हैं तथा **subject** के साथ **ever** या **never** का प्रयोग स्थिति के अनुसार आवश्यक है।

i) Gerund

- ➢ Have you ever been skiing? या Have you ever gone skiing? (क्या कभी तुमने स्कींग का अनुभव किया है?)

ii) For+ noun

- ➢ I have never been for a swim. या I have never gone for a swim. (मैंने कभी तैरने का अनुभव प्राप्त नहीं किया है।)

iii) On+ noun

- ➢ Have you ever been on holiday? (क्या कभी तुमने छुट्टियों का आनन्द लिया है?)

r) Since या for के साथ has been, have been, had been का प्रयोग

➢ How long have you been in this waiting room? (तुम कब से इस प्रतीक्षालय में हो?)

➢ I have been here for half an hour. (मैं यहाँ आधे घन्टे से हूँ।)

➢ I have been here since two o' clock. (मैं यहाँ दो बजे से हूँ।)

Indirect narration में present perfect को past perfect में बदला जाता है।

➢ Vinita told me that she had been there for twenty minutes. (विनीता ने मुझे बतलाया कि वह बीस मिनट से यहाँ है।)

(s) Future में be का प्रयोग

➢ It will be sunny tomorrow. (कल चमकीला दिन होगा।)

➢ I will be there by 8 o' clock. (मैं आठ बजे तक वहाँ होऊँगा।)

Will be का प्रयोग deduction (निष्कर्ष) के रूप में भी होता है।

➢ That will be Sunita. (वह सुनीता होगी।)

तर्क के आधार पर हमनें ऐसा कहा है।

Will have been का प्रयोग future perfect tense में किया जाता है।

➢ Vinita : How long will have you been a teacher? (विनीता : अध्यापिका के पद पर काम करते हुये तुम्हें कितना समय हो जायेगा?)

Sunita: By the end of June I shall have been a teacher for twenty years. (सुनीताः जून के अन्त तक मुझे अध्यापिका के पद पर काम करते हुये बीस वर्ष हो जायेंगे।)

Will have been का प्रयोग deduction (निष्कर्ष) के लिये भी होता है।

➢ That will have been Sushila. She said she would be back at 10. (वह सुशीला रही होगी। उसने कहा था कि वह दस बजे तक वापस आ जायेगी।)

यह वाक्य भूतकाल को दर्शाता है।

There + be (is, am, are, was, were)

वाक्य में कर्ता जब there हो और there के बाद verb be का कोई भी रूप हो या अन्य दूसरी क्रिया हो तो there का अर्थ कुछ भी नहीं होगा।

A) Present simple

- There is a man at the door. (दरवाजे पर एक आदमी है।)
- There are two men at the door. (दरवाजे पर दो आदमी हैं।)

B) Past simple

- There was some one to see you. (तुमसे मिलने को कोई था।)
- There were some people to see you. (तुमसे मिलने को कुछ आदमी थे।)
- There was no student in the class. (कक्षा में कोई छात्र नहीं था।)
- <u>How many students</u> <u>were</u> <u>there</u> <u>in the class?</u>
  1 2 3 4

अर्थ– कक्षा में <u>कितने</u> <u>छात्र</u> थे?
1 2

☛ यदि हिन्दी के वाक्य में प्रश्नवाचक शब्द के बाद संज्ञा (noun) का प्रयोग हुआ है तो उसे अंग्रेजी में कदापि अलग प्रयुक्त नहीं किया जायेगा। उसे एक शब्द ही माना जायेगा, उसके बाद सहायक क्रिया तथा तीसरा स्थान कर्ता का होगा। यह नियम सभी प्रकार के वाक्यों में लागू होगा।

C) Present perfect

- There has been an accident. (दुर्घटना हो चुकी है।)

D) Past perfect

- He said there had been an accident. (उसने कहा दुघर्टना हो चुकी है।)

E) Future simple

- There will be a letter for you tomorrow. (कल तुम्हारा कोई पत्र होगा।)

F) Future perfect

➢ There will have been a definite result before Thursday. (गुरुवार से पूर्व कोई निश्चित परिणाम निकल चुकेगा।)

G) Tag questions– सहमति को प्रकट करने के लिये वाक्य के अन्त में जोड़ा गया संक्षिप्त प्रश्नवाचक वाक्य।

i) सहायक क्रिया+ not+ subject?

ii) सहायक क्रिया+ subject?

जब सहायक क्रिया के साथ not हो तो उसे संक्षिप्त में प्रयुक्त किया जाता है।

➢ There is a big race on T.V. tonight, *isn't there*? (आज रात टी0वी0 पर एक बहुत बड़ी रेस है, क्या नहीं है? अर्थात् है।)

H) There का प्रयोग घोषणा, घटना, व्यवस्था, तथा तथ्य आदि को व्यक्त करने के रूप में भी होता है।

➢ There will be a reception for the Prime Minister at the Ashoka Hotel. (प्रधानमंत्री का अशोका होटल में स्वागत होगा।)

➢ There have been many wedding ceromonies at this hotel last night. (पिछली रात इस होटल में कई वैवाहिक रस्में पूरी की गईं हैं।)

I) कहानी को व्यक्त करने के रूप में

➢ There had not been any rain for months. The earth was bare and dry. There was not a blade of grass growing anywhere. (महीनों से वर्षा नहीं हुई थी। जमीन खाली और सूखी पडी थी। घास का एक भी तिनका उगता हुआ कहीं भी नजर नहीं पड़ रहा था।

- There is to be = There will be...............

➢ There will be a concert at this hotel tonight. (आज रात इस होटल में संगीत समारोह होगा।)

J) There is/ are/ was/ were/ will be+ a/ an/ some/ no/ any/ number/ quatitiy/ the/ this/ that/ my आदि।

➢ There is a letter for you from Hari. (हरि की तरफ से तुम्हारा पत्र है।)

- There will be a book fair in Delhi next month. (अगले माह दिल्ली में पुस्तक मेला लगेगा।)
- Are there any lemons in the fridge? (क्या फ्रीज में कुछ नीबूँ हैं?)
- Is there anyone here who can read Tamil? (क्या यहाँ कोई है जो तमिल पढ़ सकता है?)
- She is starving and there is nothing in the kitchen. (वह भूख से मर रही है और रसोई में कुछ भी नहीं है।)
- There are eighty guests coming to the party. (दावत के लिये अस्सी अतिथि आ रहे हैं।)
- There are not many Sanskrit scholars in India. (भारतवर्ष में संस्कृत के अनेक विद्वान नहीं हैं।)
- What can we carry these books in? There is my brief case. Will that be all right? (हम इन पुस्तकों को कैसे ले जा सकते हैं? यह मेरा ब्रीफकेस है। क्या यह ठीक रहेगा?)

There के बाद **be** के अतिरिक्त दूसरी मुख्य क्रियाएँ

- There remains one matter still to be discussed. (अभी चर्चा के लिए एक विषय और रहता है।)
- There seems/ appears to be little enthusiasm. (कोई आवेश प्रतीत नहीं होता है।)

There के बाद arrive, come, enter, follow, rise आदि क्रियाएँ सामान्य रूप से प्रयुक्त होती हैं।

- There will follow an interval of five minutes. (पाँच मिनट का अन्तराल होगा।)

☞ *Be* निश्चितता को व *seem* तथा *appear* अनिश्चितता को दर्शाते हैं।

निश्चित	अनिश्चित
Present of Be He is quite rich. वह बिल्कुल धनी है।	He seems/ appears (to be) quite rich. वह बिल्कुल धनी प्रतीत होता है।
Past of Be He was quite rich. वह बिल्कुल धनी था।	He appeared/ seemed (to be) quite rich. वह बिल्कुल धनी प्रतीत होता था।
Present Continuous He is working hard. वह कठोर परिश्रम कर रहा है।	He seems/ appears to be working hard. वह कठोर परिश्रम करता हुआ मालूम पड़ता है।
Past Continuous He was working hard. वह कठोर परिश्रम कर रहा था।	He appeared/ seemed to be working hard. वह कठोर परिश्रम करता हुआ मालूम पड़ता था।
Present Perfect (active) He has written a letter. उसने एक पत्र लिख दिया है।	He seems/ appears to have written a letter. ऐसा प्रतीत होता है कि उसने एक पत्र लिखा है।
Present Perfect (passive) He has been punished. उसे दंडित किया गया है।	He seems/ appears to have been punished. ऐसा प्रतीत होता है कि उसे दंडित किया गया है।
Past Perfect (passive) He had been invited. उसे निमंत्रण दिया गया था।	He seemed/ appeared to have been invited. ऐसा प्रतीत होता था कि उसे निमंत्रण दिया गया था।

☞ Present simple व past simple में appear व seem के साथ to be का प्रयोग ऐच्छिक है।

Appear व Seem के साथ	
Present Perfect (active)	To have+ third form
Present Perfect (passive)	To have been+ third form
Past Perfect (active)	To have+ third form
Past Perfect (passive)	To have been+ third form

Awoke व asleep से पूर्व to be का प्रयोग आवश्यक है।

- The children appear/ seem to be asleep. (बच्चे सोते हुये प्रतीत होते हैं।)

Appear, seem, happen, prove आदि के बाद दूसरे **infinitive** प्रयोग किये जा सकते हैं।

- You seem to know a lot about Physics. (तुम भौतिक विज्ञान के विषय में काफी जानकारी रखते हुये प्रतीत होते हो।)
- Dinesh happens to own a big house in Kanpur. (संयोगवश दिनेश का कानपुर में एक बड़ा घर है।)

Feel, look, smell, sound, taste के बाद **to be** का प्रयोग असम्भव है।

- He feels hot. (वह गर्म महसूस कर रहा है।)

  He feels to be hot. (अशुद्ध)

उपरोक्त शब्दों के बाद like+ noun या adjective+ noun का प्रयोग सम्भव है।

- This looks/ tastes/ smells/ feels like an orange. (यह संतरे जैसा लगता है/ इसका स्वाद संतरे जैसा लगता है/ इससे संतरे जैसी खुशबू आती है/ यह संतरे जैसा महसूस होता है।)
- Dinesh looks (like) the right person for the job. (दिनेश इस कार्य के लिये उपयुक्त व्यक्ति लगता है।)

☞ There का प्रयोग कर्ता के रूप में होने पर appear, seem, chance, happen, prove के बाद to be का प्रयोग होगा।

➢ There seems to have been an accident. (प्रतीत होता है कि दुर्घटना हो चुकी है।)

➢ There seems to be a mistake in the calculation. (गणना में त्रुटि मालूम पड़ती है।)

Become, come, fall, go, get, grow, run, turn, wear+ adjective complement (विशेषण सम्बन्धित पूरक)

उपरोक्त क्रियाएँ दशा (state) परिवर्तन को दर्शाती हैं तथा verb be से ही सम्बन्धित हैं और निरन्तर परिवर्तन की स्थिति में continuous में भी प्रयुक्त की जा सकती हैं।

➢ It was gradually growing dark. (निरन्तर अंधेरा हो रहा था।)

➢ As she watied to be served, she became very impatient. (ज्योंहि उसने सेवा लिये जाने की प्रतीक्षा की, तभी वह अधीर हो गई।)

➢ Mr Verma gets tired very easily since his operation. (श्री वर्मा का जबसे ऑप्रेशन हुआ है तबसे उन्हे बहुत जल्दी थकान हो जाती है।)

➢ The milk in this jug has gone bad. (इस जग का दूध खराब हो गया है।)

➢ My shoes have come undone. (मेरे जूते घिस चुके हैं।)

➢ The leaves are turning yellow. (पत्तियाँ पीली पड़ रही हैं।)

➢ Some rivers in India run dry. (भारत की कुछ नदियाँ सूख जाती हैं।)

➢ His attendance ran short. (उसकी उपस्थिति कम पड़ गई।)

➢ My pyjamas are wearing thin. (मुझे पायजामा पहिनने में पतला लग रहा है।)

जब दशा परिवर्तन हो या व्यवसाय में परिवर्तन होता है तो *become* verb का प्रयोग होता है।

➢ The ugly frog became a handsome boy. (एक कुरूप मेंढ़क सुन्दर युवक हो गया।)

➢ She became a doctor. (वह डॉक्टर बन गई।)

Make का प्रयोग उस स्थिति में होता है जब दशा परिवर्तन का सुझाव हो।

➢ I am sure Sunita will make a good politician one day. (मुझे विश्वास है कि सुनीता में एक दिन अच्छे राजनीतिज्ञ के गुण विद्यमान होंगे।)

Has, Have व Had का प्रयोग

वर्तमान काल में रखने व पास होने की स्थिति में एकवचन कर्ता के साथ has तथा बहुवचन कर्ता व I और you के साथ have का प्रयोग होता है। भूतकाल में एकवचन व बहुवचन सभी के साथ had का प्रयोग होता है।

अभ्यास (practice)-17

A) निम्नलिखित का अंग्रेजी में अनुवाद करो।

1. उसकी बड़ी बहन डॉक्टर है।
2. उसके पिता इंजीनियर हैं।
3. स्पार्टा के सैनिक बहादुर होते थे।
4. कबीरदास एक समाज सुधारक थे।
5. कानपुर चार सौ किलोमीटर है।
6. मैं ही था जिसने तुम्हारी सहायता की।
7. मोहित की आयु सत्रह वर्ष है।
8. इस वर्ष कई रेल दुर्घटनायें हो चुकीं हैं।
9. इस पुस्तक का मूल्य एक सौ पैंतीस रुपये है।
10. यह छाता मधु का है।

B) निम्नलिखित का हिन्दी में अनुवाद करो।

1. Banglore is a worthseeing city.
2. It was Sita who won the race.
3. It is 150 kms. to Bhopal.
4. This dictionary is four hundred rupees.

5. That book is mine.
6. How long has she been in Gujrat?
7. I have been here for twenty minutes.
8. By the end of March he will have been a teacher for twenty years.
9. She is being polite.
10. There will be elections next month.

C) Full Verbs

First Form		अर्थ	Second Form		Third Form	
Begin	बिगिन	आरम्भ करना	Began	बिगैन	Begun	बिगन
Find	फाइन्ड	पाना	Found	फाउन्ड	Found	फाउन्ड
Run	रन	दौड़ना	Ran	रैन	Run	रन
Burst	बर्स्ट	फटना	Burst	बर्स्ट	Burst	बर्स्ट
Wish	विश	इच्छा करना	Wished	विश्ड	Wished	विश्ड
Cost	कोस्ट	मूल्य होना	Cost	कोस्ट	Cost	कोस्ट
Weep	वीप	रोना	Wept	वेप्ट	Wept	वेप्ट
Raise	रेज	उठाना	Raised	रेज्ड	Raised	रेज्ड
Send	सेन्ड	भेजना	Sent	सेन्ट	Sent	सेन्ट
Open	ओपन	खोलना	Opened	ओपन्ड	Opened	ओपन्ड

D) Attractive Words

Ginger	जिंजर	अदरक
Urban	अरबन	शहर का
Valid	वेलिड	मान्य
Vanity	वैनिटी	खोखलापन
Undesirable	अनडिजायरेबल	अवांछनीय
Twin	ट्विन	जुड़वा
Top	टॉप	सर्वोच्च

Thanksworthy	*थैंक्सवर्दी*	धन्यवाद के योग्य
Tax free	*टैक्स फ्री*	कर मुक्त
Summit	*समिट*	शिखर, चरम सीमा
Something	*समथिंग*	कुछ, कोई बात
Short	*शोर्ट*	छोटा, कम समय का
Richness	*रिचनैस*	सम्पन्नता
Rational	*रैशनल*	बौद्धिक, विचारशील
Queen	*क्वीन*	रानी, शतरंज का मोहरा
Price	*प्राइस*	मूल्य
Pretty	*प्रिटी*	आकर्षक, सुन्दर
Pile	*पाइल*	राशि, ढेर, अपार सम्पत्ति

19

Do, Does, Did
के मुख्य क्रियाओं के रूप में भिन्न–भिन्न प्रयोग

1. गतिविधि या कार्य को जानने के रूप में

➢ What are your doing? (तुम क्या कर रहे हो?)

I am reading. (मैं पढ़ रहा हूँ।)

➢ What did you do this morning? (आज सुबह तुमने क्या किया?)

I wrote some letteres. (मैंने कुछ पत्र लिखे।)

➢ What have you done? (तुमने क्या किया है?)

I have broken that cup. (मुझसे वह प्याला टूट गया है।)

➢ Haven't you got anything to do? (क्या तुम्हारे पास करने को कुछ नहीं है?)

I have got nothing to do. (मेरे पास करने को कुछ नहीं है।)

2. Do उस स्थिति में भी प्रयोग किया जाता है जब यह किसी कार्य विशेष की तरफ संकेत नहीं करता परन्तु इसके बाद दूसरी नामित (named) क्रियाओं का प्रयोग होता है।

➢ I *did* a lot of work around the house yesterday. I *took* down the curtains and *washed* them and *cleaned* the windows. (मैंने कल घर के अनेक कार्यों में काम किया। मैंने पर्दे उतारे और उनको धोया और खिड़कियों को साफ किया।)

3. **Do** का प्रयोग दूसरी क्रिया की पुनरावृत्ति के रूप में

➢ Sunita works 16 hours a day. I don't know how she *does it.* (सुनीता प्रतिदिन 16 घंटे काम करती है। मैं नहीं समझता कि वह सोलह घंटे काम कैसे करती है।)

यहाँ पर does का प्रयोग works के स्थान पर हुआ है।

➢ *Take* the dog for a walk. (कुत्ते को घुमाने ले जाओ।)

I have already *done it/ done so.* (मैं पहले ही कुत्ते को घुमाने ले जा चुका हूँ।)

यहाँ take के स्थान पर do को third form में प्रयोग किया गया है।

➢ Shall I take the dog for a walk? (क्या मैं कुत्ते को घुमाने ले जाऊँ?)

Yes, *do*. (ले जाओ।)

No, *don't.* (नहीं, मत ले जाओ।)

स्थिति के अनुसार yes या no में उत्तर।

4. **Do** का प्रयोग उस स्थिति में भी होता है जब भूतकाल के कार्य को वर्तमान परिणाम के रूप में देखा जाता है जिसका हम अनुमोदन नहीं करते।

वस्तुओं के विषय में–

➢ What are those clothes *doing* there?

सामान्य अर्थ– वे कपड़े वहाँ क्या कर रहे हैं?

वास्तविक अर्थ– वे कपड़े वहाँ नहीं होने चाहियें।

मनुष्यों के विषय में–

➢ What are those boys *doing* in our garden?

सामान्य अर्थ– वे लड़के हमारे बगीचे में क्या कर रहे हैं?

वास्तविक अर्थ– वे लड़के हमारे बगीचे में नहीं होने चाहियें।

5. **Do** का प्रयोग **gerund** से पूर्व भी होता है और **geurnd** नामित कार्य को दर्शाता है। इस स्थिति में **gerund** से पूर्व **the** आवश्यक है।

➢ I've done the shopping/ the ironing/ the washing up. (मैंने खरीददारी/ कपडों पर इस्त्री का काम/ धुलाई का काम कर लिया है।)

परन्तु gerund व do के मध्य कोई दूसरा शब्द या वाक्याँश प्रयुक्त होने पर the का प्रयोग नहीं होगा।

➢ We did all our shopping yesterday. (कल हमने अपनी सारी खरीददारी कर ली।)

➢ I stayed at home last night and did some writing. (पिछली रात मैं घर पर रहा तथा कुछ लिखने का काम किया।)

6. Do तथा make में अन्तर

Make रचनात्मक स्थिति को तथा do किसी की संलग्नता को व्यक्त करता है।

➢ What are you doing? (तुम क्या कर रहे हो?) (संलग्नता)

I'm making a cake. (मैं केक बना रहा हूँ।)

➢ What are you making? (तुम क्या बना रहे हो?)- A cake.

Make में प्रश्न करने पर उत्तर संक्षिप्त होगा।

7. Do के साथ कुछ शब्दों का सम्बन्ध

- Do+ one's best, business with some, damage to some thing, one's duty, an experiment, some one favour, good.
- Make+ an agreement with (someone), an appointment, an arrangement, an accusation against (someone) (किसी के प्रति दोषारोपण करना)

8. Do का भिन्न–भिन्न tenses व kinds में प्रयोग

Imperative

➢ Do your work. (अपना काम करो।)

Present simple

➢ She does the shopping every morning. (वह प्रतिदिन सुबह को खरीददारी करती है।)

Present continuous

➢ I am doing a crossword puzzle. (मैं क्रोसवर्ड पहेली भर रहा हूँ।)

Past simple

➢ He did a lot of work this morning. (उसने आज सुबह बहुत काम किया।)

Past continuous

➢ We were doing sums all yesterday evening. (हम कल पूरी शाम गणितीय प्रश्न हल कर रहे थे।)

Present perfect

➢ We have just done the washing up. (हमने अभी धुलाई का काम पूर्ण किया है।)

Present perfect continuous

➢ I have been doing this exercise all day. (मैं पूरे दिन इस अभ्यास को करता रहा हूँ।)

Past perfect

➢ We went home after we had done our work. (अपना काम करने के बाद हम घर गये।)

Past perfect continuous

➢ They had been doing business with each other for years before they quarrelled. (झगड़ा करने से पूर्व वे वर्षों तक साथ–साथ व्यापार करते रहे थे।)

Future simple

➢ I will do the home work tomorrow morning. (मैं कल सुबह गृह कार्य करूँगा।)

Future continuous

➢ She will be doing job about the house tomorrow. (वह कल घर के पास ही कार्य कर रही होगी।)

Future perfect

- By this month next year he will have been doing business for five years. (अगले वर्ष इस माह तक उसे व्यापार करते हुये पाँच वर्ष हो जायेंगे।)

दूसरी सहायक क्रियाओं के साथ

- Would you do me a favour please? (क्या कृपया आप मेरी सहायता करोगे?)

Do का प्रयोग निश्चित अभिव्यक्तियों **(expressions)** में भी होता है।

- What does he do? (उसका व्यवसाय क्या है?)
- How do you do?

अनभिज्ञ व्यक्ति का परिचय लेते समय इस expression को प्रयुक्त करते हैं।

- That will do. (इससे काम चल जायेगा। अर्थात् यह पर्याप्त होगा।)
- How many kilometres does your car *do* to the gallon ? (तुम्हारी कार एक गैलन में कितने किलोमीटर जाती है?)

यहाँ पर *do* का अर्थ *go* से है।

- This simply won't do. (यह अस्वीकार्य है।)
- He could do with a drink. (वह मदिरापान करना चाहता है।)
- It has nothing to do with me. (इससे मेरा कोई लेना देना नहीं है।)
- I can do without a car. (मैं बिना कार के काम चला सकता हूँ।)
- She was done. (उसे ठगा गया।)
- How did you do? (तुमने कैसे व्यवस्था की?)
- He did her out of her share. (उसने उसे उसके हिस्से में धोखा दिया।)

A) Full Verbs

First Form		अर्थ	Second Form		Third Form	
Rest	रैस्ट	आराम करना	Rested	रैस्टेड	Rested	रैस्टेड
Resign	रिजाइन	त्याग पत्र देना	Resigned	रिजाइन्ड	Resigned	रिजाइन्ड
Pray	प्रे	प्रार्थना करना	Prayed	प्रेड	Prayed	प्रेड
Owe	ओ	ऋणी होना	Owed	ओड	Owed	ओड
Dare	डेयर	साहस करना	Dared	डेयर्ड	Dared	डेयर्ड
Clear	क्लीयर	स्पष्ट करना	Cleared	क्लीयर्ड	Cleared	क्लीयर्ड
Give	गिव	देना	Gave	गेव	Given	गिवन

B) Attractive Words

Secondary	सेकेन्डरी	माध्यमिक, गौण
Shelter	शेल्टर	पनाह, आश्रयस्थल
Tolerance	टॉलरेन्स	सहिष्णुता, उदारता, छूट
Unnatural	अननेचुरल	कृत्रिम, अस्वभाविक
Vacancy	वैकेन्सी	रिक्त, खाली जगह
Whole	होल	समग्र, सम्पूर्ण
When	वैन	कब, किस समय
Youthfulness	यूथफुलनैस	जवानी, यौवन
Railway	रेलवे	रेलवे लाइन
Range	रेंज	श्रेणी, क्षेत्र, परिसर
Palace	पैलेस	राजभवन, महल, प्रासाद
Palm	पाम	हथेली, ताड़, खजूर
Odour	ओडर	गंध, बास
Office	ऑफिस	कार्यालय, पद
O.K.	ओ. के.	सर्व कुशलम, सब ठीक है
Laxative	लैक्सेटिव	दस्तवार, रेचक

20

Has, Have, Had व उनके प्रयोग

Has, Have व Had का वर्तमान काल में भिन्न–भिन्न रूपों में प्रयोग

वर्तमान काल

Affirmative	Negative	Interrogative
उसके पास एक कार है। She has a car. = She has got a car.	उसके पास एक कार नहीं हैं। She has not a car. = She hasn't got a car. = She doesn't have a car.	क्या उसके पास एक कार है? Has she a car? = Has she got a car? = Does she have a car?

☞ Affirmative को दो विधियों से तथा negative व interrogative को तीन विधियों से बनाया जा सकता है। यह स्थिति भूतकाल में भी लागू होगी।

प्रश्नवाचक शब्द का प्रयोग होने पर–

➤ उनके पास कितनी पुस्तकें हैं?

How many books have they?

= How many books have they got?

= How many books do they have?

भूतकाल

➤ दिनेश के पास एक कार थी ।

Dinesh had a car.

= Dinesh had got a car. **(affirmative)**

➢ दिनेश के पास एक कार नहीं थी।

Dinesh hadn't a car.

= Dinesh hadn't got a car.

= Dinesh didn't have a car. **(negative)**

➢ क्या दिनेश के पास एक कार थी?

Had Dinesh a car?

= Had Dinesh got a car?

= Did Dinesh have a car? **(interrogative)**

प्रश्नवाचक शब्द का प्रयोग होने पर–

➢ दिनेश के पास कितनी कारें थीं?

How many cars had Dinesh?

= How many cars had Dinesh got?

= How many cars did Dinesh have?

☛ जब सहायक क्रिया के रूप में do, does, did का प्रयोग होता है तो उनके साथ सदैव *have* का ही प्रयोग होगा न कि *has* का।

Have के अन्य प्रयोग

Present simple

➢ I have a Ford car. (मेरे पास एक फोर्ड कार है।)

Past simple

➢ I had a Ford car last year. (गत वर्ष मेरे पास एक फोर्ड कार थी।)

Present perfect

➢ I have had this car for five years. (मेरे पास यह कार पाँच वर्ष से है।)

Past perfect

➢ He told me he had a Ford car for many years. (उसने मुझे बतलाया कि उसके पास फोर्ड कार कई वर्षों से है।)

Future simple

➢ He will have a new car soon. (जल्दी ही उसके पास नई कार होगी।)

Future Perfect

➢ By June next year he will have had this car for seven years. (अगले वर्ष जून तक उसे इस कार को रखते हुये सात वर्ष हो जायेंगे।)

दूसरी सहायक क्रियाओं के साथ

➢ I can have a car. (मैं एक कार रख सकता हूँ।)

Have, रखना के अर्थ में passive में प्रयुक्त नहीं होता है।

Have का प्रयोग दूसरे अर्थ में

1) देने के अर्थ में

➢ Do you have any milk?/ Have you got any milk? (क्या तुम्हारे पास कुछ दूध है? अर्थात् आप मुझे कुछ दूध दे सकते हैं?)

2) शारीरिक स्वामित्व से सम्बन्धित अर्थात् आकृति का वर्णन करना– **Have** या **have got** के साथ **a beard, blue eyes, long hair, a slim figure** (पतली आकृति).

➢ You should see his baby. He has (got) big brown eyes. (तुम उसके शिशु को देखो। उसकी बड़ी भूरी आँखें हैं।)

3) मानसिक व भावनोत्पादक **(mental and emotional)** गुणों के स्वामित्व को दर्शाने के लिए– Faith, a good mind, patience, a quick temper.

➢ She has (got) nice manners, but she has (got) a quick temper. (वह अच्छे आचरण वाली है लेकिन वह तेज स्वभाव की है।)

4) पारिवारिक सम्बन्ध की स्थिति में

➢ She has (got) two sons. (उसके दो पुत्र हैं।)

5) दूसरे व्यक्तियों से सम्पर्क

➤ I have (got) a good doctor. (मेरा सम्बन्ध एक अच्छे डॉक्टर से है।)

6) पहिनने के अर्थ में

➤ This is a nice dress you *have/have got*. (यह एक अच्छी ड्रेस है जिसे तुमने पहिन रखा है।)

➤ I can't answer the door. I have (got) nothing on. (मैं दरवाजे की खटखटाहट की उत्तर नहीं दे सकता। मैंने कपड़े नहीं पहिन रखे हैं।)

7) बीमारी के अर्थ में

➤ I have (got) a cold. (मुझे जुकाम हो गया है।)

➤ The baby has (got) measles. (शिशु को खसरा (छोटी चेचक) है।)

8) व्यवस्था– **An apointment, a conference, a date, an interview, time** आदि।

➤ I have (got) an appointment with my dentist tomorrow. (कल सुबह मुझे दन्त चिकित्सक के पास जाना है।)

➤ Subhash has (got) an interview for job the day after tomorrow. (सुभाष को परसों नौकरी के वास्ते साक्षात्कार में जाना है।)

9) राय के विषय में

➤ Have you (got) any objection to this proposal? (क्या इस प्रस्ताव पर तुम्हें कोई आपत्ति है?)

10) 'है' **(there is)** की स्थिति में

➤ You have (got) sand in your hair.

= There is sand in your hair. (तुम्हारे बालों में रेत है।)

Have के अन्य अर्थ

Imperative

➤ Have a cup of tea. (एक प्याला चाय लीजिये।)

Present simple

➢ He always *has* tea without sugar. (वह हमेशा बिना चीनी के चाय पीता है।)

Present continuous

➢ We are *having* a nice time. (हमारा समय ठीक तरह से बीत रहा है।)

Past simple

➢ We had a lovely holiday last summer. (पिछली गर्मियों में हमनें छुट्टियों का पूरा आनन्द लिया था।)

Past continuous

➢ I was having a bath when someone knocked the door. (मैं स्नान कर रहा था जब किसी ने दरवाजा खटखटाया।)

Present perfect

➢ Poor Sohan has just had an accident. (बेचारा सोहन दुर्घटना ग्रस्त हो गया है।)

Present perfect continuous

➢ The children have been having a lot of fun. (बच्चे बहुत अधिक आनन्द लेते रहे हैं।)

Past perfect

➢ I woke up because I had had a bad dream. (मैं जाग गया क्योंकि मैं एक बहुत बुरा स्वप्न देख चुका था।)

Future simple

➢ I will have hair cut tomorrow. (मैं कल बाल कटवाऊँगा।)

Future continuous

➢ If anyone phones, I'll be having a bath. (जब कोई फोन करेगा, तब मैं स्नान कर रहा होऊँगा।)

Future perfect

➢ You will have had an answer by tomorrow. (कल तक तुम्हें उत्तर मिल जायेगा। अर्थात् कल तक तुम्हें जवाब मिल चुका होगा।)

Future perfect continuous

➢ He will have been having treatment all his life. (वह पूरे जीवन अपना इलाज कराता रहेगा।)

अन्य सहायक क्रियाओं के साथ have का प्रयोग

➢ You could have a glass of milk if you like. (यदि आप चाहें तो एक ग्लास दूध ले सकते हैं।)

Have को कुछ स्थितियों में passive के रूप में भी देखा जाता है।

➢ I tried to buy some extra copies of this book but there were none *to be had*. (मैंने इस पुस्तक की कुछ अतिरिक्त प्रतिलिपियाँ खरीदने का प्रयास किया लेकिन खरीदे जाने के लिये कोई प्रतिलिपि उपलब्ध नहीं थी।)

- Have = Take

➢ I have a cold bath every morning. (मैं रोजाना सुबह ठन्डे पानी से स्नान करता हूँ।)

यदि dance, fight, look, rest, ride, talk, swim, wash आदि शब्द संज्ञा (noun) के रूप में प्रयोग किये जाते हैं और मुख्य क्रिया के रूप में have का प्रयोग होता है, तो have का अर्थ उपरोक्त शब्दों के अनुरूप निकलेगा।

➢ Just have a look at this. (जरा इसे देखिये।)

➢ Come and have a swim with us. (आओ और हमारे साथ तैरने का आनन्द लीजिये।)

➢ I want to have a rest. (मैं विश्राम करना चाहता हूँ।)

Have का causative use

A) Have का पहला प्रयोग– Subject+ have+ object+ third form

इस प्रकार की विधि में कर्ता को अपना कार्य करवाने के लिये किसी दूसरे व्यक्ति को नियुक्त करना पड़ता है। इस प्रकार के वाक्यों की हिन्दी में *वा* विशेष पहचान हुआ करती है। अर्थात्

लिखवा रहा है, लिखवा रहा था, लिखवा चुकेगा, लिखवायेगा आदि। Tense व kind (भेद) के अनुसार ही have में परितर्वन होगा।

➢ I am having my house painted tomorrow.
subject have object third form

अर्थ– कल मैं अपने घर पर पेन्ट करवा रहा हूँ।

Present continuous होने के कारण have में ing जोड़ा गया है तथा कर्ता I के अनुरूप am सहायक क्रिया का प्रयोग हुआ है। अन्य वाक्यों में भी उनके tense व kind के अनुसार have क्रिया में परिवर्तन होगा।

- ➢ That dead tree is dangerous. I am having it cut down tomorrow. (सूखा पेड़ खतरनाक है। मैं इसे कल कटवा रहा हूँ।)
- ➢ She could not read Tamil so she had the documents translated by Mrs Singh. (वह तमिल नहीं पढ़ सकती थी इसलिये उसने दस्तावेजों का श्रीमती सिंह से अनुवाद करवाया।)
- ➢ Your roof is leaking, you should have it repaired. (तुम्हारी छत टपक रही है, तुम्हें इसे ठीक करवाना चाहिए।)
- ➢ Yesterday he was having his shoes repaired. (वह कल अपने जूते ठीक करवा रहा था।)
- ➢ She had had her ears pierced. (वह अपने कानों में छेदन करवा चुकी थी।)
- ➢ She will have a letter typed today. (वह आज एक पत्र टाइप करवायेगी।)

B) Have का दूसरा प्रयोग– **Subject+ have+ object+ present participle (first form+ ing)**

इस स्थिति में कर्ता ही उकसाता है, शिक्षा देता है तथा उसी के प्रयासों से कार्य सम्पन्न होता है।

➢ Mr Arora will have you driving in three days.
subject have object present participle

अर्थ– श्री अरोड़ा के प्रयासों के परिणाम स्वरूप तुम तीन दिन में ड्राइविंग सीख जाओगे।

➢ I had both of the brothers talking to each other. (मेरे उत्साहवर्धन से ही दोनों भाई आपस में बातचीत को तैयार हुए।)

C) Have का तीसरा प्रयोग– Subject+ have+ object+ present participle

इस स्थिति में वाक्य complex होता है तथा principal clause में have के बाद वाला obejct ही आगामी क्रिया की प्रभावित करता है।

➢ If you make a noise, you will have the monitor complaining to the teacher. (यदि तुम शोर करोगे, तो मॉनिटर अध्यापक से तुम्हारी शिकायत करेगा।)

You will have the monitor complaining to the teacher principal clause है क्योंकि इससे पूर्व कोई connective नहीं है।

➢ When he became famous, he had people stopping him in the street and asking for his autograph. (जब वह प्रसिद्ध हो गया तो आदमी उसको राजमार्गो पर रोकते तथा उसके स्वहस्त लेख (autograph) माँगते।)

परन्तु *I won't have+ object+ present participle* (मैं इस की अनुमति नहीं दूँगा या इस की अनुमति नहीं देता हूँ।)

➢ I won't have him sitting in fancy dress in the class. I make him change them. (मैं उसे कक्षा में फैन्सी ड्रेस में नहीं बैठने देता हूँ। मैं उससे, उसे बदलवाता हूँ।)

यह प्रयोग केवल first person (I, we) तक ही सीमित है।

अभ्यास (practice)-18

A) निम्नलिखित का अंग्रेजी में अनुवाद करो।

1. उसके पास एक मूल्यवान घड़ी है।
2. तुम्हारे कितने भाई हैं?
3. दिल्ली में सुन्दर–सुन्दर बाजार हैं।
4. उसे कल रात ज्वर था।
5. मोहन के थैले में कितनी पेंसिलें थीं?

6. क्या वह अपने मकान पर सफेदी करवा रहा है?

7. उसने अपने कपडों पर इस्त्री करवाई।

8. श्री मिश्र के प्रयासों के परिणाम स्वरूप सरिता एक वर्ष में संस्कृत बोलेगी।

9. मैं तुम्हें स्टेशन जाने की अनुमति नहीं देता हूँ।

10. हरि का सम्बन्ध एक अच्छे वकील से है।

B) निम्नलिखित का हिन्दी में अनुवाद करो।

1. Have you got a pen?
2. Does she have milk daily?
3. How many brothers does she have?
4. I was having my garden watered yesterday.
5. I won't have him speaking like that.
6. She had a high fever last night.
7. How many friends had he got?
8. If she makes a noise, she will have the monitor complaining to the teacher.
9. She wants to have a rest.
10. Tomorrow this time I shall be having a lot of fun.

C) Full Verbs

First Form		अर्थ	**Second Form**		**Third Form**	
Say	से	कहना	Said	सैड	Said	सैड
Sleep	स्लीप	सोना	Slept	स्लेप्ट	Slept	स्लेप्ट
Save	सेव	बचाना	Saved	सेव्ड	Saved	सेव्ड
Teach	टीच	पढ़ाना	Taught	टॉट	Taught	टॉट
Starve	स्टार्व	भूखा मरना	Starved	स्टार्व्ड	Starved	स्टार्व्ड
Rush	रश	झपटना	Rushed	रश्ड	Rushed	रश्ड
Do	डू	करना	Did	डिड	Done	डन

D) Attractive Words

Analysis	ऐनेलेसिज	विश्लेषण
Accommodation	एकोमॉडेशन	आवास
Account	एकाउन्ट	खाता, हिसाब
Altogether	आलटुगैदर	पूर्णतया
Backward	बैकवर्ड	पिछड़ा, उल्टा
Beef	बीफ	गाय, बैल आदि का मांस
Cafe	कोफे	रेस्टोरेन्ट या कॉफी हाऊस
Dacoit	डेकॉइट	डाकू, डकैत
Fellow	फेलो	व्यक्ति, आदमी
Judicial	जूडिशल	न्यायिक, अदालती
Junior	जूनियर	कनिष्ठ, छोटा
Likeness	लाइकनैस	एकरूपता, समानता
Mars	मार्ज	मंगल ग्रह
Nurse	नर्स	परिचारिका, उपचारिका
Radius	रेडियस	अर्धव्यास, त्रिज्या
Sale	सेल	बिक्री, विक्रय
Turnip	टर्निप	शलजम
Vitamin	विटामिन	जीवन तत्व

21

चौदह सहायक क्रियाओं (Can, Could, May, Might, Will, Would, Shall, Should, Must, Ought to, Used to, Dare, Need, Had better) के प्रयोग

उपरोक्त क्रियाओं के शाब्दिक अर्थ इस प्रकार हैं।

Can = सकना। Could = सका, सकी, सके। May = सकना। Might = सका, सकी, सके। Will = गा, गी, गे। Shall = गा, गी, गे। Should = चाहिए। Would = भूतकाल की आदत को दर्शाता है। Must = चाहिए (अवश्य ही)। Ought to = चाहिए। Dare = साहस करना। Need = आवश्यकता होना। Used to = भूतकाल की आदत को दर्शाता है। Had better = अच्छा होगा कि।

उपरोक्त चौदह सहायक क्रियाओं का अट्ठारह प्रकरणों (titles) के अन्तर्गत अध्ययन

1) अनुमति (permission)

a) स्वतः प्राप्त अनुमति– जब **first person** अर्थात् **I** व **we** को अनुमति प्राप्त है तो इस प्रकार कहेंगे।

- I can leave at five o' clock.

Passive में स्थिति के अनुसार am allowed to या are allowed to+ first form.

- I am/ we are allowed to leave at five o' clock. (मुझे / हमें पाँच बजे छोड़ने की अनुमति प्राप्त है।)

b) परन्तु जब **speaker** को कोई अधिकार नहीं है। तो वह भी **can** या **are allowed to+ first form** के नियम का पालन करेगा।

➢ You can park your car here. या You are allowed to park your car here. (तुम अपनी कार यहाँ खड़ी कर सकते हो।)

Speaker को अधिकार प्राप्त होने पर वह कहेगा–

➢ You may park your car here. या You are allowed to park your car here. (तुम अपनी कार यहाँ खड़ी कर सकते हो।)

इस स्थिति में speaker *may* का प्रयोग करेगा।

c) किसी **committee,** राजाज्ञा, **club** या **code** से अनुमति दिये जाने पर *may* का ही प्रयोग किया जायेगा तथा **negative** की स्थिति में **may not** व **must not** होगा।

➢ Candidates may not bring reference books in to the examination room. (अभ्यर्थियों को परीक्षा भवन में सन्दर्भ पुस्तकें लाने की अनुमति नहीं है।)

d) अनुमति लेना

➢ Can he take the car out whenever he likes? (क्या वह कार को बाहर ले जा सकता है जब कभी वह चाहे?)

Is he allowed to take the car out whenever he likes? **(passive)**

➢ Can/ could/ may/ might I borrow your pen? (क्या मैं आपकी कलम उधार ले सकता हूँ?)

उपरोक्त चारों सहायक क्रियाओं में से कोई भी एक प्रयुक्त की जा सकती है।

स्वीकृति में उत्तर–

Yes, ofcourse you can. (हाँ, वास्तव में आप ले सकते हैं।)

अनुमति लेने की दूसरी विधि–

➢ Do you think I could leave my bag here? (क्या मैं अपना थैला यहाँ रख सकता हूँ?)

Yes, certainly. (हाँ, निश्चित रूप से।)

➢ May I use your phone, please? (क्या मैं आपके फोन को प्रयोग में ला सकता हूँ?)

Yes, of course you can. (हाँ, वास्तव में आप प्रयोग कर सकते हैं।)

☞ *Do you think* प्रश्नवाचक वाक्य में सम्भावना को जानने के लिए भी प्रयुक्त होता है। Might व could जब अनुमति लेने के लिये present tense में प्रयुक्त किये जायेंगे तो इनके प्रयोग से ऐसा मालूम पड़ेगा कि अनुमति लेने वाला बहुत ही संकोची, नम्र व सम्मान देने वाला है अपेक्षाकृत may और can के। स्वीकृति में यदि उत्तर दिया जा रहा है तो हम कहेंगे, of course you can/ may. परन्तु स्वीकृति की स्थिति में might या could का प्रयोग नहीं होगा। अस्वीकृति में उत्तर देने के लिये No, you can't. या You may not. परन्तु अस्वीकृति की स्थिति में भी might not या could not का प्रयोग नहीं होगा।

e) अनुमति लेने के लिये **can** या **could** के स्थान पर **can't** या **couldn't** का प्रयोग भी कर सकते हैं।

➢ Can't/ couldn't I borrow your pen? (क्या मैं आपका कलम उधार ले सकता हूँ?)

f) बहुत ही विनम्र प्रार्थना के रूप में

➢ Do you think I could/ might use your pen. या I wonder if I could/ might use your pen? (क्या मैं आपके पैन का प्रयोग कर सकूँगा?)

अनुमति प्रदान करते हुये– You may/ you can.

अनुमति प्रदान न करते हुये– You may not/ you can't.

g) अनुमति देने व न देने के अन्य तरीके

प्रश्न– May I smoke here? (क्या मैं यहाँ धूम्रपान कर सकता हूँ?)

स्वीकृति– You are allowed to/ you are permitted to.

अस्वीकृति– You are not allowed to/ you are not permitted to/ you are forbidden to.

केवल मनाही (**prohibition**) के रूप में– You are not to smoke here. (यहाँ पर धूम्रपान करना वर्जित है।)

h) भूतकाल में अनुमति

- Last Monday I allowed him to go to Alwar. (पिछले सोमवार को उसे मैंने अलवर जाने की अनुमति दी।)
- Last year candidates were not allowed/ permitted to bring books into the examination room. (पिछले वर्ष अभ्यर्थियों को परीक्षा भवन में पुस्तकें लाने की अनुमति नहीं दी गई।) **(passive)**
- The Principal did not allow him to take the examination. (प्रधानाचार्य ने उसे परीक्षा में बैठने की अनुमति नहीं दी।)

i) भूतकाल में प्रश्नवाचक के रूप में अनुमति

- Could students choose what they wanted to study? (क्या विद्यार्थियों को चुनने की अनुमति थी जिसका वे अध्ययन करना चाहते थे?)

j) Present perfect passive में अनुमति

- Since his accident, he has not been allowed to drive a car. (जबसे उसके साथ दुर्घटना हुई है, उसे कार चलाने की अनुमति नहीं दी गई है।)

2) सम्भावना (possibility) व्यक्त करने के लिये निम्नलिखित सारणी को ध्यान में रखना आवश्यक है।

a) स्वीकृति के रूप में

1.Present verb *be* (is, are) 2.Present simple 3.Future simple	May/ might/ could+ first form
1.Present perfect 2.Past verb *be* (was, were) 3.Past simple 4.Past perfect 5.Future perfect	May/ might/ could+ have+ third form

1.Present continuous 2.Future continuous	May/ might/ could+ be+ verb+ ing
1.Present perfect continu-ous 2.Past ontinuous 3.Past perfect continuous 4.Future perfect continuous	May/ might/ could+ have been+ verb+ ing

☛ सम्भावना may, might, could, should be, ought to be तथा प्रश्नवाचक वाक्यों में can के द्वारा भी व्यक्त की जाती है।

Certain (निश्चित)	**Possibility (सम्भावना)**
He is at home. वह घर पर है।	He may/ might/ could be at home. सम्भवतः वह घर पर होगा।
He leaves at 9. वह नौ बजे प्रस्थान करेगा।	He may/ might/ could leave at 9. सम्भवतः वह नौ बजे प्रस्थान करे।
He will be at home tomorrow. वह कल घर पर रहेगा।	He may/ might/ could be at home tomorrow. सम्भवतः वह कल घर पर रहेगा।
He will leave tomorrow. वह कल प्रस्थान करेगा।	He may/ might/ could leave tomor-row. सम्भवतः वह कल प्रस्थान करेगा।
He has left. वह चला गया है।	He may/ might / could have left. सम्भवतः वह चला गया हो।
He left last night. वह पिछली रात चला गया।	He may/ might/ could have left last night. सम्भवतः वह पिछली रात चला गया हो।
He will have left by 9. वह नौ बजे तक जा चुकेगा।	He may/ might/ could have left by 9. सम्भवतः वह नौ बजे तक जा चुकेगा।
He is working today. वह आज काम कर रहा है।	He may/ might/ could be working today. सम्भवतः वह आज काम कर रहा हो।

He will be working today. वह आज काम कर रहा होगा।	He may/ might/ could be working today. सम्भवतः वह आज काम कर रहा होगा।
He was working yesterday. वह कल काम कर रहा था।	He may/ might/ could have been working yesterday. सम्भवतः वह कल काम कर रहा था।
He has been working all day. वह पूरे दिन काम करता रहा है।	He may/ might/ could have been working all day. सम्भवतः वह पूरे दिन काम करता रहा हो।
He will have been working all day. वह पूरे दिन काम करता रहेगा।	He may/ might/ could have been working all day. सम्भवतः वह पूरे दिन काम करता रहेगा।

Should be/ ought to be से भी सम्भावना व्यक्त की जाती है।

- Sunita should be/ ought to be at home. (सम्भवतः सुनीता घर पर हो।)
- Mohan should be/ ought to be working. (सम्भवतः मोहन काम कर रहा है।)
- Lalita should have/ ought to have reached Delhi by tomorrow morning. (सम्भवतः कल सुबह तक ललिता दिल्ली पहुँच चुकेगी।)

b) प्रश्नवाचक के रूप में

- Might/ could he have reached Kanpur by tomorrow evening? (क्या यह सम्भव है कि वह कल शाम तक कानपुर पहुँच चुकेगा?)
- I wonder where he can have left the umbrella. (मैं जानना चाहता हूँ कि उसने छाता कहाँ छोड़ा होगा।)

c) प्रश्न के उत्तर में सम्भावित स्वीकृति व अस्वीकृति

- Does she like ice cream? (क्या वह आईस क्रीम पसन्द करती है?)

स्वीकृति– Yes, she does. (हाँ, वह पसन्द करती है।)

अस्वीकृति– No, she doesn't. (नहीं, वह पसन्द नहीं करती है।)

सम्भावना के रूप में–

- She might (do)/ she could (do)/ she may (do). (वह पसन्द कर सकती है।) (स्वीकृति)

  She mightn't. या She may not. (सम्भवतः वह पसन्द नहीं करती।) (अस्वीकृति)

d) यदि **question** में वर्तमान काल में **is** या **are** का प्रयोग हुआ है तथा भूतकाल में **was** या **were** का, तो सम्भावना के रूप में क्रमशः **may be** व **may have been** का प्रयोग उत्तर के रूप में होगा।

- Is he ill? (क्या वह बीमार है?)

  He may be. (सम्भवतः वह बीमार है।)

- Was he ill? (क्या वह बीमार था?)

  He may have been. (सम्भवतः वह बीमार रह चुका है।)

अन्य मुख्य क्रियाओं के स्थान पर हम **do** का प्रयोग करते हैं।

- Will you catch the morning train? (क्या तुम सुबह की गाड़ी पकड़ोगे?)

  I may *do*. (सम्भवतः मैं पकडूँगा।)

- Has she received my message? (क्या उसे मेरा सन्देश मिल गया है?)

  She could have. या She could have *done*. (सम्भवतः उसे सन्देश मिल चुका है।)

  - Done = Received

Present perfect होने के कारण done का प्रयोग हुआ है। Could के स्थान पर may भी सम्भव है।

e) प्रश्नवाचक वाक्यों में सम्भावना को व्यक्त करने के लिए तीन विधियाँ

1) Do you think+ future simple
2) Is it likely that+ future simple
3) Is/ are+ subject+ likely+ to+ first form

➢ क्या ऐसी सम्भवना है कि सुधीर चुनाव जीतेगा?

Do you think Sudhir will win the election?

= Is it likely that Sudhir will win the election?

= Is Sudhir likely to win the election?

➢ क्या ऐसी सम्भावना है कि कल बाजार बन्द रहेगा?

Do you think the market will remain closed tomorrow?

= Is it likely that the market will remain closed tomorrow?

= Is the market likely to remian closed tomorrow?

f) i) वर्तमान काल में सम्भावना– **Can be+ adjective या noun**

➢ He can be very naughty. (सम्भवतः वह बहुत दंगली है।)

ii) भूतकाल में सम्भावना– Could be+ adjective या noun

➢ He could be very naughty when he was a little boy (सम्भवतः वह बहुत शरारती रहा होगा जब वह छोटा लड़का था।)

☞ Could का प्रयोग भविष्यत् काल के सन्दर्भ में भी करते हैं।

➢ It could be quite cold when you go to Yamunotri. (सम्भव है बहुत ठन्डा होगा जब तुम यमुनोत्री पहुँचोगे।)

3) निष्कर्ष (deduction)

इस स्थिति में तर्क, प्रमाण आदि के आधार पर किसी निष्कर्ष पर पहुँचा जाता है।

Present Tense		
Certainty (निश्चितता)		
He is here. वह यहाँ है।	He lives here. वह यहाँ रहता है।	He is leaving. वह छोड़ रहा है।
He is not here. वह यहाँ नहीं है।	He does not live here. वह यहाँ नहीं रहता है।	He is not leaving. वह नहीं छोड़ रहा है।

निष्कर्ष स्वीकृति में		
He must be here. वह निश्चित रूप से यहाँ होगा।	He must live here. वह निश्चित रूप से यहाँ रहता है।	He must be leaving. वह निश्चित रूप से छोड़ रहा है।
निष्कर्ष अस्वीकृति में		
He can't be here. वह यहाँ हो ही नहीं सकता।	He can't live here. वह यहाँ रहता ही नहीं है।	He can't be leaving. वह किसी भी हालत में नहीं छोड़ रहा है।
Perfect और Past reference		
He was here. वह यहाँ था।	He has left early. वह शीघ्र चला गया है।	He has been working late. वह देर तक काम करता रहा है।
	He left early. वह शीघ्र चला गया।	He was working late. वह देर तक काम कर रहा था।

Affirmative----------------Negative
Must be---------------------Can't be (present)
Must have been------------Can't have been/ couldn't have been (past)

वर्तमान काल	
He can't be thirsty. वह किसी भी दशा में प्यासा नहीं होगा।	He must be hungry. निश्चित रूप से वह भूखा होगा।

भूतकाल		
He must have been here. वह निश्चित रूप से यहाँ रहा होगा।	He must have left early. उसने निश्चित रूप से जल्दी छोड़ा होगा।	He must have been working late. वह निश्चित रूप से देर तक काम करता रहा होगा।

<table>
<tr><td>He can't have been here.
वह किसी हालत में यहाँ नहीं रहा होगा।</td><td>He can't have left early.
= He couldn't have left early.
उसने किसी भी दशा में जल्दी नहीं छोड़ा होगा।</td><td>He can't have been working late.
= He couldn't have been working late.
वह किसी भी दशा में देर तक काम नहीं करता रहा होगा।</td></tr>
<tr><td colspan="3">बाध्यता जिससे बचा नहीं जा सकता</td></tr>
<tr><td>You must not be careless. (present)
तुम्हें किसी भी दशा में लापरवाह नहीं होना चाहिए।</td><td colspan="2">You must be careful. (present)
तुम्हें हर हालत में सावधान रहना चाहिए।</td></tr>
<tr><td>He didn't have to be at the dentist's. (past)
उसे दन्त चिकित्सक के क्लीनिक में नहीं जाना पड़ा।</td><td colspan="2">He had to be at the doctor's. (past)
उसे डॉक्टर के क्लीनिक में जाना पड़ा।</td></tr>
</table>

➢ *That will be* Sonal. I can hear her at the door. (सोनल होगी। मैं उसकी दरवाजे पर आवाज सुन रहा हूँ।) (वर्तमान काल)

That will have been Sonal. She said she would be back at seven. (सोनल रही होगी। उसने कहा था कि वह सात बजे वापस आयेगी।) (भूतकाल)

➢ *That won't be* Sangeeta. I am not expecting her yet. (वह संगीता नहीं होगी। मैं अभी भी उसके आने की उम्मीद नहीं कर रहा हूँ।) (वर्तमान काल)

That wouldn't have been Sangeeta. I am not expecting her till 7. (वह संगीता नहीं रही होगी। मैं उसके आने की सात बजे तक उम्मीद नहीं कर रहा हूँ।) (भूतकाल)

➢ Is Dinesh in his room? (क्या दिनेश अपने कक्ष में है?)

Yes, he is. No, he is not. (निश्चितता)

Yes, he must be. I heard him come in. (हाँ, निश्चित रूप से वह होगा। मैं उसके आने की आवाज सुन रहा था।) (निष्कर्ष)

No, he won't be. He had to go out. (नहीं, वह नहीं होगा। उसे बाहर जाना पड़ा।) (लगभग निश्चित)

No, he can't be. There is no light in his room. (नहीं, वह नहीं होगा। उसके कमरें में कोई प्रकाश नहीं है।) (लगभग निश्चित)

वर्तमान काल में निष्कर्ष से सम्बन्धित अन्य उदाहरण

निष्कर्ष स्वीकृति   निष्कर्ष अस्वीकृति

must--can't

- Ranveer is not at home so he must be on his way to the office. (रणवीर घर पर नहीं है अतः वह निश्चित रूप से ऑफिस जाने वाले रास्ते में होगा।)
- The office is closed today so he can't be there. (आज ऑफिस बन्द है अतः वह वहाँ नहीं हो सकता।)
- Subhash is at work now so he must be feeling better. (सुभाष अब काम पर वापस आ गया है अतः वह निश्चित रूप से स्वस्थ महसूस कर रहा होगा।)
- Madhu can't be driving here, she has not got a car. (मधु निश्चित रूप से ड्राइविंग नहीं कर रही होगी उसके पास कार नहीं है।)

भूतकाल में निष्कर्ष से सम्बन्धित अन्य उदाहरण

Positive (स्वीकृति)- Must have+ third form या must have been+ first form+ ing (present participle)

Negative (अस्वीकृति)- Can't have/ couldn't have+ third form या can't have/ couldn't have been+ present participle (first form+ ing)

- It is very wet outside, so it must have rained in the night. (बाहर की तरफ बहुत ही आर्द्र है, अतः रात्रि में अवश्य ही वर्षा हुई होगी।)
- He can't/ couldn't have gone to college because he had a high fever today. (वह कॉलेज किसी भी दशा में नहीं गया होगा क्योंकि उसे आज बहुत तेज बुखार था।)

- She must have been talking on the phone for a long time last night. I phoned her four times and it was engaged. (पिछली रात वह फोन पर निश्चित रूप से काफी देर तक बात करती रही होगी। मैंने उसे चार बार फोन किया और वह व्यस्त ही मिला।)

- She can't/ couldn't have been talking on the phone for a long time last night. During the night I phoned her it was not engaged. (वह पिछली रात निश्चित रूप से काफी देर तक फोन पर बात नहीं करती रही होगी। रात्रि के दौरान मैंने उसे फोन किया तो वह व्यस्त नहीं था।)

4) कल्पना (assumption)

कल्पना को दर्शाने के लिये should या ought to+ first form का प्रयोग वर्तमान काल में होता है। Future tense में should have या ought to have+ third form का प्रयोग करते हैं। अक्सर should का ही प्रयोग किया जाता है।

- The train got in twenty minutes ago, so he should be here soon. (गाड़ी बीस मिनट पहले पहुँच गई, अतः उसे यहाँ जल्दी ही होना चाहिए।)

- Let us go and see Ritu, she should have finished working by now. (आओ चलें और रितु को देखें, वह अब कार्य पूरा कर चुकी होगी।)

- The sun has been shining all day, so the sea should be quite warm. (आज सूर्य पूरे दिन चमकता रहा है, अतः समुद्र बिल्कुल गरम होना चाहिए।)

5) बाध्यता (obligation)

बाध्यता को सामान्यतः must, must not या have to के द्वारा दर्शाया जाता है जब बाध्यता में बाह्य स्थिति की अहम भूमिका होती है तथा must का प्रयोग उस स्थिति में होता है जब बाध्यता speaker तथा writer की तरफ से हो।

- We have to get up early tomorrow to catch the train. (हमें कल गाड़ी पकड़ने के लिये जल्दी उठना पड़ेगा।)

  गाड़ी का समय ही बाध्यता का कारण है।

- We must get up early tomorrow. We have got a lot. (हमें अवश्य ही कल जल्दी उठना पडेगा। हमें बहुत कुछ करना है।)

हम स्वयं ही बाध्यता को अपने ऊपर थोप रहे हैं।

- Passangers must fasten their seat belts. (यात्रियों को अपनी सीट बैल्टे बांधनी पडेंगी।)

बाध्यता एयरलाइन के द्वारा थोपी गई है। जिसने यह नोटिस लिखा है।

- You must not smoke in here. (तुम यहाँ धूम्रपान नहीं कर सकोगे।) (नोटिस द्वारा सूचित)
- We have to get there before five o' clock because the market closes by then. (हमें वहाँ पाँच बजे से पूर्व पहुँचना होगा क्योंकि बाजार तब तक बन्द हो चुकेगा।)
- Do you have to pay for the tickets in adavnce? (क्या तुम्हें टिकटों के लिये अग्रिम राशि जमा करनी पड़ती है?)

कम्पनी के नियम विवशता दर्शा रहे हैं।

6) सिफारिश व प्रभावशाली सलाह

इसमें must का प्रयोग होता है तथा वर्तमान व भविष्य दोनों स्थितियों को इसके द्वारा जाना जाता है।

- You must see that film, it is fantastic. (तुम्हें वह फिल्म अवश्य देखनी चाहिए, यह अनोखी फिल्म है।) (सिफारिश)
- You really must try to forget him. (तुम्हें वास्तव में उसे भूल जाना चाहिए।) (सलाह)
- You must not let him talk to you like that. (तुम्हें उसे इस तरह की बातचीत करने की अनुमति नहीं देनी होगी।) (सलाह)

7) भूतकालिक कार्यों की आलोचना– Should/ ought to+ have+ third form

- I should/ ought to have stayed at home. (मुझे घर पर ही रुकना चाहिये था।)

मैं घर पर नहीं रुका, यह मेरा गलत कदम था।

➢ You should not have said that. (तुम्हें ऐसी बात नहीं कहनी चाहिये थी।)

तुम्हारे लिये ऐसी बात कहना गलत था।

➢ They should not have been talking when the exam started. (जब परीक्षा शुरू हो गई तो उन्हें बातचीत जारी नहीं रखनी चाहिए थी।)

➢ Should I have phoned him back? (क्या मुझे उसे दोबारा फोन करना चाहिये था?)

8) मनाही (prohibition)

आवश्यकता का अभाव	
वर्तमान काल	भूतकाल
You need not go there. = You do not need to go there. = You do not have to go there. = You have not got to go there.	You needn't have gone there. = You didn't have to go there. = You didn't need to go there.
तुम्हें वहाँ जाने की आवश्यकता नहीं है।	तुम्हें वहाँ जाने की आवश्यकता नहीं थी।
1. Need not+ first form	1. Need not have+ third form
2. Do not/ does not need to+ first form	2. Did not have to+ first form
3. Do not/ does not have to+ first form	3. Did not need to+ first form
4. Has not got to/ have not got to+ first form	4. Did not need to+ first form

यदि need में प्रश्न किया जाये तो उत्तर must या need not में होगा।

➢ Need I type this letter again? (क्या मुझे इस पत्र को पुनः टाइप करने की आवश्यकता है?)

स्वीकृति में– Yes, you must. (हाँ, तुम्हें टाइप करना चाहिए।)

अस्वीकृति में– No, you need not. (नहीं, तुम्हें टाइप करने की आवश्यकता नहीं है।)

Future में need का प्रयोग

➢ When will you need next time to go to the dentist? (तुम्हें अगली बार दन्त चिकित्सक के पास जाने की कब आवश्यकता होगी?)

भविष्यत् काल में प्रयोग–

i) Will need to+ first form

ii) Will need to be+ present participle

iii) Will have to be+ present participle

iv) Will have to+ first form

➢ I will need to be/ I will have to be at the office before nine (tomorrow). (मुझे (कल) ऑफिस में नौ बजे से पूर्व पहुँचना पड़ेगा।)

➢ I will need to leave/ I will have to leave Delhi before nine (tomorrow). (मुझे (कल) दिल्ली नौ बजे से पूर्व छोड़ना पड़ेगा।)

➢ I will have to be/ I will need to be leaving Delhi before nine (tomorrow). (मुझे (कल) नौ बजे से पूर्व दिल्ली छोड़ना पड़ रहा होगा।)

भूतकालिक प्रयोग–

i) Had to+ first form

ii) Had to be+ present participle

➢ I had to be at the office before nine. (मुझे ऑफिस नौ बजे से पूर्व पहुँचना पड़ा।)

➢ I had to leave Delhi before ten. (मुझे दस बजे से पूर्व दिल्ली छोड़ना पड़ा।)

➢ I had to be leaving Delhi before ten. (मुझे दस बजे से पूर्व दिल्ली छोड़ना पड़ रहा था।)

9) प्रस्ताव (offer)

प्रस्ताव में निम्नलिखित विधियाँ प्रयुक्त की जाती हैं।

A) i) Can/ could I offer you some tea?

ii) Will/ won't you have some tea?

iii) Would/ won't you like some tea?

अर्थ– कृपया कुछ चाय लेंगे?

Response (प्रतिक्रिया)-

(उत्तर) हाँ में– Yes, please.

(उत्तर) नहीं में– No, thank you.

दूसरी विधि– Yes, I'd lilke one/ some please. (हाँ, मैं लेना चाहूँगा/ कुछ लेना चाहूँगा।)

यदि एक ईकाई (unit) है तो one का प्रयोग होगा, यदि कुछ मात्रा (quantity) लेना चाहते हैं तो some का प्रयोग होगा।

B) ***What*** के प्रयोग द्वारा आदर्श रूप से प्रस्ताव चार विधि से प्रयुक्त किया जाता है।

i) What will you have? OR

ii) What would you like to have? (आप क्या लेना चाहेंगे?) OR

iii) What would you prefer? OR

iv) What would rather have? (आप कौनसी चीज अधिक पसन्द करेंगे?)

उपरोक्त चारों वाक्यों के अर्थ में कोई अन्तर नहीं है।

C) अतिथि द्वारा किसी पदार्थ के लिये आदर्श प्रार्थना

➢ Can/ could/ may/ might I have some coffee (please)? (क्या (कृपया) मुझे कुछ कॉफी मिल सकती है?)

Response-

स्वीकृति में– Of course you can/ may. (वास्तव में आपको मिलेगी।)

अस्वीकृति में– No, you can't/ you may not (I am afraid). [(मुझे खेद है) नहीं, आपको नहीं मिल पायेगी।]

10) सुझाव (suggestion)

सुझाव को निम्न तरीकों से दर्शाया जा सकता है।

i) ➢ Would you/ won't you come for a walk with me? (आप मेरे साथ टहलने आइये। अर्थात् क्या आप मेरे साथ टहलने नहीं आओगे?) *या*

Would you/ wouldn't you like to come for a walk with me?

इस वाक्य का भी आशय वही है केवल वाक्य की रचना भिन्न है।

Response-

स्वीकृति में– Yes, I'd like to. या I'd love to. (हाँ, मैं टहलना चाहूँगा।)

अस्वीकृति में– No, I'd prefer not to, thank you. (नहीं, आप का धन्यवाद है, मैं टहलना नहीं चाहूँगा।)

ii) प्रश्न कर के *listener* (सुननेवाला) से उसका सुझाव जानना चाहते हैं।

➢ What would you like to do? (आप क्या करना चाहेंगे?)

iii) निकट बैठे हुये व्यक्ति से *speaker* (वक्ता) अपने लिये आदर्श प्रार्थना करते हुये–

a) Will you please (1)/ can you please (2)/ could you please (3)/ would you please (4)/ would you like to (5)+ first form.................(for me)?

उपरोक्त पाँचो विधियों में से किसी एक का प्रयोग करते हुये–

➢ Would you please open the window? (कृपा करके आप खिड़की खोलिये।)

b) दूसरी विधि– Would you mind+ present participle

➢ Would you mind opening the window? (क्या आपको खिड़की को खोलने में कोई आपत्ति तो नहीं होगी? अर्थात् कृपा करके खिड़की खोल दीजिये।)

Response-

स्वीकृति में– Yes, of course. (I wiil.) (हाँ, मैं खोल रहा हूँ।)

अस्वीकृति में– No, I'm afraid I can't. (नहीं, मुझे खेद है, मैं नहीं खोल सकता।)

iv) *Speaker* (वक्ता) निकट बैठै हुये व्यक्ति के लिये उसकी सेवा में कुछ सुझाव रखता हुआ–

➢ Can/ could/ shall I open the window for you? (क्या मैं आप के वास्ते खिडकी खोलूँ?) या

Would you like me to open the window for you?

इस वाक्य का भी वही अर्थ है।

➢ That is the phone. I'll get it for you. (shall I?) (फोन बज रहा है मैं आप के स्थान पर उसे रिसिव करूँगा।) (क्या रिसिव करूँ?)

Response-

स्वीकृति में–Yes, please. (हाँ, कृपया करिये।)

अस्वीकृति में– No, thank you. (नहीं, आपका धन्यवाद है।)

दूसरी विधि–

स्वीकृति में– Can/ could/ would you?- that is very kind. (क्या आप ऐसा करेंगे– बहुत भला काम।)

ऐसा सुझाव जिस में speaker भी सम्मिलित है–

➢ Shall we go for a walk? (क्या हम टहलनें चलें?)

We can/ could/ might go for a walk. (हम चल सकते हैं।)

Response-

स्वीकृति में– Yes, let's. (Shall we?) (हाँ, चले। (क्या चलें?))

अस्वीकृति में– No, I'd rather we didn't. या I'd rather not. (नहीं, मैं चलना नहीं चाहूँगा।)

सुझाव जानने के लिये *what* का प्रयोग करना–

➢ What shall/ can/ could we do tomorrow? (कल क्या करें?)

11) योग्यता, क्षमता व शक्ति को दर्शाने के लिये

a) Can का प्रयोग वर्तमान काल में योग्यता, क्षमता व शक्ति को दर्शाता है।

➢ She can lift 60 kg. (वह साठ किलो वजन उठा सकती है।) (शक्ति)

➢ The Rajdhani Express can run 120 kms an hour. (राजधानी एक्सप्रेस एक घंटे में 120 किलोमीटर दौड़ सकती है।) (क्षमता)

➢ She can speak Sanskrit./ She is able to speak Sanskrit. (वह संस्कृत बोल सकती है।) (योग्यता)

b) Can का भूतकाल could है इसका अर्थ हिन्दी में सका, सकी, सके के रूप में होता है। कहीं–कहीं इसका अर्थ सकता था, सकती थी, सकते थे में भी लिया जाता है। Could भी भूतकाल में क्षमता, योग्यता व शक्ति को दर्शाता है।

Could+ first form या **was/ were able to+ first form**

➢ Sita could run fast./ Sita was able to run fast. (सीता तेज दौड़ सकती थी।)

c) परन्तु भविष्यत् काल में गुणों, योग्यता, तथा शक्ति आदि को दर्शाने के लिए will be able to+ first form का प्रयोग होगा।

➢ When you have finished this course, you will be able to read text books in Sanskrit. (जब तुम इस कोर्स को पूरा कर चुकोगे, तब तुम संस्कृत में पाठ्य पुस्तकों को पढ़ने के योग्य होंगे।)

Future में can का प्रयोग कदापि नहीं होगा।

d) Be able का प्रयोग भिन्न–भिन्न रूपों में होता है।

➢ She likes being able to teach in the class. (वह कक्षा में पढ़ाने हेतु समर्थ होना चाहती है।)

➢ I'd like to be able to lend you some money but I can't. (मैं तुम्हे कुछ पैसा उधार देने में समर्थ होना चाहता हूँ लेकिन मैं उधार नही दे सकता।) **(present simple)**

➢ She has been able to work much faster since she has got a new computer. (जबसे उसके पास नया कम्प्यूटर आया है तबसे वह अधिक तेजी से काम करने में समर्थ हो चुकी है।) **(present perfect)**

12) भूतकालिक आदत का वर्णन

a) भूतकाल की आदत को used to या would+ first form के द्वारा दर्शाया जाता है तथा वर्तमान काल में will के साथ first form प्रयोग की जाती है।

➢ He used to smoke a lot. (वह बहुत अधिक धूम्रपान किया करता था।)

➢ She did not use to work there. (वह वहाँ काम नहीं किया करती थी।)

➢ Did Gita use to work there? (क्या गीता वहाँ काम किया करती थी?)

☞ यदि आदत पाई जा रही है परन्तु भूतकाल का समय सन्दर्भ नहीं है तो हम would का प्रयोग नहीं कर सकेंगे।

➢ We used to live in a flat in the town centre. (हम नगर के मध्य एक फ्लैट में रहा करते थे।)

उपरोक्त वाक्य में would का प्रयोग सम्भव नहीं है क्योंकि यहाँ पर भूतकाल से सम्बन्धित समय नहीं है।

➢ When we were children, my brother and I used to play in that field. (जब हम बच्चे थे, मेरा भाई और मैं उस मैदान में खेला करते थे।)

इस वाक्य में used to के स्थान पर would भी सम्भव है।

☞ Used to का दूसरा अर्थ अभ्यस्त होना भी है।

Verb be (is, am, are, was, were)+ used to+ present participle

➢ He is not used to drinking. (वह मदिरा पान करने का अभ्यस्त नहीं है।)

➢ That driver doesn't seem used to driving on hill roads. (वह ड्राइवर पहाड़ी सड़कों पर गाड़ी चलाने का अभ्यस्त मालूम नहीं पड़ता है।)

अन्य सहायक क्रियाओं के साथ भी इस स्थिति में used to का प्रयोग सम्भव है।

- ➢ In fine weather, he will sit in the sun for hours. (सुहावने मौसम में वह घंटो तक धूप में बैठा करता है।) (वर्तमान काल)
- ➢ She used to live in Kanpur and so did I. (वह कानपुर में रहा करती थी और मैं भी।)

Will का प्रयोग क्षमता रखने के अर्थ में भी होता है।

- ➢ This container will hold a gallon. (इस पात्र की क्षमता एक गैलन है।)

13) मुझे खेद है को प्रकट करने के लिये

- If only = I wish/ we wish= I am/ we are sorry

☞ If only/ I wish / we wish के बाद यदि past simple affirmative का प्रयोग हुआ है तो उसका अर्थ present simple के negative में होगा और यदि past perfect affirmative का प्रयोग हुआ है तो उसका अर्थ past simple के negative में होगा।

➢ If only/ I wish I knew her address.

past simple

अर्थ– मुझे खेद है कि मैं उसका पता नहीं जानता हूँ।

➢ I wish/ if only I had attended the party.

past perfect

अर्थ– मुझे खेद है कि मैं दावत में नहीं गया।

➢ If only you had invited her.

past perfect

= I am sorry, you did not invite her. (मुझे खेद है कि तुमने उसे निमंत्रण नहीं दिया।)

☞ यदि I wish, we wish, if only आदि के बाद negative वाक्य का प्रयोग होता है तो उसे affirmative में उपरोक्त नियमों के अनुसार बदला जायेगा।

➢ I wish you had not invited him. **(past perfect negative)**

= I am sorry you invited him. (मुझे खेद है तुमने उसे निमंत्रण दिया।) **(past simple affirmative)**

➢ I wish/ If only you didn't make a noise. **(past simple negative)**

= I am sorry you make a noise. (मुझे खेद है कि तुम शोर मचाते हो।) **(present simple affirmative)**

14) यह उचित समय है कि

➢ It is high time/ It is time/ It is about time.

= The time has come. (यह उचित समय है।)

उपरोक्त तीनों स्थितियों के बाद किसी भी स्थिति में negative का प्रयोग नहीं होता है तथा सामान्यतः इनके बाद past simple का प्रयोग होता है।

➢ It is high time *we prepared* for the exam. (यह उचित समय है कि हमें परीक्षा की तैयारी करनी चाहिए।)

यह स्थिति कर्तव्य की भावना को जागृत करती है।

15) मैं अधिक वरीयता देता हूँ अपेक्षाकृत....

इस स्थिति में would rather या would sooner का प्रयोग किया जाता है तथा उनके बाद बिना *to* के first form प्रयोग की जाती है।

➢ I'd rather/ I'd sooner be a teacher than a bank clerk. (मैं एक बैंक क्लर्क की अपेक्षा अध्यापक होना पसन्द करता हूँ।)

➢ He would rather/ he would sooner not go by car. (वह कार से जाना पसंद नहीं करता है।)

भूतकालिक प्रयोग–

➢ Would you rather have been a king? I'd rather not. (क्या तुम राजा होना पसन्द करते? मैं नहीं करता।)

वर्तमान काल में प्रयोग–

➢ Are you coming with us? I'd rather not. (क्या तुम हमारे साथ आ रहे हो? मैं नहीं आना चाहता।)

I'd rather के बाद का clause यदि past tense में हो तो उसका सन्दर्भ present या future से होगा।

➢ I'd rather you were happy. (मैं चाहता हूँ कि तुम खुश रहो।)

यदि I'd rather के बाद past perfect है तो उसका आशय past simple से होगा।

➢ I'd rather you had told me about it. (मेरी इच्छा थी कि तुम मुझे उसके विषय में बतलाते।)

➢ You always go without me and I'd rather you did not. (तुम सदैव मुझे छोड़कर जाते हो और मैं चाहता हूँ तुम न जाओ।) **(present)**

➢ Sohan has told you every thing about it, I'd rather he had not. (सोहन ने तुम्हें उसके विषय में हरेक चीज बता दी है मेरी इच्छा थी कि वह न बतलाता।) **(past tense)**

16) साहस व चुनौती

Dare का अर्थ साहस व चुनौती दोनों रूपों में प्रयुक्त होता है।

Negative present

- Do/ does not dare = Dare not

Negative past

- Did not dare = Dared not

Interrogative present

- Do you dare/ does he dare = Dare you/ dare he.....?

Interrogative past

- Did you dare/ did he dare = Dared you/ dared he.....?

Negative या interrogative की स्थिति में do, does या did का प्रयोग होने पर मुख्य क्रिया से पूर्व *to* का प्रयोग ऐच्छिक है। परन्तु जब do, does या did का प्रयोग नहीं होगा तो मुख्य क्रिया से पूर्व *to* किसी भी दशा में प्रयोग नहीं किया जायेगा।

➢ He does not dare (to) say anything. (उसमें किसी भी बात को कहने का साहस नहीं है।)

➢ Did he dare (to) criticize my arrangements? (क्या उसमें मेरी व्यवस्था की आलोचना करने का साहस था?)

➢ Dare you interrupt? (क्या तुममें बाधा पहुँचाने का साहस है?)

➢ They dared not criticize. (उनमें आलोचना करने का साहस नहीं था।)

I dare say के दो मुहावरेदार अर्थ होते हैं–

i) मै मानता हूँ।

ii) मैं स्वीकार करता हूँ जो तुम कहते हो।

➢ I dare say there will be a restaurant car on the train. (मैं मानता हूँ कि गाड़ी में भोजनालय होगा।)

➢ Indian tourist : But I drive on the left in India.

Swiss policeman : I dare say you do, but you must drive on the right here. (मैं स्वीकार करता हूँ जो तुम कहते हो लेकिन तुम्हें यहाँ गाड़ी दाहिने हाथ को चलानी पड़ेगी।)

How dare, how dared you/ he/ they रुष्टता को भी प्रकट करता है।

➢ How dare you open my letter? (मुझे तुमसे मेरा पत्र खोलने पर रुष्टता है।)

➢ How dared he complain? (मुझे रुष्टता है क्योंकि उसने शिकायत की।)

Dare को चुनौती (challange) के रूप में भी प्रयुक्त किया जाता है।

➢ Mother : Why did you throw the stone through the window? (तुमने खिड़की में पत्थर क्यों फेंका?)

Son : Another boy dared me (to throw it). (दूसरे लड़के ने मुझे पत्थर फेंकने की चुनौती दी थी।)

Dare साहस रखना, व साहसी होने के रूप में भी प्रयुक्त किया जाता है। Dare not के स्थान पर is/ am/ are+ afraid to भी प्रयुक्त किया जाता है।

➢ I'd like to ask for the day off but I don't dare (to). या I am afraid to ask for the day off. (मैं एक दिन का अवकाश चाहता हूँ लेकिन अवकाश प्राप्त करने का मुझमें साहस नहीं है।)

भूतकाल में–

➢ I wanted to ask for the day off, but I didn't dare (to). (मैं एक दिन का अवकाश चाहता था लेकिन अवकाश माँगने का मेरे अन्दर साहस नहीं था।)

➢ Sunita is the only girl in our class who dares (to) answer Mrs Verma back. (सुनीता ही हमारी कक्षा में अकेली लड़की है जिसमें श्रीमती वर्मा को उल्टा उत्तर देने का साहस है।)

17) May/ might/ may just as well/ might just as well/ might at least/ shall/ won't/ should तथा **I am surprised** के प्रयोग

a) May अभिलाषा को प्रकट करता है।

➢ May you live to be a hundred! (ईश्वर करे तुम सौ वर्ष तक जीवित रहो!)

इस प्रकार के वाक्यों के अन्त में सम्बोधन का चिन्ह लगा होता है तथा may शब्द वाक्य के प्रारम्भ में प्रयुक्त होता है।

b) May as well के स्थान पर might as well भी प्रयुक्त हो सकता है जिसका व्यावहारिक अर्थ होता है इस चीज (बात) से कोई अन्तर नहीं पड़ता।

➢ It is not far, so we may /might/ as well go on foot. (बहुत दूर नहीं है अतः हम पैदल चलें तो कोई अन्तर पड़ने वाला नहीं है।)

➢ Shall we walk or take a bus? (क्या हम पैदल चलें या बस से चलें?)
We may/ might as well walk. (हम पैदल भी चलतें हैं तो कोई अन्तर नहीं पड़ेगा।)

➢ What a slow bus this is! (यह कितनी धीमी बस है!)
Yes, we might just as well walk. (हाँ, इससे तो हम पैदल ही जल्दी पहुँच जायेंगे।)

यहाँ just का प्रयोग होने पर may सम्भव नहीं है।

c) May well, might well व could well आपस में परिवर्तनीय हैं जिनका आशय पूरी–पूरी सम्भावना है।

- He may/ might/ could well find that the course is too difficult. (यह पूरी सम्भावना है कि उसके लिये पाठ्यक्रम बहुत ही कठिन होगा।)

d) May/ might का प्रयोग मैं इस चीज की स्वीकृति देता हूँ (यह बात सही है) के लिए होता है।

- Your type writer may/ might be a wonderful machine, but it is an old fashioned. (यह बात सही है कि तुम्हारा टाईपराइटर एक अनोखी मशीन है परन्तु यह पुराने चलन का है।)

e) Might/ could at least का प्रयोग दोष ढूँढना व फटकार के रूप में होता है।

- You might (at least) clean the bathroom after you have used it. (प्रयोग करने के बाद कम से कम तुम्हें बाथरूम तो साफ रखना चाहिये।)

Guess, know, suspect को third form के रूप में might have के बाद प्रयुक्त किया जाता है। यह एक तरह से शिकायत की पुनरावृत्ति करता है।

- I might have guessed Dinesh would fail to read instructions. (मेरा अनुमान तो पहले से ही था कि दिनेश निर्देशों को नहीं पढ़ पायेगा।)

Might का प्रयोग प्रार्थना (request) को भी दर्शाता है।

- While you are out you might post this letter for me. (जब आप बाहर जायें कृपा करके इस पत्र को पोस्ट कर देना।)

f) Shall का प्रयोग

- You shall pay for this. (तुम्हें इसके लिये पैसा भरना ही पड़ेगा।) (धमकी)
- You shall have a car for your birthday. (तुम्हें अवश्य ही तुम्हारे जन्म दिन पर कार मिलेगी।) (वायदा)
- They shall not pass. (वे उत्तीर्ण किसी हालत में नहीं हो पायेंगे।) (दृढ़ संकल्प)

➢ When he comes in nobody shall say a word. (जब वह अन्दर आयेगा तो कोई भी एक शब्द नहीं बोलेगा।) (आदेश)

g) Won't और wouldn't का प्रयोग *मनाही* के रूप में क्रमशः present tense व past tense में होता है।

➢ Drink milk, Sarita. (सरिता, दूध पियो।) – I won't. (मैं नहीं पीती हूँ।)

I offered Sarita some milk, but she wouldn't drink it. (मैंने सरिता को कुछ दूध दिया लेकिन उसने नहीं पिया।)

➢ The car won't start. (कार स्टार्ट नहीं होगी।)

The car wouldn't start this morning. (आज सुबह कार स्टार्ट नहीं हुई।)

➢ That seems the best solution to me. (मुझे यह सबसे अच्छा समाधान मालूम पड़ता है।) (निश्चित)

That would seem the best solution for me. (पूरा निश्चित नहीं)

➢ Thursday is not/won't be convenient. (गुरुवार सुविधा जनक नहीं है।) (निश्चित)

Thursday wouldn't be convenient. (पूरा निश्चित नहीं)

h) Should का प्रयोग

Should का प्रयोग *चाहिए* के अर्थ में होता है।

➢ I suggest that he should apply for the job. (मेरा सुझाव है कि उसे नौकरी के लिये प्रार्थना पत्र देना चाहिए।) (वर्तमान काल)

I suggested that he should apply for the job. (मेरा सुझाव था कि उसे नौकरी के लिए प्रार्थना पत्र देना चाहिए था।) (भूतकाल)

Should का प्रयोग कुछ निश्चित adjectives जैसे vital, important, essential, urgent आदि के बाद भी होता है।

➢ It is vital (that) we should be present. (अत्यावश्यक है कि हमें उपस्थित होना चाहिए।)

i) I am surprised के बाद that+ subject+ should.......का प्रयोग होता है। इसी प्रकार I am annoyed, it is funny, it is pity के बाद भी उपरोक्त विधि का प्रयोग सम्भव है।

➢ I am surprised that he should behave like that. (मैं आश्चर्यचकित हूँ कि उसे ऐसा व्यवहार करना चाहिए।)

यदि हम और अधिक जोर देना चाहते हैं तो उस स्थिति में हमें present simple का प्रयोग करना होगा।

➢ I am surprised that he behaves like that.

Present tense में negative होने पर should+ first form के स्थान पर do not या does not+ first form का प्रयोग होगा।

➢ I am surprised that he does not feel any remorse.(मैं आश्चर्यचकित हूँ कि उसे पछतावा नहीं है।) **(present)**

I am surprised that he did not feel any remorse. (मैं आश्चर्यचकित था कि उसने पछतावा नहीं किया।) **(past)**

Past tense में affirmative को दो रूपों से दर्शाया जा सकता है–

1) I was surprised that he made some mistake.

2) I was surprised that he should have made some mistake.

18) There is व there are आदि रचनाओं के समानान्तर दूसरी सहायक क्रियाएँ भी **there** के बाद प्रयुक्त होतीं हैं।

There + सहायक क्रिया+ be + complement

➢ There could be no doubt about it. (इस विषय में कोई सन्देह नहीं हो सकता।)

➢ There won't be an election in June. (जून में चुनाव नहीं होगा।)

➢ There must be a mistake. (निश्चित रूप से गलती होगी।)

There + सहायक क्रिया+ be + complement+ present participle

➢ There never used to be anyone living next door. (कभी कोई अगले दरवाजे पर नहीं रहा करता था।)

- ➢ There could be something blocking the pipe. (पाईप में रुकावट डालने में कुछ चीज है।)

There + सहायक क्रिया+ have been + complement

- ➢ There can't have been any doubt about it. (इस विषय मे कोई सन्देह नहीं रहा होगा।) (भूतकाल)
- ➢ There might have been a strike. (सम्भवतः हड़ताल रही होगी।) (भूतकाल)
- ➢ There oughtn't to have been any difficulty. (इस विषय में कोई कठिनाई नहीं होनी चाहिये थी।)

There + सहायक क्रिया+ have been + complement + present participle

- ➢ There might have been something blocking the pipe. (पाईप को बन्द करने में सम्भवतः कोई चीज रही होगी।) (भूतकाल)
- ➢ There must have been someone waiting outside. (निश्चित रूप से बाहर कोई प्रतीक्षा करता रहा होगा।) (भूतकाल)

Question forms– ***Yes, no*****, questions** जिनके उत्तर हाँ या ना में मिल सकते हैं।

- ➢ Could there have been any doubt? (क्या कुछ संदेह रहा होगा?)
- ➢ Might there have been someone waiting? (क्या कोई सम्भवतः प्रतीक्षा करता रहा होगा?)

Negative questions:

- ➢ Wouldn't there have been a strike? (क्या हड़ताल नहीं रही होगी?)
- ➢ Couldn't there have been an accident? (क्या दुर्घटना नहीं रही होगी?)

Question word questions:

- ➢ When might there be an answer? (उत्तर कब प्राप्त हो सकता है?)
- ➢ Why couldn't there have been a mistake? (गलती क्यों नहीं रही होगी?)

☞ जब सहायक क्रियाएँ may, might, would, could, can, must व ought to के साथ have been प्रयुक्त किया जाता है तो यह स्पष्ट है कि वह वाक्य भूतकाल का है भले ही उस वाक्य का अन्त हिन्दी में गा, गी, गे में हो।

अभ्यास (practice)-19

A) निम्नलिखित का अंग्रेजी में अनुवाद करो।

1. माधुरी पाँच भाषायें लिख व बोल सकती है।
2. क्या ऐसी सम्भावना है कि आज वर्षा होगी?
3. सम्भवतः वह कल दिल्ली पहुँच चुकेगा।
4. सम्भवतः वह एक इंजीनियर है।
5. वह इस समय निश्चित रूप से नागपुर में होगी।
6. वह घर पर हो ही नहीं सकता।
7. वह निश्चित रूप से प्यासा रहा होगा।
8. उसने अवश्य ही अजमेर देखा होगा।
9. तुम्हें कल कॉलेज जाने की आवश्यकता नहीं है।
10. तुम्हें उससे अवश्य ही मिलना चाहिए।

B) निम्नलिखित का हिन्दी में अनुवाद करो।

1. She had to go to Indore yesterday.
2. What would you like to eat?
3. Do you mind shutting the window?
4. You ought to obey your parents.
5. Sita will be able to speak English in two years.
6. She used to live in Hydrabad last year.
7. I am not used to taking tea.
8. There might have been an accident.

9. There is someone waiting for you outside.

10. You shall pay him.

11. She was not allowed to go home.

12. Wouldn't there have been an accident?

13. That would seem the best solution.

14. She can't have bought that car.

C) Full Verbs

First Form		अर्थ	Second Form		Third Form	
Gain	गेन	प्राप्त करना	Gained	गेन्ड	Gained	गेन्ड
Found	फाउन्ड	स्थापना करना	Founded	फाउन्डेड	Founded	फाउन्डेड
Inquire	इंक्वायर	पूछताछ करना	Inquired	इंक्वायर्ड	Inquired	इंक्वायर्ड
Kill	किल	मारना	Killed	किल्ड्	Killed	किल्ड्
Lose	लूज	खोना	Lost	लौस्ट	Lost	लौस्ट
Look	लुक	देखना	Looked	लुक्ड	Looked	लुक्ड
Trust	ट्रस्ट	विश्वास करना	Trusted	ट्रस्टेड	Trusted	ट्रस्टेड
Tell	टैल	कहना	Told	टोल्ड	Told	टोल्ड
Stop	स्टॉप	रूकना	Stopped	स्टॉप्ड	Stopped	स्टॉप्ड
Sell	सैल	बेचना	Sold	सोल्ड	Sold	सोल्ड
Salute	सैल्यूट	प्रणाम करना	Saluted	सैल्यूटेड	Saluted	सैल्यूटेड
Present	प्रिजेन्ट	भेंट करना	Presented	प्रिजेन्टेड	Presented	प्रिजेन्टेड
Prevent	प्रिवेन्ट	रोकना	Prevented	प्रिवेन्टेड	Prevented	प्रिवेन्टेड
Push	पुश	धक्का देना	Pushed	पुश्ड	Pushed	पुश्ड
Care	केयर	परवाह करना	Cared	केयर्ड	Cared	केयर्ड

D) Attractive Words

Right	राइट	उचित, अधिकार
Role	रोल	भूमिका, कर्तव्य
Safe	सेफ	सुरक्षित, भयरहित

Salt	साल्ट	नमक
Review	रिव्यू	पुनरावलोकन
Problem	प्रोब्लम	समस्या
Ox	आक्स	बैल, सांड
Offence	आफेन्स	अपराध
Nut	नट	गिरिदार फल, सुपारी
Million	मिलियन	दस लाख
Lovely	लवलि	प्यारा, सुन्दर
Large	लार्ज	बड़ा, विस्तृत
Judge	जज	न्यायधीश
Isolation	आइसोलेशन	अलगाव
International	इन्टरनेशनल	अंतर्राष्ट्रीय
Harvest	हार्वेस्ट	फसल, उपज, पैदावार
Glove	ग्लव	दस्ताना
Front	फ्रन्ट	सामना, अगाड़ी, मोरचा
Fair	फेयर	मेला, सुन्दर, उचित
Faith	फेथ	निष्ठा, विश्वास
Fame	फेम	प्रसिद्धि, यश, कीर्ति
Respectively	रिस्पेक्टिवलि	क्रमशः

22

Imperative Sentences

पहचान– हिन्दी के वाक्यों के अन्त में *ओ* या *इये* शब्द सामान्य रूप से प्रयुक्त होते हैं। ये वाक्य हिन्दी में आदेश सूचक कहलाते हैं।

दौड़ो के अन्त में *ओ* तथा दौड़िये के अन्त मे *इये* आया है। दोनों वाक्यों का एक ही अनुवाद होगा– run.

A) नकारात्मक होने पर *नहीं* या *मत* की अंग्रेजी do not (don't) होगी तथा *कभी नहीं* के लिये never शब्द का प्रयोग किया जायेगा। ये शब्द first form से पहले प्रयोग किये जायेंगे।

- ➢ Do not go there. (वहाँ मत जाओ।)
- ➢ Never tell a lie. (कभी झूठ मत बोलो।)

सदा शब्द की अंग्रेजी *always* होती है।

- ➢ Always speak the truth. (सदा सच बोलो।)

B) First person I और we को imperative में प्रयोग करते समय क्रमशः me और us में परिवर्तित किया जायेगा। इनसे पूर्व let शब्द का प्रयोग किया जायेगा। Let को me के साथ प्रयोग करने पर हिन्दी के वाक्य का अन्त *दो* में होगा।

- ➢ Let me read. (मुझे पढ़ने दो।)
- ➢ Let me go. (मुझे जाने दो।)

परन्तु let का प्रयोग जब us के साथ होगा तो उसका अर्थ दो रूपों में स्थिति के अनुसार होगा।

a) हिन्दी वाक्य का आरम्भ *आओ* तथा अन्त में *ऐं* होगा।

b) प्रारम्भ में *आओ* न होकर अन्त में *दो* शब्द होगा।

➢ Let us play. (आओ खेलें। या हमें खेलने दो।)

C) जिस प्रकार के वाक्यों में सलाह (advice), आदेश (order), प्रार्थना (request), सामान्यत: second person को दिये जाते हैं उस स्थिति में हम कर्ता you को छिपा (understood) देते हैं। यद्यपि *तुम* शब्द हिन्दी के वाक्य में हो सकता है।

➢ Go to Delhi. (तुम दिल्ली जाओ।)

प्रश्न उठता है कि जब हिन्दी में तुम (you) शब्द आया है तो अंग्रेजी में भी प्रयुक्त होना चाहिए। ऐसा करने पर अर्थात् you का प्रयोग करने पर वाक्य का स्वरूप पूरी तरह बदल जायेगा और फिर वह स्वभाविक प्रवृत्ति को जन्म देगा।

➢ You go to Delhi. (तुम दिल्ली जाते हो।)

Imperative के अन्य प्रयोग

1) सुझाव (suggestion)

➢ Follow me. (तुम मेरे पीछे आओ।)

➢ Shut the door (please). ((कृपया) आप दरवाजा बन्द करो।)

2) चेतावनी (warning)

➢ Look out! There is a bus coming. (ध्यान दो! (खबरदार) बस आ रही है।)

3) दिशा (direction)

➢ Follow your nose and take the first turning on the right and after five minute walk you will see the Mumbai Central on your left. (नाक के सीध में चले जाइये और पहले दाहिनी तरफ मुड़ना और पाँच मिनट चलने के बाद तुम्हारे बाईं तरफ मुम्बई सेन्ट्रल होगा।)

4) निर्देश (instruction)

➢ Use a moderate oven and bake it for fifteen minutes. (औसत दर्जे का चूल्हा लो और इसे पन्द्रह मिनट तक सेकिये।)

5) मनाही (prohibition), सार्वजनिक सूचना

➢ Keep off the grass! Do not feed the animals! (घास से दूर रहो! जानवरों को मत चरने दो!)

6) सलाह (**advice**)- विशेष रूप से **always** और **never** के बाद

- ➢ Always answer when you are speken to. Never speak to strangers. (हमेशा तभी उत्तर दो जब तुम से पूछा जाये। कभी भी अपरिचित से बात मत करो।)

7) निमंत्रण (**invitation**)

- ➢ Come and have tea with us. (आओ और हमारे साथ चाय लीजिये।)

8) निवेदन (**offer**)

- ➢ Help yourself. Have a samosa. (स्वयं कीजिये। समोसा उठाइये/ लीजिए।)

9) अशिष्टता (**rudeness**)

- ➢ Shut up! (बकवास बन्द करो!)
- ➢ Push off! (भाग जाओ अर्थात् दर्शन मत दो।)

☞ Do का प्रयोग जोर देने के लिये मुख्य क्रिया की first form से पहले प्रयुक्त होता है।

- ➢ *Do* come in. (अन्दर आओ तो सही।)
- ➢ Do help that boy with some money. (उस लड़के को कुछ पैसे तो दीजिये।)

उपरोक्त स्थिति उकसाने से सम्बन्धित है।

विनम्रता के रूप में–

- ➢ Do have another cup of coffee. (एक प्याला कॉफी और लीजिये।)

अधीरता के रूप में–

- ➢ Do stop talking. (वार्तालाप बन्द करो।)

☞ स्वीकृति में जब उत्तर संक्षेप में दिया जाये तो do का प्रयोग yes के बाद होगा। परन्तु जब उत्तर अस्वीकृति में दिया जाये तो no के बाद don't का प्रयोग होगा।

- ➢ Shall I switch the light off? (क्या मैं बत्ती बंद करूँ?)

Yes, do. (स्वीकृति में।)

No, don't. (अस्वीकृति में।)

जब speaker अपने सम्मुख व्यक्ति को निर्देशित करता है तो वहाँ पर you शब्द का प्रयोग स्वभाविक है।

➢ You wait here for a moment. (तुम यहाँ थोड़ी देर प्रतीक्षा करो।)

10) जब हम बोल चाल (colloquial) में you पर जोर देकर बोलते हैं तो वह स्थिति क्रोध, रूखापन, अशिष्टता आदि को प्रकट करती है।

➢ *You* mind your own business. (अपना काम देखो।)

घृणा के साथ negative की स्थिति में इस प्रकार के वाक्यों में don't पर ही जोर दिया जाता है न कि you पर।

➢ *Don't* speak to me like that. (मेरे सम्मुख इस तरह पेश मत आइये अर्थात् मेरे से इस तरह की बातें मत करो।)

11) You+ name/ names and name/ names+ you

➢ You wait here boys and Babita you wait there. (लड़कों तुम यहाँ प्रतीक्षा करो और बबीता तुम वहाँ पर।)

12) Imperative+ name

➢ Drink up your milk, Suresh. (सुरेश, पेट भर के दूध पियो।)

13) Imperative+ reflexive

➢ Enjoy yourself. (स्वयं आनन्द लीजिये।)

14) मनुष्यों के समूह में जब **speaker** बोल रहा है तो उस स्थिति में **imperative** में **someone, no one, somebody, anybody** आदि शब्दों का प्रयोग होता है।

➢ Nobody say a word. Somebody answer the phone please. (कोई कुछ ना बोले। कृपया कोई फोन का जबाव दे।)

15) Question tag के रूप में **imperative** का प्रयोग होता है। **Question tag** में **helping verb+ not+ subject?** या **helping verb+ subject?** होता है, यह वाक्य के अन्त में होता है। इसका प्रयोग वाक्य के अनुसार राय, भावना, उद्देश्य व विचार की दृष्टि से **question** बनाने व सहमति जानने के लिये होता है।

रुष्टता व अधीरता से संबंधित *tags*-

➢ Stop that noise, *will you/ won't you/ can't you*? (शोर बन्द करो, क्या शोर बन्द नहीं करोगे?)

विनम्रता से संबंधित *tags*-

➢ Post this letter for me, *can you/ could you / would you*? (कृपया मेरे इस पत्र को डाक में डाल देना, क्या आप ऐसा करोगे?)

धीमी आवाज में बोलते हुये सुझाव से संबंधित कुछ *tags*-

➢ Come in, *will you/ won't you*? (अन्दर आइये, क्या अन्दर आओगे नहीं?)

➢ Take a seat, *will you / won't you*? (बैठिये, क्या बैठोगे नहीं?)

16) दो imperatives को and से जोड़ना

➢ Go and buy yourself a new pair of shoes. (जाओ और अपने लिये जूतों का नया जोड़ा खरीदो।)

➢ Come and see your Sanskrit teacher. (आओ और अपने संस्कृत अध्यापक से भेंट करो।)

➢ Wait and see. (प्रतीक्षा करो और देखो।)

➢ Try and learn. (प्रयास करो और सीखो।)

Try के बाद and आवश्यक नहीं हैं इसे to से भी जोड़ा जा सकता है।

➢ Try to learn.

उद्देश्य के लिये infinitive का प्रयोग करते हैं।

➢ Eat to live; don't live to eat. (जीने के लिये खाओ; खाने के लिये मत जिओ।)

☛ आदेश की स्थिति में third person के लिये let+ third person+ infinitive बिना *to* के प्रयुक्त होता है।

➢ Let them go by train. (उन्हें गाड़ी से जाने दो।)

परन्तु आधुनिक अंग्रेजी में –

Third person (subject)+ had better+ first form या third person (subject)+ must+ first form

➢ They had better go by train. (उनका गाड़ी से जाना ठीक रहेगा।)

➢ They must go by train. (उन्हें गाड़ी से ही जाना चाहिए।)

Negative की स्थिति में had better या must के बाद not का प्रयोग करना होगा।

➢ They had better not go by train.

= They must not go by train.

नैतिक बाध्यता को भी must के द्वारा दर्शाया जाता है।

➢ You must not smoke in the petrol store. (पैट्रोल भण्डार के पास तुम्हें धूम्रपान नहीं करना चाहिए।)

➢ Passengers must cross the line by the foot bridge. (यात्री रेलवे लाईन को फुट ब्रिज से ही पार करें।)

☛ कभी–कभी आदेश व निर्देशों को be (is/ are)+ infinitive के द्वारा दर्शाया जाता है।

➢ You are to report for duty immediately. (तुम्हें तत्काल काम पर पहुँचने की सूचना देनी होगी।)

प्रार्थना को could you please के द्वारा भी दर्शाया जाता है।

➢ Could you please show me the way to the railway station? (क्या कृपा करके आप मुझे रेलवे स्टेशन का रास्ता बतलायेंगे?)

यह प्रार्थना करने का सबसे उपयुक्त तरीका है।

Couldn't का प्रयोग यदि वक्ता (speaker) करता है तो ऐसा माना जाता हे कि सुनने वाला मुश्किल से ही *ना* कहेगा।

➢ Sunita : I can't wait.

Vinita : Couldn't you wait five minutes?

विनीता को आशा है कि सुनीता अवश्य ही पाँच मिनट तक प्रतीक्षा करेगी।

Imperative mood प्रार्थना व निर्देश की स्थिति में–

Perhapes you would भी विश्वास को जन्म देता है इस को उस समय प्रयोग किया जायेगा जब वार्तालाप के मध्य में हम किसी से कुछ अपेक्षा करते हैं।

➤ Perhaps you would let me know when he is going to be married.

= Please let me know when he is going to be married. (कृपया मुझे जानने दो उसकी शादी कब होने वाली है।)

प्रार्थना के लिये will you please भी प्रयोग कर सकते हैं लेकिन यह would you please की तरह अधिक नम्र नहीं है। If you would भी अत्यधिक नम्र प्रार्थना है इसके प्रयोग करने से वक्ता को पूरा विश्वास होता है कि उसकी प्रार्थना की अवहेलना नहीं की जा सकती।

➤ (In an office) If you would fill up this form. (कृपा करके इस फार्म को पूरा करें।)

➤ (In hotel) If you would sign the register. (कृपया रजिस्टर पर हस्ताक्षर करें।)

➤ (In a shop) If you would just put your address on the back of the cheque. (जरा कृपा करके चैक के पीछे अपना पता अंकित करें।)

➤ I should/ would be very grateful if you would help me in this matter. (मैं आपका बहुत ही आभारी होऊँगा यदि आप मेरी इस स्थिति में सहायता करते हैं/ करेंगे।)

➤ *Would you be kind enough / would you be good enough* to lend me one thousand rupees? (कृपा करके मुझे एक हजार रुपये उधार दीजिये।)

Would you mind+ first form+ ing

➤ Would you mind lending me one thousand rupees.

= Please lend me one thousand rupees. (कृपया मुझे एक हजार रुपये उधार दीजिये।)

➢ Would you mind not smoking? (कृपया धूम्रपान मत कीजिये।)

आकस्मिक प्रार्थना होने पर *You might* केवल मित्रता की स्थिति में प्रयुक्त होता है।

➢ You might post these letters for me. (कृपया इन पत्रों को मेरी तरफ से डाक से भेज देना।)

सलाह को must, ought to, should के द्वारा भी दर्शाया जाता है।

➢ You must read this book. It is very interestng. (तुम्हें इस पुस्तक को अवश्य ही पढ़ना चाहिये। यह बहुत ही रुचिकर है।)

You had better+ first form बिना ***to*** के

➢ You had better buy that car. (अच्छा रहेगा कि आप उस कार को खरीदें।)

If I were you, I should/ would+ first form

➢ If I were you, I would/ should buy that car. (यदि मैं तुम्हारे स्थान पर होता, तो उस कार को खरीदता।)

Why don't you+ first form

➢ Why don't you buy that car? (उस कार को खरीद लीजिये।)

It is time+ second form

➢ It is time you *bought* a new car. (यह उचित समय है कि आप एक नई कार खरीदें।)

अभ्यास (practice)-20

A) निम्नलिखित का अंग्रेजी में अनुवाद करो।

1. सदा गरीबों की सहायता करो।
2. हमें खेलने दो।
3. चाय तो पियो।
4. क्या मैं उसे बुलाऊँ?
5. बच्चों, तुम यहाँ प्रतीक्षा करो।

6. यहाँ मत बैठो।

7. जाओ और उसे सौ रुपये दो।

8. क्या कृपा करके आप मुझे डी0ए0वी0 कॉलेज का रास्ता बतलायेंगे?

9. अच्छा होगा कि तुम आज जयपुर चले जाओ।

10. यह उचित समय है कि तुम परीक्षा की तैयारी करो।

B) निम्नलिखित का हिन्दी में अनुवाद करो।

1. If I were you, I would help him.
2. You had better not invite him.
3. Would you mind opening the window?
4. Would you be kind enough to help me?
5. You are to say to Mohan everything what I have told you.
6. They must not go by bus.
7. Do have another glass of milk.
8. Never tease the weak.
9. Let's go to the station.
10. Please, let them go.

C) Full Verbs

First Form		अर्थ	Second Form		Third Form	
Rain	रेन	वर्षा होना	Rained	रेन्ड	Rained	रेन्ड
Dwell	ड्वेल	रहना	Dwelt	ड्वैल्ट	Dwelt	ड्वैल्ट
Dry	ड्राई	सुखाना	Dried	ड्राईड	Dried	ड्राईड
Spread	स्प्रेड	फैलाना	Spread	स्प्रेड	Spread	स्प्रेड
Dream	ड्रीम	स्वप्न देखना	Dreamt	ड्रीम्ट	Dreamt	ड्रीम्ट
Conceal	कन्सील	छिपाना	Concealed	कॉन्सिल्ड	Concealed	कॉन्सिल्ड
Cook	कुक	भोजन पकाना	Cooked	कुक्ड	Cooked	कुक्ड

Climb	क्लाइम्ब	चढ़ना	Climbed	क्लाइमब्ड	Climbed	क्लाइमब्ड
Carry	कैरी	ले जाना	Carried	कैरीड	Carried	कैरीड
Close	क्लोज	बंद करना	Closed	क्लोज्ड	Closed	क्लोज्ड
Change	चेंज	बदलना	Changed	चेंज्ड	Changed	चेंज्ड
Swim	स्विम	तैरना	Swam	स्वैम	Swum	स्वम

D) Attractive Words

Zero	जीरो	शून्य
Winter	विन्टर	शीत काल, सर्दी
Weapon	वेपन	शस्त्र, हथियार
Vocationl	वोकेशनल	व्यवसायिक
Vacation	वेकेशन	अवकाश
Topic	टॉपिक	प्रसंग, वृतान्त, प्रकरण
Temper	टेम्पर	स्वभाव, प्रकृति, मिजाज, आवेश
Surgeon	सरजन	शल्य चिकित्सक
Superstition	सुपरस्टिशन	अंध विश्वास
Stomach	स्टमक	पेट, उदर, आमाशय
Sting	स्टिंग	डंक, सांप आदि का विषदंश
Rough	रफ	असम, उबड–खाबड, खुरदरा
Responsibility	रिस्पोन्सेबिलिटी	जिम्मेदारी
Regularity	रेग्यूलरिटी	नियमितता
Quite	क्वाइट	बिल्कुल, निहायत
In the prime of life	इन द प्राइम ऑफ लाईफ	युवा अवस्था में
Onion	अनयन	प्याज
Often	ऑफन	सामान्यतः, अक्सर
Minor	माइनर	अवयस्क, नाबालिग
Hive	हाइव	मधु छत्र
Guidance	गाइडेन्स	मार्ग दर्शन

23

Conditional Sentences
(शर्त को दर्शाने वाले वाक्य)

Type 1:

If I lose my job, I will do business.

(यदि मेरी नौकरी छूट जाती है, तो मैं व्यापार करूँगा।) (वर्तमान काल)

Type 2:

If I lost my job, I would do business.

(यदि मेरी नौकरी छूट जाती है, तो मैं व्यापार करूँगा।) (वर्तमान काल)

☞ पहला वाक्य सम्भावना को दर्शाता है जबकि दूसरा वाक्य काल्पनिक स्थिति की ओर संकेत करता है।

Type 3:

If I had lost my job, I would have done business.

(यदि मेरी नौकरी छूट जाती तो मैं व्यापार करता।) (भूतकाल)

☞ If वाला भाग past perfect tense में तथा दूसरा (main clause) would/ should/ might/ could have+ third form से बनाया जाता है।

Type 3 को दूसरी विधि द्वारा भी बनाया जाता है–

Had I lost my job, I would have done business.

इस विधि में if छोड़ दिया जाता है तथा सहायक क्रिया had कर्ता से पूर्व प्रयोग की जाती है। इस विधि का प्रयोग करने से वाक्य के अर्थ में कोई अन्तर नहीं पड़ता और न ही वाक्य interrogative कहलाता है।

Conditional sentences की mixed (मिश्रित) स्थिति

Type 1..........................,......Type 3

➢ If I am as clever as you think, I should have been rich by now.

अर्थ– यदि मैं इतना चतुर हूँ जितना तुम सोचते हो, तो मैं अब तक धनी होता।

Type 2 ....,.................Type 3

➢ If you knew me better, you wouldn't have said that.

अर्थ– यदि तुम मुझे अधिक अच्छा समझते, तो उस बात को तुम न कहते।

Type 3................,...........Type 2

➢ If he had taken my advice, he would be a rich man by now.

अर्थ– यदि वह मेरी सलाह लेता, वह इस समय धनी होता।

Type 2......,........................Type 1

➢ If he missed the bus, he won't be here on time.

अर्थ– यदि उससे बस छूट गई, तो वह यहाँ समय पर नहीं पहुँचेगा।

Type-1 Conditional Sentences

If clause में प्रयुक्त होने वाली क्रियाएँ व present tense

Be:

➢ If I *am* better tomorrow, I will get up. (यदि मैं कल ठीक रहता हूँ, तो बिस्तर छोड़ दूँगा।)

Have:

➢ If I *have* a headache, I will take an asprin. (यदि मुझे सिर दर्द होता है, तो मैं एसप्रिन लूँगा।)

Present simple:

➢ If she *finishes* early, she will go home. (यदि वह जल्दी काम पूरा कर लेगी, तो वह घर चली जायेगी।)

Present continuous:

- If she is *standing* in the rain, she will catch cold. (यदि वह वर्षा में खड़ी रही, तो उसे ठन्ड लग जायेगी।)

Present perfect:

- If he *has reached* the station, he will be here soon. (यदि वह स्टेशन पर पहुँच चुका है, तो वह शीघ्र ही यहाँ होगा।)

Present perfect continuous:

- If Mr Kapoor *has been travelling* all night, he will need a rest. (यदि श्री कपूर सारी रात यात्रा करते रहे हैं, तो उन्हें आराम की आवश्यकता होगी।)

Can/ must:

- If I *can* afford it, I will buy it. (यदि मैं इसे खरीदने लायक हो सकता हूँ, तो इसे अवश्य ही खरीदूँगा।)

Main clause में **future** के दूसरे **kinds** भी प्रयुक्त हो सकते हैं।

- If he gets the job, *he will be going to Banglore.* (यदि उसे नौकरी मिल जाती है तो वह बंगलौर चला जायेगा।)
- If she doesn't run fast, *the train will have left.* (यदि वह तेज नहीं दौड़ती है, तो गाड़ी छूट जायेगी।)
- If he stays till June, *he will have been working here for 25 years.* (यदि वह जून तक ठहरता है, तो उसे यहाँ काम करते हुये पच्चीस वर्ष हो जायेंगे।)

भविष्यत् काल की सम्भावित स्थिति होने पर

- If the weather clears, we will go for a walk. (यदि मौसम साफ रहेगा, तो हम टहलने जायेंगे।)
- If the weather does not clear, we won't go for a walk. (यदि मौसम साफ नहीं रहेगा, तो हम टहलने नहीं जायेंगे।)

Present simple:

➤ *If she finishes early,* she can/ could/ may/ might/ should/ ought to/ must phone me.

Present continuous:

➤ *If she is arriving today,* she can/ could/ may/ might/ should/ ought to/ must phone me.

Present perfect:

➤ *If she has arrived,* she can/ could/ may/ might/ should/ ought to/ must phone me.

Present perfect continuous:

➤ If she has been waiting, she can(1)/ could(1)/ may(2)/ might(2)/ should(3)/ ought to(3)/ must(4) phone me. (वह मुझे फोन कर सकती है (1)/ सम्भवतः वह मुझे फोन करे (2)/ उसे मुझे फोन करना चाहिये (3)/ उसे मुझे फोन करना पड़ेगा (4)।)

➤ If it is fine tomorrow, we can(1)/ could(2)/ may(3)/ might(3)/ should(4)/ ought to(4)/ must(5) go out. (यदि कल मौसम ठीक रहा तो हम बाहर जा सकते हैं(1)/ हम बाहर जाने में समर्थ हो सकेंगे(2)/ सम्भवतः हम बाहर जा सकते हैं (3)/ हमें बाहर जाना चाहिये(4)/ हमें बाहर जाना ही पड़ेगा (5)।)

If वाले **clause** में यदि **present simple** है तो **main clause** में **present continuous** व **present perfect** दोनों स्थिति हो सकती है।

➤ If hear from Mahesh, *I may be leavng tonight*. (यदि मुझे आज महेश की तरफ से कोई सूचना मिलती है, तो सम्भवतः मैं आज रात को ही चला जाऊँगा।)

➤ If she is in Hyderabad, *she may not have got my letter yet.* (यदि वह हैदराबाद में है, सम्भवतः उसे मेरा पत्र अभी तक न मिला हो।)

If+ should+ imperative

➢ *If you (should) see him*, please give him my regards.

= *Should you see him*, please give him my regards.

= *If you (should) happen to see him*, please give him my regards.

= *Should you happen to see him*, please give him my regards. *(यदि आप उससे मिलें,* तो उससे मेरी नमस्ते कहना।)

उपरोक्त सभी वाक्यों का एक ही अर्थ है।

Main clause का सदैव imperative में होना आवश्यक नहीं है।

➢ If I should see him, *I will ask him to attend your function.* (यदि मैं उससे मिलता हूँ, तो मैं उससे तुम्हारे उत्सव में सम्मिलित होने को कहूँगा।)

If+ should+ imperative main clause में (प्रार्थना, विनम्रता के साथ, सुझाव व सही समय पर सही सलाह के रूप में)

➢ If you should go to Jaipur, see the Hava Mahal. (यदि आप जयपुर जायें, तो हवा महल जाकर देखना।)

➢ Cancel the meeting, if Mr Bist fails to come. (बैठक स्थागित कर देना यदि श्री बिष्ट न आ पायें।)

यदि हमें conditional वाले clause को negative में बनाना पड़े तो should का negative should not न होकर *should you not* होगा या फिर present simple का negative प्रयुक्त करना होगा।

➢ If you do not see Mohan, tell Shobhna what has happened. (यदि तुम मोहन से नहीं मिलोगे, तो शोभना से बतलाना जो घटित हुआ है।)

If you should not see him. (अशुद्ध)

Imperative+ conjunction+ main clause will या **shall** के साथ

➢ Provide materials and we will do the job.

= (If you) provide materials, we will do the job.(यदि तुम विषय सामग्री की व्यवस्था करोगे, तो हम काम करेंगे।)

➢ Stop shouting or you will wake up neighbours.

= If you don't stop shouting, you will wake up neighbours. (यदि तुम चिल्लाना बन्द नहीं करोगे, तो पड़ोसी जाग जायेंगे।)

➢ Put that down or else I shall beat you.

= If you don't put that down, I shall beat you. (यदि तुम उसे नहीं रखोगे, तो मैं तुम्हें पीटूँगा।)

➢ Be there on time otherwise you will create a bad impression. (यदि तुम वहाँ समय पर नहीं पहुँचते हो, तो तुम एक बुरी छाप को जन्म दोगे।)

उपरोक्त वाक्य की दूसरी विधि–

If you don't be there on time, you will create a bad impression.

यहाँ imperative के स्थान पर if clause का प्रयोग हुआ है।

कुछ अन्य उदाहरण इस प्रकार हैं–

➢ *Fail to pay* and they will cut off the electricity.

= If you fail to pay, they will cut off the electricity. (यदि तुम बिजली का बिल जमा नहीं करोगे, तो तुम्हारी बिजली काट दी जायेगी।)

➢ Tell us what to do and we will get on with it.

= If you tell us what to do, we will get on with it. (यदि तुम हमें बताओगे कि क्या करना है, तो हम इसे शीघ्र करेंगे।)

➢ Stop eating sweets or you won't get any dinner.

= If you don't stop eating sweets you won't get any dinner. (यदि तुम मिठाईयाँ खाना बन्द नहीं करोगे, तो तुम्हें कोई भोजन नहीं मिलेगा।)

➢ Take a taxi, othewise you will miss your train.

= If you don't take a taxi, you will miss your train. (यदि तुम टैक्सी नहीं लोगे, तो तुम्हारी गाड़ी छूट जायेगी।)

☛ यदि imperative sentence के बाद or या otherwise का प्रयोग हुआ है तो imperative का अर्थ present simple के negative में होगा। यदि

imperative के बाद and का प्रयोग हुआ है तो imperative का अर्थ present simple के affirmative में निकलेगा।

➢ *Go there or* I will punish you.

= *If you do not go there*, I will punish you. (यदि तुम वहाँ नहीं जाओगे, तो मैं तुम्हें दण्डित करूँगा।)

➢ *Go there and* I will punish you.

= *If you go there*, I will punish you. (यदि तुम वहाँ जाओगे, तो मैं तुम्हें दण्डित करूँगा।)

Type-2 Conditional Sentences

If clause में प्रयुक्त होने वाली क्रियाएँ व past tense

Be:

➢ If he *was* a taller, he would become a policeman. (यदि वह लम्बा होगा, तो वह पुलिसमैन हो जायेगा।)

Have:

➢ If he *had* any money, he would leave home. (यदि उसके पास पैसा हो, तो वह घर छोड़ देगा।)

Other verbs:

➢ If he *took* a taxi now, he would get there in time. (यदि वह इस समय टैक्सी लेता है, तो वह वहाँ समय पर पहुँच जायेगा।)

➢ If you *went* by train, you would get there earlier. (यदि तुम गाड़ी से जाओगे, तो वहाँ जल्दी पहुँच जाओगे।)

If वाले clause में past simple के स्थान पर present simple व main clause में should व would के स्थान पर shall या will का प्रयोग भी कर सकते हैं परन्तु present की अपेक्षा past में अधिक अनिश्चितता पाई जाती है। If वाले clause में will या would को polite form (विनम्र रूप) में प्रयोग किया जाता है।

➢ If you *will/ would* help me, I would be very grateful. (यदि तुम मेरी सहायता करोगे, तो मैं बहुत ही आभारी होऊँगा।)

अन्य उदाहरण–

- ➢ If you would fill up this form. (कृपया इस फार्म को भरिये।)
- ➢ If you would just sign the register. (जरा रजिस्टर पर हस्ताक्षर कीजिये।)
- ➢ If you would put your address on the back of the cheque. (चैक के पीछे अपना पता लिखिये।)

☞ सामान्यतः would का संक्षिप्त रूप 'd रूप में प्रयुक्त होता है।

If वाले clause में was के स्थान पर were का प्रयोग

- ➢ If I was/ were M.A. in Geography, I'd apply for this job. (यदि मैं एम0ए0 भूगोल विषय से होता, तो इस नौकरी के लिये आवेदन करता।)
- ➢ If I were Mohan, I'd walk out on him. (यदि मैं मोहन के स्थान पर होता, तो मैं उसका त्याग कर देता।)
- ➢ If it were not for your help, I would still be homeless. (यदि तुम मेरी सहायता न करते, तो मैं अभी भी बेघर होता।)

Were शब्द का अर्थ *होता* में लिया जाता है तथा main clause में मुख्य क्रिया के साथ would का प्रयोग होता है।

If वाला clause past tense+ main clause में अन्य सहायक क्रियाएँ

- ➢ If he knew the facts, he *could/ might* tell us what to do. (यदि उसे तथ्यों का पता चलता है, तो हमें बतलायेगा कि क्या करना है।)
- ➢ If he were here, he could help us. (क्षमता)

  = Were he here, he could help us. (यदि वह यहाँ होता, तो हमारी सहायता करता।)

Were का प्रयोग कर्ता से पूर्व भी हो सकता है, अर्थ में कोई परिवर्तन नहीं होगा।

- ➢ If he were here, he *might* help us. (यदि वह यहाँ होता, सम्भवतः हमारी सहायता करता।) (सम्भावना)
- ➢ If he failed, he *ought to/ should* try again. (यदि वह फेल होता है तो उसे दोबारा प्रयास करना चाहिए।) (कर्तव्य)

If वाले clause में was या were का प्रयोग होने पर main clause को continuous, perfect व perfect continuous में भी प्रयुक्त किया जा सकता है।

➢ If she were here now, she *could* be helping us. (यदि अब वह यहाँ होती, तो हमारी सहायता कर रही होती।)

➢ If he was in Chennai, he *could have* met my brother. (यदि वह चेन्नई में होता, तो वह मेरे भाई से मिलता।)

➢ If they were in the army, they *would have been* fighting in the jungle most of the time. (यदि वे सेना में होते, तो अपने अधिकांश समय जंगल में लड़ते हुये होते।)

If+ subject+ was/ were+ infinitive, main clause (subject+ would/ could/ might/ should+ first form)

➢ If Rina were to make an effort, she *could* do better. (यदि रीना प्रयास करती, तो वह अधिक अच्छा करती।)

➢ If you were to ask him, he *might* help you. (यदि तुम उससे कहते, सम्भवतः वह तुम्हारी सहायता करता।)

➢ Were the government to cut VAT (value added tax), prices *would* fall. (यदि सरकार मूल्य संवर्धित कर कम करती, तो मूल्य गिर जाते।)

If I were you I would/ should..........के द्वारा सलाह व्यक्त की जाती है। अक्सर if I were you को छोड़ दिया जाता है।

➢ I'd buy a Mercedes benz. (यदि मैं तुम्हारे स्थान पर होता, तो मैं मर्सीडीज बेन्ज खरीदता।)

यहाँ पर if I were you को छिपा दिया गया है।

Type-3 Conditional Sentences

If clause..	Main clause
(past perfect tense)	(would/should/could/might + have+ third form)

➢ If she had gone to Kanpur, she would have seen the Radha Krishan Temple. (यदि वह कानपुर जाती, तो राधा कृष्ण मंदिर देखती।)

If clause (past perfect continuous)+..............

➢ If I had been trying harder, I would have succeeded. (यदि मैं कठोर परिश्रम करता हुआ होता, तो मैं सफल हो जाता।)

If clause (could have+ third form)..............

➢ If I could have stopped, there would not have been an accident. (यदि मैं ठहर जाता, तो दुर्घटना न होती।)

☞ Past perfect continuous tense, if clause व main clause दोनों में सम्भव है।

➢ *If it had been raining this morning*, I would not have gone to college. (यदि आज सुबह वर्षा होती रहती, तो मैं कॉलेज नहीं जाता।)

➢ If I had not got married, *I would still have been living in Gujrat.* (यदि मेरी शादी न होती, तो मैं अभी भी गुजरात में रह रहा होता।)

➢ If I had not been wearing a rain coat, I would have got wet. (यदि मैं बरसाती न पहिने हुये होता, तो मैं भीग जाता।)

➢ If I had been you (If I had been in your position), I would have accepted his offer. (यदि मैं तुम्हारी जगह होता, तो मैं उसका निवेदन स्वीकार करता।)

➢ If I had been Harish, I would have bought that cow. (यदि मैं हरीश की जगह होता, तो उस गाय को खरीदता।)

If clause inversion के रूप में

Inversion में सहायक क्रिया कर्ता से पूर्व रखी जाती है इस स्थिति में भी conditional sentence प्रश्नवाचक नहीं होता।

➢ Had the management acted sooner, the strike would not have happned.

= If the management had acted sooner, the strike would not have happened. (यदि प्रबन्धन जल्दी कार्यवाही करता, तो हड़ताल न होती।)

दोनों वाक्यों का एक ही अर्थ है।

Negative Inversion-

➢ *Had it not been for the unusually bad weather*, the rescue party could have saved the stranded persons. (यदि असामान्य रूप से बुरा मौसम न होता, तो बचाव दल फँसे हुये व्यक्तियों को बचा लेता।)

Main clause में infinitive (प्रश्नवाचक शब्द+ to+ first form)

➢ If she had known the facts, she could/ might have told us *what to do.* (यदि वह तथ्यों को जान लेती तो हमें बतलाती कि क्या करना चाहिए।)

☞ Main clause में could का प्रयोग क्षमता (ability), might का प्रयोग सम्भावना (possibility) तथा should या ought to का प्रयोग कर्तव्य (duty) को इंगित करता है।

➢ If I had been in Indore, I could have seen your brother. (यदि मैं इन्दौर में होता, तो तुम्हारे भाई से मिल सकता था।)

➢ If she had been here on Monday, she might have told us. (यदि वह यहाँ सोमवार को होती, तो सम्भवतः वह हमें बताती।)

➢ If he had received a present, he should have thanked her. (यदि वह उपहार स्वीकार करता, तो वह उसे धन्यवाद देता।)

Main clause में perfect continuous भी सम्भव है।

➢ If he had been here, he could have been teaching me. (यदि वह यहाँ होता, तो वह मुझे पढ़ा रहा होता।)

☞ If not और unless आपस में परिवर्तनीय है।

➢ If you don't work hard, I won't be able to help you.

= Unless you work hard, I won't be able to help you. (जब तक तुम कठिन परिश्रम नहीं करोगे, मैं तुम्हारी सहायता नहीं कर सकूँगा।)

☞ If के स्थान पर कभी–कभी दूसरे conjuctions भी प्रयोग किये जा सकते हैं।

➢ I will lend you my car, *on condition that/ if* you drive it properly. (मैं इस शर्त पर तुम्हें अपनी कार दूँगा, (बशर्ते) यदि इसे ठीक तरह से चलाओगे।)

➢ *Suppose/ supposing that/ if* you miss the train what will you do? (मान लो यदि तुमसे गाड़ी छूट जाये, तो तुम क्या करोगे?)

What if या say का प्रयोग let us suppose के स्थान पर किया जाता है।

➢ *What if/ say* you were to run out of money? What would you do? (क्या होगा यदि तुम्हारे पास पैसा न हो? तुम क्या करोगे?)

☞ Condition वाले वाक्य को संक्षिप्त किया जा सकता है यदि कोई नया वाक्य if so, in that case, if not, in which case आदि से प्रारम्भ होता है।

➢ He may be busy, *in which case/ if it is so* I will see him later. (वह व्यस्त हो सकता है, उस स्थिति में मैं उससे बाद में मिलूँगा।)

- In which case = If it is so. (यदि ऐसा है।)
- If so = In that case
- If not = If it is not so.

➢ He may be busy, *if so,* I will call later, *if not,* can I see him now? (वह व्यस्त हो सकता है उस स्थिति में मैं उस से बाद में मिलूँगा, यदि ऐसा नहीं है तो क्या मैं उससे अब मिल सकता हूँ?)

➢ Whether I feel well or not tomorrow, I will see him.

= Whether or not I feel well tomorrow, I will see him. (चाहे मैं कल स्वस्थ महसूस करूँ या नहीं, मैं अवश्य ही उससे मिलूँगा।)

Implied condition sentences (अन्तर्निहित शर्तिया वाक्य)

Type 1:

➢ *With luck,* we will be there by tomorrow. (यदि हम सौभाग्यशाली रहे, तो हम कल तक वहाँ होंगे।)

- With luck = If we are lucky.

➢ *Given time*, they will probably agree. (यदि हम उन्हें समय देंगे, तो शायद वे सहमत हो जायेंगे।)

- Given time = If we give them time.

Type 2:

➢ To hear him talk, you would think he was Prime Minister. (यदि तुम उसे बातचीत करते हुये सुन सकोगे, तो तुम उसे प्रधान मंत्री समझोगे।)

- To hear him talk = If you could hear him talk.

➢ I would write to him, *but I don't know his address.* (यदि मैं उसका पता जान सकूँगा, तो उसे पत्र लिखूँगा।)

- But I don't know his address. = If I know his address.

➢ *But for his pension*, he would starve. (यदि उसे पेंशन न मिलती हुई होती, तो वह भूखा मरता।)

- But for his pension = If he did not have pension.

Type 3:

➢ *Without your help,* I could not have done it. (यदि तुम मेरी सहायता न करते, तो मैं इसे न कर पाता।)

- Without your help = If you had not helpled.

➢ *In different circumstances*, I would have said yes. (यदि परिस्थितियाँ भिन्न होती, तो मैं हाँ कह देता।)

- In different circumstances = If the circumstances had been different.

Only when (केवल तभी) के स्थान पर if and when का प्रयोग सामान्य है।

➢ The dispute will end *if and when* both sides agree. (विवाद तभी समाप्त होगा जब दोनों पक्ष सहमत होंगे।)

If का प्रयोग although या even if के अर्थ में भी किया जाता है।

➢ I will do no harm if he deceives me. (मैं कोई नुकसान नहीं करूँगा यद्यपि वह मुझे धोखा भी देता है।)

If का प्रयोग whether के स्थान पर क्या के अर्थ में indirect narration में भी होता है।

➢ She wants to know *if* she can borrow your book. (वह जानना चाहती है कि क्या वह तुम्हारी पुस्तक उधार ले सकती है।)

"If I were you I would...." वाले वाक्य का indirect रूप–

➢ He said, "If I were you I would buy a new car."

= He advised me to buy a new car. (उसने मुझे एक नई कार खरीदने की सलाह दी।) **(indirect)**

- But for = If it were not for = यदि ऐसा न होवे
- If it had not been for = यदि ऐसा न होता

➢ *But for the storm*, I would have been there in time. (यदि तूफान न आता, तो मैं वहाँ समय पर होता।)

- But for the storm = If the storm had not been

अभ्यास (practice)-21

A) निम्नलिखित का अंग्रेजी में अनुवाद करो।

1. यदि वह कठिन परिश्रम करेगा, तो पास हो जायेगा।
2. यदि वह तेज नहीं दौड़ेगी, तो उससे गाड़ी छूट जायेगी।
3. यदि तुम मेरा कहना मानते, तो आज एक धनी व्यक्ति होते।
4. मैं तुम्हें इस शर्त पर क्षमा करूँगा, यदि तुम पुनः झूठ नहीं बोलोगे।
5. यदि गीता केरल में रहती, तो मलयालम सीख जाती।
6. यदि वह दिल्ली जाता, तो लाल किला देखता।
7. यदि कल मौसम ठीक रहता है, तो सम्भवतः हम हरिद्वार जायेंगे।
8. यदि तुम हरीश से मिलोगे, तो उसे यह पुस्तक देना।
9. यदि तुम समय पर कक्षा में नहीं पहुँचोगे, तो कक्षाध्यापक तुम्हारी अनुपस्थिति लगा देंगे।
10. यदि मैं उसके स्थान पर होता, तो तुम्हारी सहायता करता।

B) निम्नलिखित का हिन्दी में अनुवाद करो।

1. If I go to Delhi, I shall buy you books.
2. Had she not helped me, I would not have gone there.

3. If she had been here, she would have helped me.
4. If he had gone to Puri, he would have seen the Surya Mandir.
5. Unless you run fast, you can not catch the train.
6. If he had worked a little harder, he would have topped the list of successful candidates in the examination.
7. Had he not got married, he would still have been studying in the college.
8. Suppose you miss the bus, what will you do?
9. Whether he feels well or not, he will attend the class.
10. Without his help, I could not have continued my studies.

C) Full Verbs

First Form		अर्थ	Second Form		Third Form	
Sit	सिट	बैठना	Sat	सैट	Sat	सैट
Spin	स्पिन	कातना	Span	स्पैन	Spun	स्पन
Sink	सिंक	डूबना	Sank	सैंक	Sunk	संक
Bite	बाइट	दांत से काटना	Bit	बिट	Bitten	बिटन
Give	गिव	देना	Gave	गेव	Given	गिवन
Pass	पास	गुजरना	Passed	पास्ड	Passed	पास्ड
Prepare	प्रिपेयर	तैयार करना	Prepared	प्रिपेयर्ड	Prepared	प्रिपेयर्ड
Return	रिटर्न	लौटना	Returned	रिटर्नड	Returned	रिटर्नड
Refuse	रिफ्यूज	मना करना	Refused	रिफ्यूजड	Refused	रिफ्यूजड

D) Attractive Words

Illegible	इलेजिबल	अस्पष्ट, जो पढ़ा न जा सके
Eminent	एमिनेन्ट	प्रसिद्ध
Revolution	रिवोल्यूशन	क्रान्ति
Access	एक्सेस	पहुँच

Gait	*गेट*	चाल
Hart	*हार्ट*	हिरण
Imperial	*इम्पीरियल*	शाही, प्रतापी, शानदार
Liar	*लाइअर*	झूठा, मिथ्यावादी
Luxurious	*लग्ज़ूरियस*	ऐश्वर्यशाली
Morale	*मोरेल*	मनोबल
Ordnance	*आर्डनेन्स*	तोपखाना
Principle	*प्रिंसीपिल*	सिद्धान्त
Personnel	*पर्सोनेल*	कर्मचारी वर्ग
Rein	*रेन*	लगाम, बागड़ोर
Statute	*स्टॅट्यूट*	अध्यादेश, अधिनियम
Stationary	*स्टेशनरी*	स्थिर, ठहरा हुआ
Typographical	*टाइपोग्राफिकल*	मुद्रण कला सम्बन्धी
Empire	*एम्पायर*	साम्राज्य
Voracious	*वॉरेशस*	पेटू, खाऊ, भूखा
Veracious	*वेरेशस*	सत्यवादी, सत्यनिष्ठ
Co-operation	*को–आपरेशन*	सहयोग

24

Practical Words

(व्यावहारिक शब्द)

MONTHS OF THE YEAR (वर्ष के नाम)	
January	जनवरी
February	फरवरी
March	मार्च
April	अप्रैल
May	मई
June	जून
July	जुलाई
August	अगस्त
September	सितम्बर
October	अक्तूबर
November	नवम्बर
December	दिसम्बर
DAYS OF THE WEEK (सप्ताह के दिन)	
Sunday	रविवार
Monday	सोमवार

Tuesday	मंगलवार
Wednesday	बुधवार
Thursday	बृहस्पतिवार
Friday	शुक्रवार
Saturday	शनिवार
TIME **(समय)**	
Afternoon	तीसरा पहर
Day	दिन
Evening	सन्ध्या
Midday	मध्याह्न
Midnight	मध्यरात्रि
Morning	प्रातःकाल
Night	रात
Sunrise	सूर्योदय
Dawn	अरुणोदय
Sunset	सूर्यास्त
Dusk	गोधूलि
Twilight	संध्यारम्भ
The day after tomorrow	आने वाला परसों
The day before yesterday	बीता हुआ परसों
Today	आज का दिन
Tomorrow	आने वाला कल
Yesterday	बीता हुआ कल
EATABLES AND DRINKABLES **(खाद्य और पेय पदार्थ)**	
Breakfast	प्रातः काल का कलेवा
Lunch	जलपान

Dinner	दिन का प्रधान भोजन
Supper	रात का भोजन
Tea-time	चाय का समय
Hunger	भूख
Thirst	प्यास
Feast	दावत
Meal	भोजन
Bread	रोटी
Rice	चावल
Pulse	दाल
Jam	मुरब्बा
Tea	चाय
Sweet	मिष्ठान
Milk	दूध
Curd	दही
Butter	घी
Cheese	पनीर
Treacle	खांड
Sugar	चीनी
Honey	शहद
Ice	बर्फ
Meat	मांस
Mutton	भेड़/बकरी का मांस
Venison	मृग का मांस
Wine	मदिरा
Oil	तेल

CLOTHES AND WEARING APPAREL (कपड़े और पहनने के वस्त्र)	
Cloth	कपड़ा
Cotton-cloth	सूती कपड़ा
Silken-cloth	रेशमी कपड़ा
Woolen-cloth	ऊनी कपड़ा
Muslin	मलमल
Linen	सन से बना कपड़ा
Brocade	ज़रीदार कपड़ा
Darn	रफू करना
Sheet	चादर
Scarf	दुपट्टा
Turban	पगड़ी
Towel	तौलिया
Napkin	अंगोछा
Blanket	कंबल
Shawl	दुशाला
Yarn	सूत
Thread	धागा
Border	किनारा
Mattress	तोशक
Quilt	रजाई
Tape	फीता
Lining	अस्तर
Veil	घूघंट
Handkerchief	रूमाल
Cap	टोपी

Hat	टोप
Bodice	चोली
Shirt	कमीज
Glove	दस्ताना
Gown	चोगा
Cloak	लबादा
Pocket	जेब
Muffler	गुलूबन्द
Underwear	जांघिया
Trouser	पायजामा
Petticoat	घाघरा
Pantaloon	पतलून
Belt	पेटी
Stockings	मोजे
HUMAN RELATIONS (मनुष्य के सम्बन्ध)	
Ancestors	पूर्वज
Parents	जनक–जननी
Father	पिता
Mother	माता
Brother	भाई
Sister	बहिन
Cousin	चचेरा, ममेरा, फुफेरा, मौसेरा भाई / बहिन
Uncle	चाचा, मौसा, फूफा
Aunt	चाची, मौसी, बुआ
Maternal-aunt	मामी

Child	बच्चा
Son	पुत्र
Daughter	पुत्री
Adopted son	दत्तक पुत्र
Nephew	भतीजा
Niece	भतीजी
Husband	पति
Wife	पत्नी
Step-father	सौतेला पिता
Step-mother	विमाता
Father-in-law	ससुर
Mother-in-law	सास
Brother-in-law	साला, बहनोई, देवर, जेठ
Sister-in-law	साली, भाभी, ननद, जेठानी
Son-in-law	दामाद
Grand-father	दादा
Grand-mother	दादी
Heir	वारिस
Master	स्वामी
Servant	सेवक
Friend	मित्र
Neighbour	पड़ोसी
Kinsmen	सजाति
PARTS OF THE BODY (मनुष्य के शरीर के अंग–प्रत्यंग)	
Hair	केश
Skin	त्वचा

Vein	नस
Blood	रक्त
Flesh	मांस
Bone	अस्थि
Head	सिर
Brain	मस्तिष्क
Skull	खोपड़ी
Eye	नेत्र
Tears	आंसू
Nose	नासिका
Nostril	नासिका–छिद्र
Breath	सांस
Ear	कान
Temple	कनपटी
Mustache	मूंछ
Mouth	मुख
Lip	होंठ
Tooth	दांत
Gum	मसूड़ा
Jaw	जबड़ा
Bile	पित्त
Pus	पीव
Throat	गला
Voice	बोली
Cheek	गाल
Chin	ठुड्डी

Beard	दाढ़ी
Face	चेहरा
Neck	गर्दन
Shoulder	कंधा
Arm	बांह
Elbow	कोहनी
Hand	हाथ
Wrist	कलाई
Pulse	नाड़ी
Palm	हथेली
Finger	अंगुली
Thumb	अंगूठा
Nail	नख
Lap	गोद
Heart	हृदय
Soul	आत्मा
Lung	फेफड़ा
Lever	जिगर
Stomach	मेदा
Navel	नाभि
Back	पीठ
Waist	कमर
Kidney	गुर्दा
Sweat	पसीना
Leg	टांग
Foot	पांव

Ankle	टखना
Heel	एड़ी
Toes	पैर की अंगुलियाँ
CONDITIONS OF BODY AND DISEASES **(शरीर के विकार तथा रोग)**	
Healthy	स्वस्थ
Sickly	रोगी
Bald	गंजा
One-eyed	काना
Blind	अन्धा
Deaf	बहरा
Dumb	गूंगा
Lame	लंगड़ा
Mad	पागल
Lean	दुबला
Tall	लम्बा
Dwarf	बौना
Hunch-backed	कुबड़ा
Eunuch	हीजड़ा
Debility	कमजोरी
Pain	दर्द
Anemia	खून की कमी
Headache	सिर दर्द
Insanity	पागलपन
Conjunctivitis	नेत्र पीड़ा
Eyesore	आंख आना
Night-blindness	रतौंधी

Myopia	दूर की वस्तु स्पष्ट न दिखने वाला रोग
Hiccup	हिचकी
Yawn	जंभाई
Acidity	अम्लपित्त
Vomiting	उल्टी करना
Teething	दांत निकलना
Carries	दांत में गड्ढा पड़ना
Cold	ठंडक
Catarrh	जुकाम
Asthma	दमा
Fever	ज्वर
Influenza	सर्दी का बुखार
Thirst	प्यास
Fainting	बेहोशी
Stone	पथरी
Dysentery	पेचिश
Diarrhoea	अतिसार
Cholera	हैजा
Plague	महामारी
Epilepsy	मिरगी
Paralysis	लकवा
Sunstroke	लू लगना
Obesity	चर्बी बढ़ना
Jaundice	पीलिया
Hurt	चोट
Hemorrhage	लहू बहना

Itches	खसरा
Corns	बिवाई फटना
Mole	मस्सा
Pimple	फुन्सी
Ulcer	नासूर
Tumour	गिल्टी
Measles	छोटी माता
Small-pox	माता
MEDICINES (औषधियाँ)	
Antiseptic	संक्रमण प्रतिरोधी
Allopathic Medicine	डॉक्टरी दवा
Drug	दवा
Dose	दवा की खुराक
Ointment	मलहम
Bandage	पट्टी
Tincture	अर्क
Plaster	लेप
Tonic	ताकत की दवा
Powder	चूर्ण
Tablet	टिकिया
Injection	शरीर में पिचकारी द्वारा पहुँचाने की दवा
Operation	चीर–फाड़ करना
Vaccination	टीका
Diet	आहार

HUMAN BEING AT DIFFERENT AGES (मनुष्य – विभिन्न अवस्थाओं में)	
Child	बच्चा
Boy	लड़का
Girl	लड़की
Young	तरुण
Adult	वयस्क
Man	पुरुष
Woman	स्त्री
Old	वृद्ध
Bachelor	कुवांरा
Virgin	कुवांरी
Widow	विधवा
Widower	विधुर
Beautiful	सुन्दर (स्त्री, बेजानदार)
Handsome	सुन्दर (पुरुष)
Ugly	बदसूरत
Naked	नग्न
Orphan	अनाथ

ORNAMENTS AND JEWELS (आभूषण और रत्न)	
Tiara	मुकुट
Clip	चिमटी
Ear-ring	बाला
Chain	जंजीर
Necklace	हार
Bracelet	कंगन

Ring	अंगूठी
Bangles	चूड़ियाँ
Medal	पदक
Gem	रत्न
Diamond	हीरा
HUMAN OCCUPATIONS (मनुष्य के व्यवसाय)	
Farmer	कृषक
Cultivator	खेतीहर
Carpenter	बढ़ई
Blacksmith	लुहार
Goldsmith	सुनार
Potter	कुम्हार
Tailor	दर्जी
Oilman	तेली
Weaver	जुलाहा
Boatman	मल्लाह
Sailor	नाविक
Cobbler	मोची
Sweeper	मेहतर
Barber	नाई
Gardner	माली
Milkman	ग्वाला
Shepherd	गडरिया
Butcher	कसाई
Sculptor	मूर्तिकार
Author	लेखक

Painter	चित्रकार
Pleader, Advocate	वकील
Physician, Doctor	चिकित्सक
Surgeon	शल्य चिकित्सक
Dentist	दन्तकार
Artist	कारीगर
Retailer	फुटकर विक्रेता
Manager	प्रबन्धक
Agent	प्रतिनिधि
Shop-keeper	दुकानदार
Editor	सम्पादक
Printer	मुद्रक
Publisher	प्रकाशक
Grocer	पंसारी
Hawker	फेरी वाला
Chemist, Druggist	औषधी विक्रेता
Jeweller	जौहरी
Confectioner	हलवाई
Watch-maker	घड़ीसाज
Mechanic	मिस्त्री
Repairer	मरम्मत करने वाला
Photographer	तस्वीर खींचने वाला
Broker	दलाल
Contractor	ठेकेदार
Sorcerer	तान्त्रिक
Service	नौकरी

Cook	रसोईया
Watchman	पहरेदार
Porter	कुली
Clerk	लिपिक
Teacher	शिक्षक
Professor	प्राध्यापक
Examiner	परीक्षक
Principal	प्राचार्य
Inspector	निरीक्षक
Cashier	रोकड़िया
Treasurer	खजांची
Engineer	अभियंता
Midwife	धाई
Nurse	दाई
Vaccinator	टीका लगाने वाला
News-agent	समाचार पत्र बेचने वाला
Clergy	पुरोहित
Beggar	भिक्षुक
NAME OF FLOWERS (फूलों के नाम)	
Lotus	कमल
Lily	कुमुदिनि
Mushroom	कुकुरमुत्ता
Bud	कली
Rose	गुलाब
Jasmine	चमेली
Myrtle	मेंहदी
Sun-flower	सूरजमुखी

NAME OF FRUITS (फलों के नाम)	
Walnut	अखरोट
Pine apple	अनान्नास
Pomegranate	अनार
Guava	अमरूद
Peach	आलूबुखारा
Mango	आम
Grape	अंगूर
Fig	अंजीर
Tamarind	इमली
Jack-fruit	कटहल
Cashew-nut	काजू
Banana	केला
Cucumber	ककड़ी, खीरा
Beet	चुकन्दर
Palm	ताड़ का फल
Coconut	नारियल
Pear	नाशपाती
Orange	नारंगी
Lemon	नींबू
Papaya	पपीता
Pistachio	पिस्ता
Almond	बादाम
Mulberry	शहतूत

NAME OF VEGETABLES (तरकारियों के नाम)	
Potato	आलू
Carrot	गाजर
Cabbage	गोभी
Tomato	टमाटर
Onion	प्याज
Mint	पुदीना
Brinjal	बैंगन
Radish	मूली
Turnip	शलजम
Garlic	लहसुन
Bean	सेम
NAME OF GRAINS (अन्न की नामावली)	
Seed	बीज
Wheat	गेहूँ
Barley	जौ
Gram	चना
Pea	मटर
Paddy	धान
Oat	जई
Mustard	सरसों
VARIOUS KINDS OF HOUSES AND THEIR PARTS (विभिन्न प्रकार के भवन और उनके अंग)	
House	मकान
Building	भवन
Hermitage	साधु–कुटी

Palace	महल
Temple	मन्दिर
Mosque	मस्जिद
Church	गिरजाघर
School	पाठशाला
College	विद्यालय
Library	पुस्तकालय
Inn	सराय
Office	कार्यालय
Hospital	अस्पताल
Brick	ईंट
Mud	गारा
Lime	चूना
Sand	बालू
Wall	दीवार
Pillar	खम्बा
Gate	फाटक
Floor	फर्श
Window	खिड़की
Door	दरवाजा
Nail	कील
Hinge	कब्जा
Bolt	चटखनी
Courtyard	आंगन
Room	कमरा
Shed	छप्पर

Roof	छत
Well	कुंआ
DOMESTIC ARTICLES (गृहस्थी के सामान)	
Pot	बर्तन
Water-pot	घड़ा
Tray	परात
Pan	तसला
Fork	काँटा
Tongs	चिमटा
Cup	प्याला
Hearth	चूल्हा
Kiln	भट्‌टी
Fuel	ईंधन
Coal	कोयला
Fire	अग्नि
Balance	तराजू
Basket	टोकरी
Sack	बोरा
Broom	झाड़ू
Knife	चाकू
Spade	फावड़ा
Plough	हल
Saw	आरा
Spear	भाला
Sword	तलवार
Mat	चटाई

Carpet	दरी
Bed	शैया
Table	मेज
Chair	कुर्सी
Mirror	दर्पण
Picture	चित्र
Lock	ताला
Key	चाभी
Box	बक्सा
Almirah	अलमारी
Candle	मोमबत्ती
Lantern	लालटेन
Fan	पंखा
Needle	सुई
Scissors	कैंची
COLOURS (रंग)	
White	सफेद
Red	लाल
Pink	गुलाबी
Blue	नीला
Yellow	पीला
Green	हरा
Orange	नारंगी
Violet	बैंगनी
Golden	सुनहरा
Saffron	केसरिया
Brown	भूरा

ANIMALS (पशु)	
Beast	पशु
Cattle	पालतू पशु
Dog	कुत्ता
Hare	खरगोश
Donkey	गधा
Cow	गाय
Squirrel	गिलहरी
Horse	घोड़ा
Mouse	चूहा
Goat	बकरी
Monkey	बन्दर
Cat	बिल्ली
Tiger	बाघ
Ox	बैल
Bear	भालू
Sheep	भेड़
Buffalo	भैंस
Ape	लंगूर
Bull	सांड़
Pig	सूअर
Lion	शेर
Deer	हिरन
Elephant	हाथी
Hoof	खुर

BIRDS (पक्षी)	
Owl	उल्लू
Pigeon	कबूतर
Cuckoo	कोयल
Crow	कौआ
Vulture	गिद्ध
Bat	चमगादड़
Duck	बत्तख
Cock	मुर्गा
Hen	मुर्गी
Peacock	मोर
Parrot	तोता
Swan	हंस
Egg	अंडा
WORMS AND INSECTS (कीट–पतंगे)	
Bug	खटमल
Ant	चींटी
Louse	जूं
Cricket	झींगुर
Locust	टिड्डी
Butterfly	तितली
Spider	मकड़ी
Honey-bee	मधुमक्खी
Mosquito	मच्छर

भाग - 2

1

The Sentence
(Simple, Complex, Compound)

शब्दों का वह समूह जिसका पूर्ण अर्थ होता है वाक्य (sentence) कहलाता है। वाक्य को जानने के लिये finite verb (सीमित क्रिया), phrase (वाक्यॉंश) व clause (उपवाक्य) की चर्चा आवश्यक है।

Finite verb- Finite verb का सामान्यतः कर्ता होता है।

➢ *She* arrived from Ujjain.

यहाँ पर finite verb *arrived* है उसका कर्ता *she* है। कर्ता छिपा भी हो सकता है जिसे अंग्रेजी में hidden या understood कहा जाता है।

➢ Go to college.

यहाँ go से पूर्व *you* शब्द understood (छिपा हुआ) है।

1. He *plays*. 2. He *played*. 3. He *has played*.

   Plays, played, has played आदि क्रियाएँ finite verbs है।

➢ He *has made* this for Mohan.

➢ He *made* this for Mohan.

उपरोक्त वाक्यों में has made और made दोनों ही finite verbs हैं क्योंकि पहले वाक्य में made शब्द present perfect tense में तथा दूसरे वाक्य में made शब्द past tense में प्रयुक्त हुआ है। परन्तु जब made शब्द past participle के रूप में बिना सहायक क्रिया व बिना कर्ता के प्रयुक्त किया जायेगा तो उसे finite verb नहीं माना

जायेगा। जैसे– made in Kanpur. यहाँ पर made को non-finite कहा जायेगा। To make (infinitive), making (present participle), made भी non-finites की श्रेणी में आयेंगे। सहायक क्रियाएँ full verbs की तरह अपना स्वरूप न रखने पर भी finite verbs कहलाती हैं। जैसे–

➢ He *must come*.

➢ She *may arrive*.

➢ *Sit* down.

अन्तिम वाक्य imperative में है इस कारण यहाँ कर्ता you को छिपा दिया गया है। इस स्थिति में sit down को finite verb की श्रेणी में रखा जायेगा।

Phrase- शब्दों का समूह जिसका अर्थ होता है परन्तु पूर्ण अर्थ नहीं होता phrase (वाक्याँश) कहलाता है। जैसे–

- In the class = कक्षा में

1) Noun Phrase: दो या दो अधिक nouns के एक साथ प्रयुक्त होने पर noun phrase कहलाता है। जैसे– college road.

2) Prepositional या Adverbial Phrase: Noun के साथ preposition या adverb का प्रयोग होने पर prepositional या adverbial phrase कहलाता है। जैसे– over the river.

3) Verb Phrase: इसे single verb से बनाया जाता है। जैसे– built in the walls (दीवारों में निर्मित).

   यह phrase सहायक क्रिया व मुख्य क्रिया के जोड़ से भी बनता है। जैसे– will play, have played.

4) Question Phrase: अर्थात् question word+ infinitive. जैसे– what to buy, where to go.

Clause- वाक्य का एक भाग जिस में एक कर्ता+ finite verb+ complement या आवश्यक होने पर object (कर्म) होता है। जैसे–

➢ Mohan said that she was a doctor.

उपरोक्त वाक्य में दो clauses हैं एक Mohan से said तक तथा दूसरा *that* connective से लेकर doctor तक।

Sentence के प्रकार

1) Simple Sentence- जब वाक्य में एक ही clause हो तो वह simple sentence कहलाता है।

> ➢ Sarita visited the Birla Temple yesterday.

2) Compound Sentence- जिसमें दो या दो से अधिक clauses होते हैं। Principal clause को छोड़ कर शेष सभी clause या clauses को co-ordinate conjunctin से जोड़ा जाता है।

> ➢ She went to Haridwar *and* bought a new house there.

☞ Principal clause से पहले कोई connective नहीं होता है।

3) Complex Sentence- जिसमें दो या दो से अधिक clauses हुआ करते हैं। Principal clause को छोड़कर सभी clause या clauses को sub-ordinate conjunction से जोड़ा जाता है।

> ➢ The train had left before I reached the station.

1) Simple Sentence

Simple sentence के सामान्यत: चार रूप होते हैं।

a) Statement- जिसमें स्वीकृति, निषेध दोनों स्थितियाँ होती हैं।

➢ She has a car. She has not a car.

b) Question- जिसका प्रारम्भ प्रश्नवाचक शब्द व सहायक क्रिया दोनों से हो सकता है।

➢ When does the Janta Express leave for Lucknow?

➢ Will she go to Maihar?

c) Imperative- इस प्रकार के वाक्यों में सलाह, आदेश व प्रार्थना हुआ करती है।

➢ Open the window.

d) Exclamatory- इस प्रकार के वाक्यों में आश्चर्य व्यक्त किया जाता है।

➢ What a fast train it is!

अंग्रेजी वाक्यों को लिखने व बोलने का क्रम

Subject/ Subject Group	Verb/ Verb Group	Predicate Object	Adverbials (सामान्यतः ऐच्छिक)		
			Manner	Place	Time
I	bought	a hat	------	------	yesterday.
The children	ran	------	------	home.	
The taxi driver	shouted	passengers	angrily.		
I	took	my tea	in slience.		
This train	stopped	------	suddenly	here	yesterday.
A young girl with long black hair	made	a speech	confidently	in the college	this morning.

वाक्य हमेशा object पर आश्रित नहीं होता। जैसे–

Subject+ verb- We all laughed.

Subject+ verb+ adverb- We laughed loudly.

वाक्य के भागों को अधिक लम्बा करना–

➢ I bought a rain coat with a warm lining. (मैंने एक गरम अस्तर वाला बरसाती कोट खरीदा।)

मौलिक शब्द क्रम में कुछ सामान्य परिवर्तन– Question की स्थिति में subject का स्थान नं0 दो व तीन पर होगा।

➢ Do *you* play cricket daily?

➢ When do *they* go to Kanpur?

Direct speech में *reporting verb* का स्थान–

➢ "You have lost all the tickets!", *Cried Devendra.*

समय सन्दर्भ की स्थिति में विशेष जोर देने के लिए–

➢ *This morning* she went to Bina. (आज सुबह ही वह बीना गई।)

Simple sentence के पाँच रूप

a) Subject+ verb

- Her head aches. (उसे सिरदर्द है।)

b) Subject+ verb+ complement

- Manohar is an architect.

c) Subject+ verb+ direct object

- Her brother enjoyed the play.

d) Subject+ verb+ indirect object+ direct object

- Madhuri gave me a book.

e) Subject+ verb+ object+ complement

- They elected her monitor.

Direct object व्यक्ति व वस्तु दोनों को इंगित कर सकता है। यह transitive verb के तुरन्त बाद आता है।

- Please don't annoy *her*. (कृपया उसे मत खिजाओ।)
- Vinita threw *the ball* over the house. (विनीता ने गेंद को घर के उस पार फेंका।)

Indirect object सामान्यतः व्यक्ति की ओर इंगित करता है। जब indirect object का प्रयोग direct object के बाद होगा तो देने (to give) के अर्थ में *to* का प्रयोग व खरीदने के अर्थ में *for* का प्रयोग होगा।

- Chandrika gave a book *to me*.
- Chandrika bought a book *for me*.

Complement का प्रयोग be (is, am, are, was, were), seem, appear आदि क्रियाओं के बाद होता है।

- Sudhir is *intelligent*.
- Sudhir seems *to be happy*. (सुधीर खुश प्रतीत होता है।)

Transitive verb (सकर्मक क्रिया) के बाद object आता है। Who/ whom व what के द्वारा इस verb का परीक्षण होता है। Object में कौन, किसे, व क्या शब्द प्रयुक्त करने पर यदि उत्तर सार्थकता का संकेत करता है तो उस वाक्य की क्रिया transitive कहलायेगी अन्यथा नहीं।

- I met Shobhna this morning. (मैं आज सुबह शोभना से मिला।)
- Who/ whom did you meet? (तुम किस से मिले?)

उत्तर– शोभना से। **(object)**

- She is reading *a book.*
- What is she reading? **(*read*-** transitive verb**)**

उत्तर– पुस्तक (book) को।

Intransitive verb (अकर्मक क्रिया) के बाद object का कोई स्थान नहीं होता और न ही intransitive verb को passive में प्रयोग किया जा सकता है।

- My head aches. (मेरे को सिरदर्द है।)
- The plane touched down. (विमान जमीन पर उतरा।)

Open शब्द transitive व intransitive दोनों रूपों में प्रयुक्त होता है।

Verb+ object (transitive):

- Some one opened the door.

Verb without object (intransitive):

- The door opened.

Pattern 1: Subject+ verb

- His head aches.
  subject verb

Intransitive verbs– Ache, appear, arrive, come, cough, disappear, feel, go आदि।

- Quick ! The train has arrived.

कुछ intransitive verbs के बाद adverb particle या adverb phrase आता है।

- She came *in.*
- She sat *down.*
- He stood *up.*
- A crowd of passengers came *into the compartment.*

कुछ क्रियाएँ जिनके साथ object होता है transitive रूप में प्रयोग की जाती है तथा जिनके उत्तर को जानने के लिये *क्या* प्रश्नवाचक शब्द प्रयोग किया जाता है।

- What did you/ he/ she/ they do? (तुमने / उसने / उन्होंने क्या किया?)

कुछ verbs object के साथ प्रयुक्त होने पर transitive बन जाती हैं। जैसे–Break, burn, close, drop, fly, hurt, move, open, ring, shake, shut, understand आदि।

Object के साथ

- I *rang* the bell.
- I *rang* it repeatedly.

बिना **object** के

- The phone *rang.*
- It *rang* repeatedly.
- Your essay *reads* well.
- The fire *burns* furiously.

कभी कभी object समाविष्ट होता है।

Pattern 2: Subject+ verb+ complement

Preeti	is	a teacher/ clever.
subject	verb	complement

इस ढाँचे (pattern) के अन्तर्गत सदैव ही be (is, am, are, was, were), appear, become, look, seem, sound व taste आदि क्रियाएँ होती हैं। इसके अन्तर्गत आने वाले complement इस प्रकार होंगे।

An adjective- Sunita is *beautiful.*

A noun- Sunita is a *teacher.*

Adjective+ noun- Shobhna is a *beautiful girl.*

A Pronoun- It is *mine.*

An adverb of place या time- The meeting was *there/ yesterday.*

A prepositional phrase- Sunita is *like her mother.*

Pattern 3: Subject+ verb+ direct object

➢ My brother answered the phone.
subject verb direct object

Direct object के निम्नलिखित रूप हो सकते हैं।

A noun- She parked *the car* in the bus park.

A pronoun- I fetched *him* from the station. (मैं उसे स्टेशन से पकड़ कर लाया।)

A reflexive pronoun- They enjoyed *themselves* at the party.

An infinitive- She wants *to go* home now.

An ing form- She enjoys *sitting* in the sun.

☛ निम्नलिखित क्रियाओं के बाद भी direct object होता है– Admit, announace, confess, confide, declare, demonstrate, describe, entrust, explain, introduce, mention, propose, prove, repeat, report, say, state व suggest. Object के बाद to या for+ noun/ pronoun होगा।

➢ Sarita explained *the situation* to Sadhna.

➢ She explained *it* to me.

➢ Would you describe *it* for me please?

➢ I introduced *my guests* to Jitendra.

Passive form- The guests were introduced to Jitendra.

Pattern 4: Subject+ verb+ indirect object+ direct object

➢	I	gave	Sita	a book.
	subject	verb	indirect object	direct object

इस **pattern** से सम्बन्धित कुछ नियम– Bring, give व buy क्रियाओं के दो objects हो सकते हैं जिनमें एक direct व दूसरा indirect होगा। इस स्थिति में direct object वस्तु के लिए व indirect object प्राणी से सम्बन्धित होगा। Direct object को indirect object से पहले प्रयुक्त किया जाये या बाद में; direct object के साथ कभी भी to या for का प्रयोग नहीं किया जायेगा। Indirect object के साथ to या for एक ही स्थिति में प्रयोग किया जायेगा, जबकि indirect object का प्रयोग direct object के बाद होगा।

➢	I bought	Sunita	a car.
		indirect object	direct object

➢ I bought a car for Sunita.

☞ Indirect object यदि pronoun है तो bring, buy, fetch, give, hand, pass, send, show व teach आदि क्रियाओं के प्रयुक्त होने पर भी indirect के साथ किसी भी स्थिति में to या for का प्रयोग नहीं होगा।

➢ Give *me* it. = Give it *me*.

Verbs जिनका प्रयोग होने पर **indirect** के साथ **to** आता है– Bring, give, grant, hand, leave, lend, offer, owe, pass, pay, play, post, promise, read, recommend, sell, send, serve, show, sing, take, teach, tell, throw, write आदि।

➢ She showed me her necklace.

= She showed her necklace *to me*.

Verbs जिनका प्रयोग होने पर **indirect** के साथ **for** आता है– Buy, build, call, catch, change, choose, cook, make, order, prepare, reach, reserve, save, sing आदि।

➢ Madhuri made her daughter a beautiful dress.

= Madhuri made a beautiful dress *for her daughter*.

➢ He bought a car *for his daughter* who livs in Dehradun.

कुछ स्थानों पर *for* संदिग्धता की स्थिति रखता है, सन्दर्भ पर इसका अर्थ निर्भर करता है।

➢ Mother cooked a meal *for* me. (माता ने भोजन मेरे लिए बनाया।)

परन्तु–

➢ I will cook meal for you. (तुम्हारे बजाय मैं ही भोजन बनाऊँगा।)

कुछ क्रियाएँ जैसे– ask, bet, forgive, grant, owe, pay, promise, show, teach, tell, write आदि के बाद direct object को प्रयोग में कम ही लाया जाता है परन्तु उनका अर्थ समाविष्ट होता है।

➢ I will write you. = I will write you *a letter.*

Pattern 5: Subject+ verb+ object+ complement

➢ The members chose Mohan chairman.
subject verb object complement

इस pattern में प्रयुक्त होने वाली क्रियाएँ अक्सर passive में प्रयुक्त की जाती हैं। Appoint, baptize (नाम रखना), call, consider, christen (नाम रखना), proclaim (घोषणा करना), pronounce, make, name, declare, label (लेबल चिपकाना), crown, vote.

➢ Mohan *was chosen* chairman.

Complement सामान्यत: noun होता है। लेकिन call, consider, declare, make, pronounce के बाद adjective व noun दोनों हो सकते हैं।

➢ They called her foolish.
adjective (complement)

➢ They called her a fool.
noun (complement)

कुछ क्रियाएँ जिनका **combination** (मिलाप) इस प्रकार है।

Verbs	**Objects**	**Adjective Complements**
drive	me/ him/ Mohan etc.	crazy, mad, wild etc.
get	it	clean, dirty
dry	it	wet
open/ shut	it/ door etc.	wide, narrow
find	it	difficult, easy
hold	it	open, still
keep	it	cool, fresh, shut
leave	it	clean, dirty
like	it	hot
make	it	easy, plain, safe
open	it	wide
paint	it	brown, red
prefer	it	fried
pull	it	shut, tight
want	it	raw
push	it	open
wipe	it	clean, dry

➢ Loud music drives him crazy.

= He is driven crazy by loud music. (तेज संगीत उसे पागल जैसी स्थिति में ले जाता है।)

Simple Sentences को जोड़ना

1) दो simple sentences के subjects को स्थिति के अनुसार and, both............ and, but, either-or, neither-nor, not only-but also आदि conjuctions से जोड़ा जा सकता है और फिर यह एक ही simple sentence कहलायेगा।

➢ Mr Joshi is flying to Kanpur. His secretary is flying to Kanpur. **(two simple sentences)**

= Mr Joshi and his secretary are flying to Kanpur. **(simple sentence)**

= Both Mr Joshi and his secretary are flying to Kanpur. (दोनों ही श्री जोशी और उनका सचिव हवाई जहाज से कानपुर जा रहे हैं।) **(simple sentence)**

➢ Mrs Chauhan is going to Kota. Her husband is not going to Kota. **(two simple sentences)**

= Mrs Chauhan, but not her husband, is going to Kota. **(simple sentence)**

➢ Preeti may be washing the clothes. Her son may be washing the clothes. **(two simple sentences)**

= Either Preeti or her son is washing the clothes. (या तो प्रीति या उसका पुत्र कपड़े धो रहा है।) **(simple sentence)**

➢ Radha is not playing cards. Her sister is not playing cards. **(two simple sentences)**

= Neither Radha nor her sister is playing cards. (न तो राधा ना ही उसकी बहिन ताश खेल रही है।) **(simple sentence)**

2) दो simple sentences के objects, complement व verbs की स्थिति के अनुसार and, both.............and, or से जोड़कर एक simple sentence बनाया जाता है।

➢ I visited Kanpur. I visited Ujjain. **(two simple sentences)**

= I visited both Kanpur and Ujjain. **(simple sentence)**

➢ I did not meet Mr Shukla. I did not meet his friend. **(two simple sentences)**

= I did not meet either Mr Shukla or his friend. (न तो मैं श्री शुक्ल से मिला और ना ही उनके मित्र से।) **(simple sentence)**

दूसरी विधि– I met neither Mr Shukla nor his friend.

Adjective complement (विशेषण पूरक) को भी इस विधि से जोड़ा जा सकता है।

➢ He is diligent. He is intelligent. **(two simple sentences)**

= He is diligent and intelligent. **(simple sentence)**

- ➢ He is not diligent. He is not intelligent. **(two simple sentences)**

  = He is not deligent or intelligent. **(simple sentence)**

दूसरी विधि– He is neither deligent nor intellient. **(simple sentence)**

दो या दो से अधिक verbs को जोड़ कर भी simple sentence बनाया जाता है।

- ➢ She sang all night. She danced all night. **(two simple sentences)**

  = She sang and danced all night. **(simple sentence)**

2) Compound Sentence

Compound sentence बनाने के लिए सामान्यतः निम्नलिखित विधियों का प्रयोग किया जाता है– (1) semi-colon (;) (2) connecting adverb (3) co-ordinating conjunction तथा इससे पूर्व अक्सर comma (,) आता है।

1) He ran very fast; he couldn't catch the train. **(compound sentence)**
2) He ran very fast; however, he could not catch the train. **(compound sentence)**
3) He ran very fast, but (he) couldn't catch the train. **(compound sentence)**

☞ Compound sentence में सभी उपवाक्य (clause) समान पदीय होते हैं अर्थात् कोई भी clause किसी के अधीन नहीं होता है।

Co-ordinating conjunctions जिनका प्रयोग **compound sentence** बनाने में होता है– And, then, but, for, nor, so, or, yet, either-or, neither-nor, not only-but also, as well, too, however आदि।

And के compound sentence में निम्नलिखित अर्थ हो सकते हैं–

1) **Addition** (जोड़)– She was reading *and* laughing. (वह पढ़ने के अतिरिक्त हँस भी रही थी।)

2) **Result** (परिणाम)– He did not reach the station *and* missed the train. (वह स्टेशन समय पर नहीं पहुँचा इसलिये उससे गाड़ी छूट गई।)

3) **Condition** (शर्त)– Work hard *and* you will pass. (यदि (तुम) कठिन परिश्रम करोगे तो पास हो जाओगे।)

4) **Sequence** (सिलसिला)– He passed B.E. *and* became an engineer. (उसने बी0ई0 पास किया तब (वह) इंजीनियर बना।)

5) **Contrast** (विषमता)– Sunita is 16 *and* still does not know how to cook food. (सुनीता सोलह वर्ष की है इसके बावजूद भी खाना बनाना नहीं जानती है।)

Co-ordinating conjunctions के प्रयोग– Sentence के जब सभी भागों में एक ही कर्ता (same subject) है तो सामान्यतः उसे दोबारा से प्रयुक्त नहीं किया जाता है।

1) **Addition/ sequence:** And, both...........and, not only-but also, as well, but, too, and then.

   ➢ She wrote a letter. She posted it. **(two simple sentences)**

   = She wrote a letter and posted it. **(compound sentence)**

   दूसरी विधि– She not only wrote a letter but posted it (too/ as well). **(compound sentence)**

   तीसरी विधि– She wrote a letter and then posted it. **(compound sentence)**

   जब कर्ता भिन्न–भिन्न हैं तो compound बनाते समय दोनों कर्ता ही प्रयुक्त किये जायेंगे।

   ➢ *Madhuri* speaks Gujrati, but *her husband* speaks Hindi.

2) **Contrast:** But, yet.

   ➢ She passed M.A. in English. She did not become a teacher. **(two simple sentences)**

   She passed M.A. in English, but did not become a teacher. **(compound sentence)**

➢ She passed B.A.. She could not get a job. **(two simple sentences)**

She passed B.A., but/ yet (she) could not get a job. **(compound sentence)**

3) **Alternatives (विकल्प / पक्षान्तर):** Either-or, neither-nor.

➢ She speaks Telugu. She understands it. **(two simple sentences)**

She either speaks Telugu or understands it. (मुझे पता नहीं है कि वह तेलुगु बोलती है या समझती है।) **(compound sentence)**

➢ She does not speak Telugu. She does not understand it. **(two simple sentences)**

She neither speaks Telugu nor understands it. (न तो वह तेलुगु बोलती है और न ही समझती है।) **(compound sentence)**

4) **Result:** So.

➢ He did not work hard. He failed the examination. **(two simple sentences)**

He did not work hard, so he failed the examination. **(compound sentence)**

So के बाद सामान्यतः subject की आवृत्ति होती है।

5) **Cause :** For.

➢ She is weak. She can not walk fast. **(two simple sentences)**

She is weak for she can not walk fast. **(compound sentence)**

For कारण को बतलाता है जिसका पहले वर्णन किया जा चुका है।

6) **Simple sentences** को **commas** से जोड़ना– केवल एक ही conjunction का प्रयोग अन्तिम clause से पूर्व होता है इस स्थिति में comma का प्रयोग ऐच्छिक है।

➤ Mr Sharma had a daughter. He sent her to Allahabad for higher education. She returned as a barrister. **(three simple sentences)**

Mr Sharma had a daughter, sent her to Allahabad for higher education (,) and returned as a barrister. **(Compound sentence)**

कभी–कभी subject और verb को भी छोड़ दिया जाता है उस स्थिति में वाक्य simple ही होगा न कि compound.

➤ The book is cheap but useful.

But और useful के मध्य it is को छोड़ दिया गया है।

➤ Does the price include the chair only, or table as well?

यहाँ पर or तथा table के मध्य में price include को छोड़ दिया गया है।

Or not का प्रयोग होने पर second question के प्रयोग से बचा जा सकता है।

➤ Does the price include the table, or not ? (क्या दाम मेज में समाविष्ट है या नहीं?)

- Or not = Or does it not?/ or doesn't it?

तीनों ही वाक्य simple हैं।

3) Complex Sentence

Complex sentence के भागों को अग्रलिखित चार्ट के माध्यम से स्पष्ट किया गया है।

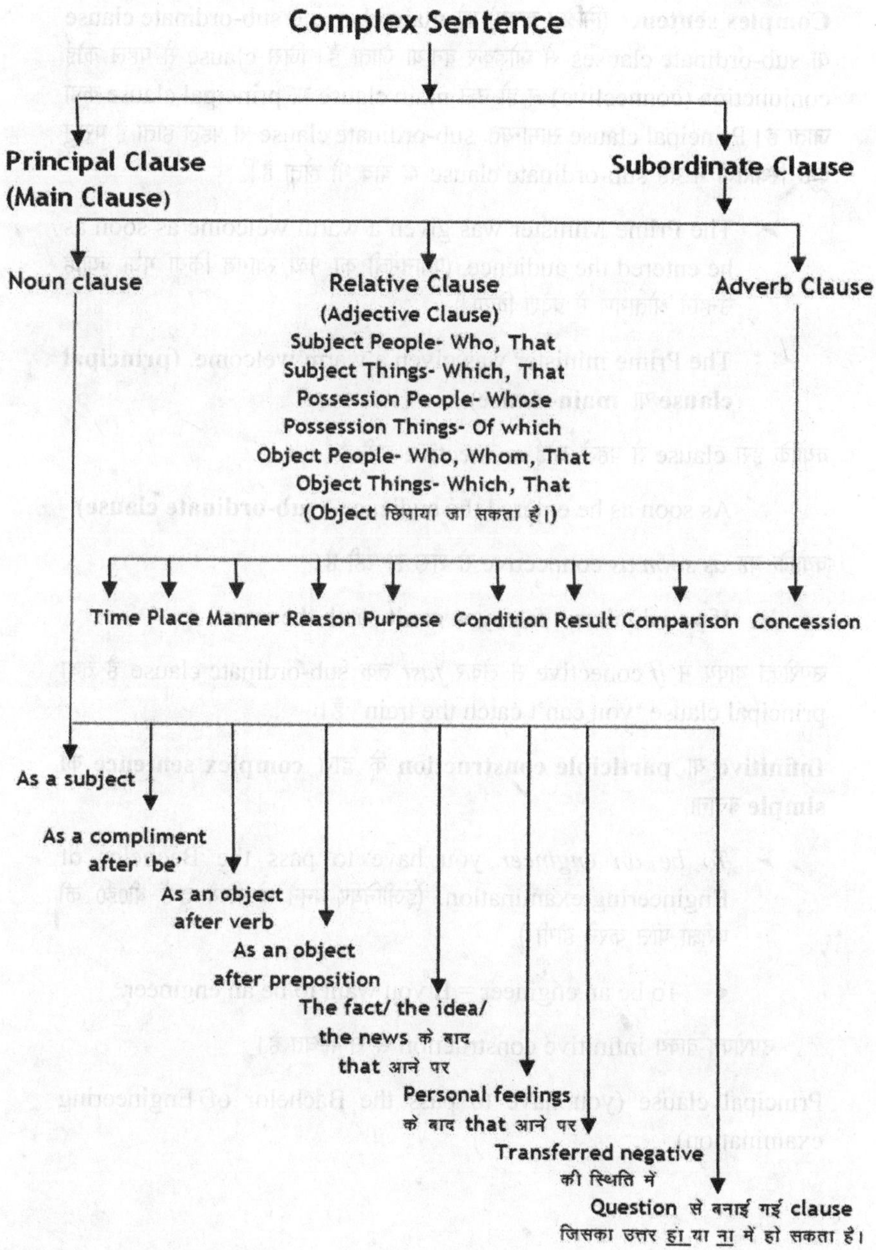
Complex Sentence
Principal Clause
(Main Clause)
Subordinate Clause
Noun clause
Relative Clause
(Adjective Clause)
Subject People- Who, That
Subject Things- Which, That
Possession People- Whose
Possession Things- Of which
Object People- Who, Whom, That
Object Things- Which, That
(Object छिपाया जा सकता है।)
Adverb Clause
Time
Place
Manner
Reason
Purpose
Condition
Result
Comparison
Concession
As a subject
As a compliment after 'be'
As an object after verb
As an object after preposition
The fact/ the idea/ the news के बाद that आने पर
Personal feelings के बाद that आने पर
Transferred negative की स्थिति में
Question से बनाई गई clause जिसका उत्तर हां या ना में हो सकता है।

Complex sentence (मिश्रित वाक्य) को main clause में sub-ordinate clause या sub-ordinate clauses से जोड़कर बनाया जाता है। जिस clause से पहले कोई conjunction (connective) न हो उसे main clause या principal clause कहा जाता है। Principal clause सामान्यतः sub-ordinate clause से पहले होता है परन्तु कुछ स्थितियों में यह sub-ordinate clause के बाद भी होता है।

- The Prime Minister was given a warm welcome as soon as he entered the audience. (प्रधानमंत्री का भव्य स्वागत किया गया ज्योंहि उन्होंने श्रोतागण में प्रवेश किया।)

  The Prime minister was given a warm welcome. **(principal clause या main clause)**

क्योंकि इस clause से पहले कोई connective नहीं है।

  As soon as he entered the audience. **(sub-ordinate clause)**

क्योंकि यह *as soon as* connective से शुरू हो रही है।

- If you don't run fast, you can't catch the train.

उपरोक्त वाक्य में *if* conective से लेकर *fast* तक sub-ordinate clause है तथा principal clause 'you can't catch the train' है।

Infinitive या **participle construction** के द्वारा **complex sentence** को **simple** बनाना

- *To be an engineer* you have to pass the Bachelor of Engineering examination. (इंजीनियर बनने के लियें तुम्हें बी0ई0 की परीक्षा पास करने होगी।)

    - To be an engineer = If you want to be an engineer.

उपरोक्त वाक्य infinitive construction से सम्बन्धित है।

Principal clause (you have to pass the Bachelor of Engineering examination)

Participle construction

➢ *Seeing the lion*, he ran away.

- Seeing the lion = When he saw the lion (subordinate clause)

He ran away principal clause है।

भिन्न–भिन्न constructions के द्वारा complex sentence बन सकता है–

a) India is always threatened by its neighbouring countries (main clause/ principal clause)

b) when it wants good relations with them, (subordinate clause (a) पर आधारित)

c) by allowing their nationals in the country (participle construction (b) पर आधारित)

d) to set up their industries. (infintive construction (c) पर आधारित)

☞ Main clause में प्रयुक्त होने वाले कर्ता को subordinate clause में pronoun में बदला जायेगा, यदि subordinate clause में भी principal clause/ main clause के कर्ता की चर्चा है।

➢ *The teacher* signed the register before *he* attended the prayer.

☞ Principal clause बाद में प्रयुक्त होने पर, उससे पूर्व subordinate clause में pronoun सम्भव है। परन्तु यह स्थिति complex sentence में ही रहेगी, न कि compound sentence में।

➢ When *she* reached Delhi, *Mrs Singh* realized she had made a dreadful mistake.

Co-ordinate और sub-ordinate clauses का प्रयोग एक वाक्य में भी हो सकता है।

➢ Mahesh passed M.A. in English and went to Banglore for a job where he lived for five years.

And से शुरू होने वाला clause co-ordinate है जबकि *where* से sub-ordinate clause होगा।

Complex sentence को जानने के लिये पीछे दिए गये चार्ट की जानकारी आवश्यक है।

A) Noun Clause- जब पूरा clause वही काम करता है जो काम noun करता है तो उसे noun clause कहते हैं। इस clause में एक finite verb होती है।

➤ The teacher told us about *the cancellation of the tour.*

= The teacher told us *that the tour had been cancelled.*

Cancellation संज्ञा है that the tour had been cancelled एक clause है। इसमें एक finite verb *had been cancelled* ही है।

1) **As a subject-** इस स्थिति में noun clause को principal clause से पहले प्रयोग किया जाता है और principal clause का कर्ता छिपा रहता है। इसमें कर्ता सामान्यतः this, that, it हुआ करता है।

➤ That he will go to Ajmer *is not certain.*

उपरोक्त वाक्य में is से पूर्व *it* छिपा हुआ है कि वह अजमेर जायेगा निश्चित नहीं है।

हाँ या *नहीं* से सम्बन्धित प्रश्नवाचक वाक्य भी इस विधि से बनता है। जैसे–

➤ Whether he has travelled by sea or not is not known to me. (क्या उसने समुद्री जहाज से यात्रा की है या नहीं मुझे ज्ञात नहीं है।)

यहाँ पर क्या कि अंग्रेजी whether होगी न कि if.

➤ Whether his brother has passed M.Sc. (or not) is not known to my father.

2) **As a complement after 'be' (is, am, are, was, were, will be, shall be)-** इस तरह के complex sentence में principal clause अपना अर्थ स्पष्ट करने में असमर्थ होता है और principal clause के अन्त में *be* क्रिया होती है जिसकी पूर्ति noun clause के द्वारा होती है।

➤ The question is whether she has signed the cheque. (प्रश्न यह है कि क्या उसने चैक पर हस्ताक्षर किये हैं।)

यहाँ पर *क्या* शब्द की अंग्रेजी whether ही होगी न कि if, क्योंकि यहाँ पर noun clause को complement (पूरक) के रूप में principal clause के बाद प्रयोग किया गया है।

3) **As an object after verb-** इस स्थिति में भी noun clause को principal clause के बाद ही प्रयोग किया जायेगा। परन्तु principal clause का अर्थ पूर्ण होगा, यहाँ पर verb का तात्पर्य principal clause की क्रिया से है।

➢ I want to know *whether/ if* she has signed the cheque (or not). (मैं जानना चाहता हूँ कि क्या उसने चैक पर हस्ताक्षर किये हैं (या नहीं)।)

इस स्थिति में *क्या* शब्द के लिये whether और if दोनों ही उपयुक्त हैं। यह विधि indirect narration में भी प्रयुक्त की जाती है।

4) **As an object after preposition-** इस विधि के अन्तर्गत भी principal clause पहले ही होगा परन्तु उसका अन्त prepositon में होगा।

➢ I am concerned about whether she has signed the cheque (or not). (इस विषय में मैं चिन्तातुर हूँ कि क्या उसने चैक पर हस्ताक्षर किये हैं (या नहीं)।)

इस विधि में भी क्या शब्द की अंग्रेजी whether होगी न कि if क्योंकि principal clause के अन्त में preposition प्रयोग हुआ है।

5) **The fact/ the idea/ the news** आदि के बाद **that** आने पर– इस स्थिति में सामान्यतः noun clause को principal clause के मध्य रखा जाता है और noun clause– the fact, the idea, the news आदि के बाद that से प्रारम्भ होता है।

➢ The fact *that her proposal makes a sense* should be recognized. (तथ्य यह है कि उसका प्रस्ताव व्यवहारोचित है, स्वीकार किया जाना चाहिए।)

6) **Personal feelings** के बाद **that** आने पर

- **Personal feelings-** Afraid, glad, happy, pleased, sorry, certain, sure आदि।

➢ I am glad (that) you have passed.

That को understood (छिपाया) किया जा सकता है। इस प्रकार के complex sentence में, principal clause के अन्त में सामान्यतः उपरोक्त adjective होंगे।

7) **Transferred negative** की स्थिति में– इस प्रकार के complex sentence में principal clause के अन्तर्गत believe, imagine, suppose, think आदि क्रियाएँ negative में होने पर, दूसरा clause अर्थात् noun clause *that* या बिना *that* के प्रारम्भ होगा। इस प्रकार के वाक्य transferred negative में आते हैं अर्थात् principal clause का अर्थ affirmative में लिया जाता है जबकि noun clause का अर्थ negative में लिया जायेगा।

➢ *I do not believe* (that) he can run fast.

= I believe *(that) he can't run fast.* (मैं समझता हूँ कि वह तेज नहीं दौड़ सकता।)

Noun clause में question words (who/ whom /what /which /when /where /why /how) का प्रयोग होने पर interrogative sentences बनते हैं। शब्दों के क्रम में परिवर्तन करने से noun clause हो जाता है।

➢ How did *Gandhi ji learn nursing*? **(question)**

It is a mystery. **(assertive)**

(a) Question का noun clause subject के रूप में–

➢ *How Gandhi ji learnt nursing* is a mystery.

(b) Verb 'be' (is, am, are, was , were) के बाद object के रूप में–

➢ The question is *how he stood first.*

(c) Reporting verbs (संवाद देने वाली क्रियाओं) के बाद object के रूप में–

➢ I wonder *when he flew to U.K.* (मैं जानना चाहता हूँ कि वह हवाई जहाज से ब्रिटेन कब गया।)

(d) Principal clause में verb+ preposition के बाद object के रूप में–

➢ It depends on *how the team plays*.

(e) Pricipal clause में adjective+ preposition के बाद object के रूप में–

➢ I was interested in *when she passed M.Sc.*

(f) What का प्रयोग the things that/ the thing that के स्थान पर किया जाता है न कि which का। इस स्थिति में *what* noun clause के subject के रूप में काम करता है।

➢ *What he did* is known to all. (जो उसने किया सबको ज्ञात है।)

☛ जब *what* direct या indirect question में प्रयुक्त होता है तब इसका अर्थ the things that या the thing that न होकर क्या या कौनसी चीज कौनसी बात में लिया जाता है।

➢ What made you laugh? (किस बात से तुम्हे हँसी आई?) **(direct question)**

➢ I wonder what made you laugh. (मैं जानना चाहता हूँ कि किस बात से तुम्हें हँसी आई।) **(indirect question)**

8) **Question** से बनाई गई **clause** जिसका उत्तर *हाँ* या *नहीं* में हो सकता है– इस स्थिति में noun clause का वाक्य बनने से पूर्व वह single interrogative का हुआ करता है अर्थात् कर्ता से पूर्व सहायक क्रिया प्रयुक्त होती है। जैसे–

➢ Has she passed M.A? (क्या उसने एम0ए0 पास कर लिया है?)

यहाँ पर *क्या* शब्द के लिये noun clause में whether के स्थान पर if भी सम्भव है।

Noun clause के रूप में- I wonder whether / if she has passed M.A.

Whether का दूसरा अर्थ चाहे अर्थ में भी प्रयुक्त होता है।

➢ Whether you invite him or not, he will invite himself. (चाहे तुम उसे निमंत्रण भेजो या नहीं, वह बिना निमंत्रण के ही उपस्थित हो जायेगा।)

B) Adjective Clause/ Relative Clause- Adjective clause जो sub-ordinate clause का भाग है इसे relative pronoun से जोड़ा जाता है इसलिये इसे relative clause या adjective clause भी कहते हैं।

Relative Pronouns who, whom, which, that, whose, of which हैं। ये उपरोक्त शब्द किसी noun या pronoun के स्थान पर प्रयुक्त किये जाते हैं। उस noun या pronoun को antecedent (पूर्ववर्ती) कहा जाता है। उस antecedent के अनुसार ही relative pronoun के वचन (singular या plural) का निर्धारण होता है। तत्पश्चात् उसी के अनुसार adjective clause की finite verb का निर्धारण होता है। जैसे–

➢ This is the teacher *who teaches in Delhi Universty.*

उपरोक्त वाक्य में *who* relative pronoun है उसका antecedent *teacher* है उसी के अनुसार adjective clause की finite verb *teaches* एकवचन हुई। क्योंकि teacher जो antecedent का कार्य कर रहा है, एकवचन है। एक अन्य उदाहरण–

➢ These are the students *who study in Poona University.*

इस वाक्य में antecedent *students* है इसके बहुवचन होने के कारण adjective clause की finite verb *study* बहुवचन में हुई।

Adjective clause को समझने के लिये निम्न तालिका को जानना आवश्यक है।

Relative Pronouns

1. Subject/ Nominative case	People- who/ that Things- which/ that	जो, जिसने (एकवचन व बहुवचन) जो, जिसने (एकवचन व बहुवचन)
2. Objective case	People- who/ whom Things- which/ that	जिसे, जिसको (एकवचन व बहुवचन) जिसे, जिसको (एकवचन व बहुवचन)
3. Possessive case	People- whose Things- of which	जिसका, जिसकी, जिसके (एकवचन व बहुवचन) जिसका, जिसकी, जिसके (एकवचन व बहुवचन)

☞ People (व्यक्तियों) के लिये प्रयुक्त होने वाले relative pronoun तीनों cases—masculine (पुल्लिंग), feminine (स्त्रीलिंग) व common (उभयलिंग) में, तथा singular व plural में एक जैसे रहेंगे। उसी प्रकार things (वस्तुओं) के लिये प्रयुक्त होने वाले relative pronouns भी एकवचन व बहुवचन में एक जैसे ही रहेंगे अर्थात् इनमें कोई परिवर्तन नहीं होगा।

Objective case में people और things के लिये प्रयुक्त होने वाले pronouns को understood (छिपाया) किया जा सकता है, इससे अर्थ में कोई परिवर्तन नहीं होगा।

Objective case की विशेष पहचान– शब्द के अन्त में *ऐ* या *को* आने पर– मुझे या मुझको, जिसे या जिसको।

वही शब्द की अंग्रेजी *the* या *same* होगी जिसका प्रयोग antecedent से पहले होगा।

➢ This is *the girl/ the same girl* who/ that lives in Indore. (यह वही लड़की हैं जो इन्दौर में रहती है।) **(nominative case–people)**

➢ This is the girl *who/ whom / that* I taught Hindi.

= This is the girl I taught Hindi. (यह वही लड़की है जिसे मैंने हिन्दी पढ़ायी।) **(objective case- people)**

उपरोक्त वाक्य में relative pronoun को छिपा दिया गया है।

➢ This is the girl *whose* father is the chairman of the city. (यह वही लड़की है जिसके पिता नगर के अध्यक्ष हैं।) **(possessive case-people)**

➢ This is the book *which/ that* is expensive. (यह वही पुस्तक है जो महँगी है।) **(nominative case- thing)**

➢ This is the book *which/ that* I bought. **(objective case- thing)**

= This is the book I bought. (यह वही पुस्तक है जिसे मैंने खरीदा।)

दूसरे वाक्य में relative pronoun को छिपा दिया गया है।

➢ This is the book the *price of which* is 500 rupees. **(possessive case-thing)**

अर्थ– यह वही पुस्तक है जिस (3) का (2) मूल्य (1) 500 रुपये है।

Possessive case में (वस्तु होने की स्थिति) पहले *मूल्य* शब्द की अंग्रेजी, फिर *of which* शब्द का प्रयोग किया जायेगा। यह possessive case का क्रम रहेगा।

Relative pronoun में objective case प्रयुक्त होने पर निम्न स्थितियों के द्वारा preposition को दर्शाया जाता है।

- This is the man *to* whom I gave the money.

  = This is the man who/ that I gave the money *to*.

  = This is the man I gave the money *to*.

तीनों वाक्य शुद्ध हैं परन्तु आधुनिक अंग्रेजी में अन्तिम वाक्य अधिक common (प्रचलित) है।

इसी प्रकार–

- This is the city *in* which I live.

  = This is the city which I live *in*.

  = This is the city I live *in*.

Whose को with+ phrase के स्थान पर प्रयुक्त किया जाता है।

- She is living in a house *with glass walls*.

  = She is living in a house whose walls are made of glass. (वह ऐसे घर में रह रही है जिसकी दीवारें शीशे की बनी हुई हैं।)

- ☞ Possessive case में भी वस्तुओं के लिये of which के स्थान पर whose का प्रयोग सम्भव है।

- This is the Principal *from* whose college a large number of students was expelled.

  = This is the Principal whose college a large number of students was expelled *from*. (यह वही प्रधानाचार्य हैं जिनके कॉलेज से छात्रों की बहुत बड़ी संख्या बहिष्कृत कर दी गई।)

Relative clauses का समय **(time)**, स्थान **(place)**, कारण **(reason)** से सम्बन्ध

- 1979 was *the year (in which)* my son was born.

  = 1979 was (the year) when my son was born. (उन्नीस सौ उनासी का वर्ष था जब मेरे पुत्र का जन्म हुआ था।) **(time)**

➤ This is the place in which I lived.

= This is the place which I lived *in.*

= This is the place I lived *in.*

= This is (the place) where I lived. (यह वही स्थान है जहाँ मैं रहता था।) **(place)**

➤ This is the reason (for which) he failed.

= This is (the reason) why he failed. (यही कारण है कि वह फेल हो गया।) **(reason)**

Reason शब्द के बाद *कि* की अंग्रेजी *why* होगी।

When, where, व why के स्थान पर ***that*** का प्रयोग

➤ I still remember the year (that) the first Prime Minister inaugrated the Garhmukteshwar bridge over the Holy River Ganga in 1962. **(time)**

That के स्थान पर when या during which time भी प्रयोग कर सकते हैं और that को लुप्त भी किया जा सकता है।

➤ I don't know any school (that) your son can get a better education. **(place)**

☞ That के स्थान पर where या at which का प्रयोग भी हो सकता है और that को लुप्त भी किया जा सकता है।

➤ That was the reason (that) he failed. **(reason)**

That के स्थान पर why या for which का प्रयोग भी हो सकता है और *that* को लुप्त भी किया जा सकता है।

It is/ was+ noun/ pronoun+ relative clause

➤ It is she *who stole your pen.* (यह वही है जिसनें तुम्हारा कलम चोरी किया।)

➤ It is the girls who hail from Gujrat. (ये वही लड़कियाँ हैं जो गुजरात की हैं।)

☞ Relative pronoun को कभी–कभी infinitive या participle से भी बदला जाता है।

➢ The last girl *who left* the class was Manita.

= The last girl *to leave* the class was Manita. (अन्तिम लड़की जो कक्षा से गई मनीता थी।)

➢ The only one *who understands* French is Mahendra.

= The only one *to understand* French is Mahendra.

Nominative case की स्थिति में ही relative clause को infinitive में परिवर्तित किया जा सकता है न कि objective व possessive case की स्थिति में।

Objective case की स्थिति में– 'The first man *that* we saw' को 'The first man to see' नहीं किया जा सकता क्योंकि यहाँ that *जिसे* के अर्थ में objective case में प्रयुक्त हुआ है।

☞ यदि *that* passive form का subject होता है तो यह passive infinitve में बदला जायेगा।

➢ The last student *that was seen* was Mohit.

= The last student *to be seen* was Mohit. (अन्तिम छात्र जो देखा गया मोहित था।) **(passive infinitive)**

जहाँ उद्देश्य व अनुमति जैसा विचार प्रकट होता है वहाँ पर उस clause को infinitive में बदला जा सकता है।

➢ He has a lot of books that he can read/ must read.

= He has a lot of books *to read.* (उसके पास बहुत सी पुस्तकें हैं जिन्हें वह पढ़ सकता है / जिन्हें उसे अवश्य पढ़ना चाहिए।)

➢ I want a garden in which I can play.

= I want a garden to play in.

➢ I want a room in which I can stay.

= I want a room to stay in.

➢ I want a pen with which I could write.

= I want a pen to write with.

➢ The first girl that we must see is Vinita.

= The first girl *to see* is Vinita. (प्रथम लड़की जिसे अवश्य देखना चाहिए विनीता है।)

यहाँ infinitive को objective case के रूप में प्रयोग किया गया है।

परन्तु–

➢ The first girl *to see* me was Vinita.

= The first girl who saw me was Vinita. (प्रथम लड़की जिसने मुझे देखा विनीता थी।)

यहाँ पर infinitive को nominative case के रूप में प्रयोग किया गया है।

Relative clause को कभी–कभी present participle के द्वारा भी बदला जाता है।

Continuous tense की स्थिति में–

➢ *The students who are playing* are from S.D. Inter College.

= *The students playing* are from S.D. Inter College. (विद्यार्थी जो खेल रहे हैं एस0डी0 इण्टर कॉलेज के हैं।)

➢ *The teachers who were invigilating* were from Government Inter College.

= *The teachers invigilating* were from Government Inter College. (अध्यापक जो परीक्षार्थियों का निरीक्षण कर रहे थे राजकीय इण्टर कॉलेज के थे।)

Present simple या **past simple** की **habit** को दर्शाने के लिए–

➢ *The boys who attend* this school have to wear uniform.

= *The boys attendng* this school have to wear uniform.

➢ *The book which sells* well is written by a famous author.

= *The book selling* well is written by a famous author.

➢ *The students who wished* to go on the tour had to book their seats.

= *The students wishing* to go on the tour had to book their seats.

Know, think, believe, expect आदि क्रियाओं को present participle में प्रयुक्त किया जा सकता है।

➢ Mr Sharma, *who thought* the journey would take at least two days, had to return the ticket.

= Mr Sharma, *thinking* the journey would take at least two days, had to return the ticket.

That का प्रयोग all, anything, everything, the only one तथा superlative के बाद भी होता है।

जैसे–

➢ I will do anything (that) I can.

इस स्थिति में that का प्रयोग केवल वस्तुओं के लिये होगा न कि व्यक्तियों के लिए।

All, any तथा few के बाद who का प्रयोग किया जाता है उस स्थिति में यह व्यक्तियों को इंगित करता है।

➢ God bless this village and *all who* live in it. (ईश्वर इस गाँव को आशिष दें और उन सबको जो इसमें रहते हैं।)

- All = People

That superlative degree में ऐच्छिक होता है, जब वह objective case की स्थिति में हो।

➢ She is the most beautiful girl (that) I've ever seen.

Of का प्रयोग relative clause में whom (व्यक्ति) व which (वस्तु) से पूर्व, तथा a few, several, some, any, many, much, the majority, most, all, none, either, neither, the largest, the smallest, the oldest, the youngest, a number, half, a greater आदि के बाद होता है। इस स्थिति में *of* का अर्थ में से हुआ करता है।

➢ Both students, neither of whom got first division, worked very hard. (दोनों ही छात्रों ने, जिनमें से कोई भी प्रथम श्रेणी में उत्तीर्ण नहीं हुआ, बहुत कठोर परिश्रम किया।)

Which का प्रयोग clause के स्थान पर–

➢ He married Madhu, *which* (=and this / and that) suprised evryone.

Which या and this/ and that का संकेत *He married Madhu* clause की तरफ है।

Which का प्रयोग this और that के अर्थ में भी in which case, at which point, on which occassion आदि expressions (अभिव्यक्तियों) में होता है।

➢ He may have to work late, in which case he will telephone me. (वह देर तक काम कर सकता है उस स्थिति में वह फोन करेगा।)

➢ She was fined 500 rupees. *Which* we all thought served her right. (उस पर पाँच सौ रुपये जुर्माना किया गया। जिसे हम सबने उसके प्रति सही व्यवहार माना।)

इस स्थिति में which पूरे वाक्य के लिये प्रयुक्त हुआ है।

- Which She was fined 500 rupees की तरफ संकेत करता है।

यदि वाक्य में एक से अधिक relative clauses हैं तो पहले connective को सामान्यतः प्रयोग में नहीं लाया जाता है अर्थात् उसे छिपा दिया जाता है।

➢ It is only building (which) I have ever seen which is made entirely of glass.

C) Adverbial Clause- वे उपवाक्य जो adverb (क्रिया विशेषण) से सम्बन्धित होते हैं उन्हें adverbial clause के नाम से जाना जाता है। Adverbial clause से पूर्व sub-ordinate conjunction होता है। इसको सामान्यतः नौ भागों में विभाजित किया जाता है।

1) Adverbial Clause of Time- इस clause को जानने के लिये *when* शब्द का प्रयोग होता है। इस clause में प्रयुक्त होने वाले conjunctions हैं– When, after, as, as long as, as soon as, before, by the time, directly, during the time (that), immediately, the moment (that), now (that), once, since, until, till, whenever, while आदि। जब adverbial clause पहले प्रयोग की जायेगी तो सामान्यतः comma का प्रयोग होगा।

➢ She did not look very well *when she got up this morning.* (वह स्वस्थ प्रतीत नहीं हो रही थी, जब आज सुबह वह सोकर के उठी।)

➢ *After she got married*, Madhuri changed completely. (विवाह के बाद माधुरी में पूरा परिवर्तन देखा गया।)

जब after, as soon as, before, by the time, directly, the moment, immediately, till, until, when आदि शब्द future (भविष्यत् काल) की ओर संकेत करते हैं तो इनके साथ present simple का प्रयोग होगा।

➢ The train will have left before Mamta reaches the station. (ममता के स्टेशन पहुँचने से पूर्व गाड़ी छूट चुकेगी।)

Present perfect को अक्सर once व now that की स्थिति में प्रयोग किया जाता है।

➢ Once (=when) their house has been white washed, they can move in. (जब उनके घर पर सफेदी की जा चुकी होगी, तो वे उसमें जा सकते हैं।)

➢ *Now that their house has been white washed*, they can move in. (अब उनके घर पर सफेदी हो चुकी है, वे उसमें जा सकते हैं।)

➢ I saw her *as she was getting off the bus.* (मैंने उसे देखा जब वह बस से उतर रही थी।)

➢ I recognized Sunita *the moment (that) I saw her.* (मैंने सुनीता को पहचान लिया ज्योंहि मैंने उसे देखा।)

➢ *Immediately she saw a lion*, she ran away. (ज्योंहि उसने शेर को देखा, वह भाग गई।)

2) **Adverbial Clause of Place-** इस clause को जानने के लिए *where*

शब्द का प्रयोग किया जाता है। इस clause में प्रयुक्त होने वाले conjunctions सामान्यत: where, wherever, anywhere, everywhere आदि हुआ करते हैं।

- ➢ You can't camp where/ wherever/ anywhere you like. (तुम पड़ाव नहीं डाल सकते जहाँ / जहाँ कहीं / जिस किसी भी जगह, तुम चाहते हो।)

☞ Complex sentence को where से प्रारम्भ नहीं कर सकते जबकि anywhere, everywhere व wherever वाक्य के आरम्भ मे प्रयुक्त हो सकते हैं।

- ➢ Everywhere Mahendra goes he is mistaken for Harish. (जहाँ कहीं भी महेन्द्र जाता है उसे गलती से हरीश ही समझा जाता है।)

Wherever, anywhere, everywhere आदि शब्द अनिश्चित स्थान की ओर संकेत करते हैं।

- ➢ With this special train ticket you can travel wherever/ everywhere/ anywhere you like in India. (इस विशेष ट्रेन टिकट के साथ तुम जहाँ भी/ हर जगह/ कहीं भी चाहते हो, भारतवर्ष में यात्रा कर सकते हो।)

3) **Adverbial Clause of Manner-** इस clause को जानने के लिए *how* शब्द को question के रूप में प्रयुक्त किया जाता है। इस clause में प्रयुक्त होने वाले conjunctions सामान्यत: how, as, the way, (in) the way, (in) the way that, the way in which, (in) the same way, (in) the same way as आदि हुआ करते हैं। Adverbial clause सामान्यत: main clause के पश्चात् आती है।

- ➢ Mohan, type all the letters, as I showed you a moment ago. = Mohan, type all the letters in the way/ the way that/ the way in which/ (in) the same way/ the same way as I showed you a moment ago. (मोहन, उन सभी पत्रों को उसी तरह टाइप करो जैसा मैंने तुम्हें थोड़ी देर पहले दिखाया।)
- ➢ Madhu is behaving (in) *the same way her elder sister used to.* (मधु उसी तरह से व्यवहार कर रही है जिस तरह से उसकी बड़ी बहिन किया करती थी।)

☛ इस प्रकार के connectives में दोनों अर्थ सम्मिलित होते हैं। जिस विधि से–उसी विधि से, वैसे–जैसे आदि। इस clause को be, seem, act, appear, behave, feel, look, smell, sound व taste आदि क्रियाओं के बाद *as if* व *as though* द्वारा भी दर्शाया जाता है।

➢ I feel *as if/ as though* I am floating on air. (मैं अनुभव कर रहा हूँ मानो/ जैसे कि मैं हवा में तैर रहा हूँ।)

➢ It sounds *as if/ as though* the situation will get worse. (ऐसा प्रतीत होता है कि स्थिति और भी खराब होगी।)

➢ It feels *as if/ as though* it is going to rain. (ऐसा प्रतीत होता है कि वर्षा होने वाली है।)

➢ He walks *as if* he were lame. (वह ऐसे चलता है मानो वह लंगड़ा हो।)

4) **Adverbial Clause of Reason-** इस clause को जानने के लिये *why* शब्द को question के रूप में प्रयुक्त किया जाता है। इस clause में प्रयुक्त होने वाले conjunctions सामान्यतः because, as, seeing (that), since आदि हुआ करते हैं। उपरोक्त connectives का अर्थ क्योंकि हुआ करता है। उपरोक्त clause को जब as या since से शुरू किया जाता है तो ऐसा माना जाता है कि सुनने वाला (spoken to) कारण को जानता है।

➢ *As/ since* she can't cook food, she will have to ask Kanta to do it *for her*. (क्योंकि वह भोजन नहीं बना सकती, उसे अपने स्थान पर भोजन बनाने के लिए कान्ता से कहना होगा।)

Because का प्रयोग main clause के पश्चात् होता है तब यह reason (कारण) पर अधिक बल देता है।

➢ Sunita is working hard *because she wants to top the list of successful candidates in the examination.* (सुनीता कठोर परिश्रम कर रही है क्योंकि वह परीक्षा में सर्वप्रथम स्थान पाना चाहती है।)

5) **Adverbial Clause of Purpose-** इस clause को जानने के लिए *what for* या *for what purpose* शब्दों का प्रयोग question के रूप में किया जाता है। इस clause में प्रयुक्त होने वाले connectives सामान्यतः so that, in order that, in case, lest व for fear (that) आदि हुआ करते हैं। So as to, in order to भी उद्देश्य (purpose) को दर्शाते हैं परन्तु वे conjunctions नहीं हैं।

➢ She has reached the station early *so that* she may/ can/ will catch the Mussoorie Express. (वह जल्दी स्टेशन पहुँची है जिससे वह मसूरी एक्सप्रेस को पकड़ सके।)

☞ So that व in order that के पश्चात् present simple का प्रयोग भी होता है।

➢ He works hard *so that he always stands first in the class.*

जब principal clause की क्रिया past simple, past continuous (past progressive) या past perfect tense में होती है तो conjunctions- so that, in order that के बाद should/ could/ might/ would+ first form का प्रयोग होगा।

➢ I reached the station early *so that/ in order that* I should/ could/ might/ would catch the Lucknow Mail. (मैं जल्दी स्टेशन पहुँची ताकि/ जिससे कि मैं लखनऊ मेल पकड़ सकूँ।)

Negative की स्थिति में should not, would not, might not का प्रयोग सम्भव है न कि could not का।

➢ I reached the station early *so that/ in order that* I might not/ should not/ would not miss the Lucknow Mail. (मैं शीघ्र स्टेशन पहुँची ताकि/ जिससे कि लखनऊ मेल न छूट सके।)

Infinitive construction- इसके अन्तर्गत not to, so as not to, in order not to का प्रयोग अधिक उपयुक्त माना जाता है।

➢ I reached the station early *so as not to/ not to/ in order not to* miss the Lucknow Mail.

☞ In case के बाद should, might या present tense का प्रयोग होगा यदि वाक्य भविष्यत् काल को इंगित करता है।

➢ Don't let the baby play with my glasses in case he breaks them.

= Don't let the baby play with my glasses in case he should/ might break them. (शिशु को मेरे उपनेत्रों से खिलवाड़ मत करने दो। वह उन्हें तोड़ सकता है।)

In case का प्रयोग future tense में सुरक्षित रखने की स्थिति में किया जाता है जिससे हम प्रतिकूल परिस्थिति से बच सकें।

➢ Take a torch with you in case it is dark before you get back. (अपने साथ टॉर्च ले जाओ इस स्थिति में कि तुम्हारे वापस आने से पूर्व अन्धेरा हो जाये।)

Lest का अर्थ होता है *ऐसा न हो कि*। इसके पश्चात् should ऐच्छिक है।

➢ He works hard lest he should fail. **(present tense)**

He worked hard lest he should fail. **(past tense)**

He will work hard lest he should fail. (वह कठिन परिश्रम करेगा ऐसा न हो कि वह फेल हो जाये।) **(future tense)**

For fear के बाद सामान्यतः might का प्रयोग होता है लेकिन उसी विचार को अधिक सुगमता के साथ in case+ past tense द्वारा प्रकट किया जाता है।

➢ I bought the car at once *for fear (that)* he might change his mind.

= I bought the car at once in case he changed his mind. (मैंने तत्काल कार को खरीदा इस भय से कि कहीं वह अपना विचार न बदल दे।)

दोनों वाक्यों का एक ही अर्थ है।

6) **Adverbial Clause of Condition-** इस clause में सामान्यतः assuming (that), on condition (that), provided (that), so long as, as long as, unless, if आदि connectives हुआ करते हैं और ये शर्त व स्थिति का बोध कराते हैं।

➢ If he had worked hard, he would have passed. (यदि वह कठिन परिश्रम करता तो पास हो जाता।)

➢ I will mark you present *on condtition* (that) you reach the college in time in future. (मैं तुम्हारी उपस्थिति लगा दूँगा बशर्ते कि भविष्य में तुम समय पर कॉलेज आओगे।)

➢ You can stay here *as long as* you wish. (जब तक तुम चाहो, यहाँ ठहर सकते हो।)

➢ He will attend the party *provided* (that)/ *providing* (that) you invite him in person. (वह दावत में सम्मिलित हो जायेगा इस शर्त पर कि तुम उसे व्यक्तिगत रूप से निमंत्रण दोगे।)

7) **Adverbial Clause of Result-** जब principal clause में so या such शब्द का प्रयोग होता है और sub-ordinate clause *that* से या बिना *that* के प्रारम्भ होती है तो उसे adverbial clause of result ही समझना चाहिये। So या such शब्दों का अर्थ *इतना* या *ऐसा* लिया जायेगा।

➢ She is so fat that she can't run fast. (वह इतनी मोटी है कि वह तेज नहीं दौड़ सकती।)

So या such शब्दों के बाद सामान्यतः adjectve या adverb शब्दों का प्रयोग होता है।

➢ He is such a wonderful joker (that) I can't help laughing. (वह इतना अजीब तरह का विदूषक है कि मैं अपनी हँसी नहीं रोक पाता हूँ।)

☞ जब main clause में *so* के बाद much, many, few, little, व *such* के बाद a lot of आदि शब्द होते हैं और sub-oridnate clause *that* या बिना *that* के प्रारम्भ होता है तो उसे भी adverbial clause of result ही कहा जायेगा।

➢ There was so much to lose (that) we couldn't take any risks. (बहुत ज्यादा खो बैठते अतः हमने कोई खतरा नहीं लिया।)

➢ There was such a lot of rain (that) I couldn't go to college. (बहुत ज्यादा वर्षा थी अतः मैं कॉलेज नहीं जा सका।)

बोल चाल की अंग्रेजी में हम कभी–कभी so के स्थान पर that का प्रयोग करते हैं।

➢ It was *that* hot (that) I could hardly get to sleep. (इतना ज्यादा गर्म था कि मैं मुश्किल से सो सका।)

8) **Adverbial Clause of Comparison-** इस clause के कर्ता की तुलना principal clause के कर्ता से की जाती है।

Principal Clause (Main Clause)	**Adverbial clause of Comparision**
as+ adjective	as
as+ adverb	as
not so/ as+ adjective	as
comparative degree	than
the+ comparative dergee	the+ comparative degree
उतना / जितना / इतना	उतना / जितना / इतना

➢ He runs as fast *as Mohan does*. (वह उतना तेज दौड़ता है जितना मोहन।)

- Does = Runs

➢ She answers as quickly *as her sister does*. (वह उतनी शीघ्रता से उत्तर देती है जितनी शीघ्रता से उसकी बहिन।)

- Does = Answers

➢ *The faster* you run *the sooner* you reach the station. (जितना तेज तुम दौड़ोगे उतनी ही शीघ्रता से स्टेशन पहुँचोगे।)

कुछ परिस्थितियों में कर्ता व क्रिया को दोबारा प्रयोग करने के बाद छोड़ दिया जाता है।

➢ When I spoke to Mohan on the phone this morning he was more pleased than (he was) last night. (जब मैंने आज सुबह मोहन को फोन किया तो वह पिछली रात की अपेक्षा अधिक प्रसन्नचित् था।)

He was का तीसरी बार प्रयोग आवश्यक नहीं है।

➢ He didn't buy *half as/ so many* books as he thought he would. (उसने जितनी पुस्तकें खरीदने को सोचा था उसकी आधी/ उतनी भी नहीं खरीदीं।)

Just के साथ as का प्रयोग होता है न कि so का।

➢ She has made just as many mistakes as I have. (उसने ठीक उतनी ही गलतियाँ की हैं जितनी मैंने की हैं।)

9) **Adverbial Clause of Concession-** इस clause में प्रयुक्त होने वाले conjunctions सामान्यतः as though, considering (that), though, even though, much as, while, whereas, no matter how, no matter how much, what ever, however+ adjective/ adverb आदि हैं। सामान्यतः इस clause के द्वारा असमानता व्यक्त की जाती है।

➢ *Although she was poor*, she was happy. (यद्यपि वह निर्धन थी, फिर भी खुश थी।)

➢ *Much as I like her*, I would not like to be married to her. (यद्यपि मैं उसे बहुत ज्यादा चाहता हूँ, फिर भी उससे विवाह करना नहीं चाहूँगा।)

➢ *However cold it is*, he always goes swimming. (चाहे कितना ही ठन्डा मौसम हो, वह हमेशा तैरने जाता है।)

➢ *No matter how long it takes*, I will go home after finishing it. (चाहे कितना ही समय लगे, मैं इसे समाप्त करने के बाद घर जाऊँगा।)

➢ *Whatever I suggest*, Mohan always disagrees. (जो कुछ भी मैं सुझाव देता हूँ, मोहन सदैव असहमति दर्शाता है।)

☞ Present simple के स्थान पर may+ first form का प्रयोग सभी conjunctions के साथ सम्भव है, यदि conjunctions वाक्य के प्रारम्भ में प्रयुक्त किये गये हों।

➢ However brilliant you are/ may be you can't solve this question. (चाहे तुम कितने ही बुद्धिमान हो, तुम इस प्रश्न को हल नहीं कर सकते।)

➢ *Whatever* she thinks/ may think I am not going to be married to her. (जो कुछ भी वह सोचे मैं उससे किसी भी दशा में विवाह नहीं करूँगा।)

कुछ adjectives, adverbs तथा verbs जो complex sentence के आरम्भ में प्रयुक्त किये जाते हैं उनके पश्चात् *as* या *though* का प्रयोग किया जा सकता है।

➢ *Beautiful* though the necklace was, we thought it was over priced so we didn't buy it. (यद्यपि गले का हार सुन्दर था फिर भी हमने इसे अधिक मूल्य का समझा इसलिये हमने इसे नहीं खरीदा।) **(adjectve)**

➢ *Unlikely* as it sounds/ may sound, what I am telling you is true. (यद्यपि यह सुनने में अटपटा लगता है, जो मैं कह रहा हूँ सत्य है।) **(adverb)**

➢ *Try* as he might he could not solve the problem. (यद्यपि उसने भरसक प्रयास किया फिर भी वह समस्या का समाधान नहीं कर सका।) **(verb)**

Abbreviated Adverbial Clauses

Adverbial clause को पाँच स्थितियों में संक्षिप्त कर दिया जाता है।

a) Time

➢ While (he was) at college, Mahesh wrote a novel. (जब महेश कॉलेज में था, तब उसने एक उपन्यास लिखा।)

b) Place

➢ Where (it is) necessary, improvements will be made. (जहाँ आवश्यक है, सुधार किये जायेंगे।)

c) Manner

➢ She talked as if (she was) certain of winning. (उसने इस तरह से बात की जैसे चुनाव जीतने का पूरा विश्वास हो।)

d) Condition

➢ If (it is) possible please tell me by to-night. (यदि सम्भव है तो कृपया मुझे आज रात तक बताइये।)

e) Concession

➢ Though (she was) poor, she was happy. (यद्यपि वह निर्धन थी फिर भी खुश थी।)

☛ उपरोक्त पाँच स्थितियों में adverb clause का कर्ता और verb 'be' को छोड़ दिया जाता है।

Two simple sentences, complex sentence व compound sentence को participle के द्वारा एक simple sentence में बदलना

Complex Sentence को participle के द्वारा एक simple sentence में बदलना		
Forms of Participles		
Present Participle	**Perfect Participle**	**Past Participle**
Active: First form+ ing (teaching)	Having+ third form (having taught)	-
Passive: Being+ third form (being taught)	Having been+ third form (having been taught)	Third form (taught)

A) Clause of time के स्थान पर participle का प्रयोग

Time को दर्शाने वाले *conjunctions*- After, before, since, when व while आदि हैं। लेकिन as, as soon as, directly, until आदि के बाद present participle सम्भव नहीं है।

➢ *Since I phoned her this morning,* I have changed my plans. (जब आज सुबह मैंने उसे फोन किया तबसे मैं अपनी योजनाओं में परिवर्तन कर चुका हूँ।) **(complex sentence)**

Since phoning her this morning I have changed my plans. (उसे आज सुबह फोन करते हुये मैं अपनी योजनायें बदल चुका हूँ।) **(simple sentence)**

जब since का अर्थ क्योंकि होता है तब यह रचना (construction) सम्भव नहीं है।

On व *in* का प्रयोग when (जब) व while (जबकि) के अर्थ में लिया जाता है।

➢ *When/ At the time* I found the door open, I became suspicious. (जब मैंने दरवाजा खुला देखा, तो मैं शंकायुक्त हो गया।) **(complex sentence)**

On finding the door open, I became suspicious. (दरवाजे को खुला देखते हुये, मैं शंकायुक्त हो गया।) **(simple sentence)**

➢ *During the time* when I was trying to open the knife, I cut my hand. (उस समय के दौरान जब मैं चाकू को खोलने का प्रयास कर रहा था, तो मेरा हाथ कट गया।) **(complex sentence)**

In/ while trying to open the knife, I cut my hand. (चाकू को खोलने का प्रयास करते समय मेरा हाथ कट गया।) **(simple sentence)**

On, in, while में *जबकि* अर्थ छिपा हुआ है इनके बाद ही मुख्य क्रिया को present participle में बदल दिया गया है।

B) Present participle का प्रयोग **clause of reason** के स्थान पर

➢ *As I was anxious to please her*, I bought her a golden necklace. (क्योंकि मैं उसे खुश करने के लिये उत्सुक था, अतः मैंने उसके लिये एक सोने की कंठमाला खरीदी।) **(complex sentence)**

Being anxious to please her, I bought her a golden necklace. (उत्सुक होते हुये उसे खुश करने के लिये मैंने उसके लिये एक सोने की कंठमाला खरीदी।) **(simple sentence)**

- Is, am, are, was, were = Being **(present participle)**

Simple sentence बनाते समय मुख्य क्रिया को participle में बदलते हुये कर्ता (subject) का प्रयोग नहीं होता।

C) Present participle का प्रयोग **clause of condition** के स्थान पर

➢ *If you are going* from Budaun to Kannauj by train, you must change at Kasganj railway junction. **(complex sentence)**

If going from Budaun to Kannauj by train you must change at Kasganj railway junction. (बदायूँ से रेल से कन्नौज जाते समय तुम्हें कासगंज रेलवे जंक्शन पर गाड़ी बदलनी होगी।) **(simple sentence)**

➢ *Unless she attends* the class regularly, I shall mark her absent. (जब तक वह कक्षा में नियमित रूप से नहीं आयेगी, मैं उसकी अनुपस्थिति लगाऊँगा।) **(complex sentence)**

Unless attending the class regulerly, I shall mark her absent. (कक्षा में नियमित न होते हुये, मैं उसकी अनुपस्थिति लगाऊँगा।) **(simple sentence)**

D) Present participle का प्रयोग clauses of concession के स्थान पर

Although, though, even though, while आदि conjunctions के बाद present participle सम्भव है।

- *While he admitted* that he had received the stolen car, he denied having taken part in the stealth. (जबकि उसने स्वीकार किया कि उसे चोरी की कार मिली है, पर उसने चोरी में हिस्सा लेने की बात अस्वीकार की।) **(complex sentence)**

  While admitting that he had received the stolen car he denied having taken part in the stealth. **(complex sentence)**

☛ एक से अधिक finite verbs होने पर वाक्य simple नहीं कहा जाता है। Infinitive, gerund व participle को non-finite कहा जाता है। अर्थात् इनका प्रयोग होने पर वाक्य simple ही रहता है यदि उसमें एक ही finite verb है।

E) Present participle का प्रयोग relative clause अर्थात् adjective clause के स्थान पर

- *The train which is arriving* at platform No.7 is the Punjab Mail from Firozpur. (गाड़ी जो प्लेटफार्म नं० 7 पर आ रही है फिरोज़पुर से आने वाली पंजाब मेल है।) **(complex sentence)**

  The train arriving at platform No. 7 is the Punjab Mail from Firozpur. (प्लेटफार्म नं० 7 पर आने वाली गाड़ी फिरोज़पुर से पंजाब मेल है।) **(simple sentence)**

F) Perfect participle का प्रयोग present perfect tense, past perfect tense व past simple के स्थान पर

- *She passed B.A.* She got a good job in a bank. **(two simple sentences)**

  Active: *Having passed B.A.*, she got a good job in a bank. (बी०ए० पास करके उसे बैंक में एक अच्छी नौकरी मिली।) **(simple sentence)**

- *She has taken a bath.* She takes tea. **(two simple sentences)**

Havng taken a bath, she takes tea. (स्नान करके वह चाय पीती है।) **(simple sentence)**

➢ *Mohan had been punished by the teacher.* He was expelled from the college by the Principal. **(two simple sentences)**

Passive: *Having been punished by the teacher*, Mohan was expelled from the college by the Principal. (अध्यापक द्वारा दंडित हो करके मोहन को प्रधानाचार्य द्वारा कॉलेज से निकाल दिया गया।) **(simple sentence)**

G) Is, am, are, was, were = Being (present participle)

Has been/ have been/ had been = Having been+ third form (perfect participle)

➢ *She is so weak.* She can't run fast. **(two simple sentences)**

Being so weak, she can't run fast. (बहुत कमजोर होने के कारण वह तेज नहीं दौड़ सकती।) **(simple sentence)**

➢ *He was so poor.* He couldn't pay his fee. **(two simple sentences)**

Being so poor, he couldn't pay his fee. (बहुत अधिक निर्धन होने के कारण वह अपना शुल्क अदा नहीं कर सका।) **(simple sentence)**

H) Participle को उस स्थिति में भी प्रयोग किया जाता है जब **it** और **there** कर्ता के रूप में होते हैं।

➢ *It was* a bank holiday. All the shops were shut. **(two simple sentences)**

It being a bank holiday, all the shops were shut. **(simple sentence)**

➢ *There is* no further business. I declare the meeting closed. **(two simple sentences)**

There being no further business, I delcare the meeting closed. (अब कोई कार्य शेष न रहते हुये मैं सभा समाप्ति की घोषणा करता हूँ।) **(simple sentence)**

I) With और without के साथ भी participle construction सम्भव है।

➢ They debated for two days. *No decision was taken.* **(two simple sentences)**

They debated for two days *without decision being taken.* (बिना किसी निर्णय पर पहुँचे हुये उन्होंने दो दिन तक बहस की।) **(simple sentence)**

➢ *The crowds cheered.* The Prime Minister flew to Delhi. **(two simple sentences)**

With the crowds cheering, the Prime Minister flew to Delhi. (भीड़ की आनन्द पूर्ण गर्जना के साथ प्रधानमंत्री ने हवाई जहाज से दिल्ली के लिए प्रस्थान किया।) **(simple sentence)**

J) Past participle का प्रयोग passive के स्थान पर

➢ *When it is viewed* from Narendra Nagar at night, the city of Rishikesh looks very beautiful. **(complex sentence)**

Viewed from Narendra Nagar at night, the city of Rishikesh looks very beautiful. (रात्रि में नरेन्द्र नगर से दृष्टिपात करने पर ऋषिकेश नगर बहुत सुन्दर लगता है।) **(simple sentence)**

इस स्थिति में conjuction *when* को छोड़ दिया गया है।

K) Adverbial clause जब passive voice में हो तो conjunction के साथ past participle का प्रयोग होता है।

➢ *Although it was built* in the 17th century, the Taj Mahal at Agra still looks very beautiful. **(complex sentence)**

Although built in the 17th century, the Taj Mahal at Agra still looks very beautiful. (यद्यपि आगरा में ताजमहल को सत्रहवीं शताब्दी में बनाया गया, अभी भी यह बहुत सुन्दर दिखाई देता है।) **(simple sentence)**

➢ *If you are accepted* for this post, you will be informed by April 29th. **(complex sentence)**

If accepted for this post you will be informed by April 29th. (इस पद के लिये स्वीकार किये जाने पर तुम्हें उन्तीस अप्रैल तक सूचित कर दिया जायेगा।) **(simple sentence)**

➢ *Unless it is changed*, this law will make life difficult for teachers. **(complex sentence)**

Unless changed this law will make life difficult for teachers. (परिवर्तन न किये जाने पर यह कानून अध्यापकों के जीवन को कठिन कर देगा।) **(simple sentence)**

When, after, before, on, or, in के बाद past participle का प्रयोग नहीं किया जा सकता। इनके बाद present participle के passive voice का प्रयोग होगा। अर्थात् being+ third form.

➢ *When/ After we were informed,* the train had been cancelled, we made other arrangements. **(complex sentence)**

On/ After being informed the train had been cancelled, we made other arrangements. (सूचित किये जाने पर कि गाड़ी को निरस्त किया गया है, हमने दूसरी व्यवस्था की।) **(complex sentence)**

L) Relative clause के स्थान पर past participle का प्रयोग

➢ *The system which is used* in our school is very successful. **(complex sentence)**

The system used in our school is very successful. (हमारे विद्यालय में प्रयोग की जाने वाली विधि बहुत ही सफल है।) **(simple sentence)**

M) Compound sentence से simple sentence बनाने के लिये *and* को छोड़ दिया जाता है तथा *and* के बाद main verb को present participle में बदला जाता है।

➢ She lay awake all night *and recalled* the events of the day. (वह सारी रात जागी रही और दिन की घटनाओं को याद किया।) **(compound sentence)**

She lay awake all night, *recalling* the events of the day. (दिन की घटनाओं को याद करते हुये वह सारी रात जागी।) **(simple sentence)**

2

Noun

किसी व्यक्ति, वस्तु व स्थान के विषय में चर्चा करने वाले शब्द को noun (संज्ञा) कहते हैं। जैसे– Sunita, book, Alwar आदि।

Types of Noun (संज्ञा के भेद)

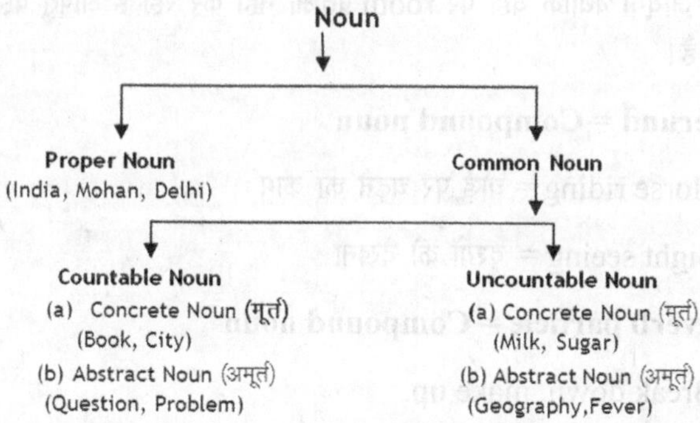

☞ Countable noun में concrete व abstract दोनों का बहुवचन बनेगा, एक का रूप होगा दूसरे का नहीं। परन्तु uncountable noun में किसी का बहुवचन नहीं बनेगा, एक रूप होगा दूसरे का नहीं।

One word वाले **noun-** Paper, building आदि। कुछ nouns क्रिया (verb) के अन्त में r या er जोड़ने से बनाये जाते हैं। (Play+ er= Player)

इसी प्रकार कुछ nouns को adjective से बनाया जाता है। (Popular - Popularity)

Compound noun- इसमें दो या दो से अधिक शब्द होते हैं कहीं–कहीं hypen (-) शब्द के मध्य में लगा होता है। उदा0– Class room, son-in-law, stick-in-the-mud, room heater, a rain coat, a sauce pan, the seaside, a typewriter आदि।

- Adjective+ noun = Compound noun

उदा0– A green house, a heavy weight, long hand, red head.

कुछ compound nouns को gerund व participle दोनों विधियों से बनाया जाता है। क्रिया की first form में ing जोड़ने से gerund व participle दोनों बनते हैं। Gerund का अर्थ सामान्यतः ना या वाला, वाली, वाले आदि में लिया जाता है। जैसे– drinking water व frying pan इनके अर्थ क्रमशः पीने वाला पानी अर्थात् जिसे पिया जा सकता है तथा फ्राई करने वाला *pan* अर्थात् जिसे फ्राई के लिये प्रयोग किया जाता है। ये शब्द gerund में स्वभाविक गुण को दर्शाते हैं। परन्तु participle में तात्कालिक स्थिति का वर्णन करते हैं। जैसे– a waiting passenger का अर्थ है– यात्री जो प्रतीक्षा कर रहा है या प्रतीक्षा करता हुआ यात्री। लेकिन इसके विपरीत a waiting room को gerund की श्रेणी में रखा जायेगा क्योंकि यहाँ पर room प्रतीक्षा नहीं कर रहा है अपितु वहाँ पर यात्री प्रतीक्षा करते हैं।

Noun+ gerund = Compound noun

- Horse riding = घोड़े पर चढ़ने का काम
- Sight seeing = दृश्यों को देखना

Verb+ adverb particle = Compound noun

- Break down, make up.

Phrase के स्थान पर compound noun बिना of के

- A car key = The key of a car

Road या street सम्बन्धी compound noun बनाना

- Laxman Jhula road, Haridwar road, Bharat Mandir street.

उद्देश्य सम्बन्धी compound noun

- A wedding point = वह स्थान जहाँ पर विवाह सम्पन्न होता है। A college peon, a suitcase, a can opener, a post office clerk.

विषय सामग्री तथा पदार्थों से सम्बन्धित compound noun

- A silk shirt, a seat belt, a plastic rain coat आदि।

Type को दर्शाने वाले compound noun

- A horror film, a head lamp, a seat belt.

प्रथम शब्द ही प्रश्न का उत्तर देता है किस प्रकार की film है = horror. इसी प्रकार a book seller, a factory worker, a taxi driver आदि।

Containers को दर्शाने वाले compound nouns

- A milk pot, a sugar tin, a tea cup, a wheat sack आदि।

समय को दर्शान वाले compound noun

- A two minute drive, afternoon tea, a ten minute walk, an evening dress.

Self, man, woman तथा person से बनने वाले compound noun

- Self control, self regard, a gentleman, a policeman, a policewoman, a chair person, a spokes man आदि।

Proper Noun

- India, Suresh, Sita, March, Thursday आदि। इनका सम्बन्ध व्यक्ति, वस्तु, तथा स्थान विशेष से होता है।

☞ Proper noun से ही proper adjective बनाये जाते हैं।

- India- Indian, America- American आदि।

Common Noun

Countable Noun

a) **Concrete-** इसकी आकृति होती है तथा बहुवचन भी बनता है। A student-students, an umbrella- umbrellas आदि।

b) **Abstract-** इसकी आकृति नहीं होती परन्तु बहुवचन बनता है। Question-questions, problem- problems आदि।

Uncountable Noun

a) **Concrete-** इसकी आकृति होती है परन्तु बहुवचन नहीं बनता है। Sugar, milk आदि।

b) **Abstract-** इसकी न तो आकृति होती है और न ही बहुवचन बनता है। Honesty, truth, fever आदि।

☞ कुछ noun प्रयोग के आधार पर countable व uncountable दोनों हो सकते हैं। जैसे–

- ➢ He had an *egg* before I came. (एक अण्डा) **(countable)**
- ➢ There is *egg* on his face. (अण्डे का कुछ भाग) **(uncountable)**
- ➢ What does *the paper* say? (कोई निश्चित समाचार पत्र) **(countable)**
- ➢ *The paper* is made from wood. (यहाँ पर इसका अर्थ कागज है।) **(uncountable)**

☞ Uncountable से पहले यदि adjective का प्रयोग हुआ है तो वह शब्द countable हो जाता है। जैसे– wine लेकिन *a good* wine, oil लेकिन a *light* oil.

- ➢ *Bear/ coffee/ tea* is costly these days. **(uncountable)**

परन्तु one *bear* please, two *milks*, three *coffees.* यहाँ पर ये countable हैं।

- ➢ A good *education* is expensive. **(countable)**
- ➢ *Education* should be free. **(uncountable)**

Noun जिनका अन्त ing में हो रहा हो uncountable हुआ करते हैं। जैसे– drawing, painting, reading, writing आदि।

परन्तु जब उनसे पहले adjective या indefinite article का प्रयोग होता है तो वे countabe हो जाते हैं।

- ➢ These drawings are by Sunita. **(countable)**
- ➢ I have *a painting* by Mr Arora. **(countable)**

➢ She is no good at drawing. **(uncountable)**

➢ *Painting* is her hobby. **(uncountable)**

Countable	Uncountable
A loaf	Bread
A garment	Clothing
A laugh	Laughter
A case/ bag	Luggage
A poem	Poetry
A coin/ note	Money
A job	Work

Animals countable हैं परन्तु वे noun जो meat के रूप में प्रयोग हुये हैं uncountable हैं।

- A deer = venison, A pig = pork, A sheep = mutton.

Countable Noun—Uncountable noun को विभाजित करके बनाया जाता है तथा uncountable noun से पूर्व preposition *of* का प्रयोग होता है। जैसे – a loaf of bread, a slice of bread, a packet of biscuits, a piece of paper, a box of matches, a piece of chalk, a piece of clothes/ information/ plastic.

बहुवचन **countable nouns** - Pieces of chalk/ cloth/ information/ plastic.

इसी प्रकार a ball of string, a bar of chocolate, a cube of ice, a lump of sugar, a sheet of paper, a bag of flour, a cup of coffee, a jar of jam, a tube of tooth paste आदि का बहुवचन बन सकता है। परन्तु compound noun के रूप में इस प्रकार प्रयोग किये जा सकते हैं– A jam jar, a match box, a tea pot.

☞ A tea pot के दो अर्थ हो सकते हैं– (1) चाय का खाली बर्तन (2) चाय से भरा हुआ बर्तन। परन्तु *a pot of tea* का अर्थ होगा चाय से भरा हुआ बर्तन।

- छोटी मात्रा– A drop of water, a pinch of salt.

- माप– A kilo of sugar, a metre of cloth.

- खेल– A game of football, a game of cricket.
- प्रकार– A make of car, a sort of cake.
- जोड़े के रूप में– A pair of gloves, a pair of jeans.

Of के द्वारा समूह वाचक संज्ञा को दर्शाने के लिये– An army of soldiers, a board of directors, a flock of birds/ sheep, a swarm of bees, a bunch of flowers, a crop of apples, a suit of clothes.

संज्ञा और उसके वचन **(number)**

1. एकवचन व बहुवचन– सामान्यतः एकवचन से बहुवचन s, es, ies, व ves जोड़ कर बनाया जाता है।

   - Cat- cats, tub- tubs, class- classes, leaf- leaves, city- cities आदि।

2. निम्नलिखित plural noun को अन्त में *ज* पढ़ा जाता है– Baths, mouths, oaths, paths, truths, wreaths, youths. *Houses* का उच्चारण *हाउजिज* होगा।

   कुछ singular तथा plural इस प्रकार हैं–

   - Calf- calves, half- halves, knife- knives, leaf- leaves, life- lives, self- selves, thief- thieves, wolf- wolves.

   बहुवचन में उपरोक्त शब्द *ves* को *vz* 'व्ज' पढ़ा जायेगा।

3. कुछ noun के double plural होते हैं जैसे–

   - Dwarf- dwarfs, dwarves.
   - Hoof- hoofs, hooves.
   - Scarf- scarfs, scarves.
   - Wharf- wharfs, wharves.

4. संख्याएँ व अक्षरों का बहुवचन apostrophe (')s जोड़ का बनाया जाता है।

   - L = L's, H = H's, K = K's, N = N's, U = U's, 5 = 5's, 7 = 7's, 16 = 16's आदि।

संक्षिप्त रूप में भी यही नियम लागू होगा।

- MP = MP's, MLA = MLA's, DM = DM's.

5. Noun जिनके अन्त में *o* आता है उनका बहुवचन es जोड़ कर बनाते हैं।

- Buffalo = buffaloes, cargo = cargoes, commando = commandoes, volcano= volcanoes.

6. परन्तु निम्नलिखित शब्दों के साथ *s* ही जोड़ा जाता है।

- Kangaroo = kangaroos, radio = radios, photo = photos, piano = pianos.

7. Vowels का vowels में ही परिवर्तन करके।

- Foot= feet, goose= geese, louse= lice, mouse= mice, tooth= teeth, woman= women, policeman= policemen.

अपवाद– Ox= oxen, child= children.

8. यदि शब्द के अन्त में y हो और उससे पहले vowel हो तो *s* जोड़ कर बहुवचन बनता है।

- Boy = boys, toy = toys.

परन्तु y से पूर्व consonant होने पर, y को हटा कर ies जोड़ते हैं।

- City = cities, country = countries.

9. कुछ nouns singular व plural में एक से रहते हैं। जैसे– deer, gouse, sheep, salmon, trout आदि। इनका अन्तर क्रिया के प्रयोग से जाना जाता है।

➢ This *sheep* is from Australia. **(singular)**

The sheep are grazing in the field. **(plural)**

इसी प्रकार craft, aircraft, hovercraft, spacecraft.

➢ *The craft* was sunk. **(singular)**

All the craft were sunk. **(plural)**

10. कुछ निश्चित noun जो राष्ट्रीयता को दर्शाते हैं एकवचन व बहुवचन दोनों में प्रयोग किये जाते है। जैसे– a Chinese, a Swiss, a Vietnamese आदि।

➢ She is a *Vietnamese.* **(singular)**

The *Vietnamese* are fighting for their nation. **(plural)**

11. Fish एकवचन व बहुवचन दोनों में प्रयुक्त होता है। परन्तु fishes अनेक प्रकार की मछलियों के लिये प्रयोग होता है।

12. समूह वाचक संज्ञायें जिनके साथ एकवचन व बहुवचन दोनों प्रकार की क्रियायें प्रयोग की जाती हैं– Audience, class, club, committee, company, congregation, council, crew, crowd, family, gang, government, group, jury, mob, staff, team, union आदि।

➢ The present government is trying to control inflation. **(singular)**

The government are calling for a general election soon. **(plural)**

उपरोक्त शब्दों के साथ बहुवचन की क्रिया तभी प्रयोग की जाती है जबकि वाक्य का अर्थ भिन्न–भिन्न विचारधाराओं में विभाजित होता है।

13. Offspring के साथ यदि एकवचन क्रिया का प्रयोग होगा तो वह एकवचन का द्योतक होगा तथा बहुवचन क्रिया के साथ बहुवचन का।

➢ Her *offspring* is like her in every respect. (उसका बच्चा हर तरह से उसके समान है।) (एकवचन)

Her *offspring* are like her in every respect. (उसके बच्चे हर तरह से उसके समान हैं।) (बहुवचन)

14. The youth हमेशा बहुवचन में प्रयोग होता है। Youth एकवचन है, youths बहुवचन है।

➢ She saw *a youth/ five youths* standing outside the shop. (उसने दुकान के बाहर एक युवक/ पाँच युवकों को खड़े हुये देखा।)

15. कुछ शब्द देखने व सुनने में बहुवचन प्रतीत होते हैं परन्तु वास्तव में एकवचन होते हैं और क्रिया भी उनके साथ एकवचन की प्रयोग की जाती है। जैसे– innings, news, Mathematics, The Times of India, Statistics, measles आदि।

➢ The first innings is over. (पहली पारी समाप्त हो गई है।)

16. Trousers (पायजामा) के साथ बहुवचन की क्रिया ही प्रयोग की जाती है। परन्तु trousers, glasses आदि से पूर्व a pair of का प्रयोग होता है तो क्रिया एकवचन की होगी। परन्तु उनसे पहले two/ three+ pairs of का प्रयोग होने पर क्रिया बहुवचन की प्रयोग की जायेगी।

➢ His trousers are torn. (उसका पायजामा फटा हुआ है।)

➢ A pair of glasses costs three hundred rupees. (एक जोड़ी उपनेत्र की कीमत तीन सौ रुपये है।)

➢ Five pairs of glasses cost one thousand and five hundred rupees. (पाँच जोड़ी उपनेत्रों की कीमत पन्द्रह सौ रुपये है।)

17. कुछ शब्दों के साथ बहुवचन की क्रिया ही प्रयोग की जाती है। जैसे– belongings, brains, clothes, congratulations, earnings, goods, greens, lodgings, quarters, looks, means, oats, odds, outskirts, particulars, remains, riches, stairs, suds, surroundings, thanks, tropics आदि।

➢ All his belongings *were* in his bag.

18. कुछ nouns के singular में एक अर्थ तथा plural में दो अर्थ होते हैं। जैसे– pain = पीड़ा, pains = पीड़ाएँ, मेहनत; colour = रंग, colours = रंग, सेना के झन्डे; custom = रिवाज, customs = प्रथाएँ, सीमा शुल्क।

19. कुछ compound noun के बहुवचन– Boy *friends,* flower *shops,* on *lookers,* frying *pans, passers*-by, *courts*-martial, *mothers*-in-law, girl *students*, *men*-of-war, *attorneys* general, man *eaters* आदि।

20. Surname का बहुवचन सामान्यतः *s* जोड़ कर बनाया जाता है।

➢ There are five *Sharmas* and three *Vermas* in our college.

21. Dozen, hundred, thousand आदि से पूर्व यदि संख्यावाचक शब्द हैं। जैसे– two, three, four, ten आदि; तो उपरोक्त noun, एकवचन में लिखे जायेंगे।

➢ Two *hundred* students are studying in this school.

यदि उपरोक्त शब्दों के बाद *of* शब्द प्रयोग किया गया है तो उन्हें बहुवचन में प्रयोग किया जायेगा।

➢ *Hundreds* of students are travelling by this train.

➢ She has bought *dozens* of books.

22. जब बहुवचन कर्ता समय की अवधि, धन, तथा दूरी के रूप में प्रयोग किये गये हों और एक unit की तरफ संकेत करते हों तो क्रिया एकवचन की प्रयोग की जायेगी।

➢ *Six months is* a long time to stay in Nagpur.

➢ *Five hundred rupees is* a small sum.

➢ *Forty miles is* a long way to walk in a day.

23. जब दो nouns को and से जोड़ा जाता है और उनको एक unit माना जाता है तो क्रिया एकवचन की प्रयोग की जायेगी। जैसे– becan and eggs, bread and butter, cheese and wine, fish and chips, lemon and oil, tea and bread आदि।

➢ *Milk and jalebee is* a popular breakfast in some parts of India.

परन्तु Milk and jalebee *make* a good breakfast.

Gender (लिंग)			
	Noun	**Pronoun**	**Gender**
People	Boy, husband	He	Masculine
	Girl, wife	She	Feminine
	Guest, doctor, teacher	He/ She	Common
Animals	Lion, cow	It	Neuter
Things	Book, room	It	Neuter

बहुवचन people, animals, things सभी का pronoun *they* होगा।

यदि baby के विषय में हमें ज्ञात नहीं है कि वह पुरुष का बोध कराता है या स्त्री का, तो उसके लिये it का प्रयोग किया जायेगा और उसे neuter gender माना जायेगा।

➢ A baby is in *its* mother's lap.

Masculine व **feminine** जिनके लिये क्रमशः **he** व **she** का प्रयोग किया जायेगा– Bachelor/ spinster, boy/ girl, brother/ sister, father/ mother, gentleman/ lady, grand son/ grand daughter, Mr/ Mrs, king/ queen, sir/ madam, host/ hostess, lad/ less, actor/ actress, god/ goddess, police man/ police woman, sales man/ sales woman.

परन्तु man व woman के स्थान पर person प्रयोग करने पर common gender हो जाता है। जैसे– chair person, sales person व news person आदि।

निम्नलिखित शब्द वाक्य प्रयोग के आधार पर **masculine** व **feminine** दोनों हो सकते हैं–Adult, artist, cook, cousin, darling, deer, doctor, enemy, foreigner, friend, guest, journalist, lawyer, librarian, musician, neighbour, orphan, owner, passenger, person, pupil, relative, scientist, singer, speaker, spouse, stranger, student, teacher, tourist, visitor, writer आदि।

➢ When a *teacher* teaches in the class, a student should pay attention to what *he/ she* says.

Possessive case/ possessive form/ genitive- तीनों का एक ही अर्थ है। इसका प्रयोग उस स्थिति में किया जाता है जब noun का अर्थ का, की, के, से सम्बन्ध रखता है। सामान्यतः एकवचन noun की possessive form बनाने के लिये apostrophe अपोस्ट्रॉफी चिन्ह (') और s का प्रयोग करते हैं। जैसे– child से child's होता है। परन्तु किसी बहुवचन का अन्त s में हो रहा हो तो उस स्थिति में केवल apostrophe चिन्ह (') का ही प्रयोग होगा। जैसे– students की possessive form *students'* होगी। परन्तु बहुवचन *s* अक्षर में समाप्त न होकर किसी दूसरे अक्षर में समाप्त हो रहा हो तो apostrophe चिन्ह का प्रयोग भी होगा और *s* भी जोड़ा जायेगा। जैसे– children से children's.

Compound noun में apostrophe 's का प्रयोग

➢ *My daughter–in-law's* brother is a pilot.

Apostrophe's का प्रयोग संक्षिप्त रूप के बाद जैसे– the PM's secretary, the MP's briefcase.

Planes, trains, cars तथा दूसरे vehicle के लिये apostrophe's का प्रयोग सम्भव है

परन्तु of के प्रयोग को उचित माना जाता है। The train's heating system की अपेक्षा the heating system of the train अधिक उपयुक्त है।

Time expression में– A week's holiday, today's paper, five minutes' break, a two minutes' walk.

Money+ worth expression में

- Thirty thousand rupees' worth of a cow. (एक गाय जिसका मूल्य तीस हजार रुपये के बराबर है।)

- For+ noun+ sake = For goodness' sake

कुछ अन्य **expressions**

- A stone's throw, journey's end, the water's edge.

बे–जानदार चीजों के साथ सामान्यतः of शब्द ही उचित माना जाता है। जैसे–

- कुर्सी की टाँगे = The legs of the chair
  3 2 1

- कमरे का दरवाजा = The door of the room

कभी–कभी **infinitive** के स्थान पर **noun+ of** का प्रयोग किया जाता है। जैसे–

- It is forbidden *to waste* water.

  = The wastage of water is forbidden.

कुछ स्थानों में house, shop, hospital आदि शब्दों को छिपा दिया जाता है और उनके स्थान पर 's का ही प्रयोग किया जाता है।

- I am going to *the hairdresser's = hairdresser's shop*

- *The chemist's = the chemist's shop*

Double possessive का प्रयोग

- A friend of my father's = One of my father's friends (मेरे पिता के मित्रों में से एक)

- A sister of Mohan's = One of the sisters of Mohan (मोहन की बहनों में से एक)

- A friend of mine/ his/ ours/ theirs = One of my/ his/ our/ their friends (मेरे/उसके/हमारे/उनके मित्रों में से एक) **(pronoun का possessive case)**

Demonstrative+ adjective+ noun+ of+ possessive form *noun/ pronoun*

➢ That foolish brother of his has told me the same story many times. (उसके उस मूर्ख भाई ने वही कहानी मुझे बार–बार बतलाई है।)

यह स्थिति अक्सर आलोचना को दर्शाती है।

3

Pronoun

जो शब्द संज्ञा (noun) के स्थान पर प्रयुक्त किये जाते हैं सर्वनाम (pronoun) कहलाते हैं। जैसे–

➢ Mohan goes to College.

He reads in class nine.

पहले वाक्य में Mohan संज्ञा है उसके लिये दूसरे वाक्य में he का प्रयोग हुआ है। अतः he (pronoun) सर्वनाम हुआ ।

Subject		**Object**	**Possessive Pronoun**	**Possessive Adjective**	**Reflexive Pronoun**
S	I	me	mine	my	myself
P	we	us	ours	our	ourselves
S	you	you	yours	your	yourself
P	you	you	yours	your	yourselves
S	he	him	his	his	himself
S	she	her	hers	her	herself
S	it	it	-	its	itself
S	one	one	-	one's	oneself
P	they	them	theirs	their	themselves

S- Singular, P- Plural

ने शब्द की अंग्रेजी हमेशा subject में होगी। जैसे– मैंने = I. Object में दो ही अर्थ निकलते हैं *ऐ* या *को*। Possessive pronoun में noun छिपा रहता है।

➢ Your school is bigger than *mine* (=my school). (तुम्हारा स्कूल मेरे स्कूल से बड़ा है।)

अपने शब्द की अंग्रेजी possessive adjective में होती है।

➢ I go to *my* school. (मैं अपने स्कूल जाता हूँ।)

स्वयं शब्द की अंग्रेजी reflexive pronoun में होती है।

➢ I *myself* wrote a letter. (मैंने स्वयं ही पत्र लिखा।)

☞ पुरुष एकवचन *he* के आधार पर, स्त्री एकवचन *she* के आधार पर, पशु व बेजानदार एकवचन *it* के आधार पर। बहुवचन सभी genders *they* के आधार पर।

Mohan के लिए				
Subject	**Object**	**Possessive Pronoun**	**Possessive Adjective**	**Reflexive Pronoun**
he	him	his	his	himself

Possessive adjective के बाद हमेशा noun का प्रयोग होता है परन्तु pronoun के बाद noun नहीं आता है।

अपवाद– परन्तु कुछ विशेष combinatons के साथ जैसे– you students, she-bear में pronoun के बाद noun का प्रयोग होता है।

Gender / Person	**Masculine**	**Feminine**	**Neuter**	**Common**
First	-	-	-	I, We
Second	-	-	-	You
Third	He	She	It	They

It का प्रयोग वस्तु, गुण, घटना, स्थान के लिये किया जाता है।

➢ That *building* is beautiful. *It* is more than 60 years old.

➢ *Honesty* must be earned. *It* can't be bought.

➢ I love *riding*. *It* keeps me fit.

➢ Last night I *ran out of petrol. It* really taught me a lesson.

➢ You should visit *Kanpur. It* is not far from Lucknow.

पहचान दर्शाने के लिये व्यक्तियों के लिये it का प्रयोग होता है।

➢ There is a knock at the door. (दरवाजे पर खटखटाहट है।)

Who is *it*? (कौन है?)

It is the postman.

☞ व्यक्ति की पहचान जानने के लिये प्रश्न के रूप में it का प्रयोग हुआ है। जानकारी का उत्तर भी it में ही दिया गया है। जब वाक्य में पहचान की स्थिति न हो तथा अधिक जानकारी के लिये प्रार्थना की जा रही हो तो हम उत्तर में स्थिति के अनुसार he या she आदि शब्दों का प्रयोग करेंगे।

➢ Who is Mr Sharma? He is from Jaipur.

जानवर के लिये हम it का प्रयोग करते हैं जबकि उसके लिंग की जानकारी न हो और न ही लिंग जानने की आवश्यकता हो।

➢ I am fed up with that dog of yours. *It* never stops barking. (मैं तुम्हारे कुत्ते से तंग हो चुका हूँ। यह कभी भौंकना बन्द नहीं करता।)

We का प्रयोग first person plural में होता है।

➢ Let's go. Shall we? (सुनने वाले सहित) (आओ चलें। क्या हम चलें?)

➢ *We* are staying here. What about you? (हम यहाँ ठहरे हुये हैं। और आप कहाँ?)

यहाँ पर we में सुनने वाला सम्मिलित नहीं है।

समाचार पत्रों में anyone/ everyone के लिये भी we का प्रयोग होता है।

➢ *We* should applaud the government's efforts to create more jobs. (अधिक रोजगार उपलब्ध कराने के शासन के प्रयासों की प्रत्येक को प्रशंसा करनी चाहिए।)

दो या दो से अधिक व्यक्ति, जानवर व वस्तुओं के लिये they का प्रयोग होता है।

➢ Mohan and Sohan read in this class. *They* always make a noise.

- Look at these cows. *They* never stop eating.
- Our *coats* look dirty. *They* need a good wash.
- *They* say (=people say) the train is late by fifteen minutes.

They का प्रयोग authorities (अधिकारी वर्ग) के लिए भी किया जाता है।

- They are putting up oil prices again soon. (अधिकारी वर्ग (शासन) शीघ्र ही तेल के मूल्यों में बढ़ोत्तरी करने जा रहा है।)

They का अर्थ कोई भी (someone else) होता है

- If you ask in the office, *they* will tell you where the Principal is. (यदि तुम कार्यालय में पूछोगे तो कोई भी तुम्हें बतलायेगा कि प्रधानाचार्य कहाँ हैं।)

संक्षिप्त कथनों में हम कर्ता को छिपा देते हैं।

- Found this in the field. Know who it belongs to?

  = *I* found this in the field. Do you know who it belongs to? (मैंने इसे मैदान में पाया। क्या तुम जानते हो यह किसका है?)

अक्सर imperative वाक्यों में both और all के साथ you का प्रयोग करते हैं।

- Good luck to you both/ all.

इसी प्रकार imperative वाक्यों में give व pass क्रियाओं के साथ me के स्थान पर us का प्रयोग करते हैं।

- Give *us* hand with trunk, will you? (इस सन्दूक के लिये मुझे अपने हाथ का सहारा दो, क्या आप देंगे?)

Be (is, am, are, was, were) के बाद सामान्यतः object pronoun का प्रयोग होता है।

- Who is it? It *is* me/ him/ her/ us/ them.

प्रतिदिन की बोलचाल में subject pronoun का प्रयोग न करके object pronoun का ही प्रयोग करते है। संक्षिप्त उत्तर चाहे स्वीकृति में हो या अस्वीकृति में।

- Who wants to drive my car? Me. Not me. (कौन मेरी कार चलाना चाहता है? मैं। मैं नहीं।)

जब वाक्य को विभाजित (cleft) किया जाता है तो object pronoun का ही प्रयोग होता है।

- Do not blame Mohan. It was *me* who opened the letter.
  = It was I who opened the letter.

  = I was the one who opened the letter. (मैं ही था जिसने पत्र को खोला।)

जब as और than को preposition के रूप में प्रयोग किया जाता है तो इनके बाद object pronoun का ही प्रयोग होता है।

- She is as old as *me*.
- You are taller than *me/ her*.

परन्तु जब as और than का प्रयोग conjuction के रूप में अर्थात् वाक्यों को जोड़ने के रूप में किया जाता है तो subject pronoun का प्रयोग होता है।

- She is as tall as *I* am/ *he* is.
- You are more intelligent than *I* am/ *she* is.

आश्चर्यजनक शब्दों में object pronoun का प्रयोग होता है।

- He had to pay again.- Poor *him*! (उसे दोबारा भुगतान करना पड़ा। क्या वह दुर्भाग्यशाली नहीं है! अर्थात् है।)
- She has been elected to Parliament.- Lucky *her*! (उसे संसद के लिये चुन लिया गया है। क्या वह सौभाग्यशाली नहीं है! अर्थात् है।)

पालतू जानवर, farm animal, तथा छोटे प्रकार के जानवरों के लिए स्थिति के अनुसार he या she का प्रयोग करते हैं।

- What kind of dog is Spot? He is a mongrel.
- The cuckoo lays *her* eggs in another birds' nests. (कोयल अपने अन्डे दूसरों के घोसलों में सेंती है।)

जब किसी छोटे जन्तु की गतिविधि को बड़े रुचिकर तरीके से देखा जाता है तो उसे masculine gender में ही रखा जाता है।

➢ Look at that *frog*! Look at the way *he* jumps.

Ship, car, motor bike, व country को feminine gender में ही रखा जाता है।

➢ I have a *car* but *she* is not new.

➢ *India* is my country and I love *her*.

One का प्रयोग सामान्यतः everyone/ anyone के रूप में किया जाता है।

➢ One should do one's duty. (प्रत्येक को अपना कर्तव्य करना चाहिये।)

प्रतिदिन के संवाद में one की अपेक्षा you को ही वरीयता दी जाती है।

➢ You should be a good citizen. (प्रत्येक को एक अच्छा नागरिक होना चाहिये।)

One आधार शब्द (prop word) के रूप में प्रयोग होता है।

➢ Have you seen *that car*? **(singular countable)** (वस्तु)

Is that *the one* which belongs to Mohan? (क्या वह वही कार है जो मोहन की है?)

➢ Have you seen my *new teachers*? **(plural countable)** (व्यक्ति)

Are they *the ones* who were transferred from Alwar? (क्या वे वही अध्यापक हैं जो अलवर से स्थानान्तरित किये गये?)

☞ Uncountable की स्थिति में हम one का प्रयोग नहीं कर सकते।

➢ Do not use stale curd. Use this fresh (curd).

उपरोक्त वाक्य में fresh के बाद one का प्रयोग अशुद्ध है।

One और ones का प्रयोग which प्रश्नवाचक शब्द के साथ, तथा this, that, these, those के बाद वस्तुओं व व्यक्तियों के चयन के रूप में किया जाता है।

➢ Which one would you like? (आप कौनसा चाहते हैं?)

This one or that one? (क्या यह या वह?) (एकवचन)

➢ Which ones would you like? (आप कौनसे चाहेंगे?)

These ones or those ones? (क्या ये या वे?)

➢ Which one/ which ones do you want? (आप किस तरह का/ किस तरह के चाहते हैं?)

The cheapest one/ ones. (सबसे सस्ता/ सबसे सस्ते।)

रंग के बाद one और ones का प्रयोग ऐच्छिक है।

➢ Which one/ which ones do you want? (आप कौनसा/ कौनसे चाहते हैं?)

I will have the red/ red one/ red ones. (मैं लाल रंग का/ लाल रंग के रखूँगा।)

सामान्यतः positive degree के बाद one या ones का प्रयोग होता है।

➢ Which one/ ones do you want?

The large one/ ones.

यदि this, that, these, those के बाद adjective का प्रयोग हुआ है तो उसके बाद स्थिति के अनुसार one या ones का प्रयोग अवश्य ही होगा।

➢ I will try on a few of these shirts. Please show me that *white one*/ those *white ones*.

The के पश्चात् one या ones का प्रयोग अवश्य ही होगा तथा उसके बाद phrase आयेगा।

➢ Which woman do you mean? (तुम्हारा तात्पर्य कौनसी स्त्री से है?)

The one in the green dress. (वह जो हरी वेशभूषा में है।)

➢ Which boys made a noise in the class? (कौनसे लड़कों ने कक्षा में शोर किया?)

The ones in the red shirts.(वे लड़के जो लाल कमीज में हैं।)

➢ Which book do you want?

The one in the red cover.

क्रम में *पहला* शब्द के लिये–

- The one/ the first/ the former.

क्रम में *दूसरा* शब्द के लिये–

- The other/ the second/ the latter.

इन्हें सामान्यतः जोड़े (pair) में प्रयोग किया जाता है।

➢ Sunita and Vinita are two sisters. The one/ the first/ the former reads in Delhi University, the other/ the second/ the latter reads in Indore University. (सुनीता और विनीता दो बहनें हैं। सुनीता दिल्ली विश्वविद्यालय में पढ़ती है, विनीता इन्दौर विश्वविद्यालय में पढ़ती है।)

☞ *It* के साथ सदैव एकवचन की क्रिया ही प्रयोग की जायेगी, चाहे कर्म एकवचन हो या बहुवचन ।

➢ It is *the boys* who helped me.

➢ It is *the boy* who helped me.

➢ It was *the girls* who broke this chair.

It शून्य कर्ता के रूप में– अर्थात् it का कोई अर्थ निम्नलिखित स्थितियों में नहीं होता।

समय–

➢ It is 8 o' Clock. It is Monday. It is May 25th.

➢ It is time for us to leave. (चलने के लिये उचित समय है।)

मौसम–

➢ It is hot. (गर्मी है।)

➢ It is raining. (वर्षा हो रही है।)

तापमान–

➢ It is 35° centigrade. (तापमान 35 डिग्री सेन्टीग्रेड है।)

दूरी–

- It is 45 kms to Dehradun. (देहरादून पैंतालीस किलोमीटर है।)

ज्वार–भाटा–

- It was high tide at 11:30. (ज्वार 11:30 पर आया।)

वातावरण–

- It is noisy/ smoky in here.

वर्तमान स्थिति–

- It is not awful!

Says के साथ it का प्रयोग–

- It says there was a big accident at that cross roads. (सुना जाता है कि उस चौराहे पर बहुत बड़ी दुर्घटना हो गई।)

Take के साथ it का प्रयोग–

- It takes 20 hours to get to Panipat. (पानीपत पहुँचने में 20 घन्टे लगेंगे।)

It प्रारम्भिक कर्ता के रूप में– वाक्य it से प्रारम्भ होकर infinitive, gerund व noun clause में जारी रहता है।

Infinitive के रूप में–

- It is pleasant *to lie* in the sun. (धूप में लेटना आनन्ददायक है।)

Gerund के रूप में–

- It is pleasent *lying* in the sun. (धूप में लेटना आनन्ददायक है।)

Noun clause के रूप में–

- It is shame *that Mohan is not here.* (शर्म का विषय है कि मोहन यहाँ नहीं है।)

It *difficult*, *easy*, *important*, *vital* आदि adjectives की उपस्थिति में कर्ता का कार्य करता है।

➢ It is *difficult* to solve that problem. **(adjective)**

It का प्रयोग fun, a pity, a pleasure, a shame आदि noun की उपस्थिति में भी कर्ता का काम करता है।

➢ It is a *pleasure* to climb the hills. **(noun)**

Appear, happen, look, seem. आदि क्रियाओं के साथ भी it कर्ता के रूप में प्रयोग किया जाता है।

➢ It *appears* that he forgot to sign the attendance register. (ऐसा प्रतीत होता है कि वह उपस्थिति पंजिका में हस्ताक्षर करना भूल गया।) **(verb)**

विभाजित (cleft) वाक्य में भी it का प्रयोग verb 'be' के पहले होता है। उस स्थिति में यह शब्द *विशेष* पर जोर देता है।

➢ It was Ramesh who phoned Mahesh last night. (रमेश ही था जिसने पिछली रात महेश को फोन किया।) (किसी दूसरे ने नहीं)

➢ It was Mahesh whom Ramesh phoned last night. (महेश ही था जिसे रमेश ने पिछली रात फोन किया।) (केवल महेश को ही)

➢ It was last night that Ramesh phoned. (पिछली रात ही थी कि रमेश ने फोन किया।) (न कि आज सुबह)

It object की प्रारम्भिक अवस्था में भी प्रयोग होता है।

Noun/ pronoun+ find/ think+ it+ adjective+ infinitive/ that clause

➢ Mohan finds it difficult to solve the problem. (मोहन समस्या का समाधान करने में कठिनाई अनुभव करता है।)

➢ I think it funny that he is trying how to cycle at the age of ninety. (मैं इसे मजाक समझता हूँ कि वह नब्बे वर्ष की उम्र में साईकिल चलाने का प्रयास कर रहा है।)

जोर देने के लिये *it* व *they* का प्रयोग होता है।

➢ Did the letter I have been expecting come? (क्या पत्र जिसकी मैं प्रतीक्षा कर रहा था, आया?)

Yes, *it* came this morning. (हाँ, आज सुबह वही आया।)

- Did the letters I have been expecting come? (क्या पत्र जिनकी मैं प्रतीक्षा कर रहा था आये?)

  Yes, *they* came this morning. (हाँ, आज सुबह वही आये।)

परन्तु जोर न देने की स्थिति में one या some का प्रयोग होता है।

- Did a letter come for me? (क्या मेरा कोई पत्र आया?)

  Yes, one/ some letter came for you this morning. (हाँ, कोई पत्र आज सुबह तुम्हारे नाम पर आया।)

- Did any letters come for me? (क्या मेरे कोई पत्र आये?)

  Yes, one/ some came for you this miorning. (हाँ, एक पत्र/ कुछ पत्र आज सुबह तुम्हारे नाम पर आये।)

So का प्रयोग कुछ निश्चित क्रियाओं के साथ होता है। जब उत्तर स्वीकृति में है तो it का प्रयोग नहीं होता और हमें पूरे clause की पुनरावृत्ति करने की आवश्यकता नहीं होती। Guess, hope, think, seem, appear के बाद *so* का ही प्रयोग किया जाता है। I am afraid के बाद *so* ही आता है।

- Is that true that Mohan has met with an accident? (क्या यह सत्य है कि मोहन दुर्घटनाग्रस्त हो गया है?)

स्वीकृति में उत्तर– I believe so/ I think so/ It seems so/ I am afraid so.

अस्वीकृति में उत्तर– I believe not/ I don't think so/ It doesn't seem so/ I don't suppose so.

जब छोटा उत्तर स्वीकृति में हो तो so का प्रयोग कर्ता से पहले believe, gather, hear, notice, see, understand, say, tell, seem, appear क्रियाओं के साथ होता है।

- Petrol price has gone up again. So I believe/ see.

Expect, hope, say, think क्रियाओं के प्रयोग होने पर *so* का प्रयोग उत्तर देते समय वाक्य के प्रारम्भ में होगा तथा would या should का भी प्रयोग होगा।

- So I should/ would hope!

दूसरी विधि– इस विधि में so का प्रयोग वाक्य के अन्त में होगा।

➢ I should/ would hope so!

इस स्थिति में सहायक क्रिया would या should ही प्रयोग की जायेगी।

Do क्रिया के बाद so या it कोई सा भी शब्द प्रयोग किया जा सकता है।

➢ Please post the letters.

I have just done *so*.

= I have just done *it*. (मैंने पत्रों को अभी पोस्ट किया है।)

Guess, know, remember आदि क्रियाओं के साथ it का प्रयोग ऐच्छिक है।

➢ Secretly Mohan bought a big house.

Yes, I know.

= I had guessed.

उपरोक्त वाक्यों में know और guessed के बाद it को छोड़ दिया गया है।

निम्नलिखित शब्दों का संकेत अधिकार (possession) को दर्शाता है कि कोई व्यक्ति या वस्तु किसकी है। इस स्थिति को question में *whose* के प्रयोग द्वारा जाना जाता है।

जैसे–

Interrogative Adjective	**Possesive Noun**	**Possessive Adjective**
Whose father (किसके पिता)	Mohan's father	His father
Whose son (किसका पुत्र)	Sita's son (सीता का पुत्र)	Her son
Whose milk	Cow's milk	Its milk
Whose price	The price of this book	Its price
Whose college	Boys' college/ girls' college	Their college
Whose prices	Prices of these books	Their prices

Possessive adjectives और **possessive pronouns** का तुलनात्मक अध्ययन

Possessive adjective के बाद हमेशा noun का प्रयोग होगा परन्तु possessive pronoun के बाद कभी नहीं। जैसे–

➤ These are *my* children. **(adjective)**

These children are *mine*. **(pronoun)**

Its का प्रयोग कभी भी pronoun के रूप में नहीं होता है। अर्थात् इसका प्रयोग adjective के रूप में किया जाता है।

➤ I have a car and I like *its* colour. **(adjective)**

➤ How much is this book? (इस पुस्तक का कितना मूल्य है?)

I forgot its. (अशुद्ध)

परन्तु–

I forgot its price/ the price of it. (शुद्ध)

अत्याधिक जोर देने के लिये *own* शब्द और जोड़ देते हैं।

➤ I would like to have my *own* room/ a room of my very own.

Own के बाद one का प्रयोग अशुद्ध है।

➤ Do not use my comb. Use your own. (~~*Use your own one.*~~)

The का प्रयोग possessive adjective के स्थान पर हो सकता है।

➤ He hit me in *the* face. (the = my)

➤ A bee stung her on *the* nose. (the = her)

जब शरीर के अंगों से सम्बन्धित होने पर the का प्रयोग करते हैं तब वह possessive adjective की ओर संकेत करता है।

☞ कुछ स्थितियों में possessive adjective का ही प्रयोग किया जायेगा न कि *the* का।

➤ She shook *her* head.

➢ I have hurt *my* finger.

The का प्रयोग possessive adjective के रूप में children, kids, family के साथ किया जाता है।

➢ How is *the* family? (the = your)

➢ Where are *the* children? (the = your)

Reflexive pronouns- Reflexive का तात्पर्य *स्वयं* से होता है।

➢ He absented *himself* for three days. (उसने स्वयं को तीन दिन तक अनुपस्थित रखा।)

Absent, avail व pride आदि क्रियाओं के बाद reflexive pronoun अवश्य प्रयुक्त होगा। Behave के बाद reflexive pronoun का प्रयोग ऐच्छिक है।

➢ The children behaved (themselves).

Reflexive का प्रयोग वाक्य में शब्द विशेष पर जोर देने के रूप में भी होता है।

➢ Will you get yourself dressed? We are late. (क्या आप कपड़े पहनोगे? हमें विलम्ब हो चुका है।)

Reflexive pronoun का प्रयोग ordinary क्रियाओं के बाद जानदार कर्म के रूप में किया जाता है।

➢ The boss gave himself a rise. (बॉस ने स्वयं को ही बढ़ोत्तरी दी।)

कुछ संक्षिप्त अभिव्यक्तियों में reflexive pronoun का प्रयोग

➢ Help yourself !

➢ Don't upset yourself !

➢ I could not make myself heard above the noise. (शोर के कारण मेरी बात नहीं सुनी जा सकी।)

➢ The two bank clerks blamed each other for the mistake. (दोनों बैंक क्लर्कों ने गलती के लिये एक दूसरे को दोष दिया।)

The two bank clerks blamed themselves for the mistake. (दोनों बैंक क्लर्कों ने ही दोष स्वीकार किया।)

Preposition के बाद भी reflexive pronoun का प्रयोग होता है।

➢ Look *after* yourself.

➢ Sunita is looking very pleased *with* herself. (सुनीता स्वयं से बहुत ही प्रसन्नचित्त दिख रही है।)

Reflexive pronoun का प्रयोग adverb particle और verb के मध्य में भी होता है।

➢ We gave *ourselves* up. (हमने हार मान ली।)

➢ We pulled ourselves out (of the water). (हमने स्वयं को बाहर की तरफ खींचा।)

कुछ reflexive को idomatic expressions में प्रयोग किया जाता है।

➢ Strictly between ourselves, do you think he is dishonest?

Preposition के बाद सामान्यतः objective pronoun का ही प्रयोग होता है।

➢ I have not got any money on *me*.

- By+ reflexive = Alone (अकेला)

➢ He lives by himself. (वह अकेला रहता है।)

But से पूर्व जब negative शब्द हो तो but का अर्थ सिवाय होता है।

➢ You can blame no one but yourself. (अपने सिवाय तुम किसी दूसरे पर दोषारोपण नहीं कर सकते।)

जोर देने के अर्थ में भी reflexive का प्रयोग होता है।

➢ *You yourself* wrote a letter. (तुमने ही पत्र लिखा।)

➢ *Engine itself* is badly damaged. (इंजिन स्वयं ही क्षतिग्रस्त है।)

अशिष्टता को दर्शाने के लिये भी self का प्रयोग किया जाता है।

➢ Can you fetch me a glass of water, please? (क्या कृपया आप मेरे लिए एक ग्लास पानी ला सकते हैं?)

Fetch it yourself. (उसे स्वयं ही ले आओ।)

Reflexive pronoun का प्रयोग be, feel, look, see के बाद भावनाएँ, संवेग, व दशा को दर्शाने के लिए किया जाता है।

- I don't know what is the matter with me. I am not myself today. (मैं नहीं जानता मेरे साथ क्या घटित हुआ है। मैं स्वयं अपना नियंत्रण खो बैठा हूँ।)

कभी–कभी हम possessive adjective+ adjective+ self (noun) के आधार पर वाक्य रचना करते हैं।

- Sunita did not sound *her happy self* on the phone this morning. (आज सुबह सुनीता फोन पर प्रसन्नचित्त दिखाई नहीं पड़ी।)

This, that, these, those शब्द demonstrative adjectives भी हैं और pronouns भी। केवल प्रयोग द्वारा ही इनमें अन्तर होता है। यदि उपरोक्त शब्दों के पश्चात् noun का प्रयोग होगा तो वे adjective कहलायेंगे। वरना pronoun ही रहेंगे।

- *This* pen is mine. **(adjective)**

- I bought *this* . **(pronoun)**

संक्षिप्त उत्तर में this, that के स्थान पर *it* व these, those के स्थान पर *they* कर्ता के रूप में प्रयोग किया जाता है।

- Is this/ that yours?

  Yes, *it* is.

- Are these/ those yours?

  Yes, *they* are.

यदि this, that का संकेत व्यक्ति की तरफ है तो हम he या she का ही प्रयोग करेंगे।

- *This* is Mrs Sharma. *She* is incharge here.

- *This/ that* is Mr Sharma. *He* is incharge here.

Indefinite pronouns- Compounds of some, any, no, every.

Some	Any	No	Every
someone	anyone	no one	everyone
somebody	anybody	nobody	everybody
something	anything	nothing	everything

Affirmative-

- I met *someone* last night.

Offers and requests-

- Would you like *something* to eat? (क्या कुछ खाना चाहोगे?)

Negative-

- There is not *anyone* who can help me. (मेरी सहायता करने के लिये कोई नहीं है।)

प्रश्न करने के लिये जब उत्तर की स्थिति सन्देह जनक हो।

- Is there *anyone* here who is a doctor? (क्या यहाँ कोई डॉक्टर है?)

Positive adjectives-

- There is *something* special.

Comparative adjectives-

- I'd like *something* cheaper.

The infinitive-

- Have you got *anything* to write? (क्या तुम्हारे पास लिखने को कुछ है?)

4

Articles

अंग्रेजी भाषा में **articles** तीन होते हैं– ***a, an, the.***

A, An = Indefinite articles

The = Definite article

A व *an* का प्रयोग अनिश्चितता की ओर संकेत करता है। इन दोनों का प्रयोग केवल एकवचन के साथ ही किया जाता है। जबकि the निश्चितता की ओर संकेत करता है। The का प्रयोग एकवचन व बहुवचन दोनों के साथ होता है।

➤ I saw *a* boy.

➤ *The* boy lives in Delhi.

प्रथम वाक्य में *a* indefinite article है जबकि दूसरे वाक्य में *the* definite article है, क्योंकि the उसी लड़के की चर्चा करता है जिसे मैंने देखा। *A* का प्रयोग सामान्यतः उन शब्दों से पूर्व होता है जो consonant से प्रारम्भ होते हैं। जैसे– a book, a chair आदि। *An* का प्रयोग vowel से प्रारम्भ होने वाले शब्दों से पूर्व होता है। जैसे– an apple, an orange आदि। अंग्रेजी वर्णमाला में a, e, i, o, u पाँच वर्ण *vowels* हैं। शेष सभी इक्कीस वर्ण *consonants* हैं।

अपवाद– यदि कोई शब्द vowel से प्रारम्भ हो और उसका उच्चरण *यू* या *व* निकलता हो तो उस स्थिति में an के स्थान पर a का प्रयोग होगा। जैसे– a university, a one rupee note.

इसी प्रकार कोई शब्द consonant से प्रारम्भ हो और उसका vowel के अक्षर से उच्चरण निकल रहा हो तो a के स्थान पर an का प्रयोग होगा। जैसे– an hour, an honest boy. यहाँ पर *h* की आवाज नहीं है।

Origin (उत्पत्ति), occupation (व्यवसाय), religion (धर्म) तथा politics (राजनीति) से पूर्व indefinite articles का प्रयोग होता है।

- She is an *American.* **(origin)**
- He is a *Muslim.* **(religion)**
- He is a *doctor.* **(occupation)**
- He is a *socialist.* **(politics)**

बहुवचन में–

- They are Frenchmen.
- They are teachers.

Adjective+ noun की स्थिति में–

- She is a good nurse.

जानवर व वस्तुओं को वर्गीकृत किये जाने पर–

- It is a kind of / a sort of/ a type of bottle opener.

A, an का प्रयोग उस निश्चित व्यक्ति के लिये भी किया जाता है जिसे मैं जानता हूँ।

- *A Mr Sinha* is waiting for you to see.

A certain वाक्याँश की स्थिति, जिसके विषय में अभी तक जानकारी प्राप्त नहीं हुई है।

- Many years ago *a certain merchant* arrived in Mumbai.

A, an और one में अन्तर

One का प्रयोग गणना के रूप में किया जाता है जो दूसरी संख्याओं का विरोधी है।

- It was *one milk* we ordered, not *two.*

कहानी का वर्णन करते समय सामान्यतः one का प्रयोग करते हैं।

- *One morning/ one day/ one evening,* I found Mohan stealing cash from his brother's safe.

वजन व माप के साथ सामान्यतः one का ही प्रयोग करते हैं। जैसे– one hundred, one thousand, one million, one quarter, one third, one half, one fourth, one pound, one dollar, one kilo, one foot, one metre.

rate (दर) के लिये स्थिति अनुसार a, an या per का प्रयोग करते हैं। जैसे– 100 Rs. a/ per kilo, 50 kms an/ per hour, 35 miles a/ per gallon, twice a/ per day.

Exclamations में या जोर देने के लिये what और such के बाद indefinite article का प्रयोग होता है।

- *What a* surprise!
- *What an* interesting story!
- His boss is *such an* idiot!

Natural pair में indefinite article का प्रयोग पहले शब्द के साथ होता है। जैसे– a hat and coat, a knife and fork.

परन्तु natural pair न होने पर प्रत्येक noun से पूर्व indefinite article का प्रयोग होगा।

- Please buy *a raincoat* and *a book*.

Cold, headache, sore throat, weak heart, broken leg से पूर्व indifinite article का प्रयोग होता है।

Definite article 'the' का प्रयोग

इसका प्रयोग एकवचन व बहुवचन दोनों के साथ होता है हिन्दी में *the* का वही अर्थ हुआ करता है।

- She is *the* girl I was telling you about. (यह वही लड़की है जिसके विषय में मैं तुमसे कह रहा था।)
- They are *the* children she was telling me about. (वे वही बच्चे हैं जिनके विषय में वह मुझसे बता रही थी।)

वर्गीकरण के रूप में **the** का प्रयोग

The+ singular

- *The cobra* is dangerous. (सांपों की विशेष श्रेणी)

Zero+ plural

- *Cobras* are dangerous. (सांपों की पूरी श्रेणी)

A/ an+ singular

- *A cobra* is very dangerous. (कोबरा का खतरनाक सांप के रूप में उदाहरण दिया गया है।)

The+ nationality (राष्ट्रीयता)

- *The Americans* and *the Japanese* have been enemies for a long time.
- *The Asians* are a long way from political unity.
- *The Liberals* are winning.

The+ noun+ of

- *The price of* the book is very high.

The+ clause या the+ phrase

- *The Sharmas you are looking for* no longer live here. (शर्मा बन्धु जिन्हें तुम तलाश कर रहे हो अब यहाँ नहीं रहते हैं।)
- *The books on the table* are for Sarita.

सीमित सन्दर्भ की स्थिति में **the** का प्रयोग

- Who is at the door?- It is *the postman.*
- Where is Mohan?- He has gone to *the bookseller's.*

निम्नलिखित स्थितियों में ***the*** का प्रयोग होता है– The country, the mountain, the seaside, the earth, the sea, the sun, the moon, the solar system, the galaxy, the universe, the body, the brain, the head, the heart, the lungs, the mind, the stomach, the veins, the ceiling, the door, the floor, the back, the front, the top, the inside, the outside, the bottom, the street आदि।

Time expressions (समय से सम्बन्धित अभिव्यक्तियाँ)– The beginning, the middle, the end, the first, the last, the next, the following day, the present, the past, the future, in the morning, in the afternoon, in the evening आदि। परन्तु next week, on Monday, last year.

Seasons (ऋतुयें) के साथ **the** का प्रयोग ऐच्छिक है। जैसे– spring, summer, automn, winter.

The का **dates** के साथ प्रयोग– June 24th, the 24th of June.

Fixed timed expressions- All the while, at the moment, for the time being, in the end.

संगठन– The Boy Scouts, the United Nations.

परन्तु–Congress, Parliament.

ऐतिहासिक घटनायें– The French Revolution, the Stone Age.

जहाजों के नाम– The Canberra, the Discovery, the Titanic.

राजनैतिक दल– The Conservative Party, the Janta Party, the Bhartiya Janta Party.

जनता के अंग– The Army, the Government, the Police.

समाचार पत्र– The Nav Bharat Times, the Times of India, the press, the radio, the television.

परन्तु– What is on (the) television? What is on T.V.?

जलवायु– The climate, the temperature, the weather.

श्रेणी वर्ग– The dinosaurs, the human race, the reptiles.

Superlative degree के साथ– Mohan is the best boy in the class.

Musical instruments - She plays the piano/ the flute/ the violin.

जब दो comparatives का प्रयोग हो तो दोनों comparatives के साथ the का प्रयोग होता है। पहले the का अर्थ इतना दूसरे the का अर्थ जितना हुआ करता है। कहीं–कहीं इनका अर्थ जितना–उतना में लिया जाता है।

➢ *The* sooner, *the* better. (जितनी जल्दी, उतना अच्छा।)

क्रमवाचक संख्याओं के पूर्व the का प्रयोग होता है। जैसे– the first, the second, the third, the fourth आदि।

Zero article- निम्न स्थितियों में article का प्रयोग नहीं होता।

Countable जब बहुवचन में प्रयोग होता है।

➢ Girls do better than *boys* at school.

Uncountable के साथ–

➢ *Butter* makes fat.

➢ *Honesty* is the best policy.

Proper noun की स्थिति में–

➢ *Mr Singh* lives in Ghaziabad.

परन्तु वस्तु विशेष पर जोर देने के लिये the का प्रयोग होता है।

➢ *The books* I gave you were expensive. (वही पुस्तकें जो मैंने तुम्हें दीं, मूल्यवान थीं।)

➢ *The water* I drank this morning was very hot. (आज सुबह जो पानी मैंने पिया, बड़ा गरम था।)

इसी प्रकार–

➢ The Rishikesh of 1970's was a low populated city. (1970 के दशक वाला ऋषिकेश कम जनसंख्या वाला नगर था।)

परन्तु–

➢ Rishikesh is a well run city today.

Proper noun जब *common noun* के रूप में प्रयोग किया जाता है।

➢ Mr Sharma is the Kalidas of today.

यहाँ पर श्री शर्मा की तुलना संस्कृत के महान विद्वान कालिदास से की गई है।

जब adjective का noun बनाया जाता है तो इससे पूर्व the का प्रयोग होता है। इस प्रकार वह शब्द पूरे वर्ग का प्रतिनिधित्व करता है।

- ➢ The rich are happy.
- • The rich = धनी व्यक्तियों की श्रेणी

विषयों (subject) से पूर्व the का प्रयोग नहीं होता।

- ➢ Mathematics is a diffcult subject.

निम्नलिखित शब्दों के साथ the का प्रयोग नहीं होता है– Dawn, day break, sunrise, sunset, mid night, dusk, night, four o'clock, breakfast, lunch, tea, dinner, supper आदि।

परन्तु–

- ➢ *The tea* I ordered you still has not arrived. (चाय जिसका मैंने तुम्हें आदेश दिया था अभी तक नहीं आई है।)

Temple, market, school, college, church, hospital, prison, work, sea, bed से पूर्व *the* का प्रयोग नहीं होता यदि वे उस उद्देश्य को पूरा करते हैं जिनके लिये उनका निर्माण हुआ है।

- ➢ He goes to school. (अध्ययन करने के लिये)

  He goes to *the school.* (किसी दूसरे कार्य के लिये न कि अध्ययन करने के लिये)

- ➢ She goes to market. (खरीददारी करने हेतु)

  She goes to *the market.* (खरीददारी करने के लिये नहीं, किसी दूसरे कार्य के लिए)

Transport वाले शब्दों के साथ भी the का प्रयोग नहीं होता है। जैसे– by air, by bicycle, by bike, by boat, by bus, by car, by coach, by land, by plane, by sea, by water, by train, by rail, by tube, on foot आदि।

- ➢ I travelled all over India *by train.*

जोड़े वाले शब्दों के साथ भी *the* का प्रयोग नहीं होता है। जैसे– day and night, father and son, husband and wife, light and dark, young and old, pen and ink, sun and moon.

➢ He is working hard *day and night*.

निश्चित phrases के साथ भी the का प्रयोग नहीं होता। जैसे– arm in arm, come to light, face to face, from top to bottom, hand in hand, keep in kind, make friends, make fun of आदि।

Newspaper की head line में भी the का प्रयोग नहीं होता है। जैसे– HOTEL FIRE DISASTER

5

Adjective

जब कोई शब्द संज्ञा (noun) या सर्वनाम (pronoun) के विषय में कुछ कहता है, adjective (विशेषण) कहलाता है। जैसे– a *handsome* boy, a *big* car, a *small* bag, a *young* man, a *cool* evening, *blue* eyes, a *round* table, a *French* lady आदि।

Adjectives को जानने के लिए प्रश्नवाचक शब्दों का प्रयोग करते हैं। जैसे–

➤ What is person like? या What is thing like?

प्रश्न– What is Mohan like (to look at)? (मोहन देखने में कैसा है?)

उत्तर– He is *dark/ short/ tall.* (वह काला / छोटा / लम्बा है।)

प्रश्न– What is Mohan like as a person? (मोहन व्यक्ति के रूप में कैसा है?)

उत्तर– He is *clever/ kind/ honest.* (वह चतुर / दयालु / ईमानदार है।)

प्रश्न– What is car like ?

उत्तर– It is *new/ old/ red.* (यह नई / पुरानी / लाल है।)

कुछ adjectives के अन्त में able, full आदि शब्द होते हैं। जैसे– enjoy*able*, truth*ful*.

कुछ adjectives के प्रारम्भ में dis व un आदि शब्द होते हैं। जैसे– *dis*agreeable, *un*interesting.

☞ Ing और third form वाले शब्द भी adjective का काम करते हैं– *Interesting* book, *sold* goods.

Compound Adjectives

Present participle के प्रयोग द्वारा– A long *playing* record.

Past Participle जिसमें **noun** का प्रयोग होता है। जैसे– flat *chested,* hard *hearted,* open *minded,* slow *footed.* उपरोक्त तिरछे शब्द noun से बने हैं।

माप सम्बन्धी **compound adjectives-** A ten metre long building, a three acre plot.

अवधि सम्बन्धी **compound adjectives-** A four day conference.

लम्बाई / गहराई सम्बन्धी **compound adjectives-** A six inch ruler, a six foot hole.

समय सम्बन्धी **compound adjectives-** A twenty hour journey.

वजन सम्बन्धी **compound adjectives-** A five kilo bag of sugar.

क्रमवाचक संख्याओं से बनने वाले **adjectives** भी **compound** के रूप में प्रयोग किये जाते हैं। जैसे– a second hand scooter, a tenth century fort.

कुछ अन्य **compound adjectives** के उदाहरण– Tax-free, loose-fitting, water-proof, car-sick, air-tight, fire-resistant, badly-behaved, well-done, well-paid, well-behaved, ill-advised, well-informed, poorly-educated आदि।

Adjectives के प्रकार और उनके प्रयोग

Adjective एकवचन व बहुवचन के साथ एक समान होते हैं– A *tall* girl, *tall* girls.

☞ जब दो nouns साथ–साथ प्रयोग किये जाते हैं तो पहला noun adjective का कार्य करता है। जैसे– *school* building, *college* peon, *Ujjain* University, *Delhi* Junction.

Adjective के attributive व predicative प्रयोग

जब adjective का प्रयोग noun से पहले होता है तो उसे attributive use कहा जाता है। जैसे– a *young* man, an *old* man, an *old* car.

परन्तु जब adjectives verb 'be' (is, am, are, was, were), seem आदि क्रियाओं के तुरन्त बाद आते हैं तो उन्हें predicative use का माना जाता है।

➢ She seems *happy*.

➢ That car is *new*.

Heavy, old, late शब्दों को जब attributive की तरह प्रयोग किया जाता है तो इनके भिन्न अर्थ होते हैं।

➢ Sohan is very *old* now. (अधिक उम्र का) **(predicative use)**

➢ He is my *old* friend. (लम्बे समय से) **(attributive use)**

➢ Your bag is very *heavy*. (वजन के कारण) **(predicative use)**

➢ Mohan is a *heavy* smoker. (अधिक मात्रा में धूम्रपान करने वाला) **(attributive use)**

➢ She is *late* again. (समय पर नहीं) **(predicative use)**

➢ My *late* father was a farmer. (मेरे स्वर्गीय पिता) **(attributive use)**

☞ Late का attribitive use कुछ निश्चित सन्दर्भ में भी किया जाता है।

➢ *Late* arrivals will not be permitted to enter the class. (देर से आने वाले के अर्थ में)

Well, ill, faint, आदि शब्द predicative use में health को इंगित करते हैं।

प्रश्न– What is the matter with him?

उत्तर– He is *ill/ well/ unwell.* / He feels *faint.* (वह मूर्छित स्थिति में है।)

उपरोक्त तिरछे शब्द स्वास्थ्य को दर्शाते हैं परन्तु a *faint* chance (*धूमिल अवसर* attributive use), a *faint* hope (*बहुत थोड़ी आशा* attributive use).

निम्नलिखित adjectives जो *a* अक्षर (letter) से प्रारम्भ होते हैं केवल predicative use रखते हैं– Alight, alike, alive, alone, ashamed, asleep, awake आदि। परन्तु attributive use में इनका रूप परिवर्तित हो जाता है।

Predicative use	**Attributive use**
The children are *asleep.*	The *sleeping* children
The boat is *afloat.*	The *floating* boat
The children are *afraid.*	The *frightened* children

The building is *alight.*	The *burning* building
Every thing that is *alive.*	All *living* things
The fish is *alive.*	It is *alive* fish.
When I am *awake.*	In my *waking* hours

- All the passengers on the plane are *alive* and well.

यहाँ पर all the living passengers का प्रयोग अशुद्ध होगा।

कार्य दर्शाने के लिए shameful तथा व्यक्ति के लिये ashamed शब्द प्रयोग किये जाते हैं।

- It was a *shameful* act.
- He should be *ashamed.* (उसे शर्मिन्दा होना चाहिये।)
- A *capable* person is one who manages well. **(attributive use)**
- He is a *capable of* managing well. **(adjective+ preposition = predicative use)**

Mere, out and out, sheer, utter आदि शब्दों का प्रयोग *मात्र, पूर्णतया* तथा *लगभग* की स्थिति में किया जाता है।

- Vinita can't be promoted. She is a *mere* girl/ an *out and out* girl. **(attributive use)**

Close, complete, perfect, pure, total, strong को जब atributive use में रखा जाता है तो उनसे पहले *very* शब्द को छिपा हुआ माना जाता है जिसका अर्थ बहुत ही अथवा बिल्कुल हुआ करता है।

- A close friend. (बिल्कुल पक्का मित्र।)

कुछ शब्दों का अर्थ attributive व predicative में एकसा रहता है। जैसे– *pure.*

- *Pure* drinking water is best. **(attributive use)**
- This water is *pure.* **(predicative use)**

दोनों वाक्यों में pure का अर्थ शुद्ध ही है।

Attributive use के अन्य उदाहरण– A man of *certain* city, my *chief* complaint, my *main* concern, the *principal* reason, my *sole* interest, the *very* man, my *particular* aim.

उपरोक्त शब्द कभी भी predicative use में नहीं रखे जा सकते। परन्तु यह नियम certain और particular के साथ लागू नहीं होता।

➢ You should be *certain* of your facts before you make a speech in the meeting. **(predicative use)**

➢ Some ladies are very *particular* about the food they prepare. **(predicative use)**

☞ कुछ adjectives का प्रयोग official titles में nouns के बाद होता है। जैसे– Attorney *general,* Governor *General* , Heir *apparent,* poet *laureate*, Postmaster *general*, Prime minister *elect,* Asia *minor.*

कुछ अन्य निश्चित वाक्याँश जैसे– body *politic*, goodness *gracious*, hope *eternal*, penny *dreadful*, sum *total*, time *immemorial.*

कुछ adjective जिनका अन्त able तथा ible में होता है वे noun से पहले व बाद– दोनों स्थितियों में प्रयोग किये जा सकते हैं तथा इससे अर्थ में कोई परिवर्तन नहीं होता। जैसे– available, eligible, imaginable, taxable, आदि।

➢ I doubt whether you can complete your work in the time *available*/ in the *available* time. (मुझे सन्देह है कि समय के अन्तर्गत तुम अपना काम पूरा कर सकते हो।)

कुछ adjective, noun से पहले और बाद में प्रयोग किये जाने पर अर्थ में अन्तर कर देते हैं। जैसे– concerned, elect, involved, present, proper, responsible.

- The *concerned* doctor = चिन्ताग्रस्त डॉक्टर

  The doctor *concerned* = उत्तरदायी डॉक्टर

- The *elect* body = चुना गया समूह

  The Prime Minister *elect* = मनोनीत प्रधानमंत्री

- The very *involved* explanation = बहुत ही उलझन पूर्ण व्याख्या

The boy *involved* = सम्बन्धित लड़का

- Members *present* in the management committee = प्रबन्धन समिति के उपस्थित सदस्य

  Present members in the management committee = प्रबन्धन समिति के कुल सदस्य

- *Proper* question = ठीक प्रश्न

  Question *proper* = प्रश्न स्वयं ही

- *Responsible* girl = उत्तरदायी लड़की

  The girl *responsible* = दोषी पाई गयी लड़की

☞ कुछ adjectives इस तरह प्रयोग किये जाते हैं जैसे वे noun का काम कर रहे हों और listener (सुनने वाला) मन ही मन में खोये हुये शब्दों की पूर्ति कर लेता है।

➢ I have got my *medical* on Thursday.

  - Medical = Medical examination

➢ There is something the matter with *the electrics* in my ear.

  - Electrics = The electrical system

Colour वाले कुछ शब्द adjective व noun दोनों रूपों में प्रयोग किये जाते हैं। जैसे– a black/ blacks, a red/ reds, a white/ whites.

The + adjective = Noun in group

- The rich = Rich men
- The poor = Poor men
- The old = Old men
- The strong = Strong men

परन्तु जब single individual (एक ही व्यक्ति) को इंगित करना हो तो a या an+ adjective+ noun का प्रयोग होता है।

> She is a *young* lady with a lot of ambitions.

परन्तु जब both के साथ दो adjectives प्रयोग किये जाते हैं तो the को छोड़ दिया जाता है।

> Both *rich* and *poor* enjoyed themselves at the party. (धनी और निर्धन दोनों समुदायों ने ही पार्टी का भरपूर आनन्द लिया।)

कुछ शब्द जिनका सम्बन्ध material से होता है वे adjective के रूप में प्रयोग किये जाते हैं। जैसे– gold-golden, lead-leaden, silk-silken, stone-stoney आदि।

- A golden bowl = कटोरा जो सोने का बना हुआ है।

परन्तु a golden sunset का अर्थ है *सूर्यास्त सोने की तरह चमक रहा है* न कि सूर्यास्त सोने का है।

☞ Present participle क्रिया में ing जोड़ने से बनता है, और क्रिया की third form को past participle कहते हैं। दोनों ही participles को adjective की तरह प्रयोग किया जाता है। जैसे– breaking glass, frightening story. इनका अर्थ क्रमशः *टूटने वाला शीशा* व *डरावनी कहानी* है।

इसी प्रकार past participle में

- A broken window = टूटी हुई खिड़की।
- A locked door = दरवाजा जो बन्द है अर्थात् बन्द दरवाजा।
- A punished student = दंडित छात्र।

Perception (अनुभूति) वाली क्रियाओं के बाद adjective का प्रयोग होता है न कि adverb का। जैसे– senses से सम्बन्धित क्रियाएँ– look, taste, appear, feel, seem, sound, smell आदि।

> That mango tastes *good*.

यहाँ पर good शब्द के स्थान पर well शब्द अनुपयुक्त होगा क्योंकि *well* adverb है। परन्तु You look well शुद्ध है। यहाँ पर well का तात्पर्य in a good health से है।

> You play *well* (adverb).

Well शब्द यहाँ पर क्रिया play की विशेषता प्रकट करता है।

कुछ adverbs को adjectives के रूप में प्रयोग किया जाता है वे निश्चित phrases (वाक्याँशों) में ही प्रयोग होते हैं। जैसे– the *above* statement, an *away* match, the *down* train, the *up* train, the *down stairs* kitchen, the *up stairs* bath room, a *home* win, the *inside* cover, an *outside* line, *the then* President (तत्कालीन राष्ट्रपति) आदि।

☛ जब एक से अधिक adjective संज्ञा (noun) की विशेषता प्रकट करते हैं तो उनका क्रम इस प्रकार होता है।

1. Quality (beautiful),
2. Size/ age/ shape,
3. Colour (red),
4. Origin (English),
5. Past participle (printed),
6. Noun (a book).

➢ An *Indian* hand made shirt.

परन्तु जब present participle का प्रयोग adjective के रूप में होगा तो क्रम बदलेगा।

➢ Quick selling *Indian* hand made shirts.

इस स्थिति में उत्पादकता को बाद में दर्शाया गया है।

एक adjective को दूसरे adjective से अलग करने के लिये commas और and का प्रयोग किया जाता है।

➢ My friend gave me a beautiful, bright, clean watch.

क्योंकि उपरोक्त वाक्य में सभी adjectives का प्रयोग noun से पूर्व हुआ है इसलिये गुण को दर्शाने वाले adjective के बाद ही comma का प्रयोग हुआ है। यदि adjectives का प्रयोग मुख्य या सहायक क्रिया के बाद हुआ है और उनकी संख्या दो से अधिक है तो and के अतिरिक्त comma का प्रयोग भी होगा।

➢ His shoes are dirty, wet, old, and worn.

Comparison of Adjectives

तुलना की तीन श्रेणियाँ होती हैं।

a) **Positive-** इस स्थिति में किसी से तुलना नहीं की जाती है।

b) **Comparative-** इसमें दो व्यक्ति/ वस्तु व स्थान आदि के बीच में तुलना की जाती है।

c) **Superlative-** इसमें दो से अधिक के मध्य या *सब* शब्द आने पर या *में से एक* शब्द आने पर तुलना की जाती है। जिस शब्द की comparative, r, er, more, less जोड़ने से बनती है उसी शब्द की superlative degree क्रमशः st, est, most, least शब्दों से बनेगी। कुछ शब्दों की comparative व superlative एकसी होती है व कुछ शब्दों की comparative व superlative double हुआ करती है।

Positive adjective	Comparative adjective	Superlative adjective
nice	nicer	nicest
weak	weaker	weakest
beautiful	more beautiful	most beautiful
bored	less bored	least bored
good/ well	better	best
bad/ ill	worse	worst
much/ many	more	most
pleasant	pleasanter, more pleasant	pleasantest, most pleasant
far	farther, further	farthest, furthest
old	older (आयु में) elder (सम्बन्ध में)	oldest (आयु में) eldest (सम्बन्ध में)

कुछ adjectives की comparative और superlative अनियमित (irregular) होती है।

bad	worse	worst
good	better	best

कुछ adjectives को *un* उपसर्ग जोड़ कर बनाया जाता है। जो विपरीत अर्थ को दर्शाते हैं उनकी comparative व superlative में क्रमशः more और most जोड़ा जाता है।

unhappy	more unhappy	most unhappy
uncommon	more uncommon	most uncommon

Adjective की comparative form का प्रयोग दो single item होने पर–

➢ Sita is more beautiful than Rita. (सीता रीता से अधिक सुन्दर है।)

Single item की तुलना group से करने पर–

➢ Sita is more beautiful than other girls. (सीता दूसरी लड़कियों से अधिक सुन्दर है।)

दो groups की आपस में तुलना करने पर–

➢ The students of class ten are wiser than *those* (the students) of class nine. (कक्षा दस के छात्र कक्षा नौ के छात्रों से अधिक बुद्धिमान हैं।)

☛ दोबारा बहुवचन के शब्द की पुनरावृत्ति होने पर उस शब्द को छोड़ दिया जाता है और उसके स्थान पर those शब्द प्रयोग किया जाता है।

इसी प्रकार–

➢ The climate of Meerut is better than *that* of Bareilly. (मेरठ की जलवायु बरेली की जलवायु से अच्छी है।)

यहाँ पर climate शब्द की दोबारा आवृत्ति हो रही है परन्तु वह एकवचन है तो इस स्थिति में हम climate के स्थान पर *that* का प्रयोग करेंगे।

स्थिति के स्पष्ट होने पर positive में भी comparative degree प्रयोग हो सकती है।

➢ The car is *costlier.*

☛ जब हम दो व्यक्ति, वस्तु व स्थान का आंकलन कर चुके हैं तो comparative degree का ही प्रयोग होगा।

➢ Which is (the) better? (of the two schools)

The school in the heart of the city is (the) better.

इस स्थिति में the का प्रयोग ऐच्छिक है।

Comparative के अन्य उदाहरण

- My room is cleaner than yours. (मेरा कक्ष तुम्हारे कक्ष से अधिक स्वच्छ है।)
- Driving is certainly less tiring than walking. (गाड़ी चलाना निश्चित रूप से चलने की अपेक्षा कम थकान करने वाला है।)

Double cpmparatives का प्रयोग **and** के साथ– इसका प्रयोग उस स्थिति में किया जाता है जब किसी चीज, व्यक्ति या स्थान की निरन्तर बढ़ोत्तरी या घटोत्तरी हो रही हो।

- Sunita is growing fast. She is getting *taller* and *taller* day by day. (सुनीता तेजी से बढ़ रही है। वह दिनों–दिन लम्बी होती जा रही है।)
- Mahesh is getting thinner and thinner day by day. (महेश दिनों–दिन पतला होता जा रहा है।)

More का प्रयोग comparative में countable व uncountable दोनों स्थितियों में होता है।

- *More* water is wasted than is used in this family. (इस परिवार में जितना पानी प्रयोग किया जाता है उससे अधिक बर्बाद किया जाता है।)
- How many *more* tickets do you want? (तुम्हें कितने टिकट और चाहिये?)

  Five more, please. (कृपया, पाँच और।)

Most का प्रयोग सबसे बड़ी संख्या या सबसे बड़ी मात्रा के रूप में भी होता है।

- *Most* Hindu ladies visit temples. (हिन्दू महिलाओं की सबसे बड़ी संख्या मन्दिरों में जाती है।)
- *Most* tea is exported. (चाय की सबसे बड़ी मात्रा का निर्यात किया जाता है।)

The most का प्रयोग superlative degree में होता है।

- Which country in the world produces *the most* tea? (संसार का

कौनसा देश चाय का सबसे अधिक उत्पादन करता है?)

Much/ far/ a lot/ a little आदि का प्रयोग positive व comparative दोनों स्थितियों में सम्भव है।

➢ It is *much/ far/ a lot/ a little* colder today than it was yesterday. (कल की अपेक्षा आज अधिक/ बहुत अधिक/ थोड़ा ठन्डा है।) **(comparative use)**

➢ Rented rooms are much/ far/ a lot expensive these days. (आजकल किराये वाले कमरे अधिक महँगे हैं।) **(positive use)**

Even/ all the+ more+ present participle/ past participle का प्रयोग–

➢ When I told him about his son's success, he became *all the more pleased.* (जब मैंने उसे उसके पुत्र की सफलता की जानकारी दी, तो वह बहुत ही अधिक प्रसन्न हो गया।) **(past participle** का प्रयोग)

Adjective की superlative form का प्रयोग

जब एक व्यक्ति, वस्तु व स्थान की तुलना उसी समूह के दो से अधिक व्यक्ति, वस्तु व स्थान से की जाती है, तो superlative degree का प्रयोग होता है और superlative adjective से पहले *the* article का प्रयोग होता है।

➢ This is *the* best school in the city. (यह नगर का सर्वश्रेष्ठ स्कूल है।)

➢ Which is *the* tallest, Madhu, Sunita, or Rina?

Rina is the tallest.

☞ कभी–कभी दो व्यक्ति, वस्तु, स्थान के लिये भी superlaive का प्रयोग होता है।

अनौपचारिक रूप से–

➢ Who is the most beautiful, Sunita or Madhu? (कौन सबसे सुन्दर है, सुनीता या मधु?)

Which के प्रयोग के बाद the को कभी–कभी superlative से पूर्व छोड़ दिया जाता है।

➢ Which is best? The red one or the green one. (कौन सबसे अच्छा है? लाल रंग या हरा रंग।)

वाक्य में infinitive (to+ first form) का प्रयोग होने पर superlative degree से पहले *the* का प्रयोग नहीं होता है।

➢ In my opinion it is best to buy this book. (मेरी राय में इस पुस्तक को खरीदना सबसे अच्छा है।)

☞ Superlative के बाद phrase की आवश्यकता नहीं होगी यदि स्थिति स्पष्ट है अर्थात् सुनने वाला स्थिति से अच्छी तरह परिचित है।

➢ Sita is the tallest.

सुनने वाला भली भांति जानता है कि सीता की लम्बाई की तुलना अपने ही समुदाय के दो से अधिक के बीच में की गई है। परन्तु यदि सुनने वाला यह नहीं जानता कि अमुक व्यक्ति/ वस्तु/ स्थान की तुलना किससे की जा रही है तो उस स्थिति में phrase का प्रयोग होगा जो सामान्यतः *in* या बहुत कम स्थिति में *of* से शुरू होता है।

➢ Sunita is the tallest girl *in our class.*

➢ Today is the hottest day *of the year*.

Fixed phrases में भी superlative degree का प्रयोग होता है।

➢ He is the most dishonest man *on earth/ under the sun.* (वह इस संसार में सबसे बेईमान आदमी है।)

☞ Superlative के साथ अक्सर present perfect tense का प्रयोग ever heard, ever met, ever seen, ever read के रूप में होता है और इस प्रकर के वाक्यों में connective words (जोड़ने वाले शब्द) that/ whom आदि को छिपा दिया जाता है।

➢ Sunita is the tallest girl (whom) I have ever seen. (सुनीता जैसी लम्बी लड़की शायद ही मैंने कभी देखी हो।)

Comparison—समानता व प्रतिकूलता को दर्शाने के लिये

- as-------as = समानता

➢ Hari is as tall as Mohan. (हरि इतना लम्बा है जितना मोहन।)

➢ His arrival is as sure as death. (उसका आना उतना ही निश्चित है जितनी मृत्यु।)

कुछ अन्य **expressions** (अभिव्यक्तियाँ)– As busy as bee, as sweet as honey, as black as crow, as old as hills, as white as snow, as tall as tree, as good as gold, as cold as ice.

कुछ expressions को compound adjective के रूप में प्रयोग किया जाता है इस स्थिति में as का प्रयोग नहीं होता।

➢ It is a grass green.

= It is as green as grass. (यह इतना हरा है जितनी घास।)

परन्तु इसका दूसरा अर्थ है– अनुभवहीन (inexperienced).

➢ He is a grass-green. (वह अनुभवहीन है।)

'Not as -------- as', 'not so -------- as' इस प्रकार की स्थिति गिरावट को दर्शाती है।

➢ Hari is *not as/ not so* suitable for the job *as her/ as she is.* (हरि इस कार्य के लिये उतना उपयुक्त नहीं है जितनी वह।)

So या as को *such* में परिवर्तित किया जा सकता है।

➢ He is not *such* an intelligent as his elder brother. (वह इतना बुद्धिमान नहीं है जितना उसका बड़ा भाई।)

More than, less than, worse than के पश्चात् अनेक प्रकार के adjectives प्रयोग किये जा सकते हैं।

➢ She was more than pleased with her pay rise. (वह अपने वेतन वृद्धि से बहुत ज्यादा खुश थी।)

Same के बाद as का प्रयोग

➢ He is angry because Sunita's marks are the *same as* his. (वह रुष्ट है क्योंकि सुनीता के अंक उतने ही हैं जितने उसके।)

Same के बाद with का प्रयोग

➢ Those girls are form Gujrat. It is the *same with* Mohan and Sohan. (वे लड़कियाँ गुजरात की हैं। मोहन और सोहन भी उसी प्रान्त के हैं।)

Same का प्रयोग बिना **as** के

- This book is costly. What is that one like? It is *the same*. (यह पुस्तक महँगी है। उस पुस्तक का कितना मूल्य है? उसका मूल्य भी इसी के बराबर है।)

Different के बाद **from** का प्रयोग

- We have the same make of car, but yours is *different from* mine. (हमारे पास भी उसी तरह की कार है, लेकिन तुम्हारी कार मेरी कार से भिन्न है।)
- I know they look alike, but they are quite different from each other. (मैं जानता हूँ वे एक जैसे दिखाई देते हैं, लेकिन वे एक दूसरे से पूरी तरह भिन्न हैं।)

नये clause (उपवाक्य) को शुरू करने के लिये different के बाद than या from, का प्रयोग होता है।

- My father is doing something quite different for my education this year *than (what) he did last year/ from (what) he did last year.* (मेरे पिता मेरी शिक्षा के लिये इस वर्ष काफी कुछ भिन्न कर रहे हैं अपेक्षाकृत जो उन्होंने गत वर्ष शिक्षा के लिये किया।)

समानता को दर्शाने के लिये– Almost/ exactly/ nearly+ as+ adjective.

- Vinita is *nearly/ exactly/ just/ almost* as tall as her mother. (विनीता लगभग उतनी ही लम्बी है जितनी उसकी माँ।)

Just like+ noun / pronoun

- This college is just like mine. (यह कॉलेज पूरी तरह से मेरे कॉलेज जैसा है।)

समानता के लिए the same का प्रयोग भी किया जाता सकता है।

- Those two brothers are exactly *the same.* (वे दोनों भाई बिल्कुल एक दूसरे की तरह हैं।)

Completely, entirely व **quite** के बाद **different** का प्रयोग

- Those two brothers are completely *different*. (वे दोनों भाई बिल्कुल एक दूसरे से भिन्न हैं।)

6

Adverb

Adverb वह शब्द है जो noun, pronoun तथा interjection को छोड़ कर अन्य सभी parts of speech (verb, adjective, adverb, preposition, conjunction) की विशेषता बताता है।

निम्न वाक्यों को देखिये।

- Sita speaks *swiftly.*
- Mohan is *very* good boy.
- Sita ran *very* fast.
- The plane flew *exactly* over our building.
- Sarita had gone out *just* before we called.

सभी तिरछे शब्द adverbs हैं। ये क्रमशः verb (speaks), adjective (good), adverb (fast), preposition (over), तथा conjunction (before) की विशेषता बताते हैं। कभी–कभी adverb पूरे वाक्य को modify करता है अर्थात् विशेषता बताता है।

- *Fortunately*, he passed the examination.
- *Possibly,* he will come tomorrow.

☞ Lie, live, sit आदि intransitive verbs के बाद वाक्य पूर्ति के लिये adverbs आवश्यक हैं।

- Lie *down.*
- Sit *over* there.
- She lives *here*.

Kinds of adverbs (क्रिया विशेषण के प्रकार)

1) Simple adverbs

2) Interrogative adverbs

3) Relative adverbs

1) Simple Adverbs

Simple adverbs को निम्नलिखित भागों में विभाजित किया जा सकता है।

1) Adverbs of Manner– यह क्रिया विशेषण तरीका को दर्शाता है। इस प्रकार के adverbs सामान्यतः ly में समाप्त होते हैं परन्तु कुछ adverbs को suffix (प्रत्यय) जोड़ कर बनाया जाता है। जैसे– back*wards*, for*wards*, north*wards*, up*wards*, clock*wise* (घड़ी की सुंईयों की दिशा के अनुसार), size*wise* (कद के अनुसार), tax*wise* आदि।

Prepositional phrase से सम्बन्धित adverbs-

➢ She went there *by bus*.

➢ She lives *in Kanpur*.

Ly में समाप्त होने वाले **adjectives-** Brotherly, sisterly, cowardly, elderly, friendly, unfriendly, heavenly, likely, unlikely, manly, womanly, motherly, fatherly, sickly, silly, ugly आदि। इन *ly* वाले शब्दों को adverb के रूप में प्रयोग नहीं किया जा सकता।

➢ Mohan is a *friendly* boy. **(adjective)**

इन्हें adverbs के रूप में प्रयोग करने के लिये, इनसे पहले *in a* जोड़ते है तथा इनके बाद में way, manner व fashion आदि शब्द जोड़ते हैं।

➢ Mohan always greets me *in a friendly fashion/ in a friendly manner/ in a friendly way.*

Adverb of manner की स्थिति

a) Object के बाद

➢ Look at this photo *carefully.*

b) Verb के बाद

- ➢ It snowed *heavily* last night.

c) Adverb particle के बाद

- ➢ He took the picture down *carefully*.

☞ Object छोटा होने की स्थिति में adverb को verb और object के मध्य में प्रयोग नहीं किया जाता है।

- ➢ He speakes *well* English. (अशुद्ध)

  He speaks English *well*. (शुद्ध)

Object लम्बा होने पर यह नियम लागू नहीं होता है।

- ➢ We could see *very clearly* a strange light ahead of us. (हम अपने सम्मुख एक विचित्र प्रकाश को बहुत स्पष्ट रूप से देख सके।)

Adverb of mannar का प्रयोग subject और verb के मध्य भी होता है।

- ➢ Sunita *angrily* slammed the door behind her. (सुनीता ने रुष्टता के साथ दरवाजे को जोर से बन्द किया।)

यदि badly और naturally वाक्यों में भिन्न–भिन्न स्थिति में हों तो अर्थ बदल जाते हैं।

- ➢ He typed the letter very *badly*. (उसने पत्र को बहुत ही भददे तरीके से टाइप किया।)
- ➢ I *badly* need a new type writer. (मुझे एक नये टाइप राइटर की अत्यधिक आवश्यकता है।)
- ➢ You should always speak *naturally*. (तरीका को दर्शाता है।)
- ➢ *Naturally* she accepted the invitation. (दृष्किोण को दर्शाता है।)

2) Adverbs of Place- यह स्थान व दिशा को दर्शाता है।

उदाहरण– Aboard, ahead, anywhere, everywhere, nowhere, somewhere, ashore, away, back, backwards, forwards, here, there, left, right, north, south, up stairs, down stairs.

कुछ adverbs prepositions का काम भी करते हैं। जैसे– above, behind, below, beneath, underneath, आदि।

☞ दो शब्द वाले adverbs स्थान को दर्शाते हैं। जैसे– down below, down there, up there, far ahead, far away, over there, over here.

Propositional phrases अक्सर स्थान को दर्शाते हैं। जैसे– from Delhi, in hospital, on the right.

Adverb of place की स्थिति

➢ Vandna read quietly (manner) in the library (place) all the afternoon (time).

☞ दिशा को इंगित करने वाले adverbs गतिशील क्रियाओं के बाद आते हैं। जैसे– come, go.

➢ I went to Ujjain (direction) by train (manner) yesterday (time).

यदि adverb of place की संख्या एक से अधिक है तो छोटे पहले स्थान की फिर बड़े स्थानों की चर्चा होती है।

➢ Sunita lives in a *house* in a *village* in *Indore district* in *Madhya Pradesh, India.*

विषमता की स्थिति में adverb of place को वाक्य के प्रारम्भ में रखा जाता है।

➢ *Indoors* it was nice and warm. *Outside* it was snowing heavily.

3) Adverbs of Time- यह समय को दर्शाता है।

➢ I will see you *tomorrow/ on Monday*. (निश्चित समय)

➢ He does not live here *now/ anymore*. (अनिश्चित समय)

कभी–कभी adverb संज्ञा का काम भी करता है।

➢ *Today* is Thursday, isn't it?

☞ Prepositional phrases जो adverbs of time का काम करते हैं वे सामान्यत: at, in या on से प्रारम्भ होते हैं। जैसे– at four o'clock, at Deepawali, in July, on November 20th.

Definite time को दर्शाने के लिये **adverb** की स्थिति

1) वाक्य के प्रारम्भ में

➢ *This morning* I had a letter from Mahesh.

2) वाक्य के अन्त में

➢ I will leave Delhi *on Monday.*

3) यदि समय निर्देशन एक से अधिक है तो– time+ day+ date+ year.

➢ She was born *at 10:15 a.m. on Tuesday on May16th in 1989.*

Indefinite time को दर्शाने वाले **adverbs-** Afterwards, already, another day, another time, at last, at once, early, eventually, formerly, immediately, just, late, lately, now a days, once, one day, presently, recently, some day, soon, still, subsequently (इसके बाद), suddenly, hence, these days, ultimately (आखिरकार), yet आदि।

कुछ adverbs वाक्य के प्रारम्भ, मध्य व अन्त तीनों स्थितियों में प्रयोग किये जा सकते हैं।

➢ *Recentely* I went to Kanpur.

➢ I *recently* went to Kanpur.

➢ I went to Kanpur *recently.*

Verb be होने बाद adverb का प्रयोग होगा।

➢ I was *recently* in Jaipur.

Early और late वाक्य या उप–वाक्य के अन्त में आते हैं।

➢ We arrived at the airport too *early/ late*.

Another day, someday, one day वाक्यों के अन्त व प्रारम्भ दोनों स्थितियों में प्रयोग किये जाते हैं।

➢ *Someday* I will tell you.

I will tell you *someday.*

Still की स्थिति– यह निरन्तरता को दर्शाता है इसका प्रयोग मुख्य रूप से प्रश्नवाचक व स्वीकृति वाले वाक्यों में होता है। इसकी स्थिति indefinite adverb की तरह होती हैं

- ➢ Mrs Bose is *still* in hospital. (श्रीमती बोस अभी भी अस्पताल में हैं।)
- ➢ I am *still* waiting for my new car. (मैं अभी भी अपनी नई कार की प्रतीक्षा कर रहा हूँ।)
- ➢ Sohan *still* works for that company. (सोहन अभी भी उस कम्पनी में काम करता है।)

☛ सामान्यतः still का प्रयोग verb be के बाद होता है परन्तु विशेष जोर देने की स्थिति में यह कर्ता तथा verb be के मध्य प्रयोग किया जाता है।

- ➢ Mohan *still* is in hospital, you know.

Negative की स्थिति में still का प्रयोग असन्तोष व आश्चर्य को दर्शाता है। तब यह कर्ता के बाद ही प्रयोग किया जायेगा।

- ➢ I *still* have not heard from him. (मुझे उसकी ओर से अभी तक कोई सूचना नहीं मिली है।)

परन्तु–

- ➢ I have not heard from him *yet.* (तटस्थता की स्थिति को दर्शाता है।)

Already की स्थिति और प्रयोग

Already सामान्यतः negative में प्रयुक्त नहीं होता है। इसका प्रयोग verb 'be' व अन्य सहायक क्रियाओं के बाद होता है।

- ➢ The machine is *already* out of date.
- ➢ It is out of date *already.*
- ➢ I have *already* bought the book.

Already का प्रयोग कर्ता तथा मुख्य क्रिया के मध्य व वाक्य के अन्त में भी होता है।

- ➢ Mohan *already* knows the truth.
- ➢ Mohan knows it *already.*

आशा से अतिशीघ्र की स्थिति में यह वाक्य के अन्त में आता है।

➢ Don't tell me you have eaten it *already*! (मुझे मत बताओ कि तुम उसे पहले ही खा चुके हो!)

Yet की स्थिति और प्रयोग

Yet का प्रयोग सामान्यतः question व negative वाक्यों के अन्त में होता है।

➢ Haven't the new petrol prices come into force yet? (क्या पैट्रोल के नये मूल्य अभी तक लागू नहीं हो चुके हैं?)

संक्षिप्त negative उत्तरों में yet का प्रयोग *not* के बाद किया जाता है।

➢ Has she passed M.Sc.?– No, not yet. (क्या वह एम0एस0सी0 पास कर चुकी है?– नहीं, अभी नहीं।)

Infinitive से पूर्व yet का सामान्यतः वही अर्थ होता है जो still का।

➢ Who will be appointed? It is *yet/ still* to be decided. (किसको नियुक्त किया जायेगा? यह अभी तक निश्चित नहीं किया गया है।)

Yet और **already** का तुलनात्मक अध्ययन

सामान्यतः दोनों ही perfect tense में प्रयुक्त किये जाते हैं।

➢ Have you seen Kavita yet? I have already seen her. (क्या तुमने अभी कविता को देखा है? मैं पहले ही उसे देख चुका हूँ।)

जब हम सूचना चाहते हैं तो yet का प्रयोग करते हैं।

➢ Have you received his invitation yet?

Speaker (वक्ता) नहीं जानता कि तुम्हें निमंत्रण प्राप्त हो चुका है। अतः यहाँ जानकारी चाहता है।

Already का प्रयोग उस स्थिति में करते हैं जब हम किसी बात की पुष्टि चाहते है।

➢ Have you already received his invitation?

यहाँ speaker (वक्ता) यह निश्चित करना चाहता है कि क्या निमंत्रण प्राप्त हो चुका है।

Just की स्थिति और प्रयोग

Just का प्रयोग perfect tense में होता है तब इसका अर्थ होता है *अब से पूर्व बहुत थोड़े समय के दौरान* या *तबसे पूर्व थोड़े समय के दौरान*।

- I have just finished reading the paper. Would you like it? (मैं अभी–अभी पेपर को पढ़ चुका हूँ। क्या तुम इसे चाहते हो?)

- I saw Mrs Sharma yesterday. She had just come out of the hospital. (मैंने श्रीमती शर्मा को कल देखा। वह तभी अस्पताल से आई थीं।)

Just का प्रयोग निकट भविष्य को दर्शाने के लिये will या continuous tense के साथ होता है।

- Wait. I am just coming. (प्रतीक्षा करो। मैं अभी–अभी आ रहा हूँ।)

- I will just put my coat on. (मैं अभी अपना कोट पहिनूँगा।)

Just का दूसरे अर्थ भी होता है जिसका तात्पर्य होता है *बस और कुछ नहीं*।

- Please just turn on that switch. (कृपया उस स्विच को जरा चालू कीजिये।)

अवधि को दर्शाने वाले **adverbs-** Ago, no longer, no more, all (day) long, (not) any more, (not) any longer आदि।

Since और **ago** का प्रयोग

Since निश्चित समय को दर्शाता है और यह सामान्यतः present perfect व past perfect के साथ प्रयोग किया जाता है।

- I have not seen Mohan *since January/ since last holidays*. (मैंने मोहन को जनवरी से / पिछली छुट्टियों से नहीं देखा है। अर्थात् अब तक।)

- I met Sudhir last Monday. I had not seen him since 2009. (मैं सुधीर से पिछले सोमवार को मिला। तबसे पहले मैं उसे 2009 में देख चुका था।)

- I saw your father last March, but I have not seen him since. (मैं तुम्हारे पिता से पिछली मार्च में मिला लेकिन मैंने उन्हें तबसे नहीं देखा है।)

Ago का प्रयोग

यह समय की अनिश्चितता को दर्शाता है यह कितने समय पहले का उत्तर देता है।

➢ She started teaching to foreign students *sixteen years ago.* (उसने विदेशी छात्रों को सोलह वर्ष पूर्व पढ़ाना शुरू किया।)

For का प्रयोग

यह समय की अनिश्चितता की ओर संकेत करता है। इसका प्रश्नवाचक शब्द, *how long* है।

➢ Hari lived here for ten years.

अब हरि यहाँ नहीं रहता क्योंकि उपरोक्त वाक्य past simple का है।

➢ Hari has lived here for ten years.

यह वाक्य present perfect tense का है इसका अर्थ है कि हरि दस वर्ष से यहाँ रह रहा है।

☞ For के साथ ages, hours, days, weeks, months, years, आदि शब्दों का प्रयोग जोर देने व समय की अतिशयोक्ति के रूप में किया जाता है।

➢ I have not seen Madhu for months. How is she? (मुझे मधु को देखे हुये महीनों हो चुके हैं। वह कैसी है?)

Affirmative में निरन्तरता को जारी रखने वाली क्रियाओं (be, live, work) के साथ अक्सर *for* को छोड़ दिया जाता है जब इन क्रियाओं का प्रयोग present perfect व past perfact tense में होता है।

➢ Radha *has been/ has lived/ has worked* there (for) a year.

कभी–कभी future tense की स्थिति में भी for का प्रयोग नहीं होता।

➢ I will *be/ stay / work* in Kanpur (for) six months.

परन्तु negative की स्थिति में for का प्रयोग आवश्यक होगा।

➢ I have not seen her for five months.

वाक्य के प्रारम्भ में प्रयुक्त होने पर affirmative की स्थिति में भी for का प्रयोग होगा।

➢ For five months he lived in Lucknow.

From ---- to/ till/ until

सीमाबद्ध समय की स्थिति में इनका प्रयोग होता है।

➢ He works here from Monday *to/ till* Friday. (वह यहाँ सोमवार से शुक्रवार तक काम करता है।)

अनौपचारिक रूप से (informally) till के साथ from का प्रयोग समाप्त किया जा सकता है परन्तु to की स्थिति में नहीं।

➢ I am at my office (from) eight *till* four.

परन्तु–

➢ I am at my office *from* eight *to* four. (मै कार्यालय में आठ बजे से चार बजे तक हूँ।)

☞ Till, untill व by का अर्थ होता है निर्धारित समय से पूर्व लेकिन बाद में नहीं। जैसे–

➢ I will stay here *till / until* Thursday. (मैं यहाँ गुरुवार तक ही ठहरूँगा।)
I won't stay here *till/ until* Thursday. (मैं यहाँ गुरुवार तक नहीं रुकूँगा।)
Will you stay here *till/ until* Thursday? (क्या तुम यहाँ गुरुवार तक ठहरोगे?)

By का प्रयोग निश्चित समय के लिये सामान्यतः future perfect tense में होता है।

➢ She won't have returned from Ujjain by Tuesday. (वह मंगलवार तक उज्जैन से नहीं लौट चुकेगी।)

During, in, और **throughout** का प्रयोग

During के बाद noun का प्रयोग होता है और वह सम्पूर्ण अवधि की ओर संकेत करता है।

➢ It was very cold during the winter. (शीतकाल के दौरान बहुत ठंड थी।)

अवधि के दौरान points को दर्शाने के लिये–

➤ She has phoned four times during the last half hour. (पिछले आधे घण्टे की अवधि के दौरान वह चार बार फोन कर चुकी है।)

अनिश्चितता को स्पष्ट करने के लिये हम sometime+ during का प्रयोग करते हैं।

➤ I wrote to him sometime during the last month. (मैंने उसे पिछले महीने के दौरान कभी पत्र लिखा था।)

यहाँ during के स्थान पर in का प्रयोग उचित नहीं है।

अनिश्चितता की अपेक्षा घटना विशेष व गतिविधि को दर्शाने के लिये during का प्रयोग करते हैं।

➤ She did not learn much during her teaching training. (उसने अपने अध्यापन परीक्षण के दौरान अधिक नहीं सीखा।)

☞ यदि हम आरम्भ से अन्त तक की पूर्ण समय अवधि पर बल देना चाहते है तो in या during के स्थान पर *throughout* का प्रयोग करना होगा।

➤ It rained throughout July. (पूरे जुलाई मास में वर्षा हुई। अर्थात् कोई भी दिन बिना वर्षा के नहीं रहा।)

कभी–कभी वाक्य को अधिक प्रभावशाली बनाने के लिये the whole, the entire आदि शब्दों का प्रयोग during व throughout शब्दों के बाद करते हैं।

➤ During the whole/ the entire winter she never took a bath. (पूरी सर्दी उसने बिल्कुल स्नान नहीं किया।)

All और long के मध्य सामान्यतः day व night का प्रयोग करते हैं और long के प्रयोग से वाक्य को अधिक बल मिलता है, परन्तु long का प्रयोग speaker की इच्छा पर निर्भर करता है।

➤ It rained all day (long). (पूरे दिन भर वर्षा हुई।)

Not anymore, not any longer, no longer का प्रयोग उस स्थिति में होता है जब यह स्पष्ट हो जाता है कि अवधि के मध्य कार्य समाप्त हो गया है या निश्चित रूप से समाप्त हो जायेगा।

➤ Hurryup! I can't wait any *longer/ anymore*. (शीघ्रता कीजिये! मैं अधिक देर तक प्रतीक्षा नहीं कर सकता।)

➢ Professor Giri *no longer* lives here.

= Professor Giri lives here *no longer*. (प्रो0 गिरि अब यहाँ नहीं रहते।)

4) **Adverbs of Frequency-** इस प्रकार के adverb को definite व indefinite दो भागों में विभाजित किया जाता है।

Definite frequency के adverbs और उनकी स्थिति

ये सामान्यतः वाक्य के अन्त में आते हैं। इनमें शब्द व वाक्याँश दोनों सम्मिलित होते हैं। जैसे– once, twice, thrice, several times (a day/ a week/ a month/ a year), hourly, daily, weekly, fortnightly (पन्द्रह दिन में एक बार), monthly, yearly, annually, every+ (day/ week/ month/ year/ morning/ afternoon/ evening/ night/ hour), every other day (प्रति तीसरे दिन), every three years, every few days, every third day, on+ (Mondays/ Fridays/ weekends) आदि।

➢ There is a collection from this letterbox *twice daily*.

संदिग्धता से बचने के लिये हम इन्हें वाक्य के प्रारम्भ में प्रयोग करते हैं।

➢ *Once a month* we visit our friend, Mahesh who is at Allahabad University.

Indefinite frequency के adverbs और उनकी स्थिति

उदाहरण– Always, almost always, nearly always, generally, normally, regularly, usually, frequently, often, sometimes, occasionally, almost never, hardly ever, rarely, seldom, never आदि।

➢ I *hardly ever* see Surendra these days.

Frequently, occasionally, often, rarely, seldom, regularly आदि के साथ very का प्रयोग किया जा सकता है।

➢ We only have dinner parties very occasionally these days. (बहुत बार नहीं)

अन्य **adverbs-** Again and again, at times, every so often, now and again, from time to time, now and then, constantly, continually, continuously, repeatedly आदि।

☞ Definite व indefinite दोनों की प्रकार के adverbs को जानने के लिये *how often* (कितनी बार) प्रश्नवाचक शब्द प्रयुक्त करते हैं। यदि वाक्य में be क्रिया अकेली है तो इसके बाद adverb का प्रयोग होगा।

➢ I was *never* very good at Mathematics.

यदि वाक्य में सहायक व मुख्य क्रिया दोनों हैं तो इनके मध्य में adverb का प्रयोग होगा।

➢ You can *always* contact the agent at 1234567890.

➢ Madhuri *often* made unwise decisions.

Used to, have to, ought to से पहले अक्सर adverb प्रयुक्त किया जाता है।

➢ India *never* used to import so much goods. (इतना अधिक सामान भारत कभी आयात नहीं किया करता था।)

औपचारिक रूप से (formally) infinitive व सहायक क्रिया के मध्य adverb प्रयोग करते हैं।

➢ You ought *always* to obey your parents.

Interrogative में adverb को सामान्यतः कर्ता के बाद प्रयोग किया जाता है।

➢ Do you *usually* have tea and biscuits for breakfast? (क्या आप सामान्यतः नाश्ते में चाय और बिस्कुट लेते हैं?)

Negative वाक्य में मध्य की स्थिति होती है।

➢ Public transport is *not always* very reliable.

➢ She does *not usually* get up before nine on Sundays.

Sometimes और frequently के पश्चात् not का प्रयोग होता है।

➢ Dinesh is *sometimes* not responsible for what he does. (दिनेश कभी–कभी उसके लिये उत्तरदायी नहीं होता जो वह करता है।)

कुछ वाक्यों में adverbs की अन्तिम स्थिति होती है।

➢ I get paid on Mondays *usually.*

Interrogative व negative में often का प्रयोग अन्त में होता है।

➢ Do you come here *often*?

I don't come here *often*.

हमेशा के लिए के अर्थ में always का प्रयोग future में अन्त में होता है।

➢ I will love you *always*.

कुछ वाक्यों में **adverb** की प्रथम स्थिति

जब विशेष जोर दिया जाये या विरोध की स्थिति हो–

➢ *Sometimes* we get a lot of rain in September.

➢ *Quite/ very often* the phone rings when I am having lunch.

आदेश, प्रार्थना, सलाह (imperative) की स्थिति में always, never का प्रयोग वाक्य के प्रारम्भ में होता है।

➢ *Always* pay your debts.

➢ *Never* tell a lie.

Ever का अर्थ at any time (किसी समय पर), interrogative की स्थिति में कर्ता के बाद होता है।

➢ Have you *ever* thought of going abroad? (क्या कभी तुमने विदेश जाने के विषय में सोचा है?)

Any --- व no --- के बाद indefinite pronoun की स्थिति में ever का प्रयोग होता है।

➢ Does anyone *ever* visit him?

➢ Nothing *ever* bothers Mohan.

If वाले वाक्यों में affirmative की स्थिति में ever का प्रयोग कर्ता के बाद होता है।

➢ If you *ever* need any help, contact her on 1234567890.

Negative sentence में never के स्थान पर *not ever* का प्रयोग करते हैं जब वाक्य में वायदा व चेतावनी पर अत्यधिक जोर दिया जाता है।

➢ I promise you, he won't ever trouble you again. (मैं तुमसे वायदा करता हूँ कि वह दोबारा तुम्हारे कष्ट का कारण नहीं बनेगा।)

सहायक क्रियाएँ be, have, do, can, must से पूर्व adverb का प्रयोग होता है जबकि हम क्रिया पर विशेष जोर दे रहे हैं यह स्थिति सामान्यतः वार्तालाप में होती है।

➢ It is just Harish. He *always* is late when we have an important meeting. You *never* can rely on him. (हरीश ही है। वह हमेशा विलम्ब होता है जब हम कोई महत्वपूर्ण बैठक करते हैं। तुम उस पर कभी भी विश्वास नहीं कर सकते हो।)

संक्षिप्त उत्तर में हम adverb of frequency का प्रयोग सहायक क्रिया से पूर्व करेंगे चाहे वह स्थिति सहमति या असहमति प्रकट करे। क्योंकि ये उत्तर तात्कालिक होते हैं।

➢ Dinesh is late again. Yes, he *always* is.

Full verb को do, does या did द्वारा दर्शाये जाने पर–

➢ Your brother never helps you.

No, he *never does.*

- Does = Helps

But he *always does.*

इस प्रकार के उत्तर अकेले कथन का एक भाग ही हो सकता है।

➢ Gita promised to keep her room tidy, but she *never did.*

- Did = Fulfilled promise

इस प्रकार के जोर (emphasis) एक से अधिक क्रियाओं द्वारा भी दर्शाये जा सकते हैं।

➢ Harish *never should have attended* the meeting. (हरीश को किसी भी स्थिति में मीटिंग में उपस्थित नहीं होना चाहिये था।)

5) **Adverbs of Degree-** इस adverb की मात्रा को जानने हेतु *to what extent* (किस सीमा तक) प्रश्नवाचक शब्द के रूप में प्रयोग किया जाता है। कुछ adverbs of degree को दर्शाने वाले शब्द हैं– Almost, altogether, a bit, enough, fairly, hardly, nearly, quite, rather, somewhat, too आदि।

जिस शब्द की ये विशेषताएँ प्रकट करते हैं उससे पूर्व में प्रयोग किये जाते हैं।

➢ *Quite* good. (good - **adjective**)

➢ *Quite quickly.*

यहाँ पर दोनों शब्द ही adverb हैं परन्तु पहला शब्द दूसरे शब्द quickly की विशेषता प्रकट करता है।

➢ I *quite* like it.

यहाँ quite (adverb) दूसरे शब्द like की विशेषता प्रकट करता है इस वाक्य में like क्रिया का कार्य करता है।

➢ Quite *an experience.*

यहाँ quite (adverb) दूसरे शब्द an experience की विशेषता प्रकट करता है। यहाँ an experience शब्द noun का कार्य करता है।

☞ Adverb के अर्थ rising tone व falling tone के आधार पर एक ही वाक्य में अर्थ को बिल्कुल बदल देते हैं।

➢ The film was *quite good.* **(*rising tone*** अर्थात् उठती हुई आवाज में **)** (मैंने फिल्म का भरपूर आनन्द लिया।)

➢ The film was *quite good.* **(*falling tone*** अर्थात् गिरती हुई आवाज में**)** (मुझे फिल्म में विशेष आनन्द नहीं आया।)

अंश व प्रतिशत भी adverb of degree का कार्य करते हैं।

➢ Business is so bad that the department stores are *half* empty.

➢ We have *a sixty* percent chance of winning the election.

Quite- Quite शब्द का अर्थ उस शब्द पर निर्भर करता है जिसकी यह विशेषता प्रकट करता है। इसका अर्थ या तो आशा से अधिक या आशा के प्रतिकूल हो सकता है।

Verb 'be' के साथ–

➢ The lecture *was quite good.* (भाषण आशा से अधिक अच्छा था।)

Full verb के साथ–

➢ He lectured *quite well.* (उसका भाषण आशा के अनुरूप नहीं था।)

Amazing, amazingly, astounding, astoundingly का प्रयोग जब quite के साथ किया जाता है तब quite शब्द का अर्थ पूर्ण रूपेण में निकलता है।

➢ He plays quite amazingly. (वह पूरी तरह से विस्मयकारी रूप से खेलता है।)

Not quite का अर्थ पूरी तरह से नहीं के अर्थ में लिया जाता है। इसका प्रयोग सामान्यतः dead व perfect के साथ होता है।

➢ Your answer is not quite *right/ perfect.*

☞ Quite का प्रयोग comparative के साथ नहीं होता है लेकिन कुछ क्रियाओं को यह modify करता है। अर्थात् उनकी विशेषता बताता है।

➢ I *quite enjoy* Deepawali holidays. (कुछ निश्चित सीमा तक)

➢ I *quite* forgot to invite him. (पूरी तरह से भूल गया।)

अपवाद–

➢ He is *quite better.* (वह पूरी तरह से स्वस्थ हो चुका है।)

Quite का प्रयोग हल्के तौर पर (understatement) की स्थिति में किया जाता है।

➢ He is *quite clever*. (वह बहुत ही चतुर है।)

Negative में quite के स्थान पर not at all का प्रयोग किया जाता है।

➢ He is *not at all* stupid. (वह बिल्कुल मूर्ख नहीं है।)

Quite a/an, quite some व **quite the** का प्रयोग– Quite a/an+ countable noun का उल्लेख उल्लेखनीय स्थिति को इंगित करता है।

➢ Sunita is *quite an expert* on German coins. (यह बात स्मरणीय है कि सुनीता जर्मन सिक्कों में निपुण है।)

Quite some+ uncountable noun की स्थिति *विशालता* की ओर संकेत करती है।

➢ It is *quite some time* since she phoned her brother. (काफी लम्बा समय हो चुका है जब उसने अपने भाई को फोन किया।)

Quite a/an+ adjective+ noun में सकारात्मक स्थिति होती है।

- It is *quite* an *interesting book.* (यह बिल्कुल रुचिकर पुस्तक है।)

Quite the+ superlative या noun– निश्चित रूप से

- She is *quite the most beautiful girl* I have ever seen. (वह निश्चित रूप से सबसे सुन्दर लड़की है जिसे मैंने अब तक देखा है।)

- It is *quite the custom* to be dressed in a sari on wedding day for a Hindu girl. (हिन्दू लड़की के लिये विवाह के समय साड़ी पहनना निश्चित रूप से रिवाज है।)

Fairly और **rather** का प्रयोग

दोनों का अर्थ औसत दर्जे के रूप में लिया जाा है। परन्तु fairly का प्रयोग good, bravely, well, nice के साथ होने पर अनुकूलता को दर्शाता है। इसके विपरीत bad, stupidly, ugly शब्द के साथ rather का प्रयोग प्रतिकूलता को दर्शाता है।

- Sunita is *fairly clever*, but Mamta is *rather stupid.* (सुनीता चतुर है अच्छा लगता है, परन्तु ममता मूर्ख है, दुःख का कारण है।)

Fast, slow, thin, thick, hot, cold के साथ fairly का प्रयोग अनुकूलता के लिये होता है, परन्तु उपरोक्त शब्दों के साथ rather का प्रयोग प्रतिकूलता के लिये होता है।

- This tea is *fairly* hot.

इससे स्पष्ट होता है कि वक्ता गर्म चाय पसन्द करता है।

- This tea is *rather* hot.

इससे स्पष्ट होता हैं कि वक्ता यहाँ चाय को पसन्द नहीं करता क्योंकि यह थोड़ी ज्यादा गर्म है।

Rather का प्रयोग alike, like, similar, different व comparative से पहले भी किया जा सकता है। तब इसका अर्थ होता है– थोड़ा या हल्का सा।

- Mohan is *rather like* his father. (मोहन थोड़ा सा कुछ मामलों में अपने पिता तुल्य है।)

- She worked rather less than I have expected. (जितनी मैं उम्मीद कर रहा था उसकी अपेक्षा उसने कम काम किया।)

Rather का प्रयोग good, well, pretty, clever, amusing से पूर्व हो सकता है। तब उसका अर्थ बहुत (very) के समान होता है।

➢ She is *rather* clever.

= She is *very* clever.

कभी–कभी rather का प्रयोग आश्चर्य को भी दर्शाता है।

➢ Mohan: I suppose the book was costly.

Bina: No, as a matter of fact it was *rather* cheap.

जिस पुस्तक को मोहन ने महँगा समझा उसी पुस्तक पर बीना ने आश्चर्य व्यक्त किया और कहा, वह तो सस्ती है।

Rather का प्रयोग enjoy, like, dislike, object क्रियाओं से पूर्व होता है।

➢ Most people dislike driving on icy roads, but he rather enjoys it.

इस प्रकार rather इच्छा प्रकट करता है और अन्य तथा वक्ता स्वयं के लिये आश्चर्य को दर्शाता है।

Rather का **adjectives, adverbs, some verbs,** व **comparatives** के साथ प्रयोग

➢ She is getting rather *intelligent*. **(adjective)**

➢ Mohan earns rather *more* than his father. (मोहन अपने पिता की अपेक्षा कुछ अधिक कमाता है।) **(comparative)**

➢ She did rather *badly* in the competition. (उसने कम्पटीशन में कुछ ज्यादा खराब किया।) **(adverb)**

➢ She rather *likes* rice. (वह चावल कुछ ज्यादा पसन्द करती है।) **(verb)**

नकारात्मक adjective के रूप में–

➢ Sohan is clever but rather *lazy*.

आश्चर्यजनक स्थिति में positive adjective के साथ–

➢ His result is rather *good*- better than I expected. (उसका परिणाम काफी अच्छा है– आशा से भी अधिक अच्छा।)

Much, far व a lot

Much और far का प्रयोग सामान्यतः comparative व superlative के साथ होता है। *A lot* का प्रयोग केवल comparative में होता है।

- He is much *bigger*. It is far *the best.*
- It is a lot *more* expensive.

Much का प्रयोग very की तरह भी positive में होता है।

- I do not think this car is *much* good.

A lot और far का प्रयोग different के साथ भी होता है।

- This edition is *a lot/ far* different from the earlier one. (यह संस्करण पहले संस्करण से काफी भिन्न है।)

Far का प्रयोग prefer के साथ भी होता है।

- I *far* prefer riding to swimming. (मैं तैरने की अपेक्षा घोड़े की सवारी करना अधिक पसन्द करता हूँ।)

A bit, a little और **some what** का प्रयोग

इनका अर्थ *थोड़ा* या *कुछ* होता है। इनका प्रयोग सामान्यतः निम्नलिखित स्थितियों में होता है।

- It is a bit/ a little/ somewhat *expensive.* (यह थोडा महँगा है।) **(adjective)**
- She arrived a bit/ a little/ somewhat *late.* (वह कुछ थोड़ी देर से पहुँची।) **(adverb)**
- You are a bit/ a little/ somewhat *taller* than Kavita. (तुम कविता से थोड़े बड़े हो।) **(comparative)**
- I *have turned up* the oven a bit/ a little/ somewhat. (मैंने चूल्हे की गति को हल्का सा बढ़ाया है।) **(verb)**

Not a bit का प्रयोग not in the least, not in the slightest के समान negative वाक्यों में अतिरिक्त जोर देने के अर्थ में होता है।

➢ She was *not* even *a bit* upset when she heard the news. (वह थोड़ी सी भी विचलित नहीं हुई जब उसने समाचार सुना।)

जब enough को adverb के रूप में प्रयोग किया जाता है और इससे पूर्व adjective या किसी दूसरे adverb का प्रयोग पहले हो तो उस स्थिति में यह किसी उद्देश्य के लिये संकेत करता है।

➢ The water in the pool is *warm* enough (to swim in). (तालाब में पानी काफी गर्म है– तैरने के लिये।)

➢ The water in the pool is *fairly* warm. (तालाब में पानी काफी गर्म है।)

परन्तु fairly के प्रयोग के कारण कोई उद्देश्य नहीं है।

Too का प्रयोग– इसका प्रयोग adjective व adverb से पूर्व होता है जो अधिकता (excess) की ओर संकेत करता है। निम्न वाक्यों पर ध्यान दें।

➢ I arrived at the station *too late*. (मुझसे गाड़ी छूट गई।)

➢ I did not arrive at the station *too late*. (मुझे गाड़ी मिल गई।)

➢ I arrived at the station *early enough*. (मुझे गाड़ी मिल गई।)

Hardly, *barely*, *scarcely* तीनों का अर्थ समान होता है। इन्हें adjective व adverb से पहले प्रयोग किया जा सकता है।

➢ This soup is hardly/ barely/ scarcely *warm*. (यह शोरवा मुश्किल से गर्म है अर्थात् ना के बराबर।) **(adjective)**

➢ She plays hardly/ barely/ scarcely *well* enough. (वह बहुत अच्छा मुश्किल से खेलती है।) **(adverb)**

Hardly व scarcely का प्रयोग verbs के साथ भी होता है।

➢ It might stop raining, but I hardly/ scarcely *think* it likely. (वर्षा रुक सकती है, लेकिन मैं ऐसी सम्भावना मुश्किल से करता हूँ।) **(verb)**

➢ Reena barely *knows* her multiplication tables yet. (रीना अभी तक पहाड़े भी ठीक तरह से नहीं जानती है।)

Hardly, barely, scarcely नकारात्मक शब्द हैं। इनके साथ not या never का प्रयोग नहीं होता है। Ever और any का प्रयोग इनके साथ सम्भव है।

- She has got so little time, she hardly ever reads newspapers. (उसके पास बहुत थोड़ा समय है, वह मुश्किल से ही समाचार पत्रों को पढ़ती है।)
- There is hardly any cheerful news in the papers. (समाचार पत्रों में कोई सुखद समाचार नहीं दिखाई देता।)

Hardly/ scarcely/ barely/ ever के स्थान पर almost never का प्रयोग कर सकते हैं।

- I almost never visit Moradabad these days.
  = I hardly ever visit Moradabad these days.

Not nearly का प्रयोग सम्भव है परन्तु not almost का नहीं।

- There are not nearly enough members present to hold a meeting. (मीटिंग करने हेतु उपस्थित सदस्यों की संख्या लगभग अपर्याप्त है।)

Very का प्रयोग quite की तरह होता है परन्तु अर्थ में अन्तर हो सकता है।

जोर देते हुये तेज आवाज में–

- Your work is *very good*.

जोर देते हुये धीमी आवाज में–

- Your work is *quite good*.

Very का प्रयोग निम्नलिखित स्थितियों में होता है–

- Madhu has been very *ill*. (मधु बहुत बीमार हो चुकी है।) **(adjective)**
- Surendra is very *nice person*. **(adjective+ noun)**
- She walks very *slowly*. **(adverb)**

☞ *Very* अकेला comparative के साथ प्रयोग नहीं किया जा सकता। परन्तु इसको 'very+ much+ comparative' के रूप में प्रयुक्त किया जाता है। जैसे– very much better, very much faster.

Alone के साथ very का प्रयोग करते समय much आवश्यक होगा।

- Since her husband's death, she has been *very much alone*. (जबसे उसके पति की मृत्यु हुई है तबसे वह बिल्कुल अकेली हो गई है।)

Very के साथ present participle व past participle दोनों सम्भव हैं।

- Very *interesting* , very *interested.*

☛ जब past participle का प्रयोग क्रिया के रूप में किया जायेगा तो very के साथ *much* को प्रधानता दी जायेगी।

➢ These developments have very much interested us. (इन विकासों ने हमें बहुत आनन्द दिया है।)

Very much या so much को वाक्य के अन्त में प्रयोग किया जाता है, न कि अकेले very को।

➢ I enjoyed his party *very much/ so much.*

Very का प्रयोग the+ very+ superlative में भी होता है।

- The very best book.

Comprative से पूर्व भी very much या so much का प्रयोग आवश्यक है।

- Very much better, so much better.

Very का प्रयोग कुछ nouns के साथ भी होता है।

- The very beginning.

परन्तु जब व्यक्तिगत भावनाओं व दृष्टिकोण को दर्शाया जाता है तो very का स्थान most लेगा।

- Most obliged, most concerned.

Such a/ an+ adjective+ noun के स्थान पर so+ adjective का प्रयोग होता है।

➢ It was such a nice party.
= It was so nice party. (प्रीतिभोज बहुत ही बढ़िया था।)

So+ adjective+ a/ an + noun-

➢ It was *so important an occasion*, we could not miss it. (अवसर इतना महत्वपूर्ण था, कि हम इसमें चूक नहीं कर सके।)

अनौपचारिक रूप से विस्मयबोधक वाक्यों में very के स्थान पर *so* का प्रयोग करते हैं।

➢ The new book is *so* good!

☞ अत्याधिक जोर देने के लिये very की पुनरावृत्ति की जा सकती है।

➢ This new book is *very very* good.

इसको इस प्रकार से भी कहा जा सकता है

➢ This new book is *so very very* good.

Jolly व pretty का प्रयोग adjective व adverb से पूर्व किया जा सकता है।

➢ He is a *jolly/ pretty* good player. (वह बहुत ही अच्छा खिलाड़ी है।)

➢ The traffic is moving *pretty* slowly. (यातायात बहुत धीरे–धीरे चल रहा है।)

☞ यदि pretty का प्रयोग well के साथ किया जाता है तो उसका अर्थ लगभग होता है।

➢ The film was *pretty well* over by the time we got to the cinema. (जब हम सिनेमा पहुँचे तब तक फिल्म लगभग समाप्त हो चुकी थी।)

Dead का प्रयोग गिने चुने adjectives के साथ होता है। तब dead का अर्थ पूरी तरह से होता है। Dead का प्रयोग adverb के साथ नहीं होता। जैसे– dead certain, dead drunk (पूरा पिया हुआ), dead level (पूरा समतल), dead quiet (पूरा शान्त), dead night, dead straight, dead tired (पूरा थका हुआ), dead wrong (पूरा गलत).

➢ You are *dead right*. The war in Europe did end on May 7, 1945. (आप बिल्कुल सही हैं। यूरोप में युद्ध सात मई 1945 को ही समाप्त हुआ।)

Indeed व not at all का प्रयोग

Affirmative वाक्यों में *very* के साथ indeed का प्रयोग करने से very को और अधिक बल मिलता है।

➢ I enjoyed it *very much* indeed. (मैंने वास्तव में इसका बहुत ही आनन्द लिया।)

➢ That boy is *very good* indeed. (वह लड़का वास्तव में बहुत ही अच्छा है।)

At all का प्रयोग negative वाक्यों में very much के साथ भी होता है व बगैर very much के भी।

➢ Mahesh does not enjoy classical music (very much) *at all.* (महेश शास्त्रीय संगीत का बिल्कुल भी आनन्द नहीं लेता है।)

अनौपचारिक रूप से very के स्थान पर ly वाले adverbs प्रयोग किये जाते हैं। जैसे– extremely, particularly, really. परन्तु awfully, frightfully, व terribly का प्रयोग सामान्य रूप से अतिरिक्त जोर देने के लिये very के स्थान पर करते हैं।

➢ Mr Chandra is extremely *helpful*. (श्री चन्द्रा बहुत ही सहयोगी व्यक्ति हैं।) **(adjective)**

➢ Mamta works really *slowly.* (ममता बहुत धीरे–धीरे काम करती है।) **(adverb)**

➢ She is terribly *confused* by all this information. (वह इस सम्पूर्ण सूचना से बहुत ही व्याकुल है।) **(past participle)**

➢ The information is terribly *confusing.* (यह सूचना बहुत ही व्याकुल करने वाली है।) **(ing वाले adjectives)**

➢ Devesh is a particularly *good singer.* (देवेश बहुत ही अच्छा गायक है।) **(adjective+ noun)**

☛ कुछ ly वाले adverbs को क्रिया के साथ भी प्रयोग किया जा सकता है।

➢ I *really appreciate* all you have done for me.

बहुत से adverbs जिनका अन्त ly में होता है और अधिक बल देने के रूप में प्रयोग किये जाते हैं। फिर उनके मूल अर्थ यथावत रहते हैं। जैसे– absolutely, completely, definitely, entirely, greatly, perfectly, seriously. इन्हें कुछ ही शब्दों के साथ प्रयोग किया जाता है। जैसे– greatly को verbs के साथ प्रयोग किया जाता है न कि adjectives के साथ।

➢ Many people *greatly* admire Sanskrit language. (बहुत से व्यक्ति संस्कृत भाषा की अत्यधिक प्रसंशा करते हैं।)

कुछ adverbs जो ly में समाप्त होते हैं उन्हें past participle के साथ प्रयोग किया जाता है। जैसे– completely *mistaken*, horribly *injured*, perfectly *planned* आदि।

☞ Passive voice में ly वाले advebs को past participle से पूर्व व बाद की दोनों स्थितियों में प्रयोग किया जा सकता है।

➢ He was *unexpectedly delayed/ delayed unexpectedly*.

कुछ सीमित ly वाले adverbs जैसे– badly, deeply, lightly, sharply, strikingly व utterly शब्दों के छोटे समूह के साथ प्रयोग किये जाते हैं। जैसे– badly needed (बहुत ज्यादा आवश्कता अनुभव की गई), deeply suspicious (अत्यधिक शंकाशील), highly respected (अत्यधिक सम्मान्नीय).

Even और **only** की स्थिति

Even और only में विशेष रूप से लचीलापन होता है। शब्द की स्थिति के अनुसार शब्द के अर्थ में भिन्नता होती है।

➢ *Even* Vijendra knows that Kanpur is bigger than Lucknow. (यद्यपि विजेन्द्र मूर्ख है फिर भी वह जानता है कि कानपुर लखनऊ से बड़ा है।)

Vijendra *even* knows that Kanpur is bigger than Lucknow. (बहुतसी चीजों के अतिरिक्त विजेन्द्र यह भी जानता है कि कानपुर लखनऊ से बड़ा है।)

➢ *Only* Mamta passed in English. (केवल ममता ही अंग्रेजी में पास हुई और दूसरा कोई नहीं।)

Mamta passed *only* in English. (ममता केवल अंग्रेजी में पास हुई और अन्य विषयों में नहीं।)

➢ Vibha *only* met Sunita. (विभा केवल सुनीता से ही मिली, किसी दूसरे व्यक्ति से नहीं।)

☞ सन्दिग्धता से बचने के लिये हमें even और only का प्रयोग उन शब्दों से पहले करना चाहिये जिनके अर्थ को सीमित किया जाता है।

➢ I *only* asked Mohan to lend me his pen. (मैंने केवल मोहन से ही उसका कलम उधार माँगा।)

Only में अन्य प्रयोग

- Only+ too = Extremely (अत्यधिक)

➢ I am *only too* glad to see you. (आपसे मिलकर मैं अत्यधिक खुश हूँ।)

क्रिया से पूर्व only का प्रयोग स्पष्टीकरण व तर्क के रूप में किया जाता है।

➢ I do not know why you are so angry. I *only* left the door open. (मैं नहीं जानता कि तुम मुझसे इतने रुष्ट क्यों हो। मैंने तो दरवाजा केवल खुला ही छोड़ा था।)

Too, as well, not-either, also के प्रयोग

Affirmative वाक्यों में too और as well वाक्य के अन्त में प्रयोग होते हैं।

➢ I like Mohan and I like his brother *too/ as well.* (मैं मोहन को चाहता हूँ उसके भाई को भी।)

Negative वाक्यों में too और as well के स्थान पर either का प्रयोग किया जाता है।

➢ I do not like Mohan and I do not like his brother *either.* (मैं मोहन को नहीं चाहता और ना ही उसके भाई को।)

☞ भाषण की तुलना में लेखन कार्य में too और as well के स्थान पर also का प्रयोग बहुत ही सामान्य है।

➢ Sunita is a teacher. She is also a mother. (सुनीता एक अध्यापिका है। इसके अतिरिक्त वह एक माँ भी है।)

यहाँ पर also का प्रयोग सहायक क्रिया के बाद हुआ है।

जब एक से अधिक क्रियाएँ हों तो प्रथम verb के बाद ही also का प्रयोग होगा।

➢ I have written the letters. I should *also* have posted them. (मैंने पत्र लिख लिये हैं। मुझे उन्हें डाक से भेज देना चाहिये था।)

Main verb से पूर्व भी also का प्रयोग होता है।

➢ I play cricket and I *also* play tennis. (मैं क्रिकेट खेलता हूँ और टेनिस भी।)

दृष्टिकोण **(view point)** को दर्शाने वाले **adverbs-** वक्ता या लेखक जो कहता या लिखता है, उसका क्या दृष्टिकोण है उसे view point कहते हैं।

- Clearly व evidently- निष्कर्ष को दर्शाने वाले

- Frankly व honestly- सच्चाई की तरफ आकर्षित करने वाले
- Generally व normally- सामान्य रीति को दर्शाने वाले
- Briefly व in short- उबाऊपन से बचाने वाले

उपरोक्त view point के ही अंग हैं। सामान्यतः ये वाक्य के आरम्भ में ही प्रयुक्त होते हैं और इनके बाद comma का प्रयोग होता है।

➢ *Frankly*, I am not satisfied with your work. (स्पष्ट रूप से, मैं तुम्हारे कार्य से सन्तुष्ट नहीं हूँ।)

कुछ view point adverbs वाक्य के मध्य में प्रयुक्त होते हैं।

➢ He smiled nastily. He *evidently* knew something I didn't. (वह अश्लीलता से मुस्कराया। वह स्पष्ट रूप से कुछ ऐसी चीजों की जानकारी रखता था जिनसे मैं अनभिज्ञ था।)

निम्न वाक्य में *hopefully* adverb of maner का काम करता है।

➢ To travel *hopefully* is better than to arrive. (घर पहुँचने की अपेक्षा भरोसे के साथ यात्रा करना अधिक अच्छा है।)

Hopefully को अक्सर दृष्टिकोण के रूप में प्रयोग किया जाता है।

➢ *Hopefully*, I will see you tomorrow. (मैं आशा करता हूँ कल तुमसे मिलूँगा।)

➢ *Hopefully*, they will arrive at an agreement. (ऐसी आशा की जाती है कि उनका समझौता हो जायेगा।)

जोड़ने वाले शब्द (connecting words) और वाक्यांश (phrases)

प्रतिकूलता को दर्शाने के लिये– However, on the contrary.

उसी समय की घटना को बतलाने के लिये– At the same time, mean while.

परिणाम की ओर संकेत करने के लिये– As a result, consequently.

दूसरी सूचना को जोड़ने के लिए– Further more, more over.

एक विवरण–

➢ The police were sure Sohan was lying. They found his finger prints everywhere. *Further more*, they knew for a fact that he had not been at his mother's at the time of crime. (पुलिस को विश्वास था कि सोहन झूठ बोल रहा है। उन्हें उसकी उंगलियों के चिन्ह हर जगह दिखाई दिये। इस अतिरिक्त तथ्य का भी पता चला कि अपराध के समय सोहन अपनी माँ के घर पर नहीं था।)

कुछ connectives मध्य में आ सकते हैं और उनसे पहले व बाद में comma का प्रयोग होगा।

➢ Mohan worked hard and, *as a result*, topped the list of successful candidates. (मोहन ने कठोर परिश्रम किया जिसके परिणाम स्वरूप उसने सर्वप्रथम स्थान प्राप्त किया।)

6) Adverbs of Comparison- इसमें तीन degrees होती हैं।

Positive	Comparative	Superlative
Fast	Faster	Fastest
Easily	More easily	Most easily
Far	Farther	Farthest
	Further	Furthest
Badly	Worse	Worst
Late	Later	Last/ Latest
Little	Less	Least
Much	More	Most
Well	Better	Best

➢ I bought *the latest* edition of today's paper. (सबसे नया संस्करण)

➢ I bought *the last* edition of today's paper. (अन्तिम संस्करण)

Further और farther दोनों का प्रयोग दूरी के लिये किया जा सकता है।

➢ She drove ten kilometers *further/ farther* than necessary. (उसने गाड़ी को दस किलोमीटर आवश्यकता से अधिक चलाया।)

Further के अन्य प्रयोग

इसका प्रयोग *अतिरिक्त* के अर्थ में भी होता है। *अतिरिक्त* के लिये farther का प्रयोग नहीं कर सकते।

➢ We learnt, further, he was not a qualified doctor. (इसके अतिरिक्त हमें यह भी ज्ञात हुआ कि वह एक योग्य डॉक्टर नहीं है।)

Adverbs का तुलनात्मक प्रयोग

- As ---------- as

  ➢ Sunita sings *as sweetly as* her mother. (सुनीता उतनी ही मधुरता से गाती है जितनी मधुरता से उसकी माँ।)

- Not as/ not so ----------- as

  ➢ I can't run *so fast as* you can.

  = I can not run as fast as you can. (मैं उतना तेज नहीं दौड़ सकता जितना तुम।)

Than (अपेक्षाकृत)

➢ Mohan ran *more quickly than* I expected. (मोहन मेरी आशा से अधिक तेजी से दौड़ा।)

- The ----------- the

➢ *The* sooner *the* better. (जितनी जल्दी उतना अच्छा।)

पहले the का अर्थ comparative में जितना, दूसरे the का अर्थ उतना होता है।

And के साथ **double comparative**

➢ He is getting *fatter and fatter* day by day. (वह दिनों दिन मोटा हो रहा है।)

Superlative degree

➢ She works *fastest* when she is under pressure. (वह सबसे तेज काम करती है जब वह दबाव में होती है।)

Comparative के साथ अक्सर than ever, than anyone व than anything का प्रयोग करते हैं।

➢ Sunita worked harder *than ever/ than anyone*.

= Sunita worked *hardest*.

परन्तु इस स्थिति में comparative को ही वरीयता देते हैं।

7) Adverbs of Reason- यह adverb कारण को दर्शाता है।

- He was *therefore* fined. (इस कारण उस पर जुर्माना किया गया।)
- She *therefore* lost the chance. (वह इस कारण अपना अवसर गवाँ बैठी।)

8) Adverbs of Affirmation- ये स्वीकृति की तरफ संकेत करते हैं।

- *Yes*, I will do my work.
- *Surely*, you are rich.

9) Adverbs of Negation- ये निषेध दर्शाते हैं।

- I do *not* know him.
- Has he gone? *No*, he has *not* gone.

2) Interrogative Adverbs

a) Manner (तरीका) को दर्शाने वाले **adverbs**

- *How* did she go there? (वह किस विधि से वहाँ गई?)
- *How* are you? (तुम्हारा स्वास्थ्य कैसा है?)

b) Place (स्थान) को बतलाने वाले **adverbs**

- *Where* does he live? (वह कहाँ रहता है?)
- *Whence* has she come? (वह कहाँ से आयी है?)

c) Time (समय) को बतलाने वाले **adverbs**

- *When* will she return? (वह कब लौटेगी?)

d) Reason (कारण) को दर्शाने वाले **adverbs**

- *Why* are you late? (तुम विलम्ब क्यों हो?)
- *Wherefore* did she weep? (वह किस कारण से रोई?)

☞ Interrogative adverbs में सामान्यतः when, where, why, how शब्द हुआ करते हैं।

3) Relative Adverbs

Relative adverbs में प्रश्नवाचक शब्दों का अर्थ जब, जहाँ, जिस विधि से, जिस कारण से आदि हुआ करता है। ये सामान्यतः वाक्य के मध्य में होते हैं तथा इनके साथ *antecedent* होता है। *Antecedent* relative adverb से पहले प्रयुक्त होता है उसे दर्शाया या छिपाया जा सकता है। Antecedent का अर्थ *पूर्वगामी* है और यह अक्सर noun होता है।

➢ This is □ where Mohan lived. (यह वही स्थान है जहाँ मोहन रहता था।)

यहाँ (□) पर the place शब्द को छिपाया गया है।

➢ Do you know □ when the train arrives? (क्या तुम उस समय को जानते हो जब गाड़ी आती है?)

यहाँ (□) पर the time शब्द छिपाया गया है।

Where से पूर्व the place व when से पूर्व the time को प्रयुक्त किया जा सकता है जो कि antecedents हैं। इससे वाक्यों के अर्थ में कोई परिवर्तन नहीं होगा।

Inversion of the Verb (क्रिया का उलट–पलट)– जब कुछ निश्चित adverbs व adverb phrases प्रतिबन्धित व नकारात्मक आशय को दर्शाते हैं, तो उस स्थिति में जोर देने के लिए verb की inverted form प्रयोग की जाती है।

Inverted form का रूप– Adverb/ adverb phrase+ helping verb+ subject+ main verb+ object.

कुछ महत्वपूर्ण **adverbs व adverb phrases**- Never, seldom, scarcely, ever, scarcely-when, no sooner-than, nowhere, in no circumstances, on no account, only by, only then, only when, only in this way, not till, not only, so, neither, nor आदि।

☞ उपरोक्त शब्दों को inverted form में प्रयोग करने पर वाक्य कभी भी प्रश्नवाचक नहीं कहलायेगा। और ना ही अन्त में प्रश्नवाचक चिन्ह का प्रयोग किया जायेगा। स्थिति के अनुसार वह वाक्य affirmative व negative में होगा।

➢ I have never before been asked to accept a bribe.

= *Never before have* I been asked to accept a bribe. (मुझसे पहले कभी भी रिश्वत स्वीकार करने की उम्मीद नहीं की गई है।) **(inversion)**

- He had hardly left the house when it began to rain.

  = *Hardly had he* left the house when it began to rain. (वह मुश्किल से ही घर छोड़ पाया था कि वर्षा होने लगी।) **(inversion)**

- He had no sooner left the house than it began to rain.

  = *No sooner had he* left the house than it began to rain. (ज्योंही उसने घर छोड़ा तब ही वर्षा होने लगी।) **(inversion)**

- This switch must not be touched on any account.

  = *On no account must this switch* be touched. (किसी भी हालत में इस स्विच को नहीं छुआ जाना चाहिये।) **(inversion)**

- He was able to make himself heard only by shouting at the top of his voice.

  = *Only by shouting at the top of his voice was he* able to make himself heard. (केवल उसके तेज बोलने के कारण ही उसकी आवाज को सुना जा सका।) **(inversion)**

- He did not realize that he had lost his keys till he got home.

  = *Not till, he* got home *did he* realize that he had lost his keys. (उसे महसूस नहीं हुआ जब तक वह घर नहीं पहुँचा कि वह अपनी चाबियाँ खो चुका है।) **(inversion)**

- They not only rob you, they smash everything.

  = *Not only do they* rob you, they smash everything. (वे केवल तुम्हें लूटते ही नहीं हैं अपितु हरेक चीज नष्ट करते हैं।) **(inversion)**

- He became so suspicious that he held no more talk with his friend.

  = *So suspicious did he* become that he held no more talk with his friend. (वह इतना शंकाशील हो गया कि उसने अपने मित्र से कोई बात नहीं की।) **(inversion)**

In, out, up, down,, round, over, back, forward, आदि को वाक्य के आरम्भ में inverted form में ही प्रयुक्त किया जाता है। अर्थात् verb + subject.

- In came Hari. (हरि अन्दर आया।)
- Up jumped two large dogs. (दो बड़े कुत्तों ने छलांग लगाई।)
- Down fell half a dozen apples. (आधा दर्जन सेब गिर गये।)

यदि subject pronoun है तो inversion आवश्यक नहीं है।

- In he came. (वह अन्दर आया।)
- Back he went again. (वह पुनः वापस चला गया।)

There व here की स्थिति में भी inversion होता है।

- Here comes a bus! There goes the last train!

Here व there के साथ verb 'be' होने पर वस्तुओं को भेंट करने की स्थिति में inversion होता है।

- Here is a cup of tea for you. (यह लीजिये अपनी चाय का प्याला।)
- Here is your letters. (ये लीजिये अपने पत्र।)
- At the long distance couldn't he be seen. (लम्बी दूरी के कारण वह दिखाई न दे सका।) **(inversion)**

Passive form में भी inversion होता है जैसा कि उपरोक्त वाक्य से स्पष्ट है।

7

Quantity

Quantity (मात्रा)—Countable व uncountable दोनों ही संख्या व मात्रा को इंगित करते हैं।

- *How many boys* are there in the class? (कक्षा में कितने लड़के हैं?) **(countable)**

  There are *a few*. (कुछ हैं।) **(countable)**

- *How much water* is there in the glass? (ग्लास में कितना पानी है?) **(uncountable)**

  There is *a little*. (थोड़ा है।) **(uncountable)**

Quantifier- वह शब्द या वाक्याँश जो noun के साथ संख्या या मात्रा को दर्शाने के लिये प्रयुक्त किया जाता है quantifier कहलाता है।

a) **Quantifier+ plural countable noun-** Not many girls, both, a couple of, dozens of, hundreds of, thousands of, a few, the majority of, (not) many, a minority of, a number of, several, a lot of, any.

b) **Quantifier+ plural countable noun या uncountable noun**

- There are not *any boys* in the class. **(plural countable)**
- There is not *any milk* in the glass. **(singular uncountable)**

अन्य शब्द जो दोनों स्थितियों में प्रयोग किये जाते हैं– Some of, all the, hardly any, enough, half of the, a lot of, lots of, most of the, no, none of the, the other, plenty of, the rest of the.

c) **Quantifier-** [A (small) amount of, a bit of, a drop of (liquid), a great/ good deal of, a little]+ **uncountable noun**

- Not much milk

d) **Quantifier-** [Each, either, every, neither, no, the only, the whole (of the), other]+ **singular countable noun**

- Each book

अनिश्चित मात्रा या संख्या का बोध कराने वाले **quantifiers**

Plural countable noun के साथ	**Uncountable noun** के साथ
There are *too many* books.	There is *too much* water.
Plenty of books	*Plenty of* water
A lot of/ lots of books	*A lot of/ lots of* water
(Not) Enough books	*(Not) Enough* water
A few books	*A little* water
Very few books	*Very little* water
Not many books	*Not much* water
Hardly any books	*Hardly any* water
No books	*No* water

☞ प्रश्नवाचक वाक्य में *कुछ* शब्द के लिये मात्रा व संख्या दोनों ही स्थितियों में *any* शब्द का प्रयोग करते हैं। परन्तु affirmative की स्थिति में *some* शब्द का प्रयोग किया जाता है।

➢ Are there *any* chairs in the room? (क्या कमरे में कुछ कुर्सियाँ हैं?)

There are *some* chairs in the room.

➢ Is there *any sugar* in the sack? (क्या बोरे में कुछ चीनी है?)

There is *some sugar* in the sack.

Quantifiers जिनके पश्चात **of** का प्रयोग होता है निम्नलिखित तालिका से स्पष्ट किये गये हैं।

A couple of/ dozens of/ hundreds of/the majority of/ a minority of/ a number of	chairs/ students (plural countable)
A large amount of/ a small amount of/ a bit of	sugar / milk (uncountable)
A lot of/ lots of/ plenty of	sugar (uncountable)
A lot of/ lots of/ plenty of	chairs (plural countable)

Quantifier का more के साथ प्रयोग

तुरन्त noun से पूर्व–

➢ I would like *some* milk. (मैं कुछ दूध चाहता हूँ।)

More+ of+ determiner-

➢ Do you want *some more* of this milk? (क्या तुम इस दूध में से कुछ चाहते हो?)

More का प्रयोग pronoun के रूप में–

➢ I do not want *any more.* (मैं और कुछ नहीं चाहता।)

Quantifier का less के साथ प्रयोग

Much के बाद परन्तु noun से पूर्व–

➢ *Much less* milk, please.

Much+ less+ of+ determiner-

➢ I would like *much less* of that milk.

Pronoun के रूप में–

➢ I want *much less,* please.

Left और over का quantifier के बाद प्रयोग

- Left = उपयोग नहीं किया गया / अवशेष
- Over = अवशेष बचा हुआ

➢ Is there any food left? I haven't got *any* left, I'm afraid. (क्या कुछ भोजन बचा है? नहीं, कुछ नहीं बचा है।)

➢ Is there *any* money over? (क्या कुछ पैसा बचा हुआ है?)

Quantifier से पूर्व *not* का प्रयोग

Quantifiers जिनसे पूर्व not का प्रयोग होता है– All, another (one) , enough, every, a few, half, a little, more, much, one, the only one.

➢ *Not much* is happening in the college at the moment.

☞ जब a few या a little से पूर्व not प्रयोग किया जाता है तो उस स्थिति में इसका अर्थ *a lot* (बहुत अधिक) होता है।

➢ He has *not a few proposals* of marriage. (उसके पास विवाह के बहुत से प्रस्ताव हैं।)

Negative में संक्षेप में उत्तर देने के लिए–

➢ How many did you buy? *Not enough*!

कुछ मामलों में आश्चर्य व्यक्त करने के लिए–

➢ She bought a new car. – Not another one!

गुणात्मक संख्याओं (cardinal) को quantifiers के रूप में प्रयोग किया जाता है।

➢ We have *one Mathematics teacher* and *two Sanskrit teachers* in our school.

कुछ परिस्थितियों में ordinal (क्रम वाचक संख्याएँ) व next तथा last के बाद cardinal संख्याओं का प्रयोग किया जाता है। जैसे– the first *three* boys, the next *two* girls, the last *two* boys आदि।

Counting- Cardinal संख्याओं का प्रयोग quantity व group को दर्शाने के रूप में भी होता है। जैसे– one by one (एक–एक करके), by the dozen (दर्जन में), by the hundred आदि।

➢ How would you like your money? (आप अपना पैसा कैसे चाहेंगे?)

In fives please. (पाँच बार में।)

Fraction (भिन्न)

- $\frac{1}{2}$ (one half)
- $\frac{1}{3}$ (one third)
- $\frac{1}{4}$ (one quarter या one fourth)
- $\frac{9}{16}$ (nine sixteenths)

पूर्ण संख्या व अंश की स्थिति में–

- $4\frac{3}{4}$ (four and three quarters)
- $6\frac{1}{2}$ (six and a half)

परन्तु जब fraction माप व वजन को इंगित करता है तो हम *one* के स्थान पर *a* का ही प्रयोग करते हैं।

➢ I bought half *a* pound of sugar and *a* quarter of *a* pound of coffee.

Decimals (दशमलव)

- 0.6 (nought point six या point six)
- 4.05 (four point nought five)
- 3.5 (three point five)

Multiplying and dividing quantity (वृद्धि व विभाजन को दर्शाने वाली माप)

- दुगनी मात्रा = double the quantity
- दुगनी राशि = double the amount, या twice the amount
- आधी राशि = half the amount

➢ I want double/ twice/ three times the quantity/ amount. (मैं दुगनी, तिगुनी मात्रा / राशि चाहता हूँ।)

Approximate number and quantity (सन्निकट संख्या व मात्रा को दर्शाने वाले शब्द)- About (लगभग), almost (लगभग), exactly (यथावत), fewer than (से कम), at least (कम से कम), less than (से कम), more than (से अधिक), nearly (लगभग), over (अधिक), under (कम).

➢ There are *over seven hundred* students in the college. (कॉलेज में सात सौ से अधिक छात्र है।)

➢ You can't apply for the post if your are *under sixteen.* (यदि तुम सोलह वर्ष से कम हो तो उक्त पद के लिये प्रार्थना पत्र नहीं दे सकते।)

Some और **any** का प्रयोग– दोनों शब्द अनिश्चित संख्या व मात्रा को दर्शाते हैं।

➢ There are *some* letters for Mohan. (मोहन के कुछ पत्र हैं।)

➢ There is *some* tea in the cup. (प्याले में कुछ चाय है।) (मात्रा)

☞ कभी–कभी हम some व any का प्रयोग नहीं करते परन्तु उनका अर्थ विद्यमान रहता है।

➢ My father bought me *books* and *sweets.* (मेरे पिता ने मेरे लिये कुछ पुस्तकें व मिठाईयाँ खरीदीं।)

उस स्थिति में हम प्रश्नवाचक वाक्यों में *some* का प्रयोग करते हैं जब उत्तर की आशा *हाँ* में की जाती है।

➢ Have you got *some* books on Geography? (मेरे विचार से आपके पास भूगोल की कुछ पुस्तकें हैं।)

➢ May I have *some* more milk?

➢ Would you like *some* more milk? (आशा करते हुये आप कुछ और दूध पी लेंगे।)

☞ Some का प्रयोग निश्चितता को भी इंगित करता है।

➢ *Some* people believe anything they hear in the society. (समाज में कुछ व्यक्ति ऐसे भी हैं जो वे सुनते हैं उसमें विश्वास करते हैं।)

Not some का अर्थ कुछ सन्दर्भों में not all हुआ करता है।

➢ I do *not* read *some* of books. (मैं सारी पुस्तकें नहीं पढ़ता हूँ।)

Some का प्रयोग pronoun के रूप में भी होता है।

➢ Would you like any rice?- I have *some*, thank you.

यहाँ पर some का प्रयोग noun *rice* के स्थान पर हुआ है।

Any का प्रयोग अनिश्चित मात्रा व संख्या के रूप में होता है।

➢ They have not got *any* shirts in my size. (उनके पास मेरे आकार की कोई शर्ट नहीं है।)

➢ There is not *any* milk in the glass. (ग्लास में कोई दूध नहीं है।)

Any का प्रयोग प्रश्नवाचक वाक्य में उस स्थिति में भी किया जाता है कि यदि आप उस वस्तु के लिए ना भी कहें तो कोई आश्चर्य नहीं होगा।

➢ Have you got *any books* on English grammar?

Negative वाक्यों में बगैर *not* के, hardly, never, seldom, without के साथ *any* का प्रयोग होता है।

➢ There is *hardly any* petrol in the tank. (टैंक में पैट्रोल नहीं है।)

➢ We got to Kanpur *without any* problems.

☞ जब सन्देह की स्थिति में सुझाव का आभास हो तो if या whether का प्रयोग होगा।

➢ I don't know *if/ whether* there is any news from Richa. (मैं नहीं जानता कि क्या ऋचा का कोई समाचार है।)

इस स्थिति में if या whether का अर्थ क्या हुआ करता है।

विशेष जोर देने के लिये any के साथ at all या whatever का प्रयोग भी होता है।

➢ I have not got *any* idea *at all/ whatever* about what happened. (मुझे कुछ भी ज्ञात नहीं है जो घटित हुआ है।)

Not ------- any, no व none का प्रयोग

➢ There are *not any* trains on Sunday morning.

➢ There are *no* trains on Sunday morning.

दोनों वाक्यों के अर्थ में कोई अन्तर नहीं है। यदि वाक्य के आरम्भ में negative शब्द का प्रयोग करना चाहते हैं तो *no* शब्द का ही प्रयोग होगा।

➤ *No* department store opens on Thursday.

No का प्रयोग singular noun के साथ भी होता है।

➤ There is *no letter* for you.

➤ She is *no expert*, but she thinks that the note is fake.

☞ *No* का अर्थ determiner होने पर *not any* माना जाता है और इसके बाद noun आता है। परन्तु none अकेला प्रयुक्त होने पर pronoun का काम करता है।

➤ There are *not any* apples.

= There are *no apples*.

No और none का प्रयोग not any की अपेक्षा अधिक जोर देने के रूप में होता है।

➤ I could *not* get *any* information about the exam.

I could get *no* information about the exam.

➤ Do you have *any* new year's diaries?

We have *none* at the moment.

Some, any व no के विशेष प्रयोग

Several (कई)–

➤ I have not seen Rohtash for *some* years. (मैंने रोहताश को कई वर्षों से नहीं देखा है।)

Extraordinary (विलक्षण)–

➤ That is *some* car you have bought. (यह विलक्षण कार है जो तुमने खरीदी है।)

Approximately (लगभग)–

➤ There are *some* forty students. (लगभग चालीस छात्र हैं।)

Unknown (अज्ञात)–

➢ There must be *some* boy who broke the chair. (कोई लड़का रहा होगा जिसने कुर्सी को तोड़ा।)

No kind of (नाम मात्र की संतुष्टि के लिए)–

➢ I think it is *some* consolation. (मैं समझता हूँ कि यह *एक तरह* का ढाढ़स है।)

Any के भिन्न–भिन्न प्रयोग

Usual (सामान्य)–

➢ This is not just *any* cake. (यह विशेष प्रकार की केक है।)

कम से कम/अधिक से अधिक–

➢ He will need *any* help he can get.

समय सन्दर्भ के अनुसार, उपरोक्त वाक्य में any का अर्थ *कम से कम* या *अधिक से अधिक* भी हो सकता है।

कोई भी–

➢ Give me a plate. *Any plate/ one* will do. (मुझे एक प्लेट दो। किसी भी प्लेट/एक प्लेट से काम चल जायेगा।)

☞ जब any या no का प्रयोग adverb की तरह होता है तो उस स्थिति में हम adjective या adverb की comparative degree प्रयोग करते हैं।

➢ Is Mahesh *any better* today? No, he is *no better.* (क्या महेश आज किसी भी तरह से ठीक है? नहीं, उसमें किसी भी तरह से सुधार नहीं है।)

Good व different शब्दों के साथ भी positive degree में any व no शब्दों का प्रयोग होता है।

➢ Is that chair any good? It is no good at all. (क्या कुर्सी किसी तरह से ठीक है? यह किसी भी तरह से ठीक नहीं है।)

Much और **many** के सामान्य प्रयोग

Much का प्रयोग uncountable के साथ जबकि many का प्रयोग countable noun के साथ होता है।

Negative में–

➢ I have not much *time.* (मेरे पास अधिक समय नहीं है।) **(uncountable noun के साथ)**

➢ There are not many *girls* in the class. (कक्षा में अनेक लड़कियाँ नहीं हैं।) **(countable noun के साथ)**

Question में–

➢ Is there *much* sugar in that sack? (क्या उस बोरे में काफी चीनी है?)

➢ Have you bought *many* books? (क्या तुमने अनेक पुस्तकें खरीदी हैं?)

As much as व *as many as* दोनों का प्रयोग affirmative व negative दोनों प्रकार के वाक्यों में होता है।

➢ You can buy *as much* sugar *as* you like. (आप उतनी चीनी खरीद सकते हैं जितनी आप चाहें।)

इसी तरह negative में–

➢ You *can't* buy as much sugar as you like.

➢ You *can/ can't* buy as many cars as you like. (आप उतनी कारें खरीद सकते हैं/ नहीं खरीद सकते जितनी आप चाहते हैं।)

Much और many में हल्का सा परिवर्तन क्रमश: *far too much* व *far too many* के द्वारा होता है।

➢ He eats *far too much* food. (वह बहुत ही अधिक भोजन करता है।)

➢ She has *far too many* books on Sanskrit. (उसके पास संस्कृत की बहुत सी पुस्तकें हैं।)

Many का प्रयोग समय की अभिव्यक्ति (time expression) में affirmative व negative दोनों रूपों में होता है।

➢ I have lived at Rishikesh (for) *many years.* (मैं ऋषिकेश में अनेक वर्षों से रह रहा हूँ।)

➢ She did not live in Delhi (for) *many years.* (वह दिल्ली में अनेक वर्षों तक नहीं रही।)

संक्षिप्त उत्तरों में negative की स्थिति में not much व not many का प्रयोग होता हे।

- Has she bought much wheat? – No, *not much.* (क्या उसने अधिक गेहूँ खरीदा है?– नहीं, अधिक नहीं।)
- Have you bought many books?– No, *not many.* (क्या तुमने बहुत सी पुस्तकें खरीदी हैं?– नहीं, अनेक नहीं।)

☞ Not much या not many कर्ता का भाग भी हो सकता है।

- *Not much* is really known about the Stone Age. (वास्तव में पाषण युग के विषय अधिक जानकारी नहीं है।)
- *Not many* people know about his father's past. (अधिकांश व्यक्ति उसके पिता के अतीत के विषय में नहीं जानते।)

There से प्रारम्भ होने वाले expression में सामान्यतः much का प्रयोग होता है।

- *There* is not *much* point in telling the same thing again and again. (उसी बात को बार–बार कहने का कोई सार नहीं है।)

Not so much को comparisons में भी प्रयोग किया जाता है।

- It is *not so much* a bed room, *more* a studio. (यह शयनकक्ष की अपेक्षा चित्रशाला अधिक प्रतीत होता है।)
- Sunita is *not so much* a doctor as a teacher. (सुनीता डॉक्टर की तुलना में अध्यापक के रूप में अधिक सफल है।)
- It is *not so much* that he talks less, *as that/ but that* he wants to be introvert. (ऐसा नहीं है कि वह कम बोलता है अपेक्षाकृत वह अन्तर्मुखी होना चाहता है।)

Few की भाँति many से पूर्व the, my, his, your आदि शब्दों का प्रयोग सम्भव है।

- One of my many friends you know can borrow you *her/ his* books. (मेरे अनेक मित्रों में से कोई एक जिन्हें तुम जानते हो अपनी पुस्तकें तुम्हें उधार दे सकता है।)

Lots of, a lot of, plenty of+ plural countable या uncountable का प्रयोग सामान्यतः affirmative वाक्यों में होता है।

➢ I bought *a lot of/ lots of/ plenty of* books yesterday.

➢ She has *a lot of/ lots of/ plenty of* sugar. (उसके पास बहुत चीनी है।)

Several का प्रयोग plural countable के साथ होता है। इसका प्रयोग dozen, hundred, thousand, million आदि के साथ भी होता है।

➢ *Several hundred students* went to Agra yesterday.

परन्तु यदि उपरोक्त शब्दों को बहुवचन में प्रयोग करना पड़े तो उनके बाद of शब्द अवश्य आयेगा।

➢ *Hundreds of* students went to Mathura.

Uncountable noun की स्थिति में a lot of, lots of के स्थान पर a great deal of या a great amount of का प्रयोग अधिक उपयुक्त माना जाता है।

➢ *A great deal of/ a great amount of* wheat has been sold. (गेहूँ बहुत बड़ी मात्रा में बेचा गया है।)

परन्तु plural countable में a lot of / lots of या plenty of के स्थान पर a large number of या a great number of का प्रयोग अधिक उपयुक्त है।

➢ *A large number of/ a great number of* women was going to Haridwar to have a holy dip in the river Ganga. (स्त्रियों की बहुत बड़ी संख्या पवित्र गंगा नदी में स्नान करने के लिये हरिद्वार जा रही थी।)

Few निषेधात्मक है जिसका अर्थ होता है मुश्किल से।

➢ He has *few* friends. (उसका मुश्किल से कोई मित्र है।)

Few 'इतने नहीं जितनी आशा की गई' विचार को भी प्रतिपादित करता है।

➢ A large number of students was expected, but *few* came. (विद्यार्थियों की बहुत बड़ी संख्या की आशा की गई, लेकिन कुछ ही पहुँचे।)

A few सकारात्मक है। जिसका अर्थ होता है कुछ या छोटी संख्या।

➢ I would like to buy *a few* books. (मैं कुछ पुस्तकें खरीदना चाहूँगा।)

A few का दूसरा अर्थ *ना होने से अधिक* अर्थात् *आशा से अधिक* के रूप में भी होता है।

➢ Have you run out of sugar? No, there are *a few* sacks left. (क्या तुम्हारे पास चीनी की कमी पड़ गई है? नहीं, आशा से अधिक बोरे शेष हैं।)

Just, only, quite, a good, dozen, 100, the, my आदि शब्दों का few व a few के साथ प्रयोग

➢ How many do you want to buy? *Just* a few please. (तुम कितना खरीदना चाहते हो? मात्र सीमित संख्या।)

➢ There are *only a few* seats left. (बहुत कम सीटें शेष हैं।)

➢ How many books do you want? *Quite a few* please. (तुम कितनी पुस्तकें चाहते हो? बहुत ज्यादा।)

➢ She had *a good few* books last year. (गत वर्ष उसके पास बहुत पुस्तकें थीं।)

➢ *A few hundred* people attended the marriage party. (कई सौ व्यक्ति बारात में सम्मिलित हुये।)

➢ His *few* friends deceived him. (उसके बहुत कम मित्रों ने उसे धोखा दिया।)

Little व a little का प्रयोग uncountable के साथ होता है। Little भी few की तरह प्रयोग होता है और इसका negative अर्थ ही लिया जाता है।

➢ He has very *little* hope of winning the election. (उसे चुनाव जीतने की बहुत कम आशा है।)

उपरोक्त वाक्य को इस प्रकार भी प्रयोग किया जा सकता है।

He has hardly any hope of winning the election.

Little को इस अर्थ में भी प्रयोग किया जा सकता है 'उतना नहीं जितनी आशा की गयी'।

➢ He worked very hard but made *little* progress. (उसने कठोर परिश्रम किया लेकिन बहुत थोड़ी उन्नति की।)

A little को सकारात्मक स्थिति में प्रयोग किया जाता हैं जिसका अर्थ कुछ हुआ करता है।

➢ I would like to buy *a little* sugar .(मैं थोड़ी मात्रा में चीनी खरीदना चाहता हूँ।)

☛ वक्ता के दृष्टिकोण पर भी a little का अर्थ निर्भर करता है।

- Mrs Sharma left *a little* money in her will – about one crore of rupees. (श्रीमती शर्मा ने अपनी वसीयत में थोड़ी सम्पत्ति छोड़ी– लगभग एक कोटि मूल्य की।)

Just व only के साथ भी a little का प्रयोग होता है।

- How much water do you want? *Just* a little please. (आप कितना पानी चाहते हैं। बिल्कुल थोड़ा ही।)
- There is *only* a little hope of his winning the election. (उसके चुनाव जीतने की बहुत थोड़ी उम्मीद है।)

Few व little के साथ extremely तथा relatively के प्रयोग से वाक्य में हल्का परिवर्तन हो जाता है।

- There are *relatively few jobs* for train drivers. (रेल चालकों के अपेक्षाकृत कम पद हैं।)

Fewer/ the fewest व less/ the least

Fewer व less को सामान्यतः comparative degree में प्रयुक्त किया जाता है।

- *Fewer* teachers were appointed this year than last. (गत वर्ष की अपेक्षा इस वर्ष कम ही अध्यापक नियुक्त किये गये।)
- *Less* wheat was imported this year than last. (गत वर्ष की अपेक्षा इस वर्ष गेहूँ का कम आयात हुआ।)
- English songs on T.V. attract *the least* viewers in India. (भारतवर्ष में अंग्रेजी गाने टी॰ वी॰ पर सबसे कम दर्शकों को आकर्षित करते हैं।)

मूल्य व समय की अवधि के लिये than से पहले less का प्रयोग होता है न कि fewer का।

- It cost *less* than one hundred rupees. (इसकी लागत एक सौ रुपये से कम पड़ी।)
- I will see him in *less* than two weeks. (दो सप्ताह से कम समय में मैं उससे भेंट करूँगा।)

Fewer और less का प्रयोग even, for, many, a good deal, a lot के साथ होने से वाक्य के अर्थ में हल्का परिवर्तन आता है।

➢ There are *far fewer/ a lot fewer* students in this college.(इस कॉलेज में काफी कम छात्र हैं।)

➢ She plays *much/ far less* than she used to. (जितना वह खेला करती थी उसकी अपेक्षा वह अब बहुत अधिक/ बहुत कम खेलती है।)

Enough का अर्थ होता है पर्याप्त मात्रा या अधिक संख्या में। इसका प्रयोग affirmative, negative व interrogative सभी प्रकार के वाक्यों में होता है। यह countable plural में तथा uncountable में प्रयुक्त होता है।

➢ Have you got *enough problems* to solve? (क्या तुम्हें बहुत सी समस्याओं का समाधान करना है?)

➢ Have you got *enough money* to buy this house? (क्या इस घर को खरीदने हेतु तुम्हारे पास काफी पैसा है?)

➢ Is there *enough hot water* for me to take a bath? (क्या मेरे स्नान करने के लिये गर्म पानी पर्याप्त मात्रा में है?

➢ Is the water *hot enough* for me to take a bath? (क्या मेरे स्नान करने के वास्ते पानी काफी गर्म हैं?)

☞ तीसरा वाक्य quantity (मात्रा) व चौथा गर्म पानी की degree (अंश) को इंगित करता है। यह अन्तर *enough* शब्द के स्थान विशेष के कारण हुआ है।

Enough का प्रयोग little व few के साथ भी होता है।

➢ I can't lend you money I have *little enough* as it is. (मैं तुम्हें कोई पैसा नहीं दे सकता, वास्तव में मेरे पास कम पैसा है।)

➢ I can't give you any pencil, I have *few enough* as it is. (मैं तुम्हें कोई पेंसिल नहीं दे सकता, वास्तव में मेरे पास आवश्यकता से कम है।)

Both, all व half+ plural countable nouns

➢ *Both* cars are expensive. (दोनों कारें महँगी हैं।)

➢ *All* books are expensive. (सारी पुस्तकें महँगी हैं।)

➢ *Half of* the mangoes/ *half* the mangoes are bad. (आधे आम खराब हैं।)

Both, all व half का प्रयोग समान रूप से व्यक्ति व वस्तुओं दोनों के लिए होता है। All के बाद जब *the* आये या न आये परन्तु संख्या हो, और उसके बाद plural countable हो, तो ऐसी स्थिति में यह विशेष मद की ओर संकेत करता है।

➤ *All* (the) *twenty passangers* on the boat were saved. (नाव के सभी बीस यात्री बचा लिये गए।)

All व half+ singular countable noun

➤ *All the country/ all of the country* was against it. (सम्पूर्ण देश उसके विरुद्ध था।)

➤ *Half the country/ half of the country* was against it. (आधा देश उसके विरुद्ध था।)

➤ *All Rishikesh/ half Rishikesh* is developing. (सम्पूर्ण ऋषिकेश/ आधा ऋषिकेश विकसित हो रहा है।)

All व half+ uncountable nouns

All the bread was stale. *All of the bread* was stale.	सारी ब्रेड बासी थी।
Half the bread was stale. *Half of the bread* was stale.	आधी ब्रेड बासी थी।

Both और all का प्रयोग सहायक क्रियाओं के बाद भी होता है।

➤ The girls are both ready.

= *Both girls/ both the girls/ both of the girls* are ready. (दोनों लड़कियाँ तैयार हैं।)

➤ The girls are both waiting.

= Both the girls are waiting.

= Both girls are waiting.

= Both of the girls are waiting. (दोनों लड़कियाँ प्रतीक्षा कर रही हैं।)

Both व all संक्षिप्त उत्तरों में सहायक क्रिया से पहले आता है।

➢ Are you ready?

Yes, we both are./ Yes, we all are.

➢ Do you play cricket?

Yes, we both do./ Yes we all do.

Both और all का प्रयोग full verb से पूर्व भी होता है।

➢ The boys both *went* to college.

= Both boys/ both of the boys/ both the boys *went* to college.

Both व all को subject pronoun व objective pronoun दोनों स्थितियों में प्रयोग किया जाता है।

☞ Subject की स्थिति में जब both और all प्रयोग किये जाते हैं तो इनके बाद of आना आवश्यक है।

➢ Both of *us/ them* went to Meerut.

= *We/ they* went to Meerut.

Of के बाद pronoun का objective case प्रयुक्त होता है।

All व both का object के रूप में प्रयोग

➢ I invited *both/ all* of you.

= I invited you *both/ all.*

Half को distributive रूप में प्रयोग करने पर

➢ Half (of) the bottles are empty. (बोतलों की आधी संख्या खाली है।)

जब half को adverb के रूप में प्रयोग किया जाता है, तब इसका भिन्न अर्थ होता है।

➢ The bottles are half empty. (कोई भी बोतल पूरी तरह से खाली नहीं है। अर्थात् सारी बोतलें आधी–आधी खाली हैं।)

Both व **all** के **negative** रूप

➤ Not all the boys played cricket.

= Some of the boys played cricket. (कुछ लड़कों ने ही क्रिकेट खेली।)

➤ All the boys did not go to college.

☞ All का negative *none of* तथा both का negative *neither of* होता है।

➤ All students played well. **(affirmative)**
None of the students played well. **(negative)**

➤ Both the students played well. **(affirmative)**

Neither of the students played well. **(negative)**

हम सामान्यतः all की अपेक्षा the whole को वरीयता देते हैं जबकि यह singular साकार संज्ञा के साथ प्रयुक्त होता है।

➤ He ate *the whole food* by himself.

All और whole के बाद अमूर्त संज्ञायें (abstract nouns) भी प्रयुक्त होती हैं। जैसे– all my *business*, whole *business*, all my *life*, my whole *life*, all *the time*, the whole *time*. परन्तु– all my *hair*, all the *money*. ये दोनों साकार होते हुये भी, इनके साथ यहाँ पर all का प्रयोग ही उचित है।

Whole में अन्य उदाहरण– The whole situation, the whole story, the whole truth.

Whole शब्द *a* का अनुसरण करता है। A whole collection, a whole day, a whole week, a whole hour आदि।

All व **whole** के साथ समय संकेत– (the) day, (the) night, (the) week, (the) year, (the) summer, (the) winter.

➤ I waited *all* (the) *day* for him to answer.

The whole का प्रयोग सामान्यतः hour व century के साथ करते हैं।

➤ I waited *the whole hour* for him to answer.

The whole के बाद *of the* का प्रयोग सम्भव है। परन्तु इसे कम ही प्रयोग किया जाता है– The whole (of the) book, the whole (of the) building.

All व whole+ plural countable nouns

➢ All forests were destroyed by fire. (कोई वन आग में शेष नहीं बचा।)

➢ Whole forests were destroyed by fire. (आग ने वन के पूरे क्षेत्र को जला डाला।)

All की तुलना **every** से करने पर– All का तात्पर्य अनेक वस्तुओं का संग्रह व uncountable noun की सम्पूर्ण मात्रा से है।

➢ I have read *all these books*. **(सम्पूर्ण संग्रह)**

➢ He has used *all the sugar*. **(सम्पूर्ण मात्रा)**

Every का प्रयोग single countable के साथ होता है और यह समूह की इकाई (unit) को इंगित करता है।

➢ I have read *every book in the box*. **(प्रत्येक पुस्तक)**

Every का प्रयोग day, week, month, year आदि के साथ समय सन्दर्भ के रूप में होता है।

➢ She goes to market *every day*.

Every के साथ other का प्रयोग भी होता है। उस स्थिति में इसका अर्थ दिनों, महीनों व वर्ष आदि की विषम संख्याओं से लिया जाता है।

➢ He goes to Dehradun *every other day*.

Every other day का तात्पर्य हर तीसरे दिन से है।

All सम्पूर्ण मात्रा व संख्या को इंगित करता है जबकि every का अर्थ भी वही होता है। परन्तु everyday प्रत्येक इकाई की ओर संकेत करता है।

➢ Mohan spent *all day* with me. **(पूरा दिन)**

➢ Mohan spent *everyday* with me while he was here on holiday.

छुट्टियों के सारे दिन, प्रत्येक दिन को अलग–अलग आंकते हुये।

All के स्थान पर anyone व anybody का प्रयोग भी किया जाता है।

➢ *Anyone/ anybody* who wishes to go to Ajmer must take the Ahmedabad Mail. (कोई भी जो अजमेर जाना चाहता है उसे अहमदाबाद मेल पकड़नी होगी।)

☞ यदि anyone व anybody शब्द whoever (जो कोई) के समक्ष हैं तो whoever को ही वरीयता दी जाती है।

All को all the people (सारे व्यक्ति) के अर्थ में प्रयुक्त किया जाता है।

➢ The law applies equally *to all.* (कानून के समक्ष सभी समान रूप से बराबर है।)

All की तुलना **everything** से करने पर

All व everything+ singular verb को एक दूसरे के लिए प्रयोग किया जाता हैं।

➢ *All/ everything* I have *belongs* to you. (सब / हरेक चीज जो कुछ मेरे पास है तुम्हारी है।)

Every की each से तुलना करने पर दोनों ही व्यक्ति व वस्तु को इंगित करते हैं। ये दोनों दो से अधिक की ओर भी संकेत कर सकते हैं।

➢ *Each child* in the school was questioned. (स्कूल में प्रत्येक बच्चे से प्रश्न किया गया।)

Every child का प्रयोग इस स्थिति में कम ही हो पायेगा। यह स्थिति व्यक्तिगत है।

➢ *Every child* enjoys Deepawli. (सब बच्चे दीपावली का आनन्द लेते हैं।)

यहाँ पर every शब्द व्यक्तिगत रूप में प्रयोग नहीं हुआ है।

Each व every का अन्तर हमेशा नहीं देखा जाता है और दोनों शब्द एक दूसरे के लिये प्रयुक्त होते हैं।

➢ *Every/ each* time he washes the car it rains.

Every शब्द almost, nearly, practically के साथ प्रयुक्त हो सकता है न कि each. Every के साथ singular countable का प्रयोग भी सम्भव है।

➢ *Almost every* student was punished in the class. (लगभग सभी छात्र कक्षा में दंडित किये गये।)

> I punished *every single student* who made a noise.

Every से पूर्व *not* का प्रयोग हो सकता है न कि each से पूर्व।

> *Not every* student in the class passed the exam. (कक्षा में सभी छात्रों ने परीक्षा पास नहीं की।)

कुछ uncountable nouns जैसे– assistance, encouragement आदि से पूर्व every का प्रयोग हो सकता है न कि each का।

> My teachers gave me *every encouragement* when I was a student of High School. (मेरे गुरुजनों ने मुझे हर तरह का प्रोत्साहन दिया जब मैं हाई स्कूल का छात्र था।)

Each युगल (pair) के दोनों अंगो का उल्लेख करता हैं न कि every.

> As Monu and Sonu had both worked so hard, they *each* received bonus. (क्योंकि मोनू और सोनू दोनों ने इतना कठोर परिश्रम किया कि उनमें से प्रत्येक को बोनस प्राप्त हुआ।)

Both दो के लिये संयुक्त रूप से प्रयोग किया जाता है जबकि each दो वस्तुओं व प्राणियों का अलग–अलग विचार करता है।

> I spoke to *both of the twins* this morning. (साथ–साथ के अर्थ में)

> I spoke to *each of the twins* this morning. (अलग–अलग के अर्थ में)

Each का प्रयोग सहायक क्रिया के बाद–

> They have *each* taken their own share. (उनमें से प्रत्येक ने अपना हिस्सा ले लिया है।)

Another व other का तुलनात्मक अध्ययन

Another के दो अर्थ हो सकते हैं।

1) अतिरिक्त अर्थात् उस जैसा

> Do you need *another* cup? No, I have enough. (क्या तुम्हें दूसरे प्याले की आवश्ययकता है? नहीं, मेरे पास पर्याप्त है।)

2) भिन्न

> Give me *another* cup. This one is cracked. (मुझे अन्य प्याला दो। यह प्याला चटका हुआ है।)

The other+ one या noun विशेष विकल्प को इंगित करता है।

➢ I do not like this shirt. Can I try the *other one* please? (मैं इस शर्ट को नहीं चाहता हूँ। क्या मैं दूसरी शर्ट का परीक्षण कर सकता हूँ?)

➢ Can I try *another one*? (कोई दूसरी परन्तु विशेष विकल्प के रूप में नहीं।)

The others, others तथा the other को *another* की तरह अकेले ही pronoun के रूप में प्रयोग किया जा सकता है, जब ये शब्द विशेष विकल्प को दर्शाते हैं।

➢ I will take these shirts but leave the *other/ others.*

The other या the others को one के स्थान पर प्रयोग किया जा सकता है।

➢ *One* has passed and *the other hasn't* या *the others haven't.*

Some के स्थान पर सामान्यतः others का प्रयोग होता है।

➢ *Some* students work hard, *others* don't.

☞ Other का अर्थ अतिरिक्त भी होता है।

➢ Sunita and some *other* girls went shopping. (सुनीता और कुछ अतिरिक्त लड़कियाँ खरीददारी करने गईं।)

The other day का अर्थ समय सन्दर्भ में कुछ दिनों पूर्व होता है।

➢ Madhuri phoned the *other day* to apologize for her behaviour. (माधुरी ने कुछ दिनों पूर्व अपने व्यवहार पर क्षमा माँगने के लिये फोन किया।)

Each other व one another दोनों का अर्थ परस्पर हुआ करता है।

Each other का प्रयोग दो व्यक्तियों के लिए व one another का प्रयोग दो से अधिक के लिये किया जाता है।

➢ Sunita and Babita are two sisters and they love *each other.* (सुनीता और बबीता दो बहनें हैं और वे आपस में एक दूसरे से प्यार रखती हैं।)

इसी प्रकार दो से अधिक होने पर one another का प्रयोग होता है।

➢ Sunita, Babita and Madhu are sisters and they love *one another* very much.

दोनों phrases के साथ apostrophe (अपोस्ट्राफी) 's का प्रयोग सम्भव है।

➢ These *two boys/ three boys* are always copying *each other's / one another's*. (ये दोनों लड़के / तीनों लड़के सदैव एक दूसरे की नकल करते हैं।)

Either व **neither** की तुलना

दोनों ही दो व्यक्तियों व दो वस्तुओं की ओर संकेत करते हैं।

- Either = दोनों या दोनों में से एक
- Neither = दोनों में से कोई नहीं या न तो

➢ Do you want to leave *at 9* or *at 10* ? (क्या तुम नौ बजे जाना चाहते हो या दस बजे?)

Either time is difficult. (दोनों ही समय अनुपयुक्त हैं।)

Neither time is convenient? (दोनों में से कोई भी उपयुक्त नहीं है।)

Either व **neither+ of-** जब either व neither के बाद of का प्रयोग होता है तो इनका अर्थ दोनों items में से प्रत्येक होता हैं।

➢ Which car shall I buy ? –*Either (of them)*, it does not matter which. (मैं कौनसी कार खरीदूँ?– दोनों में से कोई एक, यह विचार का विषय नहीं है कि आप कौनसी कार खरीदें।)

➢ Which chair shall I use?– *Neither (of them)*, use this stool. (कौनसी कुर्सी मैं प्रयोग मे लाऊँ?– इनमें से कोई नहीं, इस स्टूल को प्रयोग में लायें।)

- Either-or = या तो–या
- Neither-nor = न तो–न

➢ You can take *either* this seat *or* that one. (तुम या तो इस सीट पर बैठ सकते हो या उस सीट पर।)

➢ You can *neither* take this seat *nor* that one. (न तो तुम इस सीट पर बैठ सकते हैं न उस सीट पर।)

Either की **both** से तुलना

➢ You can't have *either of them.* (तुम उनमें से कोई भी नहीं ले सकते हो।)

➢ You can't have *both of them.* (तुम उनमें से केवल एक ले सकते हो।)

One of का प्रयोग each, every तथा any के बाद सम्भव है।

➢ *Each one* of these books has been carefully written.

= *Every one* of these books has been carefully written.

Every का प्रयोग single से पूर्व विशेष जोर देने के लिए किया जाता है।

➢ *Every single* student in the class is intelligent.

= *Every single one* of the students in the class is intelligent.

यदि हम another, each व either को pronoun के रूप में प्रयोग करना चाहते हैं तो उनके साथ *one* को प्रयुक्त किया जा सकता है और उसे छोड़ा भी जा सकता है।

➢ I didn't like the red shirt, so I asked to see *another (one)*. (मैं लाल शर्ट नहीं चाहता था इसलिये मैंने दूसरी शर्ट देखने के लिये कहा।)

➢ Look at these students, *each* (*one*) should be marked absent. (इन छात्रों को देखो, प्रत्येक छात्र को अनुपस्थित किया जाय।)

Neither सामान्यतः बगैर one के ही प्रयुक्त होता है।

➢ I have tested both those TVs. *Neither* works very well. (मैंने उन दोनों टेलीविजनों का परीक्षण किया है। उनमें कोई भी ठीक तरह से काम नहीं करता है।)

Every व the only कभी भी अकेले pronoun के रूप में प्रयुक्त नहीं होते उनके बाद one का प्रयोग अवश्य ही होगा।

➢ We need some more mangoes. We ate *every one* last night.

➢ You can borrow my pen. It is the *only one* I have got.

➢ These books are the *only ones* I have bought.

Quantifiers के साथ singular व plural दोनों ही प्रकार की क्रियाएँ प्रयुक्त होती हैं।

- *Most of us have* seen the Birla Temple.
- *Most of our sugar is* exported.

Eiher-or, neither-nor के साथ सामान्यतः क्रियाएँ निकटतम subject के अनुसार प्रयोग की जाती हैं।

- Neither Mohan nor *Sunita is* red haired.
- Neither Mohan nor his *brothers are* red haired.
- Neither my brothers nor my sister *is/ are* white haired.

अन्तिम वाक्य में दोनों ही क्रियाएँ उपयुक्त हैं।

8

Preposition, Verb, Conjunction व Interjection

A) Preposition (सम्बन्धबोधक अव्यय)- वे शब्द जो संज्ञा (noun) व सर्वनाम (pronoun) से पहले प्रयुक्त किये जाते हैं preposition कहलाते हैं। इन्हें हिन्दी में सम्बन्धबोधक अव्यय कहते हैं।

☞ Noun व pronoun के अतिरिक्त अन्य parts of speech भी preposition के object होते हैं। कभी–कभी phrases व clauses भी preposition के object होते हैं।

अर्थ के आधार पर **preposition** का वर्गीकरण

a) समय से सम्बन्धित **prepositions**- To, till, from, after, before, at, for, during, since.

b) उद्देश्य से सम्बन्धित **prepositions**- For, to.

c) स्थिति से सम्बन्धित **prepositions**- At, in, on, over, above, below, under, along, inside, outside, behind, near.

d) पदार्थ से सम्बन्धित **preposition**- Of.

e) स्रोत से सम्बन्धित **prepositions**- Of, from, out of.

f) यंत्र से सम्बन्धित **preposition**- With.

g) विधि से सम्बन्धित **preposition**- By.

h) स्वामित्व से सम्बन्धित **preposition**- Of.

i) योग से सम्बन्धित **preposition-** With.

सामान्यतः preposition बनावट के आधार पर छः प्रकार के होते हैं।

a) **Simple prepositions-** In, on, to, with, for, by, up, from आदि।

b) **Double prepositions-** Into, onto, up to, with in आदि।

c) **Compound prepositions-** Along, across, behind, between, inside, around, beneath आदि।

d) **Phrasal prepositions-** Out of, from below, owing to, with reference to, on account of, due to, by means of, in front of, with regard to, in lieu of, in accordance with, by force of आदि।

e) **Participle prepositions-** Rgarding, barring, including, excluding, notwithstanding, considering आदि।

f) **Disguised prepositions-** इसमें केवल A, o' दो ही prepositions हैं। *A* का अर्थ होता हैं *in a* तथा o' का अर्थ होता है *of* अर्थात् इन दोनों का रूप बदला हुआ होता है।

☞ यह हमें अच्छी तरह से ध्यान रखना होगा कि अमुक शब्द के बाद कौनसा preposition प्रयुक्त होगा। जैसे– key to exercises ही होगा। अर्थात् key शब्द के बाद *to* preposition का ही प्रयोग होगा न कि of का।

B) Verb- वह शब्द जो किसी कार्य के करने या होने का द्योतक है verb कहलाता है। यहाँ verb का तात्पर्य full verb अर्थात् मुख्य क्रिया से है जिसके सामान्यतः तीन रूप (forms) होते हैं– (1) Go/ goes/ going, (2) Went, (3) Gone.

वाक्य से यदि full verb को निकाल दें तो फिर वह वाक्य न कहलाकर, केवल शब्दों का समूह कहा जायेगा।

C) Conjunction- वह शब्द जो शब्दों को जोड़े या वाक्यों को जोड़े conjunction (संयोजक) कहलाता है।

Conjunctions को दो भागों में विभाजित किया जाता है–

i) Subordinate conjunctions

ii) Co-ordinate conjunctions.

i) **Subordinate conjunctions-** Before, till, after, as soon as, while, so long as, when, as, because, since, that, so that, lest, in order that, if, lest, unless, though, although, however, according as आदि।

➢ He wept so much *that* he fell ill.

ii) **Cordinate Conjunctions-** And, both-----and, as well as, not only-----but also, either-or, neither-nor, otherwise, however, still, yet, therefore, so, for, or, but आदि।

➢ He was found stealing, *therefore* he was fined.

D) Interjection- वह शब्द जिसके द्वारा हर्ष, शोक, आश्चर्य, घृणा, अनुमोदन, विदा आदि हृदय की तीव्र भावनाओं को व्यक्त किया जाता है interjection (विस्मयादिबोधक अव्यय) कहलाता है। Hurrah, huzza, ha, what shame, fie-fie, hark, look, alas, oh, welcome, hail, good heavens, hallo, bravo आदि।

☞ Interjection का प्रयोग वाक्य के आरम्भ में होता है तथा इसके बाद सम्बोधन का चिन्ह (!) प्रयुक्त होता है।

➢ *Hurrah*! We have won the match.

➢ *Welcome* friends!

➢ *Look*! How he sits?

➢ *Ah*! Have they gone?

➢ *Bravo*! You have done well.

9

None - Finites (Double Parts of Speech) (Infinitive, Gerund, Participle)

A) Infinitive

Infinitive के रूप active व passive में

	Active	**Passive**
Present infinitive	To+ invite	To be+ invited
Continuous infinitive	To be+ inviting	-
Present perfect/ past perfect infinitive	To have+ invited	To have been+ invited
Present perfect continuous/ past perfect continuous infinitive	To have been+ inviting	-

☞ Infinitive बनाने के लिए सामान्यतः first form से पूर्व *to* जोड़ा जाता है। जिन क्रियाओं से पूर्व *to* शब्द जोड़ना सम्भव नहीं है उन्हें *bare infinitive* का नाम दिया जाता है।

1) Presrnt infinitive

इसका active voice में हिन्दी में अर्थ *ना* या *ने के लिए* होता है।

➢ He wants to *buy* a car. (वह कार खरीदना चाहता है।)

➢ He went to Delhi *to buy* a car. (वह कार खरीदने के लिये दिल्ली गया।)

Present infinitive passive का अर्थ हिन्दी में *आ जाना, इ जानी* व *ऐ जाने* के रूप में होता है।

➢ This shirt is *to be washed*. (इस शर्ट को धोया जाना है।)

➢ These letters are *to be typed*. (इन पत्रों को टाइप किया जाना है।)

इसमें क्रिया की third form से पूर्व *to be* का प्रयोग किया जाता है।

2) Progressive या continuous infinitive

यदि subject की क्रिया verb '*be*' है अर्थात् is, am, are, was, were है और ing form से पूर्व to be का प्रयोग किया गया है तो continuous infinitive के अर्थ का अन्त *ना* में होगा। यदि verb 'be' के अतिरिक्त अन्य क्रिया का प्रयोग हुआ है तो continuous infinitive का अर्थ स्थिति के अनुसार *ता हुआ, ती हुई, ते हुये* में लिया जायेगा।

➢ It is nice *to be sitting* with you. (तुम्हारे साथ बैठना अच्छा है।)

यहाँ verb 'be' *is* का प्रयोग हुआ है।

➢ She seems *to be reading*. (वह पढ़ती हुई प्रतीत होती है।)

यहाँ *seem* क्रिया का प्रयोग हुआ है।

➢ She seemed *to be reading*. (वह पढ़ती हुई प्रतीत होती थी।)
past tense

3) Perfect infinitive active (to have+ third form)

Was या were के साथ perfect infinitive का प्रयोग करने का तात्पर्य होता है कि योजना व व्यवस्था अधूरी रही।

➢ He was to have gone to Mawana but he changed his mind. (वह मवाना जाने वाला था परन्तु उसने अपना विचार बदल दिया।)

Verb 'be' के अन्य प्रयोग

➢ It is nice *to have finished* the work.

भूतकाल की काल्पनिक घटनाओं में perfect infinitive का प्रयोग होता है।

➢ I meant to have invited him, but I forgot. (मेरा तात्पर्य उसे निमंत्रण देने का था परन्तु मैं भूल गया।)

Seem, appear, pretend (बहाना करना) आदि के साथ **perfect infinitive** का प्रयोग

- ➢ He seems to have been a teacher. (ऐसा प्रतीत होता है कि वह अध्यापक रहा है)

ऐसी हमारी सोच है लेकिन अभी वह जीवित है।

- ➢ He seemed to have been a teacher. (ऐसा प्रतीत होता था कि वह अध्यापक रह चुका था।)

ऐसी हमारी सोच थी लेकिन वह अब जीवित नहीं है।

हम देखते हैं कि seem को past tense में ले जाने पर अर्थ में व्यापक परिवर्तन हो चुका है।

4) Perfect infinitive passive (to have been+ third form)

इस स्थिति में subject लाचार हो जाता है और उसका कार्य किसी दूसरे agent के द्वारा सम्पन्न होता है।

- ➢ Sarita seems to have been punished by the teacher. (ऐसा मालूम पड़ता है कि सरिता अध्यापक के द्वारा दंडित की गयी है।)
- ➢ The clothes seem to have been washed. (कपडे धुले हुए प्रतीत होते हैं।)
- ➢ The shirt seems to have been dyed. (शर्ट रंगी हुई प्रतीत होती है या ऐसा प्रतीत होता है कि शर्ट को रंगा गया है।)

5) Acknowledge, believe, consider, find, know, report, say, suppose, think, understand आदि क्रियाओं को **verb 'be'** के साथ **passive** में प्रयोग करते हुये उनके पश्चात् **(1) Continuous infinitive (2) Perfect infinitive (active** व **passive** दोनों) तथा **(3) Perfect continuous infinitive** के प्रयोग सम्भव हैं।

उपरोक्त शब्द passive में प्रयोग होने पर एक जैसे अर्थ रखते हैं अर्थात् कोई भी शब्द हम प्रयोग कर सकते हैं।

- ➢ He is *thought / known / said / believed / understood / reported / supposed* to be living in Uttarakhand. **(continuous infinitive** का प्रयोग)

= People think/ know/ say/ believe/ understand/ report/ suppose that he is living in Uttarakhand. (मनुष्य ऐसा सोचते हैं/ जानते हैं/ कहते हैं/ विश्वास करते हैं/ समझते हैं/ चर्चा करते हैं/ अनुमान लगाते हैं कि वह उत्तराखण्ड में निवास कर रहा है।)

इस प्रकार के वाक्यों में मनुष्यों की विचारधारा हुआ करती है। भूतकाल होने पर is/ are के स्थान पर was/ were का प्रयोग होगा। और अन्य कोई परिवर्तन नहीं होगा।

- The girls are understood *to have left* this college. **(perfect infinitive का active प्रयोग)**

  = People think that the girls have left this college. (मनुष्य ऐसा मानते हैं कि लड़कियाँ इस कॉलेज को छोड़ चुकी हैं।)

- Those boys are understood *to have been punished* by *the Principal*. **(perfect infinitive का passive प्रयोग)**

  = People think that those boys have been punished by the Principal. (ऐसी चर्चा है/ मनुष्य ऐसा कहते हैं कि उन लड़कों को प्रधानाचार्य के द्वारा दंडित किया गया है।)

- He is understood to have been teaching Hindi in Delhi University for five years. **(perfect continuous का infinitive प्रयोग)**

  = People think that he has been teaching Hindi in Delhi University for five years. (ऐसा माना जाता है/ ऐसा कहा जाता है/ मुनष्यों की ऐसी धारणा है कि वह दिल्ली विश्वविद्यालय में पाँच वर्षों से हिन्दी का अध्यापन कर रहा है।)

- Sunita seems to have been waiting for the bus for half an hour. **(perfect continuous का infinitive प्रयोग)** (ऐसा प्रतीत होता है कि सुनीता आधे घन्टे से बस की प्रतीक्षा कर रही है।)

Infinitive के अन्य प्रयोग

Infinitive का प्रयोग to, so as to, in order to, so as not to के रूप में भी होता है।

- I went to live in Tamil Nadu *to/ in order to/ so as to* learn Tamil. (मैं तमिलनाडु में रहने के लिए गया जिससे तमिल भाषा सीख सकूँ।)

➢ I went to Ahmedabad not to study Gujrati, but *to* study engineering. (मैं अहमदाबाद गुजराती का नहीं, बल्कि इंजीनियरिंग का अध्ययन करने गया।)

➢ She entered the room quietly *so as not to* wake her baby. (उसने कमरे में चुपचाप प्रवेश किया जिससे उसका शिशु न जागे।)

यदि bring. buy, need, take, use, want आदि क्रियाओं के बाद object का प्रयोग होता है तो इन क्रियाओं के बाद to+ first form का प्रयोग होगा।

➢ I want *a spoon* (object) to eat this ice cream with. (मैं एक चम्मच चाहता हूँ जिससे आइस क्रीम खा सकूँ।)

To के स्थान पर in order to, so as to का प्रयोग अशुद्ध है। मनुष्य द्वारा प्रयोग किये गये साधन के साथ 'से' की अंग्रेजी with होती है। अतः इस प्रकार के वाक्यों के अन्त में ही preposition का प्रयोग होता है।

➢ Bring *me* (object) a chair to sit on. (मेरे बैठने के लिये कुर्सी लाओ।)

कुर्सी पर बैठा जाता है। अतः *पर* की अंग्रेजी *on* हुई।

☞ कभी–कभी infinitive का प्रयोग श्रृंखला क्रम में वाक्य के दूसरे भाग के बाद वाली घटना के लिये किया जाता है इस स्थिति में infinitive से पूर्व *and* छिपा होता है।

Active infinitive का अर्थ past simple मे लिया जाता है। यदि वाक्य के दूसरे भाग में only के बाद to be+ third form है तो उसे infinitive passive ही कहा जायेगा तथा उसका अर्थ past simple passive में होगा। कभी–कभी यह स्थिति दुःखद घटना को इंगित करती है।

➢ We came home after holidays *to find* our garden was neat and tidy. (हम छुट्टियों के बाद घर लौटे और पाया कि हमारा गार्डन साफ सुथरा है।)

- To find = And found

➢ He returned home after the war, *only to be told* that his wife was no more. (युद्ध के बाद वह घर लौटा और बतलाया गया कि उसकी पत्नी जीवित नहीं है।)

- To be told = And was told

☞ Infinitive वर्तमान, भविष्य व काल्पनिक भूतकाल को भी दर्शाता है।

➤ I would like *to buy* this book. (मैं इस पुस्तक को खरीदना चाहता हूँ।) (अब या भविष्य में)

उपरोक्त वाक्य भूतकाल में तीन रूपों में दर्शाया जा सकता है।

➤ I would like to have bought this book.

= I would have liked to buy this book.

= I would have liked to have bought this book. (मैं इस पुस्तक को खरीदना चाहता था।)

विषमता से सम्बन्धित **negatives**

➤ Do not ask Mohan to phone. I will ring him myself. (मोहन से फोन करने को मत कहो। मैं उसे स्वयं ही फोन करूँगा।)

➤ Ask Mohan not to phone. I do not want to be disturbed. (मोहन से कहो कि फोन न करे। मैं परेशान होना नहीं चाहता।)

➤ I am sorry not to go. (मुझे न जाने पर दुःख है।)

➤ I was not sorry to go. (मैं गया अतः मुझे दुःख नहीं था।)

Split infinitive (विभाजित **infinitive**)

बोलचाल की भाषा में हम to और verb के मध्य adverb का प्रयोग करते हैं।

➤ It is difficult *to* really *understand* the theory of relativity. (वास्तव में सापेक्षता के सिद्धान्त को समझना कठिन है।)

यहाँ *really* adverb को infinitive के मध्य रखा गया है अतः इस स्थिति के वाक्य split infinitive के अन्तर्गत आते हैं।

Verb be+ to infinitive

➤ Your mistake *was to invite* him. (तुम्हारी भूल उसे निमंत्रण देना थी।)

Verb *do* के पश्चात् be+ to + first form

उपरोक्त स्थिति में *to* का प्रयोग ऐच्छिक है।

➢ What you do is (to) mix the sugar with flour. (जो तुम्हें करना है चीनी को आटे में मिलाना है।)

➢ All I did was (to) press this button. (सब कुछ जो मैंने किया इस बटन को दबाना था।)

कुछ infinitive active में प्रयोग होने पर भी passive का अर्थ रखते हैं।

➢ This house is *to let/ to be let*. (यह मकान किराये के लिये खाली है।)

➢ Who is *to blame/ to be blamed*? (किसे दोषी ठहराया जा सकता है?)

To के बाद चर्चित क्रिया की पुनरावृत्ति को रोकना

यदि second infinitive *object* या *phrase* रखता है तो उसे निश्चित रूप से नहीं दर्शाया जायेगा। मुख्य रूप से want, wish, like, love, hate, hope, try तथा कुछ सहायक क्रियाएँ have, ought, need, used to व be+ going to के पश्चात् उपरोक्त विधि प्रयोग की जाती है।

➢ Did you see the Vishnu Temple? No, I wanted to (see the Vishnu Temple) but there wasn't time.

यहाँ चर्चित क्रिया *see* तथा phrase *the Vishnu Temple* की पुनः चर्चा नहीं की गई है।

➢ Don't spill any of that paint, will you? (पेन्ट को मत छलकाओ, क्या तुम छलकाओगे तो नहीं?)

Response- I'll try not to.

To के आगे spill से लेकर paint तक सब को छोड़ दिया गया है।

अन्य उदाहरण–

➢ Why didn't you tell me the truth the first time?

I meant to tell you the truth but I was too frightened.

= I meant to but I was too frightened.

Tell चर्चित verb से लेकर object *you the truth* का दोबारा प्रयोग नहीं किया गया है।

➢ Why didn't he repair the car himself? He wasn't able to. (उसने स्वयं ही कार को ठीक क्यों नहीं किया? वह मरम्मत करने में सक्षम नहीं था।)

➤ Have you put the car in the garage?

No, but I am just going to put it there.

= No, but I am just going to.

➤ You ought to stop work now.

Yes, I am just going to stop.

= Yes, I am just going to.

➤ You should have thanked him before you left. (तुम्हें जाने से पूर्व उसे धन्यवाद देना चाहिये था।)

I meant to thank him but when I was going I couldn't find him anywhere.

= *I meant to* but when I was going I couldn't find him anywhere. (यह मेरे मस्तिष्क में था कि मैं उसे धन्यवाद दूँ लेकिन जब मैं जा रहा था तब मैं उसे कहीं नहीं पा सका।)

➤ Why did he drive so fast?

He had to *drive fast*; otherwise he would have missed the train.

= He had to; otherwise, he would have missed the train.

➤ Would you like to *come to a party*?

Yes, I would like to.

Come to a party को छोड़ दिया गया है।

Only के बाद infinitive का प्रयोग

➤ He survived the crash *only to die* in the desert. (वह टक्कर में बच गया लेकिन रेगिस्तान में मर गया।)

☞ Only के पश्चात् infinitive का प्रयोग सामान्यतः दुःखद परिणाम का द्योतक है।

- I boarded the train *only to find* that someone had picked my pocket. (मैं गाड़ी में चढ़ा और जान कर मुझे खेद हुआ कि किसी ने मेरी जेब को काट लिया है।)

- I reached the station *only to find* that the train had already left. (मैं स्टेशन पहुँचा और जान कर दुःख हुआ कि गाड़ी पहले ही छूट चुकी है।)

Infinitive को the first, the second, the last, the only आदि के बाद भी प्रयुक्त किया जाता है। कुछ स्थितियों में superlative degree के बाद भी प्रयुक्त किया जाता है।

- He is always *the first to come* and *the last to leave*. (वह हमेशा पहले आता है और अन्त में जाता है।)

- She was the only one to survive the air crash. (वह अकेली ही थी जो विमान दुर्घटना में बची।)

उपरोक्त स्थिति में passive का प्रयोग–

- It is the best book *to be bought* by you last year. (गत वर्ष तुम्हारे द्वारा खरीदी गयी यह सबसे अच्छी पुस्तक है।)

- To be bought = Was bought

Infinitive का प्रयोग preposition के साथ

a) Noun+ infinitive+ preposition

- Mohan needs *a boy to play with.*

  = Mohan needs a boy with whom to play. (मोहन एक लड़का चाहता है जिसके साथ वह खेल सके।)

- Sunita wants a knife to peel with.

  = Sunita wants a knife with which to peel. (सुनीता एक चाकू चाहती है जिससे वह छिलका उतार सके।)

- I want a kitchen to cook in.

  = I want a kitchen in which to cook. (मैं एक रसोई चाहता हूँ जिसमें मैं भोजन पका सकूँ।)

b) Adjective+ noun/ pronoun के बाद infinitive

इस प्रकार के वाक्य it is या it was से शुरू होते हैं तथा noun या pronoun से पूर्व *of* का प्रयोग होता है।

- ➢ It is *stupid of him to smoke* too much. (इतना अधिक धूम्रपान करना उसकी मूर्खता है।)
- ➢ It was brave of Geeta to face the armed man. (शस्त्रधारी का मुकाबला करना गीता की वीरता थी।)
- ☞ *It is/ it was* के बाद सामान्यत: wise, kind, nice, honest, generous, cowardly, selfish, silly, wicked आदि adjectives का प्रयोग होता है।

c) It/ that+ is/ was/ would be+ adjective+ noun+ infinitive

- ➢ That is a stupid place to park a car. (कार खड़ी करने के लिये यह अनुचित स्थान है।)
- ➢ That would be a very rude thing to say. (ऐसा कहना बहुत ही गंवारुपन होगा।)

Adjectives के रूप में strange, crazy, mad, odd, funny, extraordinary, astonishing, amazing, pointless, rediculous आदि शब्दों का प्रयोग किया जाता है।

उपरोक्त व्याख्या को exclamation के द्वारा भी प्रकट किया जा सकता है।

- ➢ What a funny name to give your child!

  = It is a funny name to give your child.

- ☞ आलोचना व अस्वीकार्य की स्थिति में adjective की चर्चा नहीं की जाती है।
- ➢ What a (silly) way to bring up a child! (बच्चे के पालन पोषण का कितना भद्दा तरीका!)

आलोचना की जा रही है अत: *silly* शब्द का प्रयोग उचित नहीं हैं।

- ➢ What a (bad) time to come round knocking on people's doors! (मिलने के लिये कैसे गलत समय पर लोगों के दरवाजे खटखटाना!)

ऐसे समय पर मिलना शिष्टाचार के प्रतिकूल है अतः adjective *bad* को प्रयुक्त किये जाने की आवश्यकता नहीं है।

Adjective के बाद **infinitive** का प्रयोग

- I was *delighted to see* him. (उससे मिलकर मुझे बड़ा आनन्द आया।)
- I am *sorry to say* I can't find your key anywhere. (मुझे यह कहते हुये खेद है कि मुझे तुम्हारी चाबी नहीं मिल सकती।)

इस स्थिति में प्रयुक्त होने वाले **adjectives-** Happy, glad, relieved, astonished, amazed, surprised, horrified, disgusted, disappointed, sad आदि।

- It is lovely to see so much open country.

यह वाक्य दूसरी विधि द्वारा भी दर्शाया जा सकता है।

To see so much open country is lovely. (इतना बड़ा खुला स्थान देखना (पाना) बड़ा ही आनन्ददायक है।)

Easy, hard, difficult, awkward, impossible आदि के बाद भी infinitive का प्रयोग होता है।

- This book is easy to read. (इस पुस्तक को पढ़ना आसान है।)
- This car is hard to drive. (इस कार को चलाना कठिन है।)

Apt, anxious, bound, due, inclined, liable, prepared, ready, reluctant, unwilling, willing के बाद भी infinitive प्रयोग किया जाता है।

- He is reluctant to make any decision. (वह कोई निर्णय लेने को अनिच्छुक है।)
- The train is due to leave in ten minutes. (गाड़ी दस मिनट के अन्दर छूटने को तैयार है।)
- We are all liable to make mistakes. (हम सब गलती करने पर जवाबदेह हैं।)
- I am prepared to help you. (मैं तुम्हारी सहायता करने को तैयार हूँ।)

कुछ **infinitive** से सम्बन्धित **expressions** (अभिव्यक्तियाँ)

- The life to come/ the world to come = Life after death
- His wife to be = His future wife (भविष्य में उसकी होने वाली पत्नी)

➢ That girl is Mohan's wife to be. (वह लड़की भविष्य में मोहन की पत्नी बनने वाली है।)

Too+ adjective/ adverb+ infinitive

जब इस प्रकार की स्थिति होती है तो वाक्य में निषेध पाया जाता है।

➢ He is *too poor to pay* his fee. (वह इतना गरीब है कि अपना शुल्क अदा नहीं कर सकता।)

➢ They are too weak to walk properly.

= They are so weak that they can't walk properly. (वे इतने कमजोर है कि ठीक से चल नहीं सकते।)

☞ यदि verb 'be' से पूर्व subject बेजानदार है तो ऐसे वाक्यों का अर्थ सामान्यतः passive voice में होता है।

➢ The plate was too hot *to touch.* (प्लेट इतनी गर्म थी कि उसे स्पर्श नहीं किया जा सकता था।)

- To touch = To be touched

उपरोक्त वाक्य में subject *plate* बेजानदार है अतः इस स्थिति में वाक्य का अर्थ passive voice में होगा। वाक्य रचना में *to touch* (active) के स्थान पर *to be touched* (passive) भी प्रयोग कर सकते हैं।

➢ This parcel is too heavy *to send/ to be sent* by post. (यह पार्सल इतना भारी है कि इसे डाक द्वारा भेजा नहीं जा सकता।)

Adjective/ adverb के पश्चात् **for+ noun/ pronoun+ infinitive-**

➢ The box was too heavy for Mohan to carry. (बक्सा मोहन के लिये इतना भारी था कि वह इसे ले नहीं जा सकता था।)

Infinitive के बाद preposition का प्रयोग

इस स्थिति में preposition प्रत्यक्ष रूप से subject से सम्बन्धित होता है तथा इसे इस प्रकार प्रयोग कर सकते हैं।

➢ The grass was too wet for us *to sit on.*

= The grass was so wet for us that we could not sit on (the grass). (घास इतनी तर थी कि हम इस पर बैठ नहीं सकते थे।)

➢ The light was too weak (for students) to read by. (प्रकाश इतना कम था कि विद्यार्थी इसमें पढ़ नहीं सकते हैं।)

यहाँ light के साथ *में* की अंग्रेजी *by* ही उपयुक्त है।

Too+ adjective+ a/ an+ noun+ infinitive

➢ He is *too experienced a conductor to mind* what the critics say. (वह इतना अधिक अनुभवी परिचालक है कि जो आलोचक कहते हैं उस पर ध्यान नहीं देता।)

Too+ adverb+ infinitive

➢ He spoke *too quickly* for me *to understand.* (वह इतनी शीध्रता से बोला कि मैं उसकी बात नहीं समझ पाया।)

Adjective+ enough+ infinitive

➢ She is *tall enough to see* over the heads of other people. (वह काफी लम्बी है कि वह दूसरे व्यक्तियों के सिरों के पार देख सकती है।)

☞ इस स्थिति में infinitive के बाद preposition भी प्रयुक्त किया जा सकता है।

➢ The light was strong enough *to read by.* (प्रकाश पढ़ने के लिये काफी तेज था।)

Enough के पश्चात् for+ noun/ pronoun का प्रयोग भी सम्भव है।

➢ The box is light enough for Mohan to carry. (बक्सा मोहन के लिये काफी हल्का है कि वह इसे ले जा सकता है।)

Enough के बाद noun भी आता है।

➢ She does not earn enough *money* to live on. (वह पर्याप्त मात्रा में धन अर्जित नहीं करती है। जिससे आजीविका चला सके।)

☞ Has, have, व had की स्थिति में enough के स्थान पर सामान्यतः *the* का प्रयोग किया जाता है।

➢ We had not *enough* time to do it properly.

= We had not *the* time to do it properly. (हमारे पास इसे उचित विधि से करने के लिये पर्याप्त समय नहीं था।)

Kind enough व good enough के बाद भी infinitive का प्रयोग होता है।

➢ Would you be *kind enough/ good enough* to attest my photograph? (क्या आप मेरी फोटो को प्रमाणित करेंगे? अर्थात् आप मेरी फोटो को कृपा करके प्रमाणित करिये।)

Be, seem, appear, आदि की स्थिति में infinitive subject का कार्य करेगा।

➢ To obey the laws is every one's duty. (कानून का पालन करना प्रत्येक का कर्त्तव्य है।)

➢ To save money now seems practically impossible. (इस युग में पैसा बचाना व्यावहारिक रूप से असम्भव प्रतीत होता है।)

➢ Not to accept their offer would be foolish.

☞ Noun+ to+ first form सलाह व बाध्यता को भी इंगित करता है।

➢ *The person to ask* is Mohan.

= The person whom you should ask is Mohan. (व्यक्ति जिससे तुम्हें पूछना चाहिये, मोहन है।) (सलाह)

➢ I have *an essay to write*. (मुझे एक निबन्ध लिखना पड़ेगा।) (बाध्यता)

• An essay to write = An essay which I must write.

उद्देश्य को इंगित करने वाले अन्य वाक्य

➢ Have you got a key to open this door? (क्या तुम्हारे पास दरवाजे को खोलने के लिये चाबी है?)

- I would like something to stop my toothache. (दाँत दर्द को रोकने के लिये मैं कुछ चाहता हूँ।)
- I need some more books to read. (पढ़ने के लिये मैं कुछ और पुस्तकें चाहता हूँ।)
- Did you tell her which bus to take? (क्या तुमने उसे बताया कि उसे कौनसी बस में बैठना है?)
- The children want somewhere to practice their music. (बच्चे कुछ स्थान चाहते हैं जहाँ वे संगीत का अभ्यास कर सकें।)

यदि वाक्य का *object* noun या pronoun है तो हमें infinitive के बाद उसे दोबारा pronoun के रूप में दर्शाने की आवश्यकता नहीं है।

- I gave her paper to read. **(correct)**

  I gave her paper to read it. **(incorrect)**

जब subject बेजानदार होता है तो उस स्थिति में passive infinitive प्रयोग किया जाता है न कि active infinitive.

- These sheets are *to be washed*. (ये चादरें धोयी जानी हैं।) **(correct)**

  These sheets *are* to wash. **(incorrect)**
- This form is *to be filled in*. (यह फॉर्म भरा जाना है।) ***(to fill in* अशुद्ध है।)**

यदि वाक्य में for+ object का प्रयोग हुआ है तो active infinitive भी सम्भव है।

- This form is *for* you *to fill in*. (यह फॉर्म तुम्हारे द्वारा भरा जाना है।)

☛ जब कर्ता छिपा हो या केवल speaker (वक्ता) का ही कथन हो; तो उस स्थिति में active व passive infinitive दोनों सम्भव हैं।

- There is a lot of work *to do*. **(active)**/ *to be done*. **(passive)**
- There are six letters *to post*. **(active)**/ *to be posted*. **(passive)**

उपरोक्त वाक्यों में कर्ता अज्ञात है।

- Tell me the names *to contact/ to be contacted*.

➢ Candidates *to interview/ to be interviewed* are in room number 5. (साक्षात्कार किये जाने वाले अभ्यर्थी कक्ष संख्या 5 में हैं।)

यदि वाक्य में verb 'be' का प्रयोग हुआ है तो see, find, congratulate, encourage, avoid को passive infinitive में प्रयोग किया जायेगा।

➢ You *are to be congratulated.* (तुम्हें बधाई दी जानी है।)

➢ He *was* nowhere *to be seen/ to be found.* (वह कहीं नहीं देखा गया।)

Who, what, where, when, which, how (why को छोड़कर) आदि के बाद infinitive का प्रयोग

उपरोक्त प्रकार की स्थिति में सामान्यतः should (चाहिए) का अर्थ वाक्य में लिया जाता है।

➢ I wonder *who to invite.* (मैं जानना चाहता हूँ कि किसे निमंत्रण दूँ।)

= I wonder *who I should invite.* (मैं जानना चाहता हूँ कि मुझे किसे निमंत्रण देना चाहिए।)

➢ Show me what to do. (मुझे दिखाओ कि मैं क्या करूँ या मुझे क्या करना चाहिए।)

➢ Can you tell me how to get to the station? (क्या आप मुझे बता सकते हैं कि मैं स्टेशन कैसे पहुँचूँ? या मुझे स्टेशन कैसे पहुँचना चाहिए?)

उस स्थिति में जब infinitive के पूर्व *whether* शब्द आया है तो उसका अर्थ *कि क्या* में लिया जायेगा।

➢ I don't know whether to answer her letter. (मैं नहीं जानता कि क्या उसके पत्र का जबाव दूँ।)

☛ यदि direct question किया गया है। अर्थात् प्रश्नवाचक शब्द—who, what, which, how आदि वाक्य के आरम्भ में प्रयोग किये गये हैं तो उपरोक्त शब्दों के उपरान्त *to* शब्द का प्रयोग नहीं होगा तथा to के स्थान पर *shall* या *should* का प्रयोग किया जायेगा। इस प्रकार के वाक्यों का हिन्दी में अर्थ रखने पर अन्त में ऊँ होगा। जैसे– करूँ, पढ़ूँ, लिखूँ, या दूसरा अर्थ *चाहिये* भी हो सकता है। इस स्थिति में कर्ता तीसरे स्थान पर होगा।

➢ <u>How</u> <u>shall</u> <u>I</u> tell her?
1 2 3

अर्थ– मुझे उसे कैसे बताना चाहिये? अर्थात् मैं उसे कैसे बताऊँ?

- What shall we do? (हम क्या करें? या हमें क्या करना चाहिये?)
- Whom should I pay? (मुझे पैसा किसे देना चाहिये? अर्थात् मैं किसे पैसा दूँ?)

Infinitives के साथ कुछ शब्दों का संयोग– To hear *him/ her/ them* talk, to see *him/ her/ them* together आदि।

- To see him walk down the street, you would never know he was blind. (उसे सड़क पर चलते हुये देख कर तुम कभी नहीं जान पाओगे कि वह अन्धा है।)
- To hear her talk, you would think, she was made of money. (उससे बातचीत करते सुनने पर तुम विचार करोगे कि वह पैसे की बनी हुई है।)
- It is important *for there to be* a fire escape at the back of the building. (यह महत्वपूर्ण बात है कि भवन के पीछे आग से बचाव का साधन है।)

- For there to be = There is (है)

Infinitive के subject को स्पष्ट करने के लिये हमें उससे पूर्व for शब्द का प्रयोग करना होगा।

- *For Mohan to go* to Delhi would make me very happy. (मोहन के दिल्ली जाने से मुझे बहुत खुशी होगी।)

☞ जब infinitive से पूर्व whether का प्रयोग हुआ है तो स्थिति के अनुसार उसका अर्थ *क्या* तथा *क्या* .... *या नहीं* में लिया जायेगा।

- Can you advise me whether to register this letter? (क्या तुम मुझे सलाह दे सकोगे कि क्या इस पत्र को पंजीकृत करें या नहीं?)
- You have not told me whether to sign the form. (तुमने मुझे नहीं बताया है कि क्या फॉर्म पर हस्ताक्षर करें या नहीं।)

Infinitive without *to* (bare infinitive)

कुछ सहायक क्रियाओं के बाद भी infinitive का प्रयोग बगैर to के होता है।

➢ I must go now. (~~I must to go now.~~) (मुझे अभी जाना पड़ेगा।)

➢ *Need* I do the washing up?

Need सहायक क्रिया होने पर भी do से पूर्व *to* का प्रयोग नहीं होगा।

➢ How dare you call me a lier? (तुम्हें मुझे झूठा कहने का साहस कैसे हुआ?)

Dare सहायक क्रिया है अतः मुख्य क्रिया call से पूर्व *to* का प्रयोग नहीं होगा।

- Had better = Ought to, should (चाहिए)
- Would rather, had rather = अधिक पसन्द करना
- Rather than = अधिक मात्रा में, सही तर्कों के साथ, अपेक्षाकृत

➢ You had better buy that car. (तुम्हें वह कार खरीदनी चाहिये।/ अच्छा होगा कि तुम उस कार को खरीदो।)

➢ Would you rather stay here or go home? (क्या तुम यहाँ ठहरना चाहोगे या घर जाओगे?)

I would rather go home. (मैं घर जाना चाहूँगा।)

➢ That school is the house of sins rather than the temple of learning. (वह विद्यालय विद्या मंदिर की अपेक्षा बदनामी की जगह है।)

Would rather+ subject+ past simple

उपरोक्त स्थिति में वाक्य का अर्थ या तो वर्तमान काल में होगा या भविष्यत् काल में परन्तु भूतकाल में नहीं।

➢ I would rather she went home now. (मैं चाहता हूँ कि वह अब घर जाये।)

➢ I would prefer to go in August rather than in July. (जुलाई की अपेक्षा मैं अगस्त में जाना अधिक पसन्द करता हूँ। अर्थात् अधिक वरीयता देता हूँ।)

Rather को अनौपचारिक रूप से response में प्रयुक्त किया जाता है जिसका अर्थ होता है *हाँ* या *निश्चित रूप से*।

➢ Would you like to have tea? (क्या आप चाय लेना चाहेंगे?)

Rather (अवश्य ही), let, make, hear, see, watch, feel आदि क्रियाओं के बाद *to* शब्द प्रयोग नहीं होता।

➢ He *lets* you go. (वह तुम्हें जाने की आज्ञा देता है।)

➢ He let you go. (उसने तुम्हें जाने दिया।)

➢ She did not let them speak. (उसने उन्हें बोलने नहीं दिया।)

Make+ noun/ pronoun+ bare infinitive

उपरोक्त स्थिति में make का प्रयोग बाध्यता को दर्शाता है।

➢ This beard *makes* you look much older than you are. (यह दाढ़ी तुम्हें तुम्हारी वास्तविक आयु से अधिक का दर्शाती है।)

➢ I *made* them give me the money back. (मैंने उन्हें अपना पैसा वापस देने को विवश किया।)

यदि make को passive में प्रयोग किया गया है तो *to* infinitive का प्रयोग होगा।

➢ The Governor was made to resign. (राज्यपाल से त्याग पत्र दिलाया गया। अर्थात् राज्यपाल को त्याग पत्र देने के लिये विवश किया गया।)

Subject के बाद मुख्य क्रिया see, hear होने पर, object के बाद bare infinitive का प्रयोग होगा।

➢ I did not see you *come* in. (मैंने तुम्हें अन्दर आते हुये नहीं देखा।)

➢ I saw her *take* the money. (मैंने उसे पैसा चोरी करते हुए देखा।)

➢ I heard her shout, *stop*! (मैंने उसे stop शब्द चिल्लाते हुये सुना।)

Passive infinitive प्रयुक्त होने पर to+ first form का प्रयोग होगा।

➢ She was seen to take the money. (वह पैसा चोरी करते पकड़ी गयी।)

Why not के बाद bare infinitive

➢ Why not go to Delhi tomorrow?

= Why don't you go Delhi tomorrow? (तुम कल दिल्ली क्यों नहीं जाते हो?)

जब वाक्य में क्रिया के बाद एक से अधिक infinitive हों तो आवश्यकतानुार प्रथम infinitive को ही *to* के साथ लिखा जा सकता है अन्य को नहीं।

➢ I'd like <u>to come</u>, <u>see</u> and <u>talk</u> to her.

1 2 3

अर्थ– मैं उसे देखने व बात करने के लिये आना चाहता हूँ।

Help के बाद *to* infinitive व *bare* infinitive दोनों सम्भव हैं।

➢ They helped me (to) push the car. (उन्होनें कार का धक्का देने में मेरी सहायता की।)

यदि वाक्य में निषेध पाया जाता है तो उस स्थिति में हम सामान्यतः *to* का प्रयोग करते हैं।

➢ How can I help my brother not to sell his car? (मैं अपने भाई की उसकी कार न बेचने में कैसे सहायता कर सकता हूँ?)

☞ यदि वाक्य में help मुख्य क्रिया के रूप में प्रयोग किया गया है तो infinitive के बाद noun या pronoun का प्रयोग object के रूप में कर भी सकते हैं और नहीं भी।

➢ Every villager helped (to) build the new *road*. (प्रत्येक ग्रामीण ने नई सड़क बनाने में सहायता की।)

➢ Can you help me (to) fill in this tax form? (क्या आप मेरी इस टैक्स फॉर्म भरने में सहायता कर सकते हैं?)

Passive में help के बाद *to* का प्रयोग आवश्यक है।

➢ She was helped to continue her education. (शिक्षा को जारी रखने के लिये उसकी सहायता की गई।)

Know के बाद object सामान्यतः noun या pronoun हुआ करता है और know के बाद *to* का प्रयोग आवश्यक है।

➢ I know him to be a good orator. (मैं उसे एक अच्छे वक्ता के रूप में जानता हूँ।)

Passive form में भी know के बाद to का प्रयोग आवश्यक है।

➢ He was known *to have/ to have had* a quick temper as a boy. (लड़के के रूप में वह तेज स्वभाव वाला जाना जाता था।)

जब know का प्रयोग perfect form में होगा तो *to* ऐच्छिक होगा।

➢ I have never known her (to) be late before. (मैंने पहले कभी उसे विलम्ब से नहीं सुना है।)

जब दो infinitives को *and* से जोड़ा जाता है तो दूसरे infinitive के साथ *to* शब्द को छोड़ दिया जाता है।

➢ I intend to sit in the garden and *write* letters. (मैं बगीचे में बैठना और पत्र लिखना चाहता हूँ।)

इस वाक्य में write को bare infinitive के रूप में लिखा गया है।

Do+ anything/ everything/ nothing+ but/ except+ other verb

But और except के बाद क्रिया को bare infinitive के रूप में प्रयोग किया जाता है। इस स्थिति में but या except का अर्थ *सिवाय* होता है। But या except से पहले कोई सा भी tense हो सकता हैं परन्तु but या except के बाद हमेशा first form बगैर s या es के प्रयोग की जाती है।

➢ She did nothing *but/ except* laugh. (उसने हँसने के सिवाय कुछ नहीं किया।)

➢ She does not nothing *but/ except* laugh. (वह हँसने के सिवाय कुछ नहीं करती।)

➢ She will do nothing *but/ except* wash the clothes. (वह कपड़े धोने के सिवाय कुछ नहीं करेगी।)

Be+ sure के पश्चात् infinitive का प्रयोग होता है।

➢ She is sure *to win* the election.

= She is sure that she will win the election. (उसे चुनाव जीतने का पूरा विश्वास है।)

That construction- That से जुडने वाला clause *that construction* कहलाता है।

Assume, believe, consider, feel, know, suppose, think, understand+ object+ to be को *that construction* के द्वारा भी प्रयुक्त किया जाता है।

➢ I consider him to be the best candidate.

इसे *that construction* द्वारा अधिक प्रयुक्त किया जाता है।

= I consider *that* he is the best candidate. (मैं उसे सबसे उपयुक्त अभ्यर्थी मानता हूँ।)

उपरोक्त क्रियाओं को *that construction* की अपेक्षा passive में अधिक प्रयोग किया जाता है। इस स्थिति में उनके बाद infinitive का प्रयोग किया जाता है।

➢ He is thought to be the best player.

= It is thought that he is the best player. (उसे सबसे अच्छा खिलाड़ी माना जाता है।)

Suppose शब्द को सामान्यतः passive में प्रयोग करते हैं। उसके बाद infinitive का प्रयोग होता है।

➢ *You are supposed to know* the rules of the road.

= It is your duty to know the rules of the road. (सड़क के नियमों को जानना तुम्हारा कर्तव्य है।)

Suppose के स्थान पर expect भी प्रयोग किया जा सकता है। उपरोक्त वाक्य को इस प्रकार भी प्रयोग कर सकते हैं।

➢ *You are expected to know* the rules of the road.

☞ Passive form के साथ continuous construction का प्रयोग भी हो सकता है।

➢ He is *thought/ believed/ understood/ considered etc. to be hiding* in the woods.

= People *think / believe/ understand/ consider etc.* that he is hiding in the woods. (ऐसा माना जाता है कि वह जंगल में छिपा हुआ (छिप रहा) है।)

उपरोक्त स्थिति में यदि वर्तमान काल में कर्ता एकवचन है तो *to be = is*, कर्ता बहुवचन है तो *to be = are*, भूतकाल में एकवचन है तो *to be = was* , बहुवचन है तो *to be = were* होगा।

Continuous में suppose का प्रयोग

- He is supposed to be washing the car.

  = He should be washing the car. (ऐसा विचार किया जाता है कि वह कार की धुलाई कर रहा है।)

Suppose+ perfect infinitive आवश्यक रूप से duty को नहीं दर्शाता है।

- They are supposed to have left the country. (ऐसा विचार किया जाता है कि उन्होने देश को छोड़ दिया।)

Estimate व presume (आंकलन करना) शब्दों को passive में infinitive के साथ तथा that construction के रूप में भी प्रयोग किया जा सकता है।

- This building is estimated to be 1000 years old. (ऐसा अनुमान है कि यह इमारत एक हजार वर्ष पुरानी है।)

Have+ bare infinitive का प्रयोग

इस स्थिति में have सामान्यतः causative अर्थ को दर्शाता है

- *Have* the next patient come in now please, nurse. (नर्स, कृपा करके दूसरे मरीज को अब अन्दर लाओ।)

- He wanted a job to do, so I *had* him paint the kitchen. (वह काम चाहता था अतः मैंने उससे रसोई पर पेन्ट करवाया।)

Have के साथ इस स्थिति में believe व know क्रियाएँ भी प्रयोग की जा सकती हैं।

- I will have you know that I am a qualified doctor. (मैं तुम्हें यह ज्ञात करवाऊँगा कि मैं एक योग्य डॉक्टर हूँ।)

- What will he have me believe next? (वह मुझे अगली बार क्या विश्वास करवायेगा?)

Ing form

Gerunds व present participles को भी verb की first form में ing जोड़ कर बनाया जाता है। *Ing* form को continuous में भी प्रयोग किया जाता है जिसका अर्थ सामान्यतः *रहा, रही, रहे* आदि में होता है।

➢ You are *smoking* too much these days. (आजकल तुम बहुत अधिक धूम्रपान कर रहे हो।)

जब ing form noun (संज्ञा) का काम करती है तब इसे *gerund* का नाम दिया जाता है। Gerund में ing का अर्थ सामान्यतः *ना,* ने व *वाला, वाली, वाले,* में होता है।

➢ *Drinking* is bad for health. (मदिरा पान करना स्वास्थ्य के लिये बुरा है।)

➢ These are *running* shoes. (ये जूते दौड़ने के लिये हैं। अर्थात् ये दौड़ने वाले जूते हैं।)

Participle में ing शब्द का अर्थ सामान्यतः हिन्दी में *ता हुआ, ती हुई, ते हुये* में होता है।

➢ I saw her *reading* a book. (मैंने उसे पुस्तक पढ़ते हुये देखा।)

Gerund व **participle** से सम्बन्धित कुछ उदाहरण

- *A waiting* room = A room for waiting (प्रतीक्षा करने का कक्ष) **(gerund)**
- A *waiting* train = A train that *is waiting*. (प्रतीक्षा करती हुई हुई गाड़ी) **(participle)**
- *A sleeping* pill = सुलाने वाली दवा की गोली **(gerund)**
- A *sleeping* child = सोता हुआ बच्चा **(participle)**
- *Working* conditions = काम करने की शर्तें **(gerund)**
- *Working* girls = काम करती हुई लड़कियाँ **(participle)**

B) Gerund

Active	Passive
A) Gerund simple 1) Inviting	2) Being invited
B) Gerund perfect 3) Having invited	4) Having been invited

नं0 1 का अर्थ *ना,* ने में होगा।

➢ *Teaching* them is your duty. (उन्हें पढ़ाना तुम्हारा कर्त्तव्य है।)

नं0 2 का अर्थ *ऐ जाने पर, ई जाने पर, आ जाने पर* में निकलेगा ।

➢ He attended the party *being invited.* (निमंत्रण दिये जाने पर वह दावत में सम्मिलित हुआ।)

➢ The land lord might object to many bulbs *being lit*. (सम्भवतः मकान मालिक बहुत से बल्ब जलाये जाने पर आपत्ति कर सकता है।)

नं0 3 में कार्य पूर्ण होगा तथा इसका अर्थ भी नं0 2 की भांति *ऐ जाने पर, ई जाने पर, आ जाने पर* ही निकलेगा।

➢ He denied *having stolen* your books. (तुम्हारी पुस्तकें चोरी किये जाने पर उसने मना किया। अर्थात् चोरी करने में उसका हाथ नहीं था।)

नं0 4 में भी कार्य पूर्ण होगा इसका अर्थ सामान्यतः नं0 3 की तरह ही होगा तथा कर्ता निष्क्रिय रहेगा।

➢ The safe showed no signs of *have been touched.* (सेफ पर छुये जाने के कोई चिन्ह नहीं थे। अर्थात् किसी के द्वारा भी सेफ को स्पर्श नहीं किया गया।)

इस वाक्य में subject *safe* का कोई कार्य देखने को नहीं मिल रहा है।

☞ Gerund से पूर्व determiners- the, my, this, that, your आदि का प्रयोग भी होता है।

➢ Does *my sitting* annoy you? (क्या मेरे बैठने पर तुम्हें रुष्टता है?)

कुछ स्थितियों में gerund के बाद of का प्रयोग भी होता है।

➢ The teaching *of* Mathematics is a difficult task. (गणित का पढ़ाना एक कठिन कार्य है।)

अनुमति न होने की स्थिति में gerund के साथ *no* शब्द प्रयोग किया जाता है।

- No Smoking, No Parking, No Writing.

➢ Sorry- there is no smoking in the waiting room.

Mind शब्द को सामान्यतः gerund के साथ ही प्रयुक्त किया जाता है। इसे मुख्यतः negative व interrogative में ही प्रयुक्त किया जाता है।

➢ Would you mind moving your car?

= Please move your car. (कृपया अपनी कार को हटाइये।)

➢ Would you mind not smoking?

= Please do not smoke. (कृपया धूम्रपान न करें।)

Possessive adjective भी gerund से पहले प्रयोग किया जाता है।

➢ Would you mind *my* moving your car? (क्या आपको आपत्ति होगी यदि मैं आपकी कार को हटाऊँ?) (विनम्र पूछताछ)

➢ I do not mind living here. (मुझे यहाँ रहने पर कोई आपत्ति नहीं है।)

➢ I did not mind Hari leaving home. (हरि ने घर छोड़ा और इस बारे में मैं बिल्कुल खुश था।)

➢ I do not mind *your/ Mohan's* going to the station. (तुम्हारे/ मोहन के स्टेशन जाने पर मुझे कोई आपत्ति नहीं है।)

Do+ the+ job

➢ Who <u>does</u> <u>the</u> <u>*cooking/ the shopping/ the washing*</u> up here?
   1 2 3

अर्थ– यहाँ कौन भोजन बनाने/खरीददारी करने/भोजन पात्रों की धुलाई करने का काम करता है?

- <u>The</u> <u>art</u> <u>of</u> <u>writing</u> etc.
  1 2 3 4

➢ <u>The</u> <u>skill</u> <u>of</u> <u>speaking</u> a foreign language takes time to acquire.
   1 2 3 4

अर्थ– विदेशी भाषा में बोलने की निपुणता को पाने में समय लगता है।

Like के बाद gerund का प्रयोग–

Like के इस प्रकार के प्रयोग को *उदाहरण के रूप में* के अर्थ में प्रयोग किया जाता है।

➢ If you want to get on, there is nothing *like being* hard working. (यदि तुम उन्नति करना चाहते हो, तो बिना परिश्रमी हुये कुछ नहीं मिलेगा।)

For के बाद gerund का प्रयोग–

यह विधि उद्देश्य को इंगित करती है।

- ➢ What is that?- It is a knife *for cutting* vegetables. (यह क्या है? सब्जी काटने के लिए चाकू है।)

इस प्रकार के वाक्य infinitive द्वारा भी बनाये जाते हैं।

- ➢ What is that for? It is to cut vegetables. (वह किस उद्देश्य के लिए है?– सब्जी काटने के लिए है।)

Gerund का प्रयोग adjective व possessive adjective तथा possessive noun के बाद भी होता है।

- ➢ *Much* eating will make you ugly. (अधिक खाना तुम्हें भद्दा बनायेगा।) **(adjective)**
- ➢ *Your* laughing everywhere will prove you a fool. (तुम्हारा हर जगह हँसना तुम्हें एक मूर्ख व्यक्ति सिद्ध करेगा।) **(possessive adjective)**
- ➢ *Surendra's* not having been invited as a chief guest was their a big mistake. (सुरेन्द्र को मुख्य अतिथि के रूप में निमंत्रण न दिया जाना उनकी एक बड़ी भूल थी।) **(possessive noun)**

Ing form का प्रयोग *what about/ how about* के बाद भी होता है।

- ➢ What about/ how about *sending* him invitation? (क्या उसे निमंत्रण दें?)

☞ Stop शब्द के बाद, possessive case के स्थान पर objective case का प्रयोग अधिक उपयुक्त माना जाता है। Stop का अर्थ इस स्थिति में रोकना से लिया जाता है।

- ➢ Stop *them* entering the room. **(objective case)**

Them के स्थान पर their का प्रयोग अधिक उपयुक्त नहीं है।

- ➢ Stop the *boy* from going there. (लड़के को वहाँ जाने से रोको।) **(objective case noun का)**

The boy's जो noun का possessive case है उसका प्रयोग इस स्थिति में अशुद्ध है।

☞ Gerund से पहले कोई सा भी preposition प्रयोग किया जा सकता परन्तु *to* का प्रयोग नहीं।

➢ Can you catch the train *without* running fast? (क्या तुम बगैर दौड़े गाड़ी पकड़ सकते हो?) **(preposition)**

➢ He was fined *for* telling a lie. (झूठ बोलने पर उस पर जुर्माना किया गया।) **(preposition)**

➢ He is fond *of* playing cards. (उसे ताश खेलने का शौक है।) **(preposition)**

➢ I had a lot of difficulty *in* finding your house. (तुम्हारा घर ढूँढने में मुझे बहुत परेशानी हुयी।) **(preposition)**

केवल *to* शब्द के बाद ही infinitive का प्रयोग होगा।

➢ I want *to go* there. (मैं वहाँ जाना चाहता हूँ।)

अपवाद– कुछ स्थितियों में ing form से पहले भी to शब्द का प्रयोग होता है।

➢ I have no objection *to hearing* the same story again. (मुझे उस कहानी को दोबारा सुनने में कोई आपत्ति नहीं है।)

➢ She is looking forward *to going* to Jaipur. (वह जयपुर जाने के लिए बड़ी खुशी के साथ आशा लगाये हुये है।)

कुछ सामान्य अभिव्यक्तियों के बाद ing form का प्रयोग होता है। जैसे– it is no good, it is no use, it is hardly any use, it is little use, it is not worth, it is hardly/ scarcely worth, it is worthwhile, there is no point in, what is the use आदि।

➢ It is no use buying that car. (उस कार को खरीदने में कोई लाभ नहीं है।)

➢ It is not worth selling. (यह बेचने लायक नहीं है।)

➢ What is the use going there? (वहाँ जाने का क्या लाभ है?)

Admit, appreciate, avoid, burst out (crying/ laughing), consider, delay, deny, detest, dislike, enjoy, escape, excuse, face, feel like, finish, forgive, give-up, can't help, involve, mention, mind, miss, postpone, practise, put off, can't stand, suggest के बाद gerund अर्थात् ing form प्रयोग की जाती है।

- I *disllike* people *telling* lies. (झूठ बोलने वाले व्यक्तियों से मैं घृणा करता हूँ।)
- Nobody can *stop* him *doing* what he wants to. (जो वह चाहता है उसे करने से उसे कोई नहीं रोक सकता।)
- I *feel like eating* something. (मैं कुछ खाना चाहता हूँ।)
- He *gave up smoking*. (उसने धूम्रपान करना छोड़ दिया।)
- I *couldn't help laughing*. (मैं हँसी को नहीं रोक सका।)

Deserve, need, want, require के बाद भी ing form का प्रयोग किया जाता है परन्तु इस स्थिति में इसका passive अर्थ हुआ करता है।

- This coat *needs washing*.

  = This coat needs to be washed. (यह कोट धुलाई चाहता है।)
- Your hair *needs cutting/ needs to be cut*. (आपके बाल कटिंग चाहतें हैं।)
- This car *wants servicing/ wants to be serviced*. (यह कार सर्विस चाहती है।)
- These fields *want watering/ want to be watered*. (ये खेत पानी चाहते हैं।)
- Your article *deserves reading/ deserves to be read*. (तुम्हारा लेख पढ़ने लायक है।)

Gerund के अन्य उदाहरण

- She gave up *studying*. (उसने अध्ययन करना छोड़ दिया।)
- Try to avoid *making* Sohan angry. (सोहन को रुष्ट न करने का प्रयास करो।)

- ➢ The children prefer *watching* TV to *reading*. (बच्चे पढ़ने की अपेक्षा टी•वी• देखना अधिक पसन्द करते हैं।)
- ➢ She is against *making* any complaints. (वह किसी तरह की शिकायत करने के विरुद्ध है।)
- ➢ I suggest *holding* another meeting next Sunday. (मैं आगामी रविवार को दूसरी मीटिंग करने का सुझाव देता हूँ।)
- ➢ He is thinking of *leaving* his job and *going* to Tamil Nadu. (वह अपना काम छोड़ने व तमिलनाडु जाने का विचार कर रहा है।)
- ➢ After *reading* this article you will give up *smoking*. (इस लेख को पढ़ने के उपरान्त तुम धूम्रपान करना छोड़ दोगे।)
- ➢ I don't enjoy *going* to the dentist. (मुझे दन्त चिकित्सक के पास जाना अच्छा नहीं लगता।)
- ➢ I hate *borrowing* money. (मुझे पैसा उधार लेना अच्छा नहीं लगता।)
- ➢ If a thing is worth *doing* at all it is worth *doing* well. (यदि कोई चीज करने लायक है तो उसे अच्छी तरह से किया जाना चाहिए।)
- ➢ By *working* day and night he succeeded in *finishing* the job in time. (दिन–रात काम करने पर वह काम को समय पर पूरा करने में समर्थ हुआ।)

C) Participle

Participle सामान्यतः adjective का कार्य करता है। Participle के निम्न रूप होते हैं–

(1) Present participle, (2) Past participle, (3) Perfect participle (active), (4) Perfect participle (passive)

1) Present participle की पहचान– मुख्य क्रिया की first form में ing लगा होता है। जैसे– playing, writing, cooking, washing, आदि का हिन्दी में अर्थ स्थिति के अनुसार *ता हुआ, ती हुई, ते हुये* में होता है।

- ➢ I saw a bird *flying*. (मैंने एक पक्षी को उड़ते हुये देखा।)
- ➢ This is a *running* stream. (यह बहता हुआ स्रोत (चश्मा) है।)

2) **Past participle** की पहचान– मुख्य क्रिया की third form को ही past participle कहा जाता है। हिन्दी में इसका अर्थ *हुआ, हुई,* व *हुये* होता है। सामान्यतः इसके बाद noun का प्रयोग होता है।

- *A white washed* room = एक *सफेदी किया हुआ* कमरा
- *A painted* door = *पेन्ट किया हुआ* दरवाजा
- *A watered* field = *सींचा हुआ* खेत

➢ These are *broken* windows. (ये *टूटी हुयी* खिड़कियाँ हैं।)

➢ This is a *torn* note. (यह *फटा हुआ* नोट है।)

3) **Perfect participle (active)** की पहचान– इस स्थिति में third form से पूर्व having शब्द का प्रयोग होता है। तथा हिन्दी में अर्थ *करके* निकलता है और वह कार्य की पूर्णता का द्योतक है।

➢ *Having washed the clothes* she cooked food. (कपड़े धो करके उसने खाना बनाया।)

➢ *Having taken tea* he went to office. (चाय पी करके वह कार्यालय गया।)

➢ *Having gone to Jaipur* she saw the Hava Mahal. (जयपुर जा करके उसने हवा महल देखा।)

☞ उपरोक्त स्थिति में एक कार्य पूर्ण होने के बाद दूसरा कार्य किया जाता है।

4) **Perfect participle (passive)** की पहचान– इस विधि के अन्तर्गत having और third form के मध्य been शब्द होता है। इस स्थिति में भी कार्य पूर्ण होता है तथा subject (कर्ता) को कोई कार्य नहीं करना पड़ता है। कार्य करने वाला ज्ञात व अज्ञात दोनों स्थितियों में हो सकता है।

➢ *Having been robbed of the money*, Mohan went to the police station to lodge a complaint. (पैसा लूटे जाने पर, मोहन शिकायत कराने के लिए थाने गया।) (अज्ञात कर्ता– सम्भवतः चोर व लुटेरे)

➢ *Having been punished by the teacher*, Mohan left the school. (अध्यापक द्वारा दंडित किये जाने पर, मोहन ने स्कूल छोड़ दिया।) (ज्ञात कर्ता– अध्यापक)

Catch/ find+ object+ present participle

➢ I caught him *stealing* Mohan's books. (मैंने उसे मोहन की पुस्तकें चोरी करते हुये देखा।)

➢ If he catches you *reading* his diary, he will be furious. (यदि वह तुम्हें अपनी डायरी पढ़ते हुये देखेगा, तो वह बहुत क्रोधी हो जायेगा।)

इस स्थिति में catch के बाद participle का प्रयोग दुःखद घटना को दर्शाता है। परन्तु find के साथ participle का प्रयोग दुःखद स्थिति को व्यक्त नहीं करता है।

➢ I found a tree *lying* across the road. (मैंने एक पेड को सडक के आर–पार पड़े हुए देखा।)

➢ I found him *standing* at the bus stop. (मैंने उसे बस स्टॉप पर खड़े हुये देखा।)

Have+ object+ present participle

प्रथम प्रयोग–

➢ I will <u>have</u> <u>him</u> <u>speaking</u> English after six months.

1 2 3

= As a result of my efforts he will be speaking English after six months. (मेरे प्रयासों के परिणाम स्वरूप वह छः महीने बाद अंग्रेजी बोल रहा होगा।)

➢ He had me driving in a week.

= As a result of his efforts I was driving in a week. (उसके प्रयासों के परिणाम स्वरूप मैंने एक सप्ताह में ड्राइविंग सीख ली।)

उपरोक्त स्थिति में have में ing नहीं जोड़ा जाता है और न ही इसे negative में प्रयुक्त किया जाता है।

द्वितीय प्रयोग–

इस स्थिति में sentence simple नहीं होता वरन् यह सामान्य रूप से compound होता है।

➢ There is a bus stop outside our door so we *have people standing* on our steps all day.

= There is a bus stop outside our door so people *stand/ are standing* on our steps all day. (हमारे दरवाजे के सामने बस स्टॉप है अतः व्यक्ति सारे दिन हमारी सीढ़ियों पर खड़े रहते हैं।)

इस विधि के द्वारा speaker (वक्ता) रुष्ट दिखाई देता है।

Spend/ waste+ time/ money+ present participle-

➢ She spends two hours travelling a day. (वह दिन में दो घन्टे यात्रा करते हुये व्यतीत करती है।)

➢ He spent a lot of money modernizing the house. (उसने घर का आधुनिकरण करते हुये अपार धन खर्च किया।)

Be busy+ present participle-

➢ She is busy washing the clothes. (वह कपड़े धोने में व्यस्त है।)

जब दो कार्य साथ–साथ घटित होते हैं तो उनमें से एक को present participle के द्वारा दर्शाया जा सकता है तथा present participle का प्रयोग finite verb के पूर्व व बाद में भी हो सकता है।

➢ She wrote a letter. She talked to her mother.

= Writing a letter, she talked to her mother. (पत्र लिखते हुये उसने अपनी माँ से बातचीत की।)

यहाँ पर finite verb *talked* है।

इस वाक्य को दूसरी विधि द्वारा भी दर्शाया जा सकता है–

➢ Talking to her mother, she wrote a letter. (अपनी माँ से बातचीत करते हुये उसने एक पत्र लिखा।)

यहाँ पर finite verb *wrote* है।

जब एक कार्य के बाद दूसरा कार्य शुरू होता है तो पहले कार्य को present participle के द्वारा व्यक्त किया जाता है।

➢ He opened the drawer and took out a revolver.

= Opening the drawer he took out a revolver. (मेज की दराज खोलते हुये उसने रिवाल्वर निकाला।)

उपरोक्त स्थिति को perfect participle के द्वारा भी व्यक्त किया जा सकता है।

➢ *Having opened* the drawer he took out a revolver. (दराज खोल करके उसने रिवाल्वर निकाला।)

☞ जब दूसरा कार्य पहले कार्य का परिणाम होता है तो दूसरे कार्य को ही हम present participle में रखते है।

➢ She went out slamming the door. (धम से दरवाजा बन्द करते हुये वह बाहर चली गयी।)

पहला कार्य बाहर जाने का तथा उसका परिणाम दूसरा कार्य दरवाजे को तेजी से बन्द करना है।

Sub-ordinate clause (as/ since/ because+ subject+ verb) को present participle मे बदला जा सकता है।

➢ *As he feared* that, the police would recognize him he never went out in daylight.

= *Fearing* that the police would recognize him he never went out in daylight. (भयभीत होते हुये कि पुलिस उसे पहचान लेगी, अतः वह दिन के समय कभी बाहर नहीं निकला।)

☞ यदि *being* (present participle) से वाक्य प्रारम्भ होता है तो सामान्यतः उसका अर्थ *as* she is/ he is/ they are, *as* she was/ he was/ they were आदि में होगा।

➢ *Being a student* he was interested in playing cards. (विद्यार्थी होते हुये उसे ताश खेलने का शौक था।)

- Being a student = As he was a student.

यदि participle और आगामी क्रिया के subject अलग–अलग हों तो participle से पूर्व noun या pronoun का प्रयोग आवश्यक है।

➢ The day being fine, we decided to go swimming. (दिन सुहावना होने पर हमनें तैरने जाने के लिये निश्चय किया।)

Participle *being* का subject *day* है जबकि *decided* verb का subject *we* है।

Being fine the day अशुद्ध है। परन्तु जब participle और आगामी क्रिया का एक ही subject होता है तो उस स्थिति में–

➢ *Being* a Mathematician, Vinita *found* the problem quite easy. (गणितज्ञ होने पर विनीता ने प्रश्न को बिल्कुल आसान समझा।)

यहाँ Vinita *being* व *found* दोनों के लिये subject का काम करती है।

दो या दो से अधिक **participles** के प्रयोग– एक के बाद दूसरा participle सम्भव है।

➢ *Thinking* he would go to Banglore and not *having* enough money to travel, he decided to stay at home. (सोचते हुये कि वह बंगलौर जायेगा परन्तु यात्रा करने के लिये अधिक धन न होते हुये उसने घर पर ही ठहरने का निश्चय किया।)

अक्सर relative clause के स्थान पर participle का प्रयोग करते हैं चाहे वह present simple से सम्बन्धित हो या past simple से।

➢ Passengers, *who want to go* to Jabalpur, must buy their tickets from window No. 3.

= Passengers going to Jabalpur, must buy their tickets from window No.3. (यात्री जो जबलपुर जाना चाहते हैं उन्हें खिड़की नं0 3 से टिकट खरीदने होंगे।)

- Who want to go = Going

➢ Passengers *who wanted to go* to Jabalpur, should have bought their tickets from window No. 3.

= Passengers going to Jabalpur should have bought their tickets from window No.3. (यात्री जो जबलपुर जाना चाहते थे उन्हें खिड़की नं0 3 से अपने टिकट खरीदने चाहिये थे।)

- Who wanted to go = Going

दोनों स्थितियों में (present simple व past simple) में *going* ही होगा।

जब कार्य पूर्ण हो जाता है तो उसे perfect participle द्वारा व्यक्त किया जाता है।

➢ *Having failed twice*, he gave up his studies. (दो बार असफल हो जाने पर, उसने अपना अध्ययन छोड़ दिया।)

कुछ verbs व adjectives के बाद infinitive व ing form दोनों प्रयुक्त किये जाते हैं और अर्थ में अन्तर होता है। जैसे– remember, forget, go on, regret, advise, allow, permit, forbid, see, watch, hear, try, mean, learn, teach, like, love, hate, prefer, begin, start, stop, afraid, certain, sure, interested आदि।

Remember व forgert+ ing form की स्थिति भूतकाल को इंगित करती है।

➢ I still remember *going* to my college for the first time. (मुझे अभी भी पहली बार कॉलेज जाने की याद है।)

Remember व forget+ infinitive की स्थिति भविष्य की ओर इंगित करती है।

➢ *Remember to post* the letters. (पत्रों का पोस्ट करना याद रखिये।)

Go on+ ing form का अर्थ होता है जारी रखना।

➢ She *went on talking* to her mother for two hours. (उसने दो घंटे तक अपनी माँ से बात करना जारी रखा।)

Go on+ infinitive का प्रयोग परिवर्तन को दर्शाता है।

➢ She stopped talking about her illness and *went on to tell* us about her other problems. (उसने अपनी बीमारी के विषय में बताना बन्द किया तथा हमें अपनी दूसरी समस्यायें बतलाने लगी।)

Regret+ ing form भूतकाल को इंगित करती है तथा दुःखद स्थिति से सम्बन्धित है।

➢ I *regret leaving* school at 15- it was a big mistake. (मुझे पन्द्रह वर्ष की आयु में स्कूल छोड़ने पर पश्चाताप है– यह एक बड़ी भूल थी।)

Regret+ infinitive को सामान्यतः बुरी सूचना की घोषणा के रूप में प्रयोग किया जाता है।

➢ We *regret to inform* you that the Tamil Nadu Express has been cancelled. (यह सूचित करते हुये दुःख है कि तमिलनाडु एक्सप्रेस को रद्द कर दिया गया है।)

Advise, allow, permit, forbid+ ing form-

उपरोक्त क्रियाओं के बाद ing form उस स्थिति में प्रयोग किया जाता है यदि object नहीं है। object होने पर उपरोक्त क्रियाओं के बाद infinitive का प्रयोग होगा।

- We do not *allow/ permit* smoking in the library. (यहाँ **object** नहीं है।)
- We do not *allow/ permit* people to smoke in the library. (**people** object है।)

See, watch, व hear+ object+ ing form की स्थिति में व्यक्ति उन चीजों पर ध्यान देता है जो पहले से घटित हो रही हैं। परन्तु ing form के स्थान पर bare infinitive इस चीज का संकेत है कि घटना व कार्य को शुरू से अन्त तक सुना व देखा गया।

- I *saw* him *crossing* the road. (मैंने उसे सड़क पार करते हुये देखा।)

सम्भवतः जब वह सड़क के मध्य में हो तब देखा। पूरा कार्य नहीं देखा।

- I *saw* him *cross* the road. (मैंने उसे सड़क पार करते हुये देखा।)

अर्थात् एक सिरे से दूसरे सिरे तक जाते हुये पूरे कार्य (घटना) को देखा।

Try+ ing form (एक प्रयोग (experiment) के रूप में)–

- He tried *opening* the door. (उसने दरवाजे को खोलने का प्रयास किया।)

अर्थात् दरवाजे का खोलना एक experiment था।

Try+ infinitive (प्रयास करना)–

- I tried *to change* the wheels, but my hands were too cold. (मैंने पहियों को बदलने का प्रयास किया किन्तु मेरे हाथ बहुत ठन्डे थे।)

Mean+ ing form का तात्पर्य संलग्नता से है।

- If you want to pass the exam it will mean *studying* hard. (यदि तुम परीक्षा पास करना चाहते हो तो अध्ययन में व्यस्त रहना होगा।)

Mean+ infinitive का तात्पर्य *चाहना* से है।

- I do not think she means *to get married* to your brother. (मैं नहीं समझता कि वह तुम्हारे भाई के साथ विवाह करना चाहती है।)

Like, love, hate, prefer शब्दों के बाद infinitive व gerund दोनों ही प्रयुक्त होते हैं। अर्थ में कोई अन्तर नहीं होता है।

➢ I hate *going* there. या I hate *to go* there.

☞ Would like, would prefer, would hate, would love के बाद infinitive का प्रयोग अक्सर होता है।

➢ I would like *to tell* you something. (मैं तुम्हें कुछ बताना चाहूँगा।)

➢ Can I give you lift? No, thanks. I would prefer *to walk*. (क्या मैं आपको लिफ्ट दूँ? नहीं, धन्यवाद। मैं पैदल चलना चाहूँगा।)

Begin व start दोनों ही वाक्यों के बाद infinitive व ing form दोनों का ही प्रयोग किया जाता है।

➢ She began *to study/ studying* Sanskrit when she was eight. (उसने संस्कृत का आठ वर्ष की अवस्था में अध्ययन शुरू किया।)

☞ यदि begin व start में ing जुड़ा हुआ है तो उसके बाद infinitive का ही प्रयोग होगा।

➢ I am beginning *to learn* music. (मैं संगीत सीखना आरम्भ कर रहा हूँ।)

To learn के स्थान पर learning का प्रयोग अशुद्ध होगा।

Begin व start के बाद understand, know, realise क्रियाओं को infinitive में ही प्रयोग किया जायेगा।

➢ I slowly began *to understand* how he felt. (मैंने बहुत धीमे से जानने की कोशिश की कि वह कैसा महसूस कर रहा था।)

Stop+ infinitive की स्थिति उद्देश्य को दर्शाती है।

➢ I stopped *to rest*. (मैं आराम करने हेतु रुक गया।)

Stop+ ing form में कोई उद्देश्य नहीं होता है।

➢ I stopped *running*. (मैंने दौड़ना बन्द कर दिया।)

Afraid में infinitive व ing form दोनों सम्भव है।

➢ I am not afraid of *telling/ to tell* him the truth. (मुझे उसे सत्य बताने में कोई भय नहीं है।)

लेकिन जब भविष्य में अक्समात कोई दुर्घटना होने का भय हो तो ing form ही उपयुक्त मानी जाती है।

- I do not like to drive fast because I am afraid of *crashing*. (मैं तेज गाड़ी चलाना पसन्द नहीं करता क्योंकि मुझे गाड़ी से टक्कर लगने का डर रहता है।)

Sorry *for/ about*+ ing form को भूतकाल की घटना को दुःखद स्थिति में वर्णन करने के रूप में प्रयोग किया जाता है।

- I am *sorry for/ about losing* my temper this morning. (आज सुबह मुझे मिज़ाज (स्वभाव) गँवाने पर दुःख है।)

Sorry+ perfect infinitive का प्रयोग भूतकालिक कार्य को इंगित करता हैं।

- I am *sorry to have woken* you up. (मुझे खेद है कि मैंने आपको जगाया।)

Sorry+ infinitive– ताजा घटना के लिये क्षमा याचना करना।

- *Sorry to disturb* you. Could I speak to you for a moment? (खेद है आपको परेशान करके। क्या मैं आपसे थोड़ी देर बात कर सकता हूँ?)
- *Sorry to keep* you waiting. (खेद है आपको प्रतीक्षा में रखने पर।)

Certain व sure+ ing form व्यक्ति की भावनाओं को व्यक्त करता है।

- She is *certain of winning* the election. (उसे जीतने का पूरा विश्वास है।)
- He is *sure of passing* the exam. (उसे परीक्षा उत्तीर्ण करने का पूरा भरोसा है।)

Certain व sure+ infinitive से वक्ता (speaker) व लेखक (writer) की भावनायें व्यक्त की जाती हैं।

- Sunita is *sure to win*- the other girl has not got a chance. (सुनीता अवश्य ही जीतेगी– दूसरी लड़की को अवसर प्राप्त नहीं हुआ है।) (वक्ता की भावनाएँ)

Interested+ infinitive का प्रयोग सामान्य है।

- I shall be interested *to see* how long it lasts. (मुझे जानकर आनंद आयेगा कि यह कब तक चलेगा।)

☞ इच्छा के विषय में वार्तालाप होने पर interested के बाद ing form व infinitive दोनों ही स्थितियाँ सम्भव हैं।

➤ I am interested in *finding out/ to find out* what he did with all that money. (मुझे इस चीज को जानने में बड़ी रुचि है कि उसने अपने उस सारे पैसे का क्या किया।)

10

Direct and Indirect Narration
(प्रत्यक्ष व परोक्ष कथन)

हिन्दी भाषा में **indirect** (परोक्ष) **narration** (कथन) नहीं होता है। **Indirect** में भी **direct** (प्रत्यक्ष) का अर्थ लिया जाता है।

➢ Sita said to Mohan, "I shall go to Delhi today."

उपरोक्त वाक्य में Sita said to Mohan, को *reporting clause* कहेंगे। Reporting clause का subject *Sita* है, object *Mohan* है, तथा reporting verb *said* है। Sita जो वक्ता (speaker) है उसके द्वारा बोले गये शब्द "I shall go to Delhi today." हैं जो direct statement कहलाता है जिसे *reported speech* भी कहते हैं। वक्ता द्वारा बोले गये शब्दों को inverted commas में रखा जाता है। ये inverted comma single ' -------' और double " -------" दोनों ही हो सकते हैं।

☞ Reported speech के अन्त में तीन प्रकार के punctuation marks हो सकते हैं। यदि speaker द्वारा बोले गये शब्द (1) Assertive (affirmative या negative) व imperative mood (advice, order, request) आदि में हैं तो full stop (.) का चिन्ह लगेगा। (2) यदि speaker के शब्द question (प्रश्न) कर रहे हैं जिनका उत्तर हाँ या नहीं में मिल सकता है और नहीं भी, उस स्थिति में question mark (?) का प्रयोग होगा। (3) यदि speaker के द्वारा बोले गये शब्द विस्मय का बोध कराते हैं तो उस स्थिति में mark of exclamation (!) (विस्मयबोधक चिन्ह) का प्रयोग होगा परन्तु indirect में परिवर्तन होने पर तीनों स्थितियों में केवल full stop (.) ही प्रयोग होगा। Reporting verb में past tense का प्रयोग होने पर reported speech का tense बदल जायेगा।

Reported speech में दिये गये शब्द	Indirect narration में परिवर्तित रूप
Is/ am/ are	Was/ were
Was/ were	Had been
Will/ shall	Would/ should
Can/ may	Could/ might
Do not/ does not	Did not
Did not+ first form	Had not+ third form
Has/ have	Had
First form	Second form
Second form	Had+ third form
Here	There
Present simple	Past simple
Tonight	That night
This	That
These	Those
Today	That day
These days	Those days
Yesterday	The day before/ the previous day
Just	Then
The day before yesterday	Two days before
Tomorrow	The next day/ the following day
The day after tomorrow	In two days' time
Next week/year	The following week/ year
A year/ week ago	A year/ week before OR the previous year/ week
Last year/ week	The previous year/ week
Now	Then

Reported speech "----------------------" में दिये गये noun व pronoun के third persons का indirect narration में कोई परिवर्तन नहीं होगा वे ज्यों के त्यों रहेंगे।

☞ यदि reported speech में pronoun का second व first person प्रयोग हुआ है तो indirect मे परिवर्तन करते समय उनमें परिवर्तन होगा। यदि pronoun first person का है तो वह reporting clause के subject (speaker) के अनुसार बदला जायेगा, second person का है तो उसे reporting clause के object के अनुसार बदलेंगे। Reported speech में first व second persons के pronoun जिस case (कारक) में हैं उसी case में उन्हें बदला जायेगा।

➢ Sita said to Mohan, "Your father taught me Hindi yesterday."

Sita told Mohan that his father had taught her Hindi the previous day.

उपरोक्त वाक्य में *your* second person होने के कारण reporting clause के object *Mohan* के अनुसार बदला जायेगा। *Your* possessive case में है और Mohan का possessive case *his* है। इसी तरह *me* first person होने के कारण reporting clause के subject *Sita* के अनुसार बदला जायेगा। *Me* objective case में है और Sita का objective case *her* है। Past simple को past perfect में बदला गया है तथा yesterday को the previous day में।

वाक्य को Indirect में परिवर्तित करते समय निम्न सारणी पर ध्यान दें।

Noun के Pronoun के रूप में Subject (nominative), Object व Possessive case			
Noun/ Nouns	**Subject**	**Object**	**Possessive**
पुरुष एकवचन **Mohan**	He	Him	His
स्त्री एकवचन **Sita**	She	Her	Her, Hers
बेजानदार व पशु एकवचन **book, parrot**	It	It	Its
सभी **genders** के बहुवचन **boys, girls, cows, parrots, books**	They	Them	Their, Theirs

Reported speech व reporting clause को indirect में बदलते समय comma व

inverted commas को हटा दिया जाता है तथा reporting clause के बाद *that* शब्द प्रयोग किया जाता है।

Think, thinks, thought, say, says, said के बाद यदि preposition *to* का प्रयोग नहीं हुआ है तो इस स्थिति में *that* शब्द का प्रयोग ऐच्छिक है।

➢ Sunita said, "I can run fast."

Sunita said (that) she could run fast.

Assertive sentence के अन्य उदाहरण–

➢ Mamta said to Vinita, "*You* (subject) never lend *me* (object) *your* (possessive) pen."

Mamta told Vinita that *she* (subject) never lent *her* (object) *her* (possessive Vinita का) pen.

यदि reporting clause का verb present simple, present perfect या future simple में है तो reported speech का tense नहीं बदलेगा। *Pronoun* first person व second person में अवश्य ही परिवर्तन होगा।

➢ Sita says to Mohan, 'I can help your sister.'

Sita tells Mohan that she can help his sister.

➢ Mohan will say to Madhu, 'You can use his car.'

Mohan will tell Madhu that she can use his car.

यदि reporting verb के बाद *to* का प्रयोग हुआ है तो indirect में इस प्रकार परिवर्तन होगा।

Say to/ says to/ will say to ⟶ Tell/ tells/ will tell

Said to ⟶ Told

To शब्द न होने पर उपरोक्त क्रियाएँ ज्यों की त्यों रहेंगी तथा indirect में *to* का प्रयोग भी नहीं होगा।

➢ Mohan says, "I can buy a car."

Mohan says that he can buy a car.

यदि reporting clause *past tense* में है और reported speech में universal truth है अर्थात् जो तथ्य सभी tenses में सत्य हैं, तो ऐसी स्थिति में indirect में परिवर्तन करते समय कोई परिवर्तन नहीं होगा। केवल comma व inverted commas को हटा कर *that* conjunction का प्रयोग होगा।

➢ The teacher said, "The sun rises in the east."

The teacher said that the sun rises in the east.

सूर्य भूतकाल में पूर्व में निकलता था, वर्तमान में भी सूर्य पूर्व में निकल रहा है और भविष्य में भी पूर्व में निकलेगा। अतः यह universal truth हुआ।

Interrogative reported speech

ऐसे interrogative जो सहायक क्रिया से प्रारम्भ होते हैं उन्हें indirect में परिवर्तित करते समय if या whether से जोड़ा जाता है। परन्तु जब reported speech सहायक क्रिया से प्रारम्भ हो और मध्य में *or not* दिया हो तो उस स्थिति में whether का प्रयोग ही किया जायेगा, न कि if का।

☞ Connective *if* का प्रयोग किया जाये या *whether* का, वाक्य को assertive ही बनाया जायेगा। अर्थात् if या whether के तुरन्त बाद कर्ता का प्रयोग होगा। उसके बाद सहायक क्रिया (present simple affirmative व past simple affirmative को छोड़कर), उसके बाद not का प्रयोग होगा यदि वाक्य में निषेध पाया जाता है और अन्त में full stop (.)का प्रयोग होगा।

➢ Sita said to Harish, "Do you live in Uttarakhand?"
Sita asked Harish if he lived in Uttarakhand.

➢ Sita said to Harish, "Do you not live in Uttarakhand?"

Sita asked Harish if he did not live in Uttarakhand.

➢ Harish said to Sita, "Do you play cards or not?"

Harish asked Sita whether she played cards or not.

☞ Said या said to का स्थान asked लेगा। Present simple को past simple में बदलते हैं। Do या does को हटा कर मुख्य क्रिया की second form प्रयोग की जाती है। Do या does के साथ not होने पर इन्हें did not में बदल देते हैं। सहायक क्रिया का प्रयोग कर्ता के बाद होता है। जो भी सहायक क्रिया होगी उसे कर्ता के बाद उपरोक्त सारणी के अनुसार प्रयोग किया जायेगा।

अन्य उदाहरण–

- Sunita said to Mahesh, "Have you passed the exam?"

  Sunita asked Mahesh if he had passed the exam.

- Sunil said to his mother, "Did you cook food?"

  Sunil asked his mother if she had cooked food.

- Radha said to her father, "Will you go to Indore next week?"

  Radha asked her father if he would go to Indore the following week.

यदि *reported speech* who, which, where, whose, how, why आदि प्रश्नवाचक शब्दों से आरम्भ होता है, तो इस प्रकार के वाक्यों को indirect narration मे बदलने के लिये उपरोक्त विधि का ही पूरी तरह से प्रयोग होगा। अन्तर केवल if या whether के स्थान पर प्रश्नवाचक शब्द का होगा। वही प्रश्नवाचक शब्द connective का कार्य करेगा जो reported speech में पहले स्थान पर होगा और कोई अन्तर देखने को नहीं मिलेगा। अन्त में full stop का प्रयोग होगा।

- Radha said to her father, "Why will you go to Indore next week?"

  Radha asked her father why he would go to Indore the following week.

- Sita said to Hitesh, "Why do you not go to your village every Sunday?"

  Sita asked Hitesh why he did not go to his village every Sunday.

- Sunita said to Kavita, "When have you passed the exam?"

  Sunita asked Kavita when she had passed the exam.

- ➢ The teacher said to the boys, "Why did you make a noise in the class?"

  The teacher asked the boys why they had made a noise in the class.

- ➢ Vinita said to her brother, "Why do you use my chair?"

  Vinita asked her brother why he used her chair.

☞ यदि reported speech का पहला शब्द who, what या which है और वाक्य में verb be (is, am, are, was, were) का प्रयोग हुआ है तो इस स्थिति का indirect narration दो विधियों से दर्शाया जा सकता है।

- ➢ Sunita said to me, "Who is the best player?"

  Sunita asked me *who was the best player.*

  या Sunita asked me *who the best player was.*

- ➢ Sunita said to me, "What is the matter?"

  Sunita asked me *what was the matter.*

  या Sunita asked me *what the matter was.*

- ➢ Sunita said to me, " Which is my seat?"

  Sunita asked me *which was her seat.*

  या Sunita asked me *which her seat was.*

Infinitive का interrogative reported speech में प्रयोग

- ➢ She said to Mohan, " Shall/ should I phone her?" **(direct request)**

  She wanted to know *if/ whether* she should phone her. **(indirect request)**

  या She wanted to know *whether to phone* her. **(whether+ infinitive)**

➢ "How shall I prepare the sauce?" (मैं चटनी कैसे तैयार करूँ?) **(direct request)**

She wanted to know how she should prepare the sauce. **(indirect request)**

या She wanted to know how to prepare the sauce. (वह जानना चाहती थी कि चटनी कैसे बनाये।/ वह चटनी बनाने की विधि जानना चाहती थी।) **(question word+ infinitive)**

अन्य उदाहरण–

➢ He said to Mohan, "When shall/ should he be at the station?" **(direct)**

He wanted to know when he should be at the station. (वह जानना चाहता था कि उसे स्टेशन पर कब पहुँचना चाहिए।)

या He wanted to know *when to be* at the station. **(question word+ infinitive)**

➢ I said to Hari, " Where shall/ should I park the car?" **(direct)**

I wanted to know where I should park the car. (मैं जानना चाहता था कि कार कहाँ खडी करूँ।)

या I wanted to know *where to park* the car. **(question word+ infinitive)**

➢ I said to Geeta, "Whom shall/ should I ask?" **(direct)**

I wanted to know *who/ whom* I should ask. (मैं जानना चाहता था कि किससे पूछूँ।)

या I wanted to know *who/ whom to ask*. **(question word+ infinitive)**

➢ He says to Hari, "When shall/ should he go to Allahabad?" **(direct)**

He wants to know when he should go to Allahabad. (वह जानना चाहता है कि उसे इलाहाबाद कब जाना चाहिए।)

या He wants to know *when to go* to Allahabad. **(question word+ infinitive)**

➢ He says to me, "Which shall/ should he choose?" **(direct)**

He wants to know which he should choose. (वह जानना चाहता है कि वह किसे चुने।)

या He wants to know *which to choose*. **(question word+ infinitive)**

➢ She says to me, "What shall/ should she write?" **(direct)**

She wants to know what she should write. (वह जानना चाहती है कि वह क्या लिखे।)

या She wants to know *what to write*. **(question word+ infinitive)**

☞ Infinitive का प्रयोग if या why के बाद कदापि नहीं होगा। Should का अर्थ चाहिए में लिया जाता है।

➢ He says to me, "Where shall/ should he stay in Delhi?" **(direct)**

He wants to know where he should stay in Delhi. (वह जानना चाहता है कि वह दिल्ली में कहाँ ठहरे/ कहाँ ठहरना चाहिए।)

या He wants to know where to stay in Delhi. **(question word+ infinitive)**

Imperative

इस स्थिति में सामान्यतः आदेश, प्रार्थना व सलाह आदि reported speech में हुआ करती हैं और reported speech को reporting clause से जोड़ने के लिए *to* शब्द प्रयुक्त हुआ करता है। आदेश की स्थिति में order, प्रार्थना की स्थिति में request तथा सलाह होने पर advise शब्द reporting verb के रूप में प्रयुक्त होते हैं।

➢ Doctor *said to* the patient, "Take this medicine with hot water."

Doctor *advised* the patient *to* take that medicine with hot water.

➢ Master *said to* his servant, "Go to market."

Master *ordered* his servant *to* go to market.

➢ The student *said to* the teacher, "Sir, mark me present."

The student *requested* the teacher *to* mark him present.

☛ यदि reported speech के प्रारम्भ में do not+ first form हो तो reporting verb *said to* स्थिति के अनुसार told, begged, urged, advised, warned आदि में परिवर्तित हो जायेगा और do को हटा कर not के बाद to प्रयोग किया जायेगा।

➢ I said to Mohan, "Do not lend Dinesh any money." (मैंने मोहन से कहा, "दिनेश को कोई पैसा उधार मत दो।")

I *advised* Mohan *not to lend* Dinesh any money.

दूसरी विधि–

इस स्थिति में told, begged, urged, advise व warned आदि के स्थान पर *forbade* शब्द प्रयुक्त किया जाता है तथा do not के स्थान पर *to* का प्रयोग किया जाता है।

I forbade Mohan to lend Dinesh any money.

यदि reported speech में पहला शब्द *never* है और उसके उपरान्त first form प्रयोग की गई है तो इस प्रकार के वाक्यों को indirect में बदलते समय हमें *said to* के स्थान पर स्थिति के अनुसार ordered, begged, warned आदि शब्द प्रयोग करने होंगे तथा never के बाद *to* का प्रयोग किया जायेगा।

Never की दूसरी विधि–Never के स्थान पर against तथा मुख्य क्रिया में ing जोड़ा जायेगा।

➢ Mother said to her son, "Never play with fire."

Mother warned her son *never to* play with fire.

= Mother warned her son *against playing* with fire.

यदि reported speech में पहला शब्द let है तो indirect में परिवर्तित करते समय *suggested* शब्द को said के स्थान पर प्रयुक्त किया जायेगा तथा मुख्य क्रिया में *ing* जोड़ा जायेगा।

➢ He said, "Let us visit that school first."

He *suggested visiting* that school first.

☞ Let us को हटा दिया गया है।

दूसरी विधि–

He *suggested* that *they (we) should* visit the school first.

यदि reported speech में let के बाद us को छोड़कर कोई अन्य शब्द हो, तो उसे नहीं हटाते हैं और उससे पूर्व to का प्रयोग किया जाता है। Me होने पर उसे reporting verb के subject के अनुसार बदला जायेगा, अन्य शब्द को नहीं।

➢ The child said to the gardener, "Let me pick some flowers."

The child requested the gardener *to let him* pick some flowers.

Why don't you+ first form की स्थिति में भी said का स्थान suggested लेगा तथा object को possessive case के रूप में भी प्रयुक्त कर सकते हैं तथा उसके पश्चात् ing form प्रयोग की जायेगी और why don't you को हटा दिया जायेगा।

➢ She said to me, "Why don't you apply for that job."

She suggested *me/ my* applying for that job.

☞ उपरोक्त स्थिति में suggest के बाद object भी सम्भव है जैसा कि उपरोक्त वाक्य से स्पष्ट है।

दूसरी विधि–

Suggested+ that+ subject+ should+ first form

She suggested that I should apply for that job.

Negative होने पर–

➢ She said, 'Let us not say anything about Mohan.'

She suggested not saying anything about Mohan.

या She suggested that we should not say anything about Mohan.

यदि *could you* से प्रार्थना प्रतीत होती है तो said का स्थान asked लेगा तथा first form से पहले *to* शब्द का प्रयोग होगा।

- ➢ He said, "Could you sign the book please?" (उसने कहा, "कृपया पुस्तक में हस्ताक्षर करिये।")

He asked me to sign the book.

Could you को हटा दिया गया है।

Would you mind+ ing form = He/ she etc. asked (object)+ to+ first form

- ➢ She said to me, "Would you mind signing the register?"

She *asked me to sign* the register.

इस विधि के द्वारा *would you mind* को हटा दिया जायेगा तथा ing form के स्थान पर to+ first form प्रयोग की जायेगी।

दूसरी विधि–

She/ he asked+ if- शेष स्थिति सहायक क्रिया से शुरू होने वाले interrogative के अनुसार होगी।

She asked me if I could mind signing the register.

यदि हम निकट बैठे हुये व्यक्ति के लिये कुछ प्रस्ताव के रूप में भेंट करना चाहते हैं तो *said* का स्थान offered लेगा।

- ➢ He said to me, "Would you like a drink?"

He offered me a drink.

इस स्थिति में would you like या would you like to have को हटा दिया जायेगा।

Exclamation की स्थिति में

जब विस्मय व्यक्त किया जाता है उसमें सुख, दुःख, उल्लास, आश्चर्य आदि बातें सुनने को मिलती हैं जिनमें hurrah, alas, bravo, oh आदि शब्द प्रयोग किये जाते हैं। खुशी व्यक्त करने के लिये exclaimed with joy, दुःख व्यक्त करने के लिये exclaimed with sorrow व आश्चर्य के लिये exclaimed with surprise आदि को 'said' reporting verb के स्थान पर प्रयुक्त किया जाता है।

➢ They said, 'Hurrah! We have won the match.'

They exclaimed with joy that they had won the match.

➢ She said, 'Alas! I am undone.'

She exclaimed with sorrow that she was undone.

➢ He said, 'What a beautiful picture this is!'

He exclaimed with joy *that* that was a very beautiful picture.

☛ इस प्रकार के वाक्य सामान्यतः assertive की तरह ही indirect में बदले जाते हैं। What व how को very में बदल दिया जाता है। इस प्रकार के वाक्यों में सम्बोधन चिन्ह (!) होता है जो indirect में full stop में बदल जाता है। वाक्य को जोड़ने के लिये *that* conjunction का प्रयोग करते हैं।

कुछ अन्य उदाहरण–

➢ He said, "Thank you."

He thanked me.

➢ He said, "Curse this wind!"

He cursed the wind.

➢ He said, "Welcome!"

He welcomed me.

➢ He said, "Happy Deepawali !"

He wished me a happy Deepawali.

➢ He said, "Congratulations!"

He congratulated me.

➢ He said, "Lier!"

He called me a lier.

यहाँ पर हमने reporting clause का object *me* माना है। अतः सभी indirects में me का प्रयोग किया गया है। यदि Mohan माना जाता है तो हम *him* लिखते Sita के मानने पर *her* लिखा जाता। दूसरे वाक्य में *wind* को object के रूप प्रयुक्त किया गया है।

Must का प्रयोग reported speech में निष्कर्ष (deduction), स्थाई आदेश, निषेध, इरादा, सलाह को दर्शाता है। इस स्थिति में must में कोई परिवर्तन नहीं होता है।

➢ He said, "People must obey their country's laws." (स्थाई आदेश)

He said that people must obey their country's laws.

➢ He said, "I must tell you about a dream I had last night." (इरादा)

He said that he must tell me about a dream he had had the previous night.

➢ She said, " You must see that building, it is marvelous." (सलाह)

She said that I must see that building, it was marvelous.

= She strongly advised me to see that building, it was marvelous.

☛ यदि reporting clause की reporting verb *present* या *future tense* में है और reported speech में must का प्रयोग किया गया है तथा must के द्वारा नैतिक बाध्यता या दूरगामी निश्चितता प्रतीत होती है, तो must का स्थान *will have to* लेगा।

➢ Sunita *says*, 'If the floods get any worse they *must* leave the house.'

Sunita says that if the floods get any worse they *will have to* leave the house.

यदि उपरोक्त स्थिति past tense में है तो must को would have to में परिवर्तित करना होगा।

➢ Sunita said , "If the floods get any worse they *must* leave the house."

Sunita said that if the floods got any worse they *would have to* leave the house.

☛ यदि reporting verb भूतकाल का है जो एकाएक (immediately), नैतिक बाध्यता, योजना, आदि को दर्शाता है और must का प्रयोग reported speech में हुआ है, तो इस स्थिति में must के स्थान पर *had to* का प्रयोग होगा।

➢ Deepika said, "I must wash my hands."

Deepika. said that she *had to* wash her hands.

➢ Narendra said, "He must be there by nine tomorrow."

Narendra said that he *had to* be there by nine the next day.

☛ हम had to व would have to के स्थान पर must भी प्रयोग कर सकते हैं। अर्थात् must को अपरिवर्तित स्थिति में भी रखा जा सकता है, उस स्थिति में भी वाक्य के अर्थ में कोई परिवर्तन नहीं पड़ेगा।

यदि must का प्रयोग interrogative के रूप में हुआ है और वह वर्तमान व निकट भविष्य की ओर इंगित करता है तथा reporting verb भूतकाल का है, उस स्थिति में *must* का स्थान *had to* लेगा।

➢ I said to Mohan, "*Must* you go so soon?

I asked Mohan if he *had to* go so soon.

यदि must के साथ निषेध पाया जाता है। अर्थात् वाक्य negative का है तो must अपरिवर्तित रहेगा या must के स्थान पर स्थिति के अनुसार is/ am/ are/ was/ were not+ to+ first form का प्रयोग होगा।

➢ He said to Sunita, "You must not tell anyone."

He told Sunita that she must not tell anyone.

या He told Sunita that she was not to tell anyone.

या He told Sunita not *to* tell anyone.

तीसरी स्थिति में subject तथा must को हटा कर मुख्य क्रिया से पूर्व *to* शब्द का प्रयोग किया गया है।

Need not को indirect में बदलते समय *did not have to* करना होगा या फिर need not अपनी मूल स्थिति में ही रहेगा। इस स्थिति में reporting verb *past tense* में होना चाहिये।

➤ The Principal said, "You *needn't/ don't have to* come in tomorrow."

The Principal said that *I needn't/ didn't have to* come in the next day.

जिस विधि से must *I/ you/ he?* को interrogative होने पर had to में बदलते हैं वह स्थिति need *I/ you/ he?* की भी है।

➤ Mohan said, '*Need* I buy a car?'

Mohan asked if he *had to* buy a car.

- Interrogative need = Had to

Would, could, might, ought to, needn't have, used to आदि शब्द indirect में अपरिवर्तनीय हैं तथा इनकी negative form में भी कोई परिवर्तन नहीं होगा।

➤ I said to my dentist, 'I would like an appointment tomorrow.'

I told my dentist that I would like an appointment the next day.

➤ He said to the boys, "You ought not to make a noise."

He told the boys that they ought not to make a noise.

☞ यदि सहायक क्रिया के साथ have+ third form है तो उस स्थिति में भी उनमें कोई परिवर्तन नहीं होगा।

➤ Sita said, 'I might have made a mistake.'

Sita said that she might have made a mistake.

Could you? यदि निमंत्रण को दर्शाता है तो reported verb को *invited* में बदल दिया जायेगा।

➤ He *said to* me, '*Could you* have a lunch with me tomorrow?'

He *invited* me to have a lunch with him the next day.

इस स्थिति में could you को हटा दिया जाता है तथा मुख्य क्रिया से पहले *to* शब्द का प्रयोग किया जाता है।

यदि could *I/ you/ he/ she/ they* आदि सामान्य question के रूप में प्रयुक्त किये गये हैं जिनका सम्बन्ध present या future tense से है तो वे उस स्थिति में भी अपरिवर्तनीय रहेंगे।

➢ He said to me, '*Could* you live in Delhi on 1000 rupees a week?'

He asked me if I *could* live in Delhi on 1000 rupees a week. (उसने मुझसे पूछा कि क्या तुम एक हजार रुपये के बल पर एक सप्ताह दिल्ली में रह सकते हो।)

Could का भूतकाल में अर्थ होने पर

यदि could अनुमति से सम्बन्धित है तो उसमें indirect बनाते समय कोई परिवर्तन नहीं होगा *या* was/ were allowed to+ first form *या* had been allowed to+ first form में बदल दिया जायेगा।

➢ Manish said, "When he was young he could not interrupt his parents.'

Manish said that when he was young *he could not interrupt his parents/ he was not allowed to interrupt his parents/ he had not been allowed to interrupt his parents.*

यदि could वर्तमान काल में क्षमता व योग्यता को दर्शाता है तो इस स्थित में could नहीं बदलेगा।

➢ I said, "*Could* you stand on your head?"

I asked if he *could* stand on his head. (मैंने कहा क्या तुम अपने सिर के बल खड़े हो सकते हो।)

Could यदि भूतकाल में क्षमता दर्शाता है तो भी कोई परिवर्तन नहीं होगा या फिर could के स्थान पर *had been able to+ first form* का प्रयोग करना होगा।

➢ She said. "I could read when I was five."

She said that *she could read* when she was five.

या She said that *she had been able to read* when she was five.

Direct narration में *yes* व *no* आने की स्थिति में–

➢ The traveller said, "Can you tell me the way to the nearest hotel?" "Yes," said the shopkeeper, "Do you want one in which you can spend the night?" "No", replied the traveller, " I only want a meal."

Indirect- The traveller enquired the shopkeeper if he could tell him the way to the nearest hotel. *The shopkeeper replied that he could / The shopkeeper replied in the affirmative* **and asked the traveller/ and further asked the traveller** <u>if/ whether</u> he wanted one in which he could spend the night. *The traveller answered that he did not wish to stay there/ The traveller answered in the negative* **but only he wanted a meal/ further told him that he only wanted a meal.**

☛ जब दो व्यक्तियों के मध्य वार्तालाप चल रहा है तो हमें उसके gender को देखना होगा। स्थिति के अनुसार हमें he, him, his, she, her, hers, they, them, their, theirs आदि शब्द प्रयोग करने होंगे। यदि उत्तर *yes* में है तो हम कहेंगे he/ she etc. answered in the affirmative या he/ she replied that+ subject+ सहायक क्रिया का परिवर्तित रूप जिसमें प्रश्न किया गया है। यदि उत्तर *no* में है तो हम कहेंगे he या she जैसी स्थिति हो answered in the negative या he/ she replied that+ subject+ सहायक क्रिया का परिवर्तित रूप+ not-----. यदि question पूछना जारी रहता है तो हम कहेंगे subject+ again/ further asked स्थिति के अनुसार connectives (whether, what, why आदि)+ subject. यदि विषय जारी रहता है और एक पक्ष कुछ आगे कहना चाहता है तो हम कहेंगे and told again या further told. सहायक क्रिया का परिवर्तित रूप reporting verb के past tense होने पर ही होगा।

इस सन्दर्भ में उपरोक्त उदाहरण को अच्छी तरह पढ़ें।

एक अन्य वार्तालाप–

➢ The teacher said to the student, "Why are you late?" The student replied, "My mother is ill and there is none to look after her." The teacher said, "Where is your father? Has he gone out?" The student replied, "He has gone to Ratlam and will return after a week. **(direct)**

The teacher asked the student why he was late. The student replied that his mother was ill and there was none to look after her. The teacher asked him where his father was. He further asked him if his father had gone out. The student replied that he had gone to Ratlam and would return after a week. **(indirect)**

11

Questions, Answers, Negatives

प्रश्न पूछने के लिये सहायक क्रिया का प्रयोग कर्ता से पूर्व होगा अर्थात् कर्ता का स्थान नं0 2 पर होगा जिसका उत्तर हाँ (yes) या नहीं (no) में मिल सकता है।

प्रश्न– Are you late?

उत्तर हाँ में– Yes, I am late.

उत्तर नहीं में– No, I am not late.

यदि question में you होगा तो उत्तर *I* या *we* में होगा। You कर्ता के साथ यदि object एकवचन का है तो *I*, यदि object बहुवचन का है तो *we* को उत्तर देते समय कर्ता के रूप में प्रयोग किया जायेगा।

प्रश्न	उत्तर	संक्षिप्त उत्तर
Are you *a teacher*?	Yes, I am.	Yes, I'm.
Are you *teachers*?	Yes, we are.	Yes, we're.
Are you *a teacher*?	No, I am not.	No, I amn't.
Are you *teachers*?	No, we are not.	No, we aren't.

यदि उत्तर स्वीकृति में है तो yes+ subject+ सहायक क्रिया। यदि उत्तर अस्वीकृति में है तो no+ subject+ सहायक क्रिया+ not. दैनिक वार्तालाप में question को छोटा करते हैं। Are *you* going to Jaipur के स्थान पर Going to Jaipur? यह स्थित केवल second person के साथ ही उपयुक्त मानी जाती है। Would *you* like another cup of tea? के स्थान पर Like another cup of tea? उपरोक्त स्थिति में सहायक क्रिया व कर्ता को छोड़ दिया जाता है।

- ➢ Is he Mahesh?

स्वीकृति में– Yes, it is.

अस्वीकृति में– No, it isn't.

- ➢ Might that be Mahesh? (क्या वह महेश होगा?)

Might होने पर सम्भावित उत्तर–

Yes, It might be./ Yes, it could be./ Yes, it must be.

Might होने पर असम्भावित उत्तर–

No, it might not be./ No, it could not be./ No, it Can't be.

Imperative की स्थिति

Affirmative व negative में उत्तर–

- ➢ Drive carefully. (सावधानीपूर्वक गाड़ी चलाना।)

  Yes, I will. (हाँ, मैं सावधानी पूर्वक गाड़ी चलाऊँगा।)

- ➢ Don't take any risks. (कोई खतरा मोल मत लीजिये।)

  (No) I won't.

☞ इस स्थिति में will या won't का प्रयोग होता है क्योंकि imperative भविष्यत् काल की ओर संकेत करता है।

पहले बोले गये कथन को तत्काल निरस्त करते हुये उसी से सम्बन्धित दूसरी बात करना।

- ➢ I'll see you at 8. (No) not at 8. May be at 9. (मैं तुम से आठ बजे मिलूँगा। नहीं आठ बजे नहीं। सम्भवतः नौ बजे।)
- ➢ See you Wednesday. (No) not Wednesday, Thursday. (बुधवार को भेंट होगी। (नहीं) बुधवार नहीं, गुरुवार को।)
- ➢ Invite Manvendra, but not Vijendra. (मानवेन्द्र को निमंत्रण दो, परन्तु विजेन्द्र को नहीं।)

जब हाँ में उत्तर की आशा करते हैं तब negative में question करते हैं।

- ➢ Didn't you invite Sudhir? (क्या तुमने सुधीर को निमंत्रण नहीं दिया?)

  Yes, I did. (हाँ, मैंने सुधीर का निमंत्रण दिया।)

जब हम आश्चर्य व्यक्त करते हैं या दूसरे व्यक्ति से रुष्टता प्रकट करते हैं–

- Can't you (really) ride a bicycle? No, I can't. (क्या तुम वास्तव में साईकिल पर नहीं चढ़ सकते हो? नहीं, मैं साईकिल पर नहीं चढ़ सकता हूँ।)

किसी को युक्ति द्वारा प्रभावित करना–

- Won't you help me? = Please help me.

  Oh, all right then. (स्वीकृति में उत्तर)

  No, I am afraid *I can't/ I won't.* (अस्वीकृति में उत्तर)

जब किसी व्यक्ति की आलोचना की जाती है या रुष्टता या दुःखद व्यँग का वर्णन करते हैं–

- Can't you shut the door behind you? (क्या बाद में दरवाजा बन्द नहीं कर सकते हो।)

  कोई जवाब नहीं।

किसी कथन के उत्तर में आश्चर्य व्यक्त करना–

- She has been very successful. Yes, hasn't she! (वह बहुत सफल रही है। हाँ, क्या वह सफल नहीं रही है!)

जब हम आश्चर्य या क्रोध पर विशेष जोर देना चाहते हैं तो औपचारिक प्रश्नों में full form ही प्रयोग की जाती है।

- Have I not asked you again and again to be here on time? (क्या मैंने तुमसे बार–बार यहाँ उपस्थित होने के लिये नहीं कहा है?)

इस स्थिति में किसी भी शब्द को short में प्रयुक्त नहीं कर सकते।

आडम्बरपूर्ण प्रश्नों में जिनका उत्तर सम्भावित नहीं होता है–

- Are there not more than enough weapons of destruction on earth? (क्या पृथ्वी पर पर्याप्त से भी अधिक विनाशकारी शस्त्र नहीं है?)

जब कर्ता noun हो तो not का प्रयोग सहायक क्रिया के बाद होगा–

- Are not more *people* dying of cancer these days? (क्या आजकल अधिक लोग कैंसर से नहीं मर रहे हैं?)

Tag questions- वाक्य के अन्त में जोड़ा जाना वाला वाक्याँश जो पूर्व कथन को प्रश्नवाचक रूप अथवा स्वीकृति प्रदान करता है।

Statement (कथन) affirmative में होने पर *tag* interrogative negative में होगा।

➤ Sita was annoyed, wasn't she? (सीता रुष्ट थी, क्या नहीं थी?)

Tag question *there* के साथ भी सम्भावित है।

➤ There will be a bus strike tomorrow, <u>won't there</u>?
tag

अर्थ– कल बस हड़ताल रहेगी, नहीं रहेगी?

Affirmative tag भी negative अर्थ रखते है।

➤ She never works on Friday, <u>does she</u>?
tag

अर्थ– वह कभी शुक्रवार को काम नहीं करती है, क्या करती है?

Nothing के लिये *it* question tag में प्रयुक्त किया जाता है।

➤ *Nothing* can happen, <u>can it</u>?
tag

अर्थ– कुछ घटित नहीं हो सकता, क्या हो सकता है?

Nobody, somebody, everybody के लिये tag में *they* का प्रयोग करते हैं?

➤ *Nobody* phoned, <u>did they</u>?
tag

अर्थ– किसी ने फोन नहीं किया, क्या किया?

Let us के लिये tag *shall we* होगा।

➤ *Let us* play cards, <u>shall we</u>?
tag

अर्थ– आओ ताश खेलें, क्या खेलेंगे?

यदि वाक्य का कर्ता pronoun (सर्वनाम) है और उसके साथ सहायक क्रिया प्रयोग की गयी है तो subject pronoun व सहायक क्रिया को छोड़ दिया जायेगा।

➢ (It is) a nice day, <u>isn't it</u>? यह अच्छा दिन है, नहीं?
tag

➢ (She was) talking to her brother, <u>was she</u>? वह भाई से बात कर रही थी, नहीं?
tag

☞ Question tag में सदैव ही pronoun का प्रयोग होगा न कि noun का।

बहुत ही औपचारिक स्थिति में जब कर्ता प्रश्नवाचक के रूप में होता है तो उसे tag के रूप में प्रयुक्त किया जाता है।

➢ Did you have a good time?

= You had a good time, <u>did you</u>?
tag

➢ Is your mother is at home?

= Your mother at home, is she?

उपरोक्त वाक्य में *mother* noun के लिये tag में *she* का प्रयोग हुआ है।

अन्य उदाहरण–

➢ Will Dinesh be here tomorrow?

= Dinesh will be here tomorrow, *will he*?

Question tag में this, that के स्थान पर it का प्रयोग होता है।

➢ This/ that (book) is expensive, isn't it?

कुछ अन्य उदाहरण–

	स्वीकृति में	अस्वीकृति में
He is resigning.	Is he?	
He is not resigning.		Isn't he?
There will be a strike soon.	Will there?	

There won’t be a strike.		Won’t there?
She won’t go to Bareilly.		Won’t she?
She will go to Bareilly.	Will she?	

Tag के अन्य प्रयोग

प्रथम विधि–

कथन	समानान्तर जोड़	विषमता
Vinita can speak English. विनीता अंग्रेजी बोल सकती है।	So I can. और मैं भी अंग्रेजी बोल सकता हूँ।	But I can’t. लेकिन मैं अंग्रेजी नहीं बोल सकता।
Vinita can’t speak English. विनीता अंग्रेजी नहीं बोल सकती है।	So I can’t and I can’t either. और मैं भी अंग्रेजी नहीं बोल सकता।	But I can. लेकिन मैं अंग्रेजी बोल सकता हूँ

दूसरी विधि–

Vinita can speak English.	And so can I.	But I can’t.
Vinita can’t speak English.	And neither/ nor can I.	But I can.
Vinita runs fast.	And so do I.	But I don’t
Vinita doesn’t run fast.	And neither/ nor do I.	But I do.

Affirmative की स्थिति में–

1) And+ subject+ सहायक क्रिया+ too या

2) And so+ सहायक क्रिया+ subject.

Negative की स्थिति में–

1) And+ subject+ सहायक क्रिया+ not का छोटा रूप+ either या

2) And+ neither/ nor+ सहायक क्रिया+ subject.

निश्चितता, आश्चर्य व सहमति की स्थिति में– So+ subject+ सहायक क्रिया व सम्बोधन का चिन्ह (!)

➢ He is going to help us. So he is!

Question tag में सहायक क्रिया ही दोहरायी जाती है, परन्तु जहाँ सहायक क्रिया नहीं है वहाँ स्थिति के अनुसार do, does या did का प्रयोग ही होगा।

➢ He went to Delhi last night. So did I.

बहुत ही अनौपचारिक रूप से (informally) me too, nor me, us too का question tag में प्रयोग होता है।

➢ I am glad she has passed.

- Me too = I am too.
- Us too = We are too.

➢ He doesn't want to attend the meeting. *Nor me/ me neither*. (वह मीटिंग में सम्मिलित नहीं होना नहीं चाहता। मैं भी नहीं चाहता हूँ।)

Question में सामान्यतः preposition को वाक्य के अन्त में रखा जाता है।

➢ Who/ whom are you going *with*? (तुम किसके साथ जा रहे हो?)

➢ Where did you get this book *from*? (तुमने इस पुस्तक को कहाँ से प्राप्त किया?)

संक्षिप्त प्रश्नवाचक में question word के बाद proposition का प्रयोग होता है।

➢ I am going out. Who *with*? (मैं बाहर जा रहा हूँ। किसके साथ?)

बहुत ही औपचारिक रूप में हम preposition का प्रयोग प्रश्नवाचक शब्द से पूर्व करते हैं।

➢ I am going out. With whom ?

जब सुनने वाला वक्ता के शब्दों पर विशेष ध्यान देता है या उसके शब्दों पर बहुत ही रुचि रखता है तो सामान्यतः Oh! Yes? Really? या question tag के रूप में सहायक क्रिया+ *pronoun* का प्रयोग करते हैं।

➢ Mohan likes that girl next door. Oh, does he?

आवेश की स्थिति में सुझाव, प्रार्थना व निर्देशों को अस्वीकार करते हुये– Why/ How should -------?

- Mohan is very unhappy. *Why should I care*? (मोहन बहुत दुःखी है। मैं क्यों चिन्ता करूँ?)
- Could your brother help me in the office tomorrow? *Why should he*? (क्या कल तुम्हारा भाई कायार्लय में मेरी सहायता कर सकता है? वह क्यों करे?)
- What time does the Lucknow Mail arrive? *How should I know*? (लखनऊ मेल कब पहुँचती है? मुझे इस चीज को जानने की क्या जरूरत है?)

What का प्रयोग बेजानदार व व्यक्तियों (स्त्री/पुरुष) एकवचन व बहुवचन दोनों के लिये पहचान (identity) के वास्ते होता है।

- *What book/ books* did you buy? (तुमने कौनसी पुस्तक/ पुस्तकें खरीदीं?)
- *What soap* do you use? (तुम कौनसा साबुन प्रयोग करते हो?)
- *What boy/ boys/ girl/ girls* did you meet at the party? (तुम कौनसा लड़का/ लड़के/ लड़की/ लड़कियों से पार्टी में मिले?)

विकल्प जब असीमित व अनिर्दिष्ट हों तो वस्तुओं के लिए what का प्रयोग होता है।

- What would you like? (आप क्या चाहेंगे?)

यहाँ पर भोजन तालिका से सम्बन्धित सीमा नहीं है, परन्तु विकल्प सीमित हों तो वहाँ पर which का ही प्रयोग होगा।

- Which would you prefer; tea or coffee? (आप क्या लेना चाहेंगे; चाय या कॉफी?)

What (be, look etc.) like?- व्यक्ति व वस्तुओं के बाह्य आवरण व विशेषताओं को बताने के लिए।

- What is your son like? (तुम्हारा पुत्र कैसा है? अर्थात् देखने में।)
- What is your car like? (तुम्हारी कार कैसी है? अर्थात् वाहन के रूप में व driving करने में।)

मौसम व जलवायु आदि को जानने के लिये–

- What is the weather like today? (आज मौसम कैसा है?)

What --------?- नाम आदि की जानकारी प्राप्त करने के लिए।

- What is she called. (उसका क्या नाम है?)

  She is called Reena. (उसका नाम रीना है।)

- What is this called? (इसे क्या कहते हैं?)

  It is called microchip. (यह माइक्रोचिप कहलाता है।)

- What is this called in Sanskrit? (इसे संस्कृत में क्या कहते हैं?)

  It is called 'Yaanam'. (इसे यानम् कहते हैं।)

What+ make = type (प्रकार)

- What make is your car? (तुम्हारी कार किस प्रकार की है?)

  It is a Volvo.

What --------?- व्यवसाय व राष्ट्रीयता।

- What nationality is she? (उसकी राष्ट्रीयता क्या है?)

  She is a Nepali.

  = She is from Nepal. (वह नेपालन है या वह नेपाल की है।)

- What does he do (for a living)? (वह जीविकोपार्जन कैसे चलाता है?)

  He is a teacher. (वह एक अध्यापक है।)

- What is your father?

  = What does your father do? (तुम्होरे पिता क्या काम करते हैं?)

What --------?- समय, वर्ष, महीना आदि के लिए।

- What time will he arrive? (वह कब आयेगा?)

  At 4./ On April 4th. (चार बजे।/ चार अप्रैल को।)

What --------for?- जब किसी पदार्थ व वस्तु के प्रयोग व उद्देश्य की जानकारी प्राप्त करनी हो।

- ➢ What is this for? (यह किस उद्देश्य के लिए है?)

  (It is for) opening the bottle. (यह बोतल खोलने के लिए है।)

☛ यदि what वाक्य के प्रारम्भ में हो और अन्त में for हो तो उसका आशय why से होता है।

- ➢ What did you do that for?

  = Why did you do that? (तुमने ऐसा क्यों किया?)

  To signal that I am turning right. (संकेत देने के लिये मैं दाँयी तरफ को मुड रहा हूँ।)

What kind/ kinds/ sort/ sorts of-

- ➢ *What kind of* picture do you like best? (तुम किस तरह का चित्र सबसे ज्यादा पसन्द करते हो?)

What colour-------?/ What size -------?

- ➢ What colour is your shirt? (तुम्हारी शर्ट का क्या रंग है?)

  It is red. (यह लाल रंग की है।)

What के साथ size (कद), height (ऊँचाई), age (आयु), length (लम्बाई), breadth/ width (चौड़ाई), depth (गहराई), शब्द प्रयोग किये जाते हैं। इस स्थिति में किसी preposition का प्रयोग नहीं होता है जबकि what के बाद तुरन्त ही उपरोक्त शब्द प्रयुक्त किये जायेंगे। What के स्थान पर how भी सम्भव है परन्तु how के उपरान्त adjective का प्रयोग होना चाहिए।

- ➢ What height is the Everest?

  = What is the height of the Everest? (ऐवरेस्ट की कितनी ऊँचाई है? या ऐवरेस्ट कितना ऊँचा है?)

- ➢ What age are you?

  = What is your age? (तुम्हारी क्या उम्र है?)

➢ What height is this building?

= How high is this building? (यह इमारत कितनी ऊँची है?)

When --------?- प्रश्नवाचक के रूप में।

➢ When is your flight? (तुम्हारी फ्लाइट कब है?)

Tomorrow morning. (कल सुबह।)

Which-------?- प्रश्नवाचक के रूप में।

Which का प्रयोग व्यक्ति व बेजानदार दोनों के लिये एकवचन व बहुवचन दोनों रूपों में होता है।

➢ Which *book/ books* do you prefer? (तुम कौनसी पुस्तक/ पुस्तकों को वरीयता देते हो?)

➢ Which *boy/ boys/ girl/ girls* did you meet at the meeting?

Which का प्रयोग वस्तुओं के चयन के निश्चित दायरे में भी होता है।

➢ Which is the biggest city in India: Mumbai or Delhi? (भारत में सबसे बड़ा नगर मुम्बई है या दिल्ली?)

Which के साथ superlative व comparative दोनों का प्रयोग होता है।

➢ Which is the cheapest? (कौनसा सबसे सस्ता है?) **(superlative)**

➢ Which is the cheaper? (दोनों में कौनसा अधिक सस्ता है?) **(comparative)**

➢ Which of the two? (उन दोनों में कौनसा?)

➢ Which of them? (उनमें कौनसा?)

Which day/ month/ year -------?

When की अपेक्षा which या what का प्रयोग day, month व year के साथ किया जाता है।

➢ Don't forget Anil's birthday. I won't. (अनिल के जन्मदिन को मत भूलना। मैं नहीं भूलूँगा।)

➢ Which/ what day is it? (आज कौनसा दिन है?)

Why -------?- प्रश्नवाचक शब्द के रूप में।

Why (क्यों) शब्द का प्रयोग कारण व उद्देश्य को जानने के रूप में होता है। कारण के वास्ते because व उद्देश्य के लिये infinitive का प्रयोग होता है।

➢ Why didn't you tell me Mohan had stolen your watch? (तुमने मुझे क्यों नहीं बतलाया कि मोहन ने तुम्हारी घड़ी चोरी की है?)

Because I didn't want to burden you with my troubles. (क्योंकि मैं अपनी परेशानियों में आपको डालना नहीं चाहता था।)

➢ Why did you go by the express train? (तुम एक्सप्रेस गाड़ी से क्यों गये?)

To save the time. (समय बचाने के लिए।)

Why don't/ why doesn't/ व why not?-

उपरोक्त का प्रयोग सुझाव के रूप में भी होता है।

➢ I don't like this coat. Then *why don't* you change it? (मैं इस कोट को पसन्द नहीं करता। तब इसे बदलते क्यों नहीं? अर्थात् इसे बदलो।)

Why not का प्रयोग भी इसी रूप में होता हैं तथा इसके बाद bare infinitive आता है।

➢ Why not *wait* till the Janta Express arrives? (जनता एक्सप्रेस के आने तक प्रतीक्षा क्यों नहीं करते? अर्थात् जनता एक्सप्रेस के आने तक प्रतीक्षा करो।)

- Why not wait = Why do you not wait

Why not का प्रयोग why के स्थान पर भी होता है।

➢ She is not going to Sitapur today. *Why not*? (वह आज सीतापुर नहीं जा रही है। क्यों?)

Why not का प्रयोग *सुझाव की पुष्टि* के रूप में भी होता है।

➢ Let's eat out tonight. Yes, *why not*? (आज बाहर ही भोजन करें। हाँ, बाहर ही करें।)

Why not का प्रयोग रक्षात्मक रूप में भी होता है।

- Are you really going to sue him? Yes, *why not*? (क्या तुम वास्तव में उस पर मुकदमा दायर करने जा रहे हो? हाँ, क्यों नहीं?)

Why+ verb का प्रयोग *कष्ट तुल्य न होने की स्थिति* में भी किया जाता है।

- You are fully insured, *so why worry*? (तुम पूरी तरह से बीमा द्वारा सुरक्षित हो, *अतः क्यों चिंतित हो रहे हो?*)

Why सहायक क्रियाओं के साथ भिन्न–भिन्न मनोभावों (emotions) को भी प्रदर्शित करता है।

- Why *can't* you shut up? (तुम चुप क्यों नहीं रह सकते?) (क्रोध)
- Why *should* I do it? (मैं इसे क्यों करूँ?) (शिकायत)
- Why *should* he join the ruling party? (वह शासक दल में क्यों सम्मिलित होवे?) (समझने में अक्षम)

Where---------?- प्रश्नवाचक शब्द के रूप में।

- Where is he? (वह कहाँ है?)

  He is over there. (वह उस तरफ है।)
- Where did you get the ladder from? (तुमने सीढ़ी को कहाँ से लिया?)

  From the garage. (गैराज से।)

Where ------- from?- व्यक्ति वस्तुओं की उत्पत्ति के रूप में।

- Where are you from? (=Where do you come from?) (तुम कौनसे देश के निवासी हो?)

  India (भारत के।)
- Where is this vase from? (यह फूलदान कहाँ से आया है?)

  China. (चीन से।)

Whose --------?- प्रश्नवाचक शब्द के रूप में।

Whose (किसका, किसकी, किसके)– यह शब्द अधिकार के रूप में प्रयोग किया जाता है। Whose के बाद वस्तु, वस्तुयें व पदार्थ हों तो सामान्यतः noun का प्रयोग नहीं किया जाता है।

➢ Whose (umbrella) is this? (यह छाता किसका है?)

(It is) mine. (यह मेरा है।)

Whose के बाद *umbrella* शब्द आवश्यक नहीं है।

Whose के बाद यदि व्यक्ति (person) का प्रयोग होता है तो उसे अवश्य ही दर्शाया जायेगा।

➢ Whose sons are they? (वे किसके पुत्र हैं?)

Mohan's. (मोहन के।)

How -------?- प्रश्नवाचक शब्द के रूप में।

How (कैसे), how much (कितना–मात्रा), how many (कितने–संख्या)–

➢ *How nuch milk* do you want in your tea? (तुम अपनी चाय में कितना दूध चाहते हो?)

➢ *How much space* is there on that shelf? (उस टाँड पर कितना स्थान है?)

➢ *How much* does this book cost?

= *How much* is this book? (इस पुस्तक का कितना मूल्य है?)

➢ *How many people* are invited to the party? (दावत के लिये कितने आदमियों को निमंत्रण दिया गया है?)

How --------?+ adjective या adverb

➢ *How far* is it to Sitapur? (सीतापुर कितनी दूर है?)

How के combination (मिलाप) में प्रयुक्त होने वाले शब्द– Big, deep, far, long, old, sharp, wide आदि।

कम मात्रा की स्थिति में how के साथ little, short, young आदि शब्द भी प्रयुक्त होते हैं।

➢ We need a short article to fill the paper. How short it must be? (हमें इस पेपर को भरने के लिए एक छोटा लेख चाहिए। कितना छोटा होगा?)

➢ How long is the pool?

= What length is the pool? (तालाब की लम्बाई क्या है?)

How ---------?+ adverb

➢ *How often* do you visit your mother? (तुम कितनी बार अपनी माँ से मिलती हो?)

Once a week. (सप्ताह में एक बार।)

➢ *How well* do you know him? (तुम उसे कितना जानते हो?)

Not very well. (बहुत अच्छी तरह से नहीं।) (मात्रा)

➢ *How quickly* can you do it? (तुम इसे कितनी शीघ्रता से कर सकते हो?)

In two days. (दो दिन में।)

How का उत्तर by+ ing form में भी दिया जाता है।

➢ How did he pass the exam? (उसने परीक्षा कैसे पास की?)

By working hard. (कठोर परिश्रम करके।)

अशिष्टता के रूप में भी how का प्रयोग होता है।

➢ Why ask me? (मुझसे क्यों पूछते हो?)

How should I know? (मुझे इस चीज की जानकारी की क्या आवश्यकता है?)

तर्क की स्थिति में भी how का प्रयोग होता है।

➢ How can you say a thing like that? (तुम इस तरह की बातें कैसे कह सकते हो?)

विस्मय को प्रदर्शित करने के लिए भी how का प्रयोग होता है।

➢ How could she write a letter to you! (आश्चर्य के साथ– वह तुम्हें पत्र कैसे लिख सकती है!)

How *तरीके* को भी दर्शाता है।

➢ How did he speak? (वह किस तरह से बोला?)

Well/ inaudibly. (अच्छी तरह से/ अस्पष्ट रूप से।)

☞ How का क्या उत्तर होगा यह स्पष्ट नहीं होता।

➢ How did he cut Mohan's hair? (उसने मोहन के बाल कैसे काटे?)

Beautifully, very short, with a fringe. (सुन्दरता के साथ, बहुत छोटे, लटकते हुये धागों की झालर की तरह।)

How long --------?- यह समय की अवधि को प्रदर्शित करता है।

➢ How long have you known Hari (for)? (तुम हरि को कब से जानते हो?)

I have known him a long time. (मैं उसे काफी समय से जानता हूँ।)

➢ How long? (कब से?)

(For) ten years. (दस वर्ष से।)

➢ How long will the train take to get to Sitapur? (इस गाड़ी को सीतापुर पहुँचने में कितना समय लगेगा?)

स्वास्थ्य की जानकारी के लिये भी how का प्रयोग करते हैं।

➢ How are you?

= How have you been?

= How are you keeping?

= How have you been keeping? (आपका चित्त कैसा है?)

वर्तमान परिस्थिति की जानकारी प्राप्त करने हेतु–

➢ How is life? (कैसा चल रहा है?)

➢ How are the things? (बाकी कैसे चल रहा है?)

How about व what about आपस में विनिमयशील हैं। इनका प्रयोग सुझाव व भेंट के रूप में होता है।

➢ *How about/ what about* breakfast? (आओ नाश्ता कर लें।)

सामान्य सन्दर्भ में भी इनका प्रयोग होता है।

➢ Hari is coming with us. (हरि हमारे साथ आ रहा है।)

How about/ what about Mohan? (मोहन का क्या हुआ? अर्थात् और मोहन।)

Invitation के रूप में भी how का प्रयोग होता है।

➢ How would you like to have tea at the Ashoka?

= Would you like to have tea at the Ashoka? (क्या आप अशोका में चाय लेना चाहेंगे?)

Who (कौन, किसने) --------?- प्रश्नवाचक शब्द के रूप में।

➢ Who was at the door? (दरवाजे पर कौन था?)

The postman (was). (डाँकिया।)

➢ Who wants some more tea? (कौन और चाय चाहता है?)

Me. (मैं।) (*I do* के स्थान पर)

➢ Who takes milk? (दूध कौन लेता है?)

Harish (does). (हरीश।)

Both of us. (हम दोनों।)

What का प्रयोग बेजानदार चीजों की पहचान करने के रूप में भी होता है। उस स्थिति में what का अर्थ कौन या किसने हुआ करता है।

➢ *What* caused the damage? (कौन हानि का कारण बना?)

Rain (did)/ falling stones (did). (वर्षा/ पत्थरों के गिरने से।)

विकल्पीय प्रश्न–

➢ What/ which would you prefer tea or coffee?

= Would you like tea or coffee?

➢ How shall we go there by bus or by train? (हम वहाँ कैसे जायें; बस से या गाड़ी से?)

➢ Did you go there or didn't you?

= Did you or didn't you go there?

= Did you go there or not? (क्या तुम वहाँ गये या नहीं?)

जब question में विकल्प दिया हो तो संक्षिप्त रूप ही प्रयोग किया जाता है।

तीन या तीन से अधिक वस्तुयें होने पर–

- ➤ Tea, coffee, mineral water? (चाय लेंगे या काफी या मिनरल वाटर?)

दो वस्तुओं की स्थिति में–

- ➤ Tea or coffee?
- ➤ Yes or no?

एक वस्तु की स्थिति में–

- ➤ Milk?
- ➤ Right?
- ➤ Really?

Ever का प्रयोग question के साथ जोर देने के रूप में होता है।

- ➤ What *ever* made you so late? (किस कारण से तुम्हें विलम्ब हुआ?) (जोर देते हुये)

  The traffic (made me late). (ट्रैफिक के कारण।)

संक्षिप्त जवाब आश्चर्यचकित प्रतिक्रियाओं को व्यक्त करते हैं।

- ➤ She didn't vote on polling day. (उसने मतदान के दिन वोट नहीं डाला।)

  Why ever not? (किस कारण से?)

- ➤ I sent them donation. (मैंने उन्हें दान भेजा।)

  What ever for? (किस वास्ते?)

दैनिक वार्तालाप में ever के स्थान पर on earth का प्रयोग करते हैं।

- ➤ How on earth did you find my telephone number? (तुमने मेरा टेलीफोन नम्बर कैसे जाना?) (जोर देते हुये)

Why और where की पुनरावृत्ति करते हुये अक्सर *oh* शब्द मध्य में प्रयोग करते हैं जब किसी चीज पर जोर दिया जाता है।

- ➤ Why, (oh) why did you break the chair? (तुमने कुर्सी को क्यों तोड़ा?) (जोर देते हुये)
- ➤ Where, (oh) where has he gone? (वह कहाँ चला गया है?) (जोर देते हुये)

12

Punctuation (पंक्चुएॅशन)
(विराम चिह्नों का प्रयोग)

Full stop, comma, capital letter, question mark, inverted commas, apostrophe, mark of exclamation के सही प्रयोग से भाषा स्पष्ट होती है। इनका हमें सावधानी से प्रयोग करना चाहिए।

1. The servant said, "The master is a fool."

2. "The servant", said the master, "is a fool."

पहले वाक्य का अर्थ है कि नौकर ने कहा, 'मालिक मूर्ख है।' जबकि दूसरा वाक्य विराम चिह्न के बदल जाने के कारण विपरीत अर्थ रखता है– मालिक ने कहा, 'नौकर मूर्ख है।'

A) Capital letters का प्रयोग निम्नलिखित स्थितियों में होता है।

1. प्रत्येक वाक्य का पहला शब्द capital से लिखा जाता है।

   He is not a doctor.

2. कविता की पहली लाईन capital से लिखी जाती है।

   At last two famous doctors came,
   And one was as poor as a rat,
   He had passed his life in studying hard,
   And never found time to grow fat.

3. सभी proper nouns तथा उनसे बनने वाले adjectives capital letters से लिखे जाते हैं।

America, American, India, Indian.

4. सभी nouns व pronouns जो भगवान के लिए प्रयुक्त होते हैं उन्हें capital से लिखा जाता है।

Have faith in the Almighty.

I see Him everywhere.

5. Pronoun I व O अकेले आने पर सदैव capital से लिखे जाते हैं।

He is taller than I.

O boy! what have you written!

6. Reported speech का पहला शब्द capital से लिखा जाता है।

The teacher said to the boy, "Always speak the truth."

7. दिनों, महीनों, जाति, धर्म, त्योहार, भाषा, समाचार पत्र, विषय, राजनैतिक दल व धार्मिक पुस्तकों के नाम capital से लिखे जाते हैं।

Monday, March, Brahmin, Vaish, Muslim, Deepawali, Hindi, Urdu, The Hindustan Times, Mathematics, The Bhartiya Janta Party, The Communist Party, The Ramayan, The Koran.

8. नाम के संक्षिप्त रूप व abbreviation में प्रत्येक अक्षर capital होगा।

V. K. Uniyal, U. C. Ramola, R. S. Bhadoriya, S. A. Khan, M. P., D. M.

9. किसी व्यक्ति के नाम से पहले title को capital से लिखेंगे।

Mr Raghuvir Singh Rajawat, Miss Vibha Mishra, Mrs Sunita Kansal.

B) Apostrophe (') - इस चिह्न का प्रयोग अधिकार सम्बन्धी सूचक शब्दों के साथ तथा **abbreviation** में होता है।

- Girls' college, Children's school, Won't, Shan't, Don't.

C) **Mark of exclamation (!)** - इस चिह्न का प्रयोग मनोभावों की तीव्रता को व्यक्त करने वाले शब्दों तथा वाक्यों के अन्त में होता है।

- Alas! She is no more.
- What a beautiful building it is!
- Hurrah! She has won the election.

D) **Mark of interrogation (?)** - इस चिह्न का प्रयोग उस समय होता है जब वाक्य में कर्ता **(doer)** की स्थिति नं0 2 व 3 पर हो।

- Is she going to college?
- Where have you gone?

E) **Inverted commas ("......")** - इस चिह्न का प्रयोग उस समय होता है जब वक्ता के शब्दों को ज्यों का त्यों **(actual form)** लिखा जाता है।

- Mohan said, "She will go to Udaipur tomorrow."
- Sita said to Hari, "How can you cross this river?"

F) **Full stop (.)** – जब वाक्य में न तो प्रश्न किया जाये न आश्चर्य पाया जाये, तो इस चिह्न को वाक्य के अन्त में रखते हैं।

- They are in the class.
- She is not going to Narnaul.
- Always help the poor.

G) **Comma (,)** - इस चिह्न का प्रयोग निम्नलिखित स्थितियों में होता है।

1. Parts of speech के शब्दों को अलग करने के लिए comma का प्रयोग करते हैं।

   She bought a T.V., a car and a fan.

2. And वाले जोड़ों को अलग करने में comma का प्रयोग करते हैं।

   All people, rich and poor, high and low, young and old, celebrate Deepawali.

3. सम्बोधन की स्थिति में comma का प्रयोग करते हैं।

Mohan, go to college.

My dear friends, I am going to France next month.

4. जब कुछ शब्दों का समूह उप–वाक्य का कार्य करता हुआ प्रतीत होता है तो comma का प्रयोग करते हैं।

The day being fine, we went for swimming.

5. जब दो शब्द या शब्दों के समूह एक दूसरे के लिए प्रयुक्त होते हैं तो comma का प्रयोग करते हैं।

Gandhiji, Father of nation, was born on October 2, 1869.

6. जब adverb वाक्य के प्रारम्भ में हो तो comma का प्रयोग करते हैं।

Fortunately, she was saved.

7. वाक्य में क्रिया की आवृत्ति को रोकने के लिए comma का प्रयोग करते हैं।

Hari bought a car and his sister, a scooter. **(, = bought)**

8. दो या दो से अधिक adverbial phrases वाक्य में प्रयुक्त होने पर comma का प्रयोग करते हैं।

Then, all of a sudden, she began to cry.

9. Principal clause को adverbial clause से अलग करने पर comma का प्रयोग करते हैं।

When he was on the point of dying, he called his sons.

10. Reporting verb को reported speech से अलग करने पर comma का प्रयोग करते हैं।

She said, "May I come in, madam?"

11. Yes व no वाक्य के प्रारम्भ में होने पर comma का प्रयोग करते हैं।

Yes, you can go.

No, she can't pass.

12. Compound sentence के छोटे co-ordinate clause अलग करने के लिए comma का प्रयोग करते हैं।

I came, I saw, I conquered.

13. कुछ co-ordinate conjunctions से पहले comma का प्रयोग करते हैं।

He was angry, still he kept quite.

We sent twice for the nurse, still she didn't come.

भाग - 3

1) एकवचन में प्रयुक्त होने वाले **Nouns (Singular Nouns)**

निम्नलिखित **nouns** सामान्यतः बहुवचन में प्रयोग नहीं किये जाते हैं– Accomodation (निवास), advice (सलाह), anger (क्रोध), applause (प्रशंसा ध्वनि), assistance (सहायता), baggage (असबाव), behaviour (व्यवहार), business (व्यापार), capital (पूंजी), cardboard (मोटा कागज), cash (नगदी), chaos केआस (अव्यवस्था), cookery (पाक क्रिया), country side (नगर के बाहर का क्षेत्र), courage (साहस), cutlery (काटने के यंत्र), damage (क्षति), dirt (मैला), education (शिक्षा), evidence (प्रमाण), flu (शीत प्रधान संक्रमक ज्वर), fun (आमोद–प्रमोद), garbage (कूड़ाकरकट), gossip (गपशप), grass (घास), hair (सिर के तमाम बाल), happiness (खुशी), leisure (खाली समय), hospitality (अतिथि सत्कार), information (सूचना), jealousy (ईर्ष्या), patience (धैर्य), luck (भाग्य), news (सूचना), timber (इमारती लकड़ी), under wear (जांघिया), weather (मौसम), wealth (धन)।

2) **This, That, These** व **Those** का विस्तृत प्रयोग

➢ *This* is Mr Surendra and *this* is Mr Dhirendra. (ये महाशय सुरेन्द्र हैं और ये महाशय धीरेन्द्र हैं।)

- This = Here (यहाँ)

➢ In *this* school, my younger brother used to read. (यहाँ (इस स्कूल में) मेरा छोटा भाई पढ़ा करता था।)

a) संकेत करने की स्थिति में (विषमता)

➢ *This boy* wants tea and *that one* wants milk. (यह लड़का चाय चाहता है और वह लड़का दूध।)

➢ *These* boys are in class 2 and *those* ones in class 3. (ये लड़के कक्षा दो में हैं और वे लड़के कक्षा 3 में।)

b) संकेत के रूप में

➢ He went *that* way. (वह उस रास्ते गया।)

➢ Do it like *this/ that*. (इसे इस तरह / उस तरह करो।)

This का प्रयोग आगामी सन्दर्भ में

➢ Press *this* button. (इस बटन को दबाइये।)

c) पिछले सन्दर्भ में

➢ He was very late. *This/ that* delayed us. (वह देर से आया। इससे हमें विलम्ब हुआ।)

☞ यदि घटनाएँ एक से अधिक हैं तो उस स्थिति में भी हम these व those का प्रयोग नहीं करते।

➢ He broke his leg and his brother's house burnt down. (उसकी टाँग टूट गई और उसके भाई का घर जल गया।)

When did *this/ that* happen? (यह कब घटित हुआ?)

d) **Story** का वर्णन करते समय **a** या **an** के स्थान पर **this** का प्रयोग अनौपचारिक रूप में किया जाता है।

➢ There was *this* Nepali who went to cricket match. (एक नेपाली था जो क्रिकेट मैच में गया।)

This, that, these, those का प्रयोग समय सन्दर्भ में भी होता है।

- These days = आजकल, इन दिनों
- Those days = उन दिनों
- That time = उस समय
- This morning/ evening = आज सुबह / शाम

e) पुष्टि करने के रूप में **this** और **that** का प्रयोग

➢ I'll arrive on the 3rd, *that* is, on Thursday. (मैं तीन तारीख को पहुँचूँगा अर्थात् गुरुवार को।)

➢ *This* is how. (यही तरीका है।)

➢ *That* is why. (यही कारण है।)

➢ She lent me one hundred rupees. *This* is how I got home. (उसने मुझे एक सौ रुपये उधार दिया। इसी तरह से मैं घर पहुँचा।)

f) सम्मान को ठेस पहुँचाने की स्थिति में **that** का प्रयोग होता है।

➢ Is *that* a man again? (क्या फिर वही आदमी है? अर्थात् इससे बचो।)

This, that मात्रा को भी दर्शाते हैं।

➢ Does it really cost *this/ that much*? (क्या वास्तव में इसका मूल्य इतना अधिक है?)

g) कुछ निश्चित अभिव्यक्तियों में **this, that** का प्रयोग

➢ We discussed *this, that* and the other. (हमने यह, वह तथा अन्य विषयों पर चर्चा की।)

➢ What is all *this*?

= What is going on? (क्या हो रहा है?)

➢ *That* is *that*!

= We have finished it. (मामला समाप्त हो गया है!)

3) उपसर्ग (Prefix) व प्रत्यय (Suffix) से बनने वाले कुछ Adjectives

मूल शब्द के प्रारम्भ में जो शब्दाँश जोड़े जाते हैं उपसर्ग **(prefix)** कहलाते हैं। जैसे– dis, il, im, in, ir, a, non, anti, hyper, mal, over, sub, pro, super, under आदि।

उपसर्गों से बनने वाले कुछ **adjectives-** Dishonest (बेईमान), illegal (गैर कानूनी), impossible (असम्भव), indifferent (उदासीन), irresponsible (अनुत्तरदायी), non-stop (अविराम), antiseptic (रोग की कीटाणुनाशक औषधि), hyper active (अत्यधिक चुस्त), mal adjusted (कुव्यवस्थित), over due (ठीक समय पर अदा न किया गया), pro-government (सरकार के समर्थन में), subnormal (स्वभाविक अवस्था से कम), superhuman (अलौकिक), under cover payments (गुप्त रूप से किये गये भुगतान)।

मूल शब्द के अन्त में जो शब्दाँश जोड़े जाते हैं प्रत्यय **(suffix)** कहलाते हैं। जैसे– able, ful, less, ian, ish, ive, like, ly, al, ant, ar, ary, ate, ent, ory, some आदि।

प्रत्ययों से बनने वाले कुछ **adjectives-** Changeable, possible, careful, careless, foolish, reddish (कुछ लाल), greenish (कुछ हरा), friendly (मित्रवत), lifeless (जीवन रहित), affectionate (स्नेही), picturesque (चित्रमय), economic (आर्थिक), energetic (उद्योगी), quarrelsome (झगड़ालू), business like (व्यापार तुल्य)।

4) Adjective से Noun बनाना

The+ adjective = noun (बहुवचन के रूप में)

The aged (अधिक आयु वाले), the blind (अन्धे व्यक्ति), the deaf (बहरे व्यक्ति), the dumb (गूंगे व्यक्ति), the guilty (अपराधी मनुष्य), the handicapped (विकलाँग व्यक्ति), the healthy (स्वस्थ व्यक्ति), the middle aged (मध्यम आयु वाले व्यक्ति), the homeless (बेघर व्यक्ति), the poor (निर्धन व्यक्ति), the rich (धनी व्यक्ति), the sick (बीमार व्यक्ति), the unemployed (बेरोजगार व्यक्ति), the young (युवा व्यक्ति)।

☞ उपरोक्त सभी शब्द बहुवचन में प्रयोग किये जायेंगे।

5) कुछ Adjectives के विशेष प्रयोग

- Fat/ thin = मोटा / पतला (व्यक्ति / जानवर)

जैसे– a fat/ thin man, a fat/ thin woman, a fat/ thin cat.

- Thick/ thin = भारी / हल्की (सामान्यतः वस्तुओं के लिये)

जैसे– a thick/ thin book, a thick/ thin material. परन्तु a fat book, a fat dictionary.

- Thick = मूर्ख व्यक्ति

➢ Some of the students are *thick*. (कुछ विद्यार्थी मूर्ख हैं।)

- Tall, short = व्यक्ति की लम्बाई के विषय में

जैसे– a tall/ short man, a tall/ short woman.

Tall का प्रयोग पर्वत, भवन व वस्तुओं के लिये भी होता है। इसका विलोम small है।

जैसे– a tall building/ mountain, a small building/ tree.

High/ low का प्रयोग भवन व वस्तुओं के लिए होता है।

जैसे– a high/ low building, a high/ low school.

समय व दूरी के लिये long व short का प्रयोग होता है।

जैसे– a short time, a long way.

Large, big, great व्यक्ति व वस्तुओं के लिये होता है।

जैसे– a large/ big man, a large/ big woman, a large/ big box.

Great महत्व को दर्शाता है।

जैसे– a great man, a great idea, a great temple.

6) सम्बन्ध को दर्शाने वाले कुछ Adjectives

- Elder = बड़ा/ बड़ी
- Eldest = सबसे बड़ा/ सबसे बड़ी
  - ➢ He is my *elder* brother. (वह मेरा बड़ा भाई है।)
  - ➢ He is my *eldest* brother. (वह मेरा सबसे बड़ा भाई है।)
- Younger = छोटा, छोटी।
  - ➢ He is my *younger* brother. (वह मेरा छोटा भाई है।)
  - ➢ She is my *younger* sister. (वह मेरी छोटी बहिन है।)
- Youngest = सबसे छोटा, सबसे छोटी
  - ➢ Sunita is the *youngest* girl. (सुनीता सबसे कम उम्र की लड़की है।)
  - ➢ Sunita is his *youngest* sister. (सुनीता उसकी सबसे छोटी बहिन है।)
  - ➢ Mohan is my *youngest* brother. (मोहन मेरा सबसे छोटा भाई है।)
- आयु में older व oldest का प्रयोग होता है।
  - ➢ Sunita is *older* than Kavita. (सुनीता कविता से अधिक आयु की है।)
  - ➢ Sunita is the *oldest* of all girls. (सुनीता सब लड़कियों में सबसे अधिक आयु की है।)

7) कुछ तुलनात्मक अभिव्यक्तियाँ (As+ Adjective+ As)

पहले as का अर्थ इतना तथा दूसरे as का अर्थ जितना होता है।

उदाहरण– As sweet as honey (इतनी मीठा जितना शहद), as rich as a king (इतना

धनी जितना राजा), as blind as bat, as bright as button, as cheap as dirt, as clear as bell, as sure as death, as white as snow, as busy as bee, as black as a crow, as fat as a pig, as pretty as picture, as right as rain, as safe as houses, as free as a bird, as deaf as a post, as tall as a tree.

8) कुछ शब्द Adjective व Adverb दोनों रूपों में प्रयोग किये जाते हैं।

यदि ये शब्द संज्ञा (noun) से पहले प्रयोग किये जायेंगे तो adjective कहलायेंगे और ये ही शब्द जब क्रिया के बाद प्रयोग किये जायेंगे तो adverb कहलायेंगे।

➢ An airmail letter.
adjective noun

अर्थ– हवाई पत्र।

➢ Send it air mail.
verb adverb

अर्थ– इसे हवाई डाक से भेजो।

➢ Long hair.
adjective noun

अर्थ– लम्बे बाल।

➢ Don't stay long.
verb adverb

अर्थ– अधिक समय तक मत ठहरो।

अन्य शब्द- All day, all right, big, cheap, clean, close, cold, daily, dead, dear, direct, dirty, duty, free, easy, everyday, extra, fair, far, farther, fast, fine, firm, first, free, further, hard, high, home, hourly, inside, kindly, late, long, loud, low, outside, overseas, past, quick, right, sharp, straight, sure, thin, thick, through, tight, well, wide, wrong, yearly आदि।

9) Prepositions के प्रयोग

About का प्रयोग

लगभग के रूप में

- There are *about* 700 students in this college.

विषय में के रूप में

- I do not know *about* Rina.

इधर–उधर के रूप में

- I saw Ganesh walking *about* this morning. (आज सुबह मैंने गणेश को इधर–उधर घूमते देखा।)

According to = के अनुसार

- *According to* time table the train will arrive at 8:15. (समय सारणी के अनुसार गाड़ी 8:15 पर पहुँचेगी।)

Across व **over** का प्रयोग– दोनों का प्रयोग *एक दिशा से दूसरी दिशा में* के अर्थ में होता है।

- The children are taught not to run *over/ across* the road without looking. (बच्चों को शिक्षा दी जाती है कि वे बिना देखे सड़क के *एक सिरे से दूसरे सिरे तक* न दौड़ें।)

☛ जब हम धरातल व विस्तृत क्षेत्र का सन्दर्भ दे रहे हैं तो उस स्थिति में हमें across का ही प्रयोग करना होगा।

- They are laying a pipeline *across* this area. (इस क्षेत्र के आर–पार पाइप लाइन बिछायी जा रही है।)

जब पानी में कोई गतिविधि की जाती है तो उस स्थिति में across का ही प्रयोग किया जाता है।

- Hari swam *across* the canal. (हरि नहर के आर–पार तैरा।)

जब हम ऊपर की दिशा में जाते हैं या नीचे की दिशा में आते हैं तो वहाँ over का प्रयोग होता है।

- She escaped by all climbing *over* the wall. (वह दीवार पर चढ़ करके बच गई।)

Through = में से अर्थात् *एक सिरे से दूसरे सिरे तक*

- The train runs *through* the tunnel. (गाड़ी सुरंग में से गुजरती है।)
- Look *through* the window. (खिड़की के आर-पार देखो।)

After व **Afterwards**– दोनों का अर्थ *बाद* के रूप में होता है। परन्तु after के बाद object होता है तथा इसके उपरान्त दूसरा clause भी हो सकता है।

- Come and see me *after* work. (आओ और मुझसे काम के बाद मिलो।)
- I reached the station *after* the train had left.

Afterwards adverb होता है तो इसके साथ कभी भी noun या pronoun का object नहीं होता है।

- We made the house tidy and our guests arrived *afterwards*. (हमने घर को साफ सुथरा किया और हमारे अतिथि तदुपरान्त आ पहुँचे।)

Around का प्रयोग

एक स्थान से दूसरे स्थान तक के रूप में

- They walked *around* the city. (वे नगर में इधर-उधर घूमे।)

किसी स्थान पर निकट में के रूप में

- He lives somewhere *around* Moradabad. (वह मुरादाबाद के निकट किसी स्थान पर रहता है।)

लगभग के रूप में

- There were *around* 500 guests. (लगभग 500 अतिथि थे।)

इधर-उधर के रूप में

- Why are these books lying *around*? (ये पुस्तकें इधर-उधर क्यों पड़ी हुई हैं?)

चारों तरफ के रूप में

- There was a long wall *around* the garden. (बगीचे के चारों तरफ एक लम्बी दीवार थी।)

At = गुणों से सम्बन्धित होने की स्थिति में

➢ She was a dunce *at* Mathematics. (वह गणित सीखने में मंद बुद्धि थी।)

At का प्रयोग price, rate, age, level, speed को भी दर्शाता है।

- *At* the age of ten- दस वर्ष की आयु में
- *At* the rate of ten rupees a kilo- दस रुपये किलो की दर से
- *At* the speed of 60 kilometres per hour- साठ किलोमीटर प्रति घंटे की रफ्तार से

Throw to = पकड़ने के लिये

➢ He *threw* the ball *to* me. (उसने गेंद को मेरी तरफ फेंका अर्थात् पकड़ने के लिये।)

Throw at = निशाना लगाने के लिये अर्थात् क्षति पहुँचाने के लिए

➢ He *threw* stones *at* birds. (उसने पक्षियों पर पत्थर फेंके।)

Shout to = सम्पर्क स्थापित करने के लिये

➢ He *shouted to* us across the valley. (उसने घाटी के पार हमें बहुत तेजी से पुकारा।)

Shout at = फटकारना

➢ He *shouted at* the students. (उसने विद्यार्थियों को फटकारा।)

Against का प्रयोग

विरोध में के रूप में

➢ He spoke *against* me. (वह मेरे विरोध में बोला।)

दिशा में के रूप में

➢ The rain beat *against* the windows. (वर्षा खिड़कियों की दिशा में हुई।)

सहारा के रूप में

➢ Please stand your cycle *against* the wall. (दीवार के सहारे अपनी साइकिल खड़ी करो।)

भविष्य की तैयारी के वास्ते के रूप में

- Save something *against* your old age. (अपनी वृद्धावस्था के वास्ते कुछ बचत करो।)

Away = दूर

- I live 100 kilometres *away* from Delhi. (मैं दिल्ली से 100 किलोमीटर की दूरी पर रहता हूँ।)

Because = क्योंकि

- He did not attend the college *because* he was ill. (वह कॉलेज नहीं गया क्योंकि वह बीमार था।)

Because of = के कारण

- He did not attend the college *because of* illness. (बीमारी के कारण वह कॉलेज नहीं गया।)

Before का प्रयोग

पहले (समय सन्दर्भ) के रूप में

- She reached there *before* 8. (वह आठ बजे से पूर्व वहाँ पहुँची।)

सम्मुख के रूप में come, go, stand, appear आदि क्रियाओं के साथ होता है।

- He appeared *before* the magistrate. (वह मैजिस्ट्रेट के सम्मुख उपस्थित हुआ।)

Behind का विलोम in front of- ये दोनों prepositions स्थिति को दर्शाते हैं।

Behind = पीछे

- There is a bank *behind* the college. (कॉलेज के पीछे एक बैंक है।)

Infront of/ opposite = सामने

- I will wait *infront of/ opposite* the shop. (दुकान के सामने मैं प्रतीक्षा करूँगा।)

Beside = पास में

- Hari is sitting *beside* Ravi. (हरि रवि के पास बैठा हुआ है।)

Besides = के अतिरिक्त

➢ She took tea *besides* milk. (उसने दूध के अतिरिक्त चाय भी पी।)

Between व **Among** = मध्य में

Between दो के बीच में–

➢ Haridwar is *between* Roorkee and Rishikesh. (हरिद्वार रूड़की और ऋषिकेश के मध्य है।)

➢ Distribute this sugar *between* Kanta and Krishna. (इस चीनी को कान्ता और कृष्णा के बीच बाँटो।)

Among दो से अधिक के बीच में–

➢ Madhya Pradesh is *among* Gujarat, UP, Chhattisgarh, Rajasthan and Maharashtra. (मध्य प्रदेश, गुजरात, यू0पी0, छत्तीसगढ़, राजस्थान व महाराष्ट्र के मध्य है।)

Instead of/ in place of/ in lieu of = के बजाय

➢ He bought a scooter *instead of* a car. (उसने कार के बजाय स्कूटर खरीदा।)

Instead of के स्थान पर *in place of* या *in lieu of* का प्रयोग भी किया जा सकता है।

But for..... एक शर्तया उप–वाक्य को दर्शाता है।

➢ *But for the heavy rain,* we would have reached in time. (यदि वर्षा न होती, तो हम समय पर पहुँच जाते।)

Near = छोटे रास्ते की स्थिति में

➢ We live *near* Jabalpur- just 20 kilometres west. (हम जबलपुर के पास 20 किलोमीटर पश्चिम में रहते हैं।)

On का अर्थ *ठीक अगला* अर्थात् *पास में* जब हम नहर, नदी व सड़क आदि का सन्दर्भ देते हैं।

➢ My house is *on* the road/ *on* the river. (मेरा घर सड़क पर/ नदी पर अर्थात् पास में ही है।)

जोर देने के लिये right by या close by का प्रयोग करते हैं।

➢ The hotel is *right by/ close by* the station. (होटल स्टेशन के पास ही है।)

By का प्रयोग

पास में, ठीक सटकर के रूप में

➢ I sat *by* the phone all day. (सारे दिन मैं फोन के पास बैठा रहा।)

By व *past* को एक दूसरे के लिये प्रयोग किया जा सकता है जिसका अर्थ होता है *समय के थोड़े अन्तराल से* या *बहुत ही थोड़ी दूरी से।*

➢ He went *by* me/ went *past* me without speaking. (वह बिना बोले हुये बिल्कुल मेरे पास से गुजरा।)

passive form के रूप में

➢ She was taught *by* Mrs Vinita. (श्रीमती विनीता ने उसे पढ़ाया।)

By+ ing form तरीका को भी दर्शाता है।

➢ You can catch the train *by running* fast. (तेज दौड़ कर तुम गाड़ी पकड़ सकते हो।)

माप के रूप में

➢ I am paid *by* the hour/ day/ week. (मुझे घंटा/ दिन/ सप्ताह के हिसाब से भुगतान होता है।)

Inch, percent, metre आदि के साथ भी by माप के रूप में प्रयोग किया जाता है।

➢ She is taller than her husband *by* an inch. (वह अपने पति से एक इंच लम्बी है।)

➢ Interest rates have gone *by* four percent. (ब्याज की दरें चार प्रतिशत बढ़ चुकी हैं।)

via (के द्वारा) के रूप में

➢ She went to Sitapur *by* the main road. (वह मुख्य मार्ग से सीतापुर गई।)

Under का प्रयोग आवरण के अर्थ में होता है। यह आवरण सीमा रहित होता है।

- Under the table = मेज के नीचे
- Due to/ owing to = के कारण

Due to के साथ सामान्यतः noun का प्रयोग होता है।

➢ Our delay was *due to* heavy rain. (हम भारी वर्षा के कारण विलम्ब हुये।)

Owing to का प्रयोग beause of के स्थान पर भी किया जा सकता है।

For का प्रयोग

उद्देश्य के रूप में

➢ Mr Saxena is the best man *for* this job. (श्री सक्सेना इस व्यवसाय के लिये सर्वोत्तम व्यक्ति हैं।)

ing form के साथ

➢ I need a cycle *for* going to college. (मैं एक साईकिल कॉलेज जाने के लिये चाहता हूँ।)

गन्तव्य स्थान के रूप में

➢ This train is *for* Khandwa. (यह गाड़ी खन्डवा जायेगी।)

वास्ते के रूप में

➢ This is *for* Mohan. (यह मोहन के वास्ते है।)

➢ I did it *for* money. (मैने ऐसा पैसे के कारण किया।)

अवधि के रूप में

➢ He has been away *for* many days. (वह *कई* दिनों से नहीं है।)

विनिमय के रूप में

➢ I bought it *for* eighty rupees. (मैंने इसे *अस्सी* रुपये में खरीदा।)

अर्थ रखना के रूप में

➢ What is Sanskrit *for* a book? (संस्कृत में बुक का क्या अर्थ होता है?)

रूप में के रूप में

➢ He did it *for* a joke. (उसने मजाक के रूप में ऐसा किया।)

के बजाय के रूप में

➢ I will cook *for* you. (तुम्हारे बजाय मैं भोजन बनाऊँगा।)

पक्ष में के रूप में

➢ He spoke *for* export of sugar. (वह चीनी के निर्यात के *पक्ष* में बोला।)

For का विलोम शब्द *against* है।

➢ She spoke *against* export of sugar. (वह चीनी के निर्यात के विरोध में बोली।)

इरादा के रूप में

➢ Let us go *for* a swim. (आओ तैरने चलें।)

For को infinitive के स्थान पर भी प्रयोग किया जाता है तब for के साथ ing form प्रयोग होगी।

➢ I bought it *to open* the bottle. **(infinitive)**

I bought it *for opening* the bottle. (मैंने इसे बोतल खोलने के वास्ते खरीदा।)

➢ She was praised *for* being punctual. (समय की निष्ठावान होने के कारण उसकी प्रशंसा की गई।)

From का प्रयोग

अलग होने पर के रूप में

➢ Madhuri is *from* Ujjain. (माधुरी उज्जैन से है।) (स्थान से)

➢ Who is this letter *from*? (यह पत्र किसने भेजा है?) (व्यक्ति से)

Quotation-

➢ This is *from* the Ramcharitmanas. (यह रामचरितमानस से लिया गया है।)

दूरी के रूप में

- She is away *from* Delhi. (वह दिल्ली से दूर है।)

भाव वाचक के रूप में

- He died *from* a stroke. (वह आघात से मर गया।)

In spite of/ despite/ notwithstanding = के बाबजूद भी

- It is still warm *in spite of/ despite / notwithstanding* the drop in the temperature. (तापमान में गिरावट के बावजूद भी अभी गर्मी है।)

As का प्रयोग

पद पर के रूप में

- She is working *as* a Principal of a college. (वह किसी कॉलेज में प्रधानाचार्या के पद पर काम कर रही है।)

क्योंकि के रूप में

- *As* the last bus has left, we will have to walk. (क्योंकि अन्तिम बस जा चुकी है, हमें पैदल चलना पड़ेगा।)

Of का प्रयोग

Of का अर्थ सामान्यतः *का, की, के,* हुआ करता है।

सम्बन्धित होना के रूप में

- The leg *of* the table = मेज की टाँग

बनाया हुआ के रूप में

- A dress *of* silk = रेशम की बनी हुई वेशभूषा

संस्था से सम्बन्धित के रूप में

- The university *of* Agra = आगरा विश्वविद्यालय

दिशा के रूप में

- North/ south/ west/ east *of* Delhi = दिल्ली के उत्तर, दक्षिण, पश्चिम, पूर्व में

आयु के रूप में

- A woman *of* eighty = अस्सी वर्षीय स्त्री

उत्पत्ति के रूप में

- A mayor *of* Kanpur = कानपुर का महापौर

व्यवहार से सम्बन्धित निर्णय देना के रूप मे

➢ It was typical *of* him to be so rude. (इतना अशिष्ट होना उसका सामान्य व्यवहार था।)

Off का प्रयोग

प्रथक्करण के रूप में

➢ Catch this bus and get *off* at the station. (इस बस में सवार हो जाओ और स्टेशन पर उतर जाना।)

प्रस्थान के रूप में

➢ We set *off* in the morning. (हमने सुबह को प्रस्थान किया।)

गायब होने के रूप में

➢ Her headache has worn *off*. (उसका सिरदर्द खत्म हो गया है।)

मुख्य मार्ग आदि दूरी के रूप में

➢ My house is just 50 metres *off* the main road. (मेरा घर मुख्य मार्ग से ठीक 50 मीटर की दूरी पर है।)

On का प्रयोग

On धरातल से सम्बन्धित है।

- A lamp *on* the table. (मेज पर एक लैम्प।)
- A ring *on* my finger. (मेरी उंगली की अंगूठी।)
- A spot *on* the lung. (फेफड़े पर एक निशान।)

के द्वारा के रूप में

- They live *on* potatoes. (वे आलू खा कर के जीवित रहते हैं।)

- *On* the radio. (रेडियो के द्वारा।)

स्थिति में या प्रक्रिया में होना के रूप में

- Unemployment is *on* the increase. (बेरोजगारी बढ़ रही है।)

सन्दर्भ के रूप में

- A book *on* India. (एक पुस्तक भारत के विषय में।)

In का प्रयोग

घेरे वाली चीज के रूप में

- Keep the money *in* the box. (बक्से में पैसा रखो।)

नगर, देश, सागर आदि के साथ *in* का प्रयोग

- They live *in* Gujrat. (वे गुजरात में रहते हैं।)

पहिनने के रूप में

- A girl dressed *in* silk. (एक बालिका रेशमी वस्त्र धारण किये हुये।)

- A girl *in* red. (एक बालिका लाल वस्त्र पहने हुये।)

- Who is that lady *in* glasses? (वह महिला कौन है जो चश्मा पहने हुये है?)

वर्णन करने के रूप में

- You have a good friend *in* me. (तुम मेरा एक अच्छे मित्र के रूप में वर्णन कर सकते हो।)

के द्वारा के रूप में

- Write it *in* ink/ *in* pencil in Hindi. (इसे स्याही से/ पेंसिल से हिन्दी में लिखो।)

मात्रा व संख्या के वर्णन के रूप में

- They arrived *in* thousands. (वे हजारों की संख्या में पहुँचे।)

Out of व outside का प्रयोग

दोनों का अर्थ *बाहर* या *बाहर की तरफ* होता है।

- She is *out of* the office/ *outside* the office. (वह कार्यालय के बाहर है।)

Into या Inside का प्रयोग अन्दर या अन्दर की तरफ के अर्थ में

Into गति को इंगित करता है।

- She ran *into* the room. (वह कक्ष में अन्दर की तरफ दौड़ी।)
- He is *inside* the office. (वह कार्यालय के अन्दर है।)

To का प्रयोग

To सामान्यतः infinitive के रूप में प्रयोग किया जाता है। कुछ स्थितियों में ing form के साथ भी प्रयोग होता है।

- I am accustomed *to* working hard. (मैं कठोर परिश्रम करने का अभ्यस्त हूँ।)
- I want *to* go. (मैं जाना चाहता हूँ।)

Towards का प्रयोग

तरफ (दिशा) के रूप में

- Walk slowly *towards* Hari. (हरि की तरफ धीरे–धीरे चलो।)
- The temple looks *towards* the river. (मंदिर नदी की दिशा में दिखाई देता है।)

निकट के रूप में

- I feel tired *towards* the end of the day. (दिन की समाप्ति के निकट मैं थकान महसूस करता हूँ।)

के वास्ते के रूप में

- Pay *towards* flood. (बाढ़ के वास्ते अदा करो।)

Below = पद से सम्बन्धित स्थिति

➤ What is the rank *below* captain? (कैपटिन से नीचे का पद क्या है?)

With का प्रयोग

संगति या *साथ में* के रूप में

➤ I was staying *with* Ravi. (मैं रवि के साथ ठहरा हुआ था।)

रखने के रूप में

- A book *with* red cover. (लाल कवर वाली पुस्तक।)
- A room *with* 16 windows. (सोलह खिड़कियों वाला कक्ष।)

के द्वारा 'प्रयोग करते हुये' के रूप में

➤ You can eat it *with* a spoon. (तुम चम्मच का प्रयोग करते हुये इसे खा सकते हो।)

गुणों को दर्शाने के रूप में

➤ They fought *with* courage. (वे साहस के साथ लड़े।)

संवेग की स्थिति के रूप में

➤ His father was trembling *with* rage. (उसके पिता आवेश में काँप रहे थे।)

अन्य प्रयोग– Red *with* anger, shivering *with* cold, white *with* fear, green *with* envy.

विरोध में के रूप में

Fight, struggle, quarrel, argue, play आदि शब्दों के साथ with का प्रयोग।

➤ Don't fight *with* him- he is bigger than you. (उससे मत लड़ो– वह तुमसे बड़ा है।)

समर्थन में के रूप में

➤ Some opposition MPs voted *with* the government. (कुछ विरोधी सांसदों ने सरकार के समर्थन में मतदान किया।)

इच्छा व आदेशों को मजबूती के साथ व्यक्त करने पर के रूप में

➢ Down *with* corruption! (भ्रष्टाचार का सत्यानाश हो!)

With का प्रयोग स्थिति के प्रारम्भिक कारणों को व्यक्त करता है जिसका समान अर्थ because (क्योंकि) होता है।

➢ *With all the work to do,* I won't have time to go out.

= *Because there is all the work to do,* I won't have time to go out. (क्योंकि सारा काम करने को है, मेरे पास बाहर जाने का समय नहीं है।)

➢ *With four people away ill*, we'll have to close the shop.

= *Because there are four people away ill,* we'll have to close the shop. (क्योंकि चार व्यक्तियों के बीमारी के कारण अनुपस्थित रहने पर हमें दुकान बन्द करनी पड़ेगी।)

10) Have के Give व Take के अर्थ में कुछ Combinations

a) Breakfast, lunch, tea, supper, dinner, a meal, a drink, some coffee, sandwich आदि के साथ have का अर्थ *खाने* व *पीने* को दर्शाता है।

➢ I had tea just now. (मैंने अभी चाय पी।)

b) Rest, sleep, a lie down, a nap (झपकी), a day off, holiday, a dream, a night mare (बुरा स्वप्न) आदि के साथ have का प्रयोग *आराम करना* व *निद्रा लेने* के अर्थ को प्रकट करता है।

➢ I have a nap in the day time. (मैं दिन के समय में झपकी लेता हूँ।)

c) A bath, a wash, a shower, a shave, a haircut, a shampoo, a tint, a massage आदि के साथ have का प्रयोग शब्द के अनुरूप अर्थ को व्यक्त करता है।

➢ He had a haircut. (उसने बाल कटवाये।)

➢ I had a bath. (मैंने स्नान किया।)

d) An appointment, a date, an interview, a meeting, a lesson, a game, a break, a good time, a nice day, a ride, a walk आदि के साथ have का प्रयोग शब्द के अनुकूल अर्थ को दर्शाता है।

➢ She has an interview on Monday. (उसे सोमवार को साक्षात्कार में जाना है।)

➢ I never had a ride. (मैंने कभी घोड़े की सवारी नहीं की।)

e) A trip, a drive, a lift, a good journey, a flight के साथ have का प्रयोग यात्रा को दर्शाता है।

➢ Sunita had a trip to Meerut by bus. (सुनीता ने बस द्वारा मेरठ की एक छोटी यात्रा का आनंद लिया।)

f) *Good/ bad* weather, rain, fog, a lovely day के साथ have का प्रयोग मौसम के अनुभव को दर्शाता है।

➢ We had a bad weather yesterday. (कल हमने बुरा मौसम अनुभव किया।)

g) A cold, a cough, a headache, a temperature, a flu, measles के साथ have का प्रयोग बीमारी से ग्रस्त होने को दर्शाता है।

➢ Madhu had a cough last night. (पिछली रात मधु जुकाम से पीड़ित थी।)

h) A bad temper, brains, a cheek, guts, conscience, sense, a sense of humour के साथ have का प्रयोग व्यक्तिगत गुणों को परिलक्षित करता है।

➢ She has a bad temper all the day long. (वह पूरे दिन बुरे स्वभाव में डूबी रहती है।)

i) An advantage, an affair, an argument, a chat, difficulty, guess, luck, an opportunity, a problem, a row, a talk आदि के साथ have का प्रयोग अवसर व सम्बन्ध आदि को दर्शाता है।

➢ I have a talk to Mr Sharma from time to time. (मेरी श्री शर्मा से समय–समय पर बातचीत होती रहती है।)

j) Have का प्रयोग मुख्य क्रिया के रूप में जन्म देने की स्थिति में भी होता है।

➢ She had a newborn child yesterday. (उसने कल एक नवजात शिशु को जन्म दिया।)

11) Do व Make का अन्तर व प्रयोग

a) Do के साथ favour, damage, good, no good, harm, no harm, justice, a kindness, a service आदि शब्दों का combination (मिलाप) होता है।

➢ She did no harm. (उसने कोई हानि नहीं की।)

➢ He did me a favour. (उसने मेरा पक्ष लिया।)

b) गतिविधि में व्यस्त रहने की स्थिति में do के साथ निम्नलिखित शब्दों का मिलाप होता है– Business, one's duty, a job, work, the cooking, the gardening, the ironing, the shopping, the washing up, an experiment, a research आदि।

➢ Do your duty. (अपना काम करो।)

➢ She is doing the shopping. (वह खरीददारी कर रही है।)

c) Make के combination में प्रयुक्त होने वाले शब्द– An agreement, an apology, an attempt, a bargain, a (phone) call, a comment, a contribution, a decision, a demand, a discovery, an effort, an excuse, an escape, a fortune, a guess, a history, an impression, an enquiry, a journey, a mistake, money, a noise, an offer, a profit, a progress, a promise, a proposal, a record, a will, a trip, a reference, a remark.

➢ She made an excuse for being late. (उसने विलम्ब से आने पर बहाना किया।)

➢ He made a history as a cricketer. (उसने क्रिकेट खिलाड़ी के रूप में एक इतिहास रचा।)

12) Verbs के अन्य प्रयोग

a) Verbs जिनके बाद सामान्यतः **that** से बनने वाली **clause** (उप–वाक्य) शुरू होती है– Accept, acknowledge, advertise, affirm, allege, allow, appreciate, assert, certify, charge, disagree, dream, happen, think, repeat, reply आदि।

➢ I *accept* that he is a good boy. (मैं मानती हूँ कि वह एक अच्छा लड़का है।)

b) Verbs जिनके बाद if या whether या question word से clause शुरू होती है– Agree, ask, care, check, choose, decide, confess, discuss, explain, find out, forget, know, matter, mind, notice, prove, record, say, see, show, teach, think, understand आदि। इस स्थिति में if या whether का अर्थ *क्या* में तथा question word का अर्थ उसके अनुरूप होता है।

➤ He found out if (whether) she would go to Delhi. (उसने पता लगाया कि क्या वह दिल्ली जायेगी।)

➤ He found out *why* she would go to Delhi. (उसने पता लगाया कि वह दिल्ली क्यों जायेगी।)

☞ उपरोक्त वाक्य में why का अर्थ उसके अनुरूप *क्यों* ही होगा, जबकि if या whether का अर्थ *क्या* होगा, connective चाहे if हो या whether हो या question word, इनसे बनने वाला clause *assertive* का होगा। अर्थात् if/whether या प्रश्नवाचक शब्दों के बाद कर्ता का प्रयोग होगा तदुपरान्त सहायक क्रिया (आवश्यक होने पर), अन्त में full stop (.) का प्रयोग होगा।

c) Verbs जिनके बाद clause या object+ to be का प्रयोग होता है– Accept, arrange, believe, calculate, certify, consider, declare, deny, discover, estimate, feel, find, guess, hold, imagine, intend, judge, know, prefer, remember, report, take, understand आदि।

➤ I consider that he is a good a student.
clause

अर्थ– मै मानता हूँ कि *वह एक अच्छा छात्र है।*

➤ I consider him to be a good student.
object

अर्थ– मैं उसे एक अच्छा छात्र मानता हूँ।

13) क्रम वाचक संख्याएं (Ordinal Numbers)

पहला (first), दूसरा (second), तीसरा (third), चौथा (fourth), पाँचवा (fifth), छठवाँ (sixth), सातवाँ (seventh), आठवाँ (eighth), नवाँ (ninth), दसवाँ (tenth), ग्यारहवाँ (eleventh), बारहवाँ (twelfth), तेरहवाँ (thirteenth), चौदहवाँ (fourteenth),

पन्द्रहवाँ (fifteenth), सोलहवाँ (sixteenth), सत्रहवाँ (seventeenth), अठारहवाँ (eighteenth), उन्नीसवाँ (nineteenth), बीसवाँ (twentieth), तीसवाँ (thirtieth), चालीसवाँ (fortieth), पचासवाँ (fiftieth), साठवाँ (sixtieth), सत्तरवाँ (seventieth), अस्सीवाँ (eightieth), नब्बेवाँ (ninetieth), सौवाँ (hundredth).

इसके अतिरिक्त इकाई की संख्या एक होने पर first, दो होने पर second, तीन होने पर third, चार होने पर fourth, पाँच होने पर fifth, छः होने पर sixth, सात होने पर seventh, आठ होने पर eighth, नौ होने पर ninth का प्रयोग होगा।

इक्यासीवाँ = 81; इकाई की संख्या एक = eighty first.

चौहत्तरवाँ = 74; इकाई की संख्या चार = seventy fourth.

तिरेपनवाँ = 53; इकाई की संख्या तीन = fifty third.

दो सौ चालीसवाँ = 24<u>0</u> two hundred fortieth.

दो सौ इकतालीसवाँ = 24<u>1</u> two hundred forty first.

14) समय की जानकारी

प्रश्न– What is the time? या What time do you make it? (क्या समय है?)
उत्तर– It is ten o'clock. (दस बजा है।)

अनौपचारिक रूप में– Ten. या It is ten.

☞ पूर्ण संख्या अर्थात् एक, दो, तीन, चार, पाँच, छः, सात, आठ, नौ, दस, ग्यारह, बारह की स्थिति में ही clock शब्द का प्रयोग होगा। अन्य स्थिति में minute की चर्चा होगी; फिर to या past शब्द प्रयोग किये जायेंगे; उसके बाद एक से बारह तक की संख्या बजे के अनुसार प्रयोग की जायेगी। यदि पूर्ण संख्या से समय कम है तो *to* तथा पूर्ण संख्या से अधिक समय होने पर *past* का प्रयोग होगा। जैसे– 9:40 अर्थात् दस बजने में बीस मिनट कम।

(i) पहले कमी वाली संख्या (twenty) (ii) to (iii) जो संख्या पूर्ण होने जा रही है (ten)

Twenty to ten. या It is twenty to ten.

पन्द्रह मिनट के लिए quarter, तीस मिनट के लिये half शब्द प्रयोग होंगे। पाँच, दस, बीस, पच्चीस, के साथ minutes शब्द का प्रयोग नहीं होगा। शेष दो, तीन, चार, छः, सात, आठ,

नौ, ग्यारह, बारह, तेरह, चौदह, सोलह, सत्रह, अट्ठारह, उन्नीस, इक्कीस, बाईस, तेईस, चौबीस के साथ minutes शब्द प्रयुक्त होगा। एक के साथ *minute* शब्द का प्रयोग किया जायेगा।

- 10:45- Quarter to eleven. (=It is quarter to eleven.)
- 10:55- Five to eleven. (=It is five to eleven.)
- 10:56- Four minutes to eleven. (=It is four minutes to eleven.)

पूर्ण संख्या के साथ समय अधिक होने की स्थिति में–

- 10:05- Five past ten. (=It is five past ten.)
- 10:30- Half past ten. (=It is half past ten.)
- 10:08- Eight minutes past ten. (=It is eight minutes past ten.)

☞ यदि समय को जानने का इच्छुक exact time (सही समय) को जानना चाहता है और hour (बजे) का ज्ञान speaker की दृष्टि में उसे पहले से है तो समय बतलाने वाला ten past eleven के स्थान पर ten past ही कहेगा।

रेलवे, बस आदि में समय की गिनती एक से चौबीस तक का जाती है। एक से बारह तक की संख्या को a.m. (ante meridiem/ पूर्वाह्न) कहा जाता है। अर्थात् अर्द्ध रात्रि के बारह बजे के बाद से दिन के बारह बजे तक। तेरह से चौबीस तक की संख्या p.m. (post meridiem/ अपराह्न) कहलाती है। अर्थात् दिन के बारह बजे के बाद से रात्रि के बारह बजे तक।

- 16:20 = 4:20 p.m.(सायंकाल); 13:20 = 1:20 p.m.(दोपहर); 6:15 a.m.(सुबह); 1:10 a.m.(रात्रि).

15) तीनों Tenses का समय सन्दर्भ

भूतकाल	वर्तमान काल	भविष्यत् काल
Yesterday [बीता हुआ कल]	Today [आज]	Tomorrow [आने वाला कल]
Yesterday morning [कल सुबह]	This morning [आज सुबह]	Tomorrow morning [कल सुबह]
Yesterday at noon [कल दोपहर]	At noon [आज दोपहर]	Tomorrow at noon [कल दोपहर]
Yesterday afternoon [कल तीसरे पहर]	This afternoon [आज तीसरे पहर]	Tomorrow afternoon [कल तीसरे पहर]]

Yesterday evening [कल सांयकाल]	This evening [आज सांयकाल]	Tomorrow evening [कल सांयकाल]
Last night [पिछली रात]	Tonight [आज रात]	Tomorrow night [कल रात]
The day before yesterday [परसों (बीता हुआ)]	----------------------------	The day after tomorrow [परसों आने वाला)]
The night before last [परसों रात]	----------------------------	The night after next [आने वाली परसों की रात]
Last Monday [पिछला सोमवार]	This Monday [इस सोमवार को]	Next Monday [आगामी सोमवार]
The Monday before last [आज से दो सोमवार पहले]	----------------------------	The Monday after next [आज से दो सोमवार बाद]
The year before last [आज से दो वर्ष पूर्व]	This year [इस वर्ष]	The year after next [आज से दो वर्ष बाद]

Today week = आज से एक सप्ताह बाद

➢ I shall go to Delhi today week. (आज से एक सप्ताह बाद मैं दिल्ली जाऊँगा।)

➢ She will go to Indore a fortnight tomorrow. (वह इन्दौर कल से एक पखवारे बाद जायेगी।)

A week/ a fortnight/ two weeks/ a month+ yesterday. = A week/ a fortnight/ two weeks/ a month from yesterday. (बीते हुए कल से एक सप्ताह/एक पखवारा/ दो सप्ताह/ एक महीना पूर्व।)

➢ I went to Hyderabad a fortnight yesterday. (बीते हुए कल से एक पखवारे पूर्व मैं हैदराबाद गया था।)

दैनिक वार्तालाप में सामान्यतः this, last, next, on को छोड़ दिया जाता है।

➢ I am seeing him Monday. (मैं उससे इस सोमवार/ अगले सोमवार को भेंट कर रहा हूँ।)

➢ I saw him Monday. (मैं उससे पिछले सोमवार को मिला।)

पहले वाक्य में this व next को तथा दूसरे में last को छोड़ दिया गया है।

जब आने वाले समय की चर्चा करना चाहते हैं तो *this coming* अभिव्यक्ति का प्रयोग किया जाता है।

➢ This coming month we shall go to Kanpur. (आगामी महीने में हम कानपुर जायेंगे।)

The other+ day/ month/ Monday/ morning etc. = The day/ month/ Monday/ morning has recently passed.

➢ I met your mother the other day. (मेरी भेंट तुम्हारी माँ से कुछ दिन पूर्व हुई।)

Every other+ day/ Monday/ morning etc. = Every third day/ every third Monday/ every third morning etc. (हर तीसरे दिन/ हर तीसरे सोमवार को/ हर तीसरी सुबह को आदि।)

➢ D.I.O.S. inspects colleges every other year. (जिला विद्यालय निरीक्षक हर तीसरे वर्ष कॉलेजों का निरीक्षण करता है।)

One+ day/ Monday/ morning etc. का प्रयोग वर्णात्मक स्थिति में होता है।

➢ *One morning* I saw a wolf near your garden. (एक दिन सुबह को मैंने एक भेड़िये को तुम्हारे बगीचे के पास देखा।)

16) Mathematical Symbols, Fractions, Decimals

Mathematical Symbols

{=} (the equal sign) बराबर चिन्ह– इस चिन्ह को इस प्रकार बोला जाता है।

- **2+2 = 4**

Two and two equal four.

= Two and two equals four.

= Two and two are four.

= Two and two make four.

= Two and two makes four.

= Two and two is four.

दो और दो चार होते हैं। इस को उपरोक्त छः विधियों से बोला जा सकता है।

{+} (the plus sign) जमा या धन का चिन्ह– इस चिन्ह को इस प्रकार बोला जाता है।

- **2+2 =4**

  Two and two make four.

  = Two and two makes four.

  = Two plus two make four.

  = Two plus two makes four.

{-} (the minus sign) घटाने का चिन्ह– इस चिन्ह को इस प्रकार बोला जाता है।

- **9-3 = 6**

  Nine minus three equals six.

  = Nine take away three equals six.

  = Three from nine *is/ equals/ makes* six.

{×} (the multiplication sign) गुणा का चिन्ह– इस चिन्ह को इस प्रकार बोला जाता है।

- **9×3 = 27**

  Nine multiplied by three equals twenty seven.

  = Nine times three equals twenty seven.

{÷} (the division sign) भाग का चिन्ह– इस चिन्ह को इस प्रकार बोला जाता है।

- **9÷3 = 3**

  Nine divided by three *equals* three.

  = Three in to nine *goes/ is* three.

{%} (the percentage sign) प्रतिशत चिन्ह– इस चिन्ह को इस प्रकार बोला जाता है।

- 3% (three percent)

- 3½% (three and a half percent)
- 3.5% (three point five percent)

Fractions (भिन्न)

¼ = a quarter या one quarter

½ = one half

2¼ = two and a quarter

2½ = two and a half

¾ = three quarters

3¾= three and three quarters

Decimals (दशमलव) (.)

इसके बाद प्रत्येक अंक को अलग–अलग बोला जाता है। दशमलव के लिए *point* शब्द बोला जाता है।

- 45.789 = Forty five point seven eight nine
- 0 = Zero (naught)
- 1408 ईस्वी = Fourteen-o-eight.

Zero के लिए यहाँ o शब्द प्रयोग किया जाता है।

लगभग की स्थिति में (approximate figure) बीस से ऊपर वाली संख्याओं के लिए *odd* शब्द प्रयोग किया जाता है।

➢ It is a hundred odd kilos. **(about a hundred kilos)**

➢ She is *eighty odd*. **(about eighty years old)**

Ish, or so, या *or there abouts* का प्रयोग लगभग की संख्याओं के साथ होता है।

➢ She is eighty*ish*. (वह लगभग अस्सी वर्ष की है।) **(about eighty years old)**

➢ I will meet you nine*ish*. (मैं तुमसे लगभग नौ बजे मिलूँगा।)

- It costs a thousand rupees *or so*. (इसका मूल्य लगभग एक हजार रुपये है।)
- He is arriving on the eighteenth *or there abouts*. (वह लगभग अट्ठारह तारीख के पास पहुँच रहा है।)

17) At, In का Noun के साथ प्रयोग

At का प्रयोग सामान्यतः उस स्थान के लिए होता है जहाँ एक व्यक्ति की दूसरे व्यक्ति से भेंट होती है। *In* का प्रयोग enclosing अर्थात् चहारदीवारी से घिरे हुए स्थान के लिए होता है। जैसे– the airport, the cinema, the zoo, the park, the garage, the chemist's (दवाई की दुकान), the flower shop, the bank, the library, the post office, the hotel, the restaurant आदि के लिए।

- At temple– पूजा के वास्ते
- At the temple– किसी अन्य कारण से
- At school– विद्यार्थी के रूप में
- At the school– किसी अन्य कारण से
- In prison– कैदी के रूप में
- In the prison– दर्शक के रूप में
- In hospital– मरीज के रूप में
- In the hospital– दर्शक के रूप में

18) कुछ शब्दों के विशेष प्रयोग

a) One's mouth began to water = मुँह में पानी भर आया

- To see rasgullas her mouth began to water. (रसगुल्लों को देख कर उसके मुँह में पानी भर आया।)

b) Began to+ first form = लगा, लगी, लगे, शुरू कर दिया

- To see his father coming Mohan began to read. (अपने पिताजी को आता देखकर मोहन पढ़ने लगा/ पढ़ना शुरू कर दिया।)
- Dogs began to bark. (कुत्ते भौंकने लगे।)

c) **Broke open** = तोड़ कर खोला

Cut open = काट कर खोला

- He broke open the door. (उसने दरवाजे को तोड़कर खोला।)

d) **Has/ have to+ first form** = पड़ता है, पड़ती है, पड़ते हैं

Had to+ first form = पड़ा, पड़ी, पड़े, पड़ता था, पड़ती थी, पड़ते थे

Will/ shall have to+ first form = पड़ेगा

- I have to go to market every Sunday. (मुझे हर रविवार को बाजार जाना पड़ता है।)
- She had to go to Bareilly yesterday. (उसे कल बरेली जाना पड़ा।)
- Sunil will have to pay a heavy fine for being late. (सुनील को विलम्ब होने पर भारी अर्थदण्ड देना पड़ेगा।)

e) **Kept on/ went on/ kept+ ing form** = ता रहा, ती रही, ते रहे

- They kept on/ went on/ kept running for thirty minutes. (वे तीस मिनट तक दौड़ते रहे।)

f) **Alike** = एक दूसरे की तरह

- These two sisters are very much alike. (ये दोनों बहिनें बिल्कुल एक दूसरे की तरह हैं।)

g) **Dead** = बिल्कुल

Dead ahead = बिल्कुल सामने

Dead certain = बिल्कुल निश्चित

Dead right = बिल्कुल ठीक / बिल्कुल दाहिना

Dead straight = बिल्कुल सीधा

Dead drunk = पूरा मदिरा में मस्त

h) **Along** = किनारे–किनारे

इसका प्रयोग road, river, line, corridor (गलियारा) के साथ किया जाता है।

➢ I saw him running along the road. (मैंने उसे सड़क के किनारे–किनारे दौड़ते देखा।)

i) **As usual** = सामान्य की भाँति, पहले की तरह

➢ The train is late, as usual. (गाड़ी पहले की भाँति विलम्ब है।)

j) **Not at all** = कदापि नहीं

इसका प्रयोग thank you के उत्तर में किया जाता है।

k) **Bet** = शर्त लगाना

Bet के बाद present tense का प्रयोग होगा, तो उसका अर्थ future tense में लिया जायेगा।

➢ I bet (you) they don't come this evening. (मैं शर्त लगाता हूँ कि आज शाम को वे नहीं आयेंगे।)

l) **Be born** = जन्म लेना

Are born = पैदा होते हैं

Was born = पैदा हुआ था / पैदा हुई थी

Were born = पैदा हुए थे

➢ Hundreds of children are born deaf every year. (प्रतिवर्ष सैकड़ों बच्चे बहरे पैदा होते हैं।)

➢ She was born in Rajasthan. (वह राजस्थान में पैदा हुई थी।)

m) **Bring** = लाना

Take = लेना

जहाँ वक्ता व श्रोता थे या होंगे, उस स्थान के लिए bring शब्द प्रयोग किया जाता है। परन्तु दूसरे स्थान के लिए take शब्द का प्रयोग किया जाता है।

➢ Amar– Where is that book? (अमर– वह पुस्तक कहाँ है?)

Sohan– I brought it to you when you were in the Principal's office. (सोहन– मैंने उसे तुम्हें लाकर दे दिया, जब तुम प्रधानाचार्य के कार्यालय में थे।)

- ➢ I took the papers to Mohan's office. (मैं कागजात को मोहन के कार्यालय में ले गया।)

n) जब कोई व्यक्ति विशेष अवसर पर वेशभूषा धारण करता है तो **past tense** होने पर ***was dressed*** का प्रयोग एकवचन के साथ होता है।

- ➢ She was dressed in a red sari on her wedding ceremony. (वह अपनी वैवाहिक रस्म पर लाल साड़ी में थी।)

o) Or else का प्रयोग धमकी के रूप में भी होता है तथा वाक्य को आगे नहीं बढ़ाते।

- ➢ You'd better stop hitting my younger brother, or else. (अच्छा होगा कि तुम मेरे छोटे भाई को पीटना बन्द करो, वरना।)

p) Forget व **leave** = भूलने की स्थिति में, वस्तुओं को पीछे छोड़ने पर

Forget शब्द का प्रयोग तब होता है जब स्थान की चर्चा नहीं की जाती। Leave के साथ स्थान की चर्चा होना आवश्यक है।

- ➢ Oh! I have forgotten my umbrella. (अरे! मैं अपना छाता भूल गया हूँ।)
- ➢ Oh! I have left my umbrella at home. (अरे! मैं अपना छाता घर पर भूल से छोड़ आया हूँ।)

q) Get+ third form का प्रयोग सामान्यतः उस स्थिति में होता है जब कार्य स्वयं के लिए किया जाता है।

- ➢ You have got five minutes to get dressed. (वेशभूषा धारण करने हेतु तुम्हारे पास पाँच मिनट का समय है।)

यह passive voice में भी प्रयोग किया जाता है।

- ➢ He was caught by the police driving at 80 kilometres per hour. (उसे पुलिस के द्वारा तब पकड़ा गया जब वह 80 किलोमीटर प्रति घंटे की गति से गाड़ी चला रहा था।)
- ➢ He never gets invited to parties. (वह दावतों का कभी निमंत्रण नहीं पाता है।)

सामान्य **expressions**– Get washed, get dressed, get lost, get drowned, get engaged, get married, get divorced.

r) **Get** का प्रयोग

i) Get to+ first form क्रमशः विकास को इंगित करता है।
Example- You will get to speak English more easily as time goes by. (समय की गति के साथ तुम बड़े आराम से अंग्रेजी बोलना सीख जाओगे।)

➢ He is getting to be a good orator. (वह एक अच्छा वक्ता बनने जा रहा है।)

ii) Get के साथ दूसरी क्रिया में ing का प्रयोग सामान्यतः starting (गमन) के अर्थ में लिया जाता है।

➢ We had better get moving- it is late. (देर हो गई है– हमारा चलना सही रहेगा।)

iii) Get के साथ जब object होता है और उसके बाद ing क्रिया का प्रयोग हो तब हम object के द्वारा किसी कार्य को जारी रखवाने की स्थिति में देखते हैं।

➢ Don't get him talking about Rita's illness. (उसे रीता की बीमारी के विषय में बातचीत जारी मत रखने दो।)

iv) Get+ infinitive का प्रयोग अवसर प्राप्त करना, व्यवस्था करना व अनुमति प्राप्त करने के रूप में भी किया जाता है।

➢ We didn't get to see her– she was too busy. (हमें उससे मिलने का अवसर प्राप्त नहीं हुआ– वह बहुत व्यस्त थी।)

s) **Climbing, dancing, fishing, hunting, riding, sailing, shooting, shopping, skating, skiing, swimming, walking** के साथ जब क्रिया **go** का प्रयोग होता है तब किसी **preposition** का प्रयोग नहीं किया जाता है।

➢ She *went* shopping this morning. (वह आज सुबह खरीददारी करने गयी थी।)

t) **Gone** का प्रयोग जब **verb 'be'** के साथ किया जाता है, तब उसका अर्थ लिया जाता है– कि कोई व्यक्ति दूर है, या कोई वस्तु गायब हो गयी है, या समाप्त हो चुकी है।

➢ When I came back my car was gone. (जब मैं वापस आया तो मैंने अपनी कार को गायब पाया।)

- ➢ Is the butter all gone? (क्या पूरा मक्खन समाप्त हो चुका है?)
- ➢ He has been gone for two hours, what do you think he is doing? (उसे गये हुए दो घंटे हो गये हैं, समझ में नहीं आता वह क्या कर रहा है?)

u) If/ if not का प्रयोग

If का प्रयोग so या not के साथ पुनरावृत्ति के स्थान पर व negative clause के स्थान पर होता है जिसकी चर्चा की जा चुकी है।

- ➢ Are you going to Delhi tomorrow? If so, bring me a Sanskrit dictionary. (क्या तुम दिल्ली जा रहे हो? यदि ऐसा है, तो वहाँ से मेरे लिए संस्कृत का शब्दकोश लेते आना।)
    - If so = If you are going to Delhi tomorrow.
- ➢ I might see you tomorrow. If not, then it will be Saturday. (मैं सम्भवतः तुमसे कल मिलूँगा। यदि ऐसा नहीं होता है, तो शनिवार को।)
    - If not = If I do not see you tomorrow.

v) Just का प्रयोग

i) मात्र अर्थात् इससे अधिक नहीं

- ➢ I bought this car for just 2,00,000 rupees. (मैंने इस कार को मात्र दो लाख रुपये में खरीदा।)

ii) अभी–अभी

- ➢ Where is tea? I am just going to make it. (चाय कहाँ है? मैं तत्काल ही बनाने जा रही हूँ।)

iii) बिल्कुल ठीक, पूरी तरह से

- ➢ What is the time? It is just four o'clock. (क्या समय है? ठीक चार बजा है।)

iv) Just as = कम नहीं अर्थात् वैसा ही

- ➢ She is just as bad tempered as her mother. (वह बिल्कुल अपनी माँ के समान बुरे स्वभाव वाली है।)

w) Miss का प्रयोग

i) सम्पर्क में न होना

➢ The station is five minute walk, straight ahead. You can't miss it. (स्टेशन के लिए पाँच मिनट का पैदल रास्ता है। ठीक सीधा तुम उसके सम्पर्क में पहुँच जाओगे।)

ii) दुःखी होना किसी की अनुपस्थिति में (व्यक्ति या वस्तु)

➢ These children miss very much when their parents are away. (ये बच्चे बड़े दुःखी होते हैं जब इनके माता–पिता दूर होते हैं।)

iii) इसका अर्थ लापता होना भी होता है जब इसे ing form में प्रयोग किया जाता है।

➢ The missing children were found at Mrs Sharma's. (खोये हुए बच्चे श्रीमती शर्मा के घर मिले।)

➢ There are two leaves missing from this book. (इस पुस्तक के दो पन्ने गायब हैं।)

x) कुछ शब्दों का preposition के साथ प्रयोग

Afraid of = डरा हुआ

➢ She is *afraid of* spiders. (वह मकड़ियों से डरती है।)

Agree with/ agree to = सहमत होना

➢ I *agree with* you. (मैं तुमसे सहमत हूँ।)

➢ I'll *agree to* your suggestion if you lower the price. (मैं तुम्हारे सुझाव से सहमत हो जाऊँगा यदि तुम मूल्य को कम करोगे।)

Angry with = रुष्ट होना (व्यक्ति से)

Angry for = रुष्ट होना (व्यवहार से)

➢ I am *angry with* her for telling a lie. (मैं उससे उसके झूठ बोलने पर रुष्ट हूँ।)

Anxious+ infinitive = उत्सुक

➢ She is *anxious to find* a better job. (वह एक अच्छी नौकरी पाने को उत्सुक है।)

Arrive at = पहुँचना (छोटे स्थान पर)

Arrive in = पहुँचना (राज्य, देश आदि में)

➢ When did you *arrive in* Uttarakhand? (तुम उत्तराखण्ड में कब पहुँचे?)

Belong in = अपने नियत स्थान पर होना

➢ This chair *belongs in* the other room. (यह कुर्सी दूसरे कमरे की है।)

Belong on = ऊपर की तरफ अपने नियत स्थान पर होना

➢ These books *belong on* the top shelf. (ये पुस्तकें ऊपरी टाँड की हैं।)

Belong to = सदस्य होना

➢ She *belongs to* the ruling party. (वह शासक दल की सदस्या है।)

Belong to = स्वामित्व होना

➢ These books *belong to* Gita. (ये पुस्तकें गीता की हैं।)

Clever at = चतुर

➢ She is *clever at* cooking. (वह पाक विद्या में चतुर है।)

Congratulation on/ for = बधाई

➢ I *congratulate* you *on/ for* success in the examination. (परीक्षा में सफलता पर मैं तुम्हें बधाई देता हूँ।)

Die of = मरना (बीमारी से)

Die from = मरना (किसी दूसरे कारण से)

➢ He *died of* fever. (वह बुखार से मर गया।)

➢ He *died from* thirst. (वह प्यास से मर गया।)

Get into = कार, टैक्सी, नाव में बैठना

➢ He *got into* the car. (वह कार में बैठा।)

Got out of = कार, टैक्सी, नाव आदि से बाहर आना

➤ She *got out of* the car at the next stop. (वह अगले स्टॉप पर कार से उतर गयी।)

Wrong with = गड़बड़ होना

➤ What is *wrong with* Hari today? (आज हरि के साथ क्या गड़बड़ है?)

Kind to = दयालु

➤ She is very *kind to* you. (वह तुम्हारे प्रति बहुत दयालु है।)

19) News Papers' Head Lines

समाचार पत्रों में present continuous, present perfect तथा past simple के लिए present simple का प्रयोग head line में होता है।

➤ BLIND STUDENT TOPS THE EXAM (एक अन्धे छात्र ने परीक्षा में सर्वप्रथम स्थान प्राप्त किया है।)

➤ STUDENTS FIGHT FOR COURSE CHANGE (विद्यार्थी पाठ्यक्रम में परिवर्तन हेतु संघर्ष कर रहे हैं।) **(Fight for = Are fighting)**

➤ INDIA GETTING WARMER – SAY SCIENTISTS (भारत अधिक गर्म हो रहा है – वैज्ञानिक)

सामान्यतः verb 'be' को छोड़ दिया जाता है।

यदि head line past simple में है तो उसका सम्बन्ध past simple passive से होगा।

➤ THREE KILLED IN ROAD ACCIDENT = Three persons were killed in road accident. (तीन व्यक्ति सड़क दुर्घटना में मारे गये।)

Head line यदि infinitive में है तो वह भविष्यत् काल का संकेत है।

➤ PM TO VISIT NEPAL (प्रधानमंत्री नेपाल का दौरा करेंगे।)

Held, attacked, found को सामान्यतः passive अर्थ में प्रयोग किया जाता है।

➤ PRESIDENT ATTACKED = The President has been attacked. (राष्ट्रपति पर हमला हुआ है।)

परन्तु PRESIDENT ATTACKS CRITICS = The President has attacked his critics. (राष्ट्रपति ने अपने आलोचकों की जमकर बुराई की है।)

Colon (:) head line के subject को प्रथक करने के लिए प्रयुक्त किया जाता है।

➢ RAIL STRIKE : PM TO ACT (रेल हड़ताल : प्रधानमंत्री कार्यवाही को तत्पर)

Quotation marks ("……..") जब head line में प्रयुक्त किये जाते हैं तो इसका अर्थ लिया जाता है कि शब्द किसी के द्वारा कहे गये हैं, समाचार पत्र उसे पूरी तरह सत्य नहीं मानता है।

➢ CRASH DRIVER 'HAD BEEN DRINKING' (चालक द्वारा धमाके की टक्कर 'शराब के नशे में धुत')

Question mark का प्रयोग उस स्थिति में किया जाता है जब स्थिति स्पष्ट नहीं है।

➢ CRISES OVER BY FEBRUARY? (संकट स्थिति फरवरी तक समाप्त?)

समाचार पत्रों में **head line** से सम्बन्धित कुछ शब्द

AID – सैनिक व आर्थिक सहायता

➢ MORE AID FOR POOR COUNTRIES

ALERT – चेतावनी

➢ FLOOD ALERT ON WEST COAST (पश्चिमी समुद्रीय तट पर बाढ़ का खतरा)

ALLEGE – दोषारोपण करना

➢ WOMAN ALLEGES UNFAIR TREATMENT (महिला ने गलत व्यवहार का दोष लगाया)

APPEAR – अपराधिक मामलों में न्यायालय में उपस्थित होना

➢ MLA TO APPEAR ON DRUG CHARGES

AXE – समाप्त करना/ बन्द करना

➢ CITY BUS SERVICES AXED (नगरीय बस सेवायें समाप्त)

BACK – समर्थन देना

➢ INDIA BACK WORLD PEACE MOVE (भारत ने विश्व शान्ति की पहल का समर्थन किया)

BAN – मनाही, रोकना

➢ CHINA BANS US IMPORTS (चीन ने अमेरिकी आयातों पर रोक लगाई)

BLAZE – आग लगना

➢ SIX DIE IN HOTEL BLAZE (होटल में आग लगने से छः मरे)

BLOW – बुरी खबर

➢ INDIA : BLOW TO WORLD CUP HOPES (भारत : वर्ल्ड कप की आशाओं पर पानी फिरा)

BROOM – बड़ा खर्च

➢ SPENDING BROOM OVER, SAYS MINISTER (मंत्री के अनुसार बड़े खर्चों का व्यय समाप्त)

CALL FOR – माँग, अपील

➢ CALL FOR STRIKE TALKS (हड़ताल वार्ता हेतु अपील)

CAMPAIGN – अभियान

➢ MP LAUNCHES CAMPAIGN FOR PRISION REFORM (सांसद ने जेल सुधार के अभियान की शुरूआत की)

CHARGE – पुलिस द्वारा दोषी पाया जाना

➢ THREE MEN HELD ON BOMB CHARGE (पुलिस द्वारा बॉम्ब के मामले में तीन व्यक्ति जेल भेजे गये)

CHOP – बन्द

➢ 200 BANK BRANCHES FACE CHOP (बैंक की 200 शाखाएँ बन्द होने के कगार पर)

PAY CLAIM – अच्छे वेतन की माँग करना

- TEACHERS' PAY CLAIM REJECTED (अध्यापकों के उत्तम वेतन की माँग अस्वीकृत)

CLASH – झगड़ा, लड़ाई

- STUDENTS CLASH WITH POLICE (छात्रों का पुलिस के साथ संघर्ष)

CUT – कम करना

- INDIA CUTS OVERSEAS AID (भारत ने विदेशी सहायता में कटौती की)

DEAD LOCK – रोड़ा, जिसका समाधान न हो सके

- DEAD LOCK IN PEACE TALKS (शान्ति समझौते में अड़चन)

DEAL – समझौता

- TEACHERS REJECT NEW PAY DEAL (अध्यापकों द्वारा नया वेतन समझौता अस्वीकार)

DRIVE – संयुक्त प्रयास

- DRIVE TO SAVE WATER (पानी बचाओ अभियान)

DUE – आने की आशा

- FOOD MINISTER DUE IN MEERUT TODAY (खाद्य मंत्री के आज मेरठ पहुँचने की आशा)

FLAIR – हिंसात्मक रूप से फैल जाना

- RIOTS FLAIR IN COUNTRY (देश तेजी से दंगो की चपेट में)

GO – जाना, त्यागपत्र देंगे

- HOME MINISTER TO GO (ग्रह मंत्री जल्दी ही त्यागपत्र देंगे)
- 4000 JOBS TO GO IN INDUSTRIES (चार हजार नौकरियाँ उद्योगों में समाप्ती के कगार पर)

HIKE – मूल्यों में वृद्धि

➢ INTEREST HIKE WILL HIT BUSINESS (ब्याज में बढ़ोत्तरी व्यापार को बुरी तरह प्रभावित करेगी)

HEAD – नेतृत्व करना

➢ PM TO HEAD TRADE MISSION (प्रधान मंत्री व्यापारिक शिष्टमंडल का नेतृत्व करेंगे)

IN RED – कर्जे में डूबा हुआ

➢ A FEW INDUSTRIES IN RED (कुछ उद्योग कर्जे में बुरी तरह से ग्रस्त)

LEAP – बड़ी बढ़ोत्तरी

➢ LEAP IN IMPORTS (आयात में बहुत बड़ी बढ़ोत्तरी)

LAND SLIDE – चुनाव में बहुत बड़ी सफलता

➢ LAND SLIDE FOR THE OPPOSITION (चुनाव में विरोधी दलों ने बहुत बड़ी जीत हासिल की)

POLL – चुनाव

➢ U.P. GOES TO POLLS NEXT YEAR (उत्तर प्रदेश में अगले वर्ष चुनाव)

RULE OUT – सम्भावना को अस्वीकार करना

➢ PM RULES OUT EARLY POLLS (प्रधान मंत्री ने जल्दी चुनावों को खारिज किया)

RAID – छापा मारना

➢ POLICE RAID SHANTA JWELLERS' (पुलिस ने शान्ता ज्वैलर्स के छापा मारा)

TOLL – संख्या में मारे जाना

➢ QUAKE TOLL MAY BE 10,000 (भूकम्प में मरने वालों की संख्या दस हजार हो सकती है)

WED – शादी करना

➢ SUNIL TO WED MAMTA (सुनील का विवाह ममता के साथ)

WALK OUT – विरोध करके बाहर निकलना

➢ TAXI DRIVERS WALK OUT OVER FAIR FREEZE IN DELHI (दिल्ली में टैक्सी चालकों ने किराया वृद्धि को जाम किये जाने के कारण सभा का बहिष्कार किया)

20) कुछ Phrasal Verbs– उनके अर्थ व प्रयोग

मुख्य क्रिया (full verbs) में preposition व adverb जोड़ने से क्रिया को phrasal verb के नाम से जाना जाता है। जब full verb के साथ ये preposition या adverb प्रयोग किये जाते हैं तो इन्हें particle का नाम दिया जाता है।

Belt out – जोर से गाना

➢ Please *belt out* that song again.

Belt up – बात करना व शोर बन्द करना

➢ If you don't *belt up*, I'll throw you out.

Blow in – पहुँचना (अक्सर असम्भावित रूप से)

➢ Hari has just *blown in*, we weren't expecting him until Thursday.

Blow out – बुझाना

➢ She *blew* the candle *out*.

Blow over – रुकना

➢ The storm has *blown over*.

Buy up – किसी वस्तु का सम्पूर्ण खरीदना

➢ All the available building land has been *bought up* by property dealers.

Call by – गुजरते समय मिलना

➢ I'll *call by* at the shop on my way home. (मैं तुमसे घर जाते समय दुकान पर मिलूँगा।)

Call in – सहायता के लिए बुलाना

➢ The doctor was *called in* when he fell ill.

Call on – थोड़ी देर के लिये मिलना

➢ He will *call on* Mahesh tomorrow morning.

Call out – सरकारी आदेश पर सामान्यतः समूह को सहायता के लिये बुलाया जाना

➢ The government had to *call out* the army to restore order. (व्यवस्था बनाये रखने के लिए सेना को बुलाना पड़ा।)

Carry on – जारी रखना

➢ We can *carry on* our work till Friday.

Chalk out – किसी चीज का शब्दों द्वारा या रेखाचित्र द्वारा वर्णन करना

➢ The general *chalked out* his plan of attack.

Check out – बिल भुगतान के बाद होटल छोड़ना

➢ He *checked out* the hotel.

Clean out – पूरी तरह से सफाई करना

➢ She *cleaned out* the room.

Count on – आश्रित रहना

➢ You can *count on* her. She is sure to help you.

Cross out – काटना

➢ *Cross* that *out* and write it again.

Die out – पूरी तरह गायब होना व समाप्त होना (रिवाज, विचार)

➢ The practice of children working in factories has nearly *died out*.

Draw on – समय के निकट पहुँचना

➢ Summer is *drawing on*. (ग्रीष्म ऋतु निकट आ रही है।)

Fight out – निर्धारण करना (विवादित)

➢ You will have to *fight* it *out* between you.

Get about– एक स्थान से दूसरे स्थान तक यात्रा करना

➢ He has got old and he hardly *gets about* much anymore.

Get at – पहुँचना

➢ Put the food where your cat can't *get at* it.

Get in – पहुँचना

➢ The train *got in* late.

Get up – उठना (बिस्तर से)

➢ I usually *get up* at 4.

Go for – हमला करना

➢ Your dog *went for* the bank clerk.

Go off – फटना

➢ That bomb may *go off* any moment.

Have on – पहनना

➢ She *had on* a red sari and a blouse.

Hold on – प्रतीक्षा करना (टेलीफोन पर)

➢ *Hold on* a minute. (एक मिनट प्रतीक्षा करो।)

Jump at – उत्सुकता से स्वीकार करना

➢ She *jumped at* the chance to go abroad.

Lay aside – भविष्य के लिए जमा करना या बचाना

➢ He has managed to *lay aside* a few rupees out of his monthly income.

Move over – स्थिति को बदलना (जिससे किसी अन्य व्यक्ति व वस्तु को स्थान प्राप्त हो सके)

➢ *Move over* and let my grandfather sit down. (आगे बढो और मेरे पितामह को बैठने दो।)

Pass off – घटित होना और समाप्त हो जाना

➢ The exam has *passed off* well. (परीक्षा भलीभाँति पूर्ण हो चुकी है।)

Play up – विशेष महत्व देना

➢ In the interview you should *play up* your experience of teaching in the colleges.

Press on – किसी चीज की माँग पर जोर देना (आवश्यक रूप से)

➢ He does not know whether to accept that new job and the firm is *pressing on* him for a decision.

Put up – बनाना

➢ Have you *put up* your new office?

Sit for – परीक्षा देना

➢ She *sat for* a scholarship and passed to win.

21) सम्भाषण (Discourse)

सम्भाषण जारी रखते हुए निम्न बिन्दुओं को ध्यान में रखना होगा।

a) **Focusing** (मध्य बिन्दु पर केन्द्रित होते हुए) के लिए **reference to, regarding, as far as** का प्रयोग होता है।

➢ With reference to your letter dated 18th April I am pleased to inform you that….. (दिनाँक 18 अप्रैल के सन्दर्भ में मुझे सूचित करते हुए हर्ष हो रहा है कि.......)

b) **Balancing contrasting points** – प्रतिकूल बिन्दुओं का सन्तुलन बनाना

- On the other hand – दूसरी ओर

- While – जबकि
- Whereas – इसके विपरीत

➢ She got first class in the exam, whereas she got poor marks in Mathematics. (उसने परीक्षा में प्रथम श्रेणी प्राप्त की जबकि गणित में उसने बहुत कम अंक पाये।)

c) Emphasizing a contrast – विषमता पर जोर देते हुए

- However – तो भी
- Never the less – तो भी
- Mind you – ध्यान रहे
- In spite of this – इसके बावजूद भी

➢ The train was an hour late. In spite of this, I managed to get the meeting in time. (गाड़ी एक घन्टा विलम्ब थी। इसके बावजूद भी मैंने समय पर मीटिंग में पहुँचने की व्यवस्था की।)

d) Similarity – समानता

- Similarly – समान रूप से, उसी प्रकार
- In the same way – उसी प्रकार

➢ The roads are usually very crowded at Deepawali. Similarly, there is often serious traffic jam at this cross roads. (दीपावली के समय सड़कें सामान्यतः भीड़युक्त होती हैं। उसी प्रकार इस चौराहे पर यातायात अक्सर अवरुद्ध रहता है।)

e) Contradiction – विरोध दर्शाना

On the contrary उस स्थिति में प्रयुक्त होता है जब speaker अपने से पहले कहे गये कथन को नकारता है।

➢ 'Interesting lecture?' On the contrary it was a complete waste of time. (क्या रुचिकर भाषण था? इस के विपरीत समय की पूरी बर्बादी।)

f) **Dismissal of previous discourse** – पूर्व संवाद को पूरी तरह से खारिज करना

- Anyway, anyhow – किसी तरह
- At any rate – किसी भी दर पर
- At least – कम से कम

➢ I am not sure what time I will arrive may be half past five or quarter to six. *Anyway/ anyhow/ at any rate* I will certainly be there before six o' clock. (मैं निश्चित नहीं हूँ कि किस समय पहुँचूँगा, हो सकता है साढ़े पाँच बजे या पौने छः बजे। हर हालत में छः बजे से पूर्व मैं वहाँ होऊँगा।)

g) **Change of subject** – विषय परिवर्तन

- By the way – संयोगवश
- Incidentlly – संयोग से (विषय परिवर्तन करते समय इसका प्रयोग होता है।)

➢ 'A fine day'.Yes, isn't it? Oh, incidentlly what happened to the bike I lent you? ('एक सुहावना दिन' हाँ, क्या सुहावना दिन नहीं है? *(विषय में परिवर्तन लाते हुये)* क्या हुआ उस बाइक का, जो मैंने तुम्हें दी थी?)

h) **Return to previous subject** – पूर्व विषय पर पुनः चर्चा करते हुये

- As I was saying – विषय चल रहा था कि (व्यवधान की स्थिति में इसका प्रयोग होता है।)

Teacher to a student-

➢ Mohan, just see the man outside the class. *As I was saying* Kanpur is not so beautiful as Jaipur. (मोहन जरा कक्षा से बाहर वाले व्यक्ति से मिलो। विषय चल रहा था कि कानपुर इतना सुन्दर नहीं है जितना जयपुर।)

i) **Structuring** – विषय को निम्नलिखित शब्द व वाक्याँश के द्वारा स्पष्ट किया जाता है– **First/ firstly/ first of all/ secondly/ thirdly/ lastly/ finally/ to begin with/ to start with/ for one thing/ for another thing.**

➢ There are three reasons why I don't want to work with you today. To start with I am not feeling well. For another thing you are not a responsible person. And thirdly------------. (तीन कारण हैं कि मैं आज तुम्हारे साथ काम करना नहीं चाहता। सर्वप्रथम मैं स्वस्थ नहीं हूँ। दूसरी बात तुम एक उत्तरदायी व्यक्ति नहीं हो। और तीसरी............)

j) Adding – विषय का विस्तार करना

- More ever – इसके बावजूद भी
- In addition to – इसके अतिरिक्त
- An another thing is – दूसरी बात यह है
- Besides – इसके अतिरिक्त
- In any case – किसी भी दशा में

➢ What are you trying to get a job as a clerk for? You would never manage to work eight hours a day. Besides you can't type. (किस कारण से तुम लिपिक का कार्य पाने का प्रयास कर रहे हो? तुम कभी भी आठ घंटे काम नहीं कर सकते। इसके अतिरिक्त तुम टाइप भी नहीं कर सकते।)

k) Generalising – सामान्यतः नियम का निष्पादन करना

- On the whole – सब बातों को विचार करके
- In general – अधिकाँश स्थितियों में
- Broadly speaking – वास्तविकता पर ध्यान केन्द्रित करते हुये
- By and large – सब बातों पर विचार करते हुये
- To some extant – कुछ सीमा तक
- To a great extant – काफी हद तक
- In all/ most/ many/ some cases – सब/ अधिकाँश/ अनेक/ कुछ स्थितियों में

➢ On the whole, I had a happy childhood. (निष्कर्ष यह है कि मेरा बचपन खुशियों से पूर्ण था।)

➢ To some extant, a person's character is formed by age of eight. (कुछ सीमा तक, व्यक्ति का चरित्र आठ वर्ष की अवस्था तक पूर्ण हो जाता है।)

> In most cases, people will be nice to you, if you are nice to them. (अधिकाँश मामलों में व्यक्ति तुम्हारे लिए सही सिद्ध होंगे यदि तुम भी उनके प्रति अच्छे हो।)

l) Giving examples – उदाहरण प्रस्तुत करते हुये

- For instance, for example – उदाहरणार्थ
- In particular – विशेष रूप से

> Some people often behave strangely when they meet juniors. Take Mrs Vinita, for example ----------. (कुछ व्यक्ति अक्सर विचित्र व्यवहार करते हैं जब वे अपने छोटों से मिलते हैं। उदाहरणार्थ, श्रीमती विनीता ....)

m) Logical consequence – तर्क संगत परिणाम

- Therefore/ so – इसलिए
- As a result – परिणाम स्वरूप
- Then – तब, अतः

> The last bus has gone. Then we are going to have a walk. (अन्तिम बस चली गई है। अतः हमें पैदल चलना पड़ेगा।)

n) Making things clear, giving details – विस्तृत विवरण द्वारा स्थिति स्पष्ट करना

- I mean – मेरा तात्पर्य है
- Actually – वास्तव में
- That is to say/ in other words – दूसरे शब्दों में

> It was a terrible evening. I mean, they all sat round and talked politics for hours. (बड़ा ही अरुचिकर सांयकाल का समय था। मेरा तात्पर्य है कि वे सब एक घेरे में बैठ गये और घंटो तक राजनीति की चर्चा की।)

o) Softening and correcting – अधिक नम्र होते हुये स्थिति को सही दिशा देना

- I think, I feel – मैं ऐसा सोचता हूँ, मैं ऐसा महसूस करता हूँ

- In my view – मेरे विचार से
- In my opinion – मेरी राय में
- That is to say – अर्थात्

  ➢ I am afraid. (दुःख के साथ कहना पड़ रहा है।)

  ➢ I think you ought to try again. (मैं सोचता हूँ, तुम्हें दोबारा प्रयास करना चाहिए।)

  ➢ In my opinion, it would be better to postpone the decision until next Friday. (मेरे विचार से निर्णय को आगामी शुक्रवार तक स्थगित किया जाना बेहतर रहेगा।)

  ➢ I am afraid I can't help you at the moment. (मुझे खेद है कि वर्तमान स्थिति में मैं तुम्हारी सहायता नहीं कर सकता।)

p) Gaining time – अधिक समय की माँग करते हुए

- Let me see. (मुझे देखने दो।)
- Let us see. (हमें देखने दो।)
- I don't know. (मुझे ज्ञात नहीं है।)

➢ How much are you selling it for? Well, let me see. (तुम इसे कितने में बेच रहे हो? ठीक है, मुझे निष्कर्ष पर पहुँचने के लिए कुछ समय दीजिए।)

q) Showing one's attitude to what one is saying – किसी के शब्दों के प्रति अपनी विचारधारा को दर्शाते हुये

- Honestly/ frankly – स्पष्ट रूप से
- No doubt – निःसन्देह

  ➢ Honestly, Mohan, why do you have to be so rude? (स्पष्ट रूप से, मोहन, तुम इतने अशिष्ट क्यों हो?)

  ➢ No doubt, she enjoyed telling jokes just like me. (निःसन्देह उसने मेरी तरह ही जोक सुनाने का आनंद लिया।)

r) Persuading – उकसाना

- Look here – रुष्टता के साथ ध्यान आकर्षित करते हुये

  ➢ Look here, do not say things like that to me.

- After all – प्रत्येक चीज के बावजूद भी

  ➢ I think we should let him go to Agra alone. After all he is sixteen- he is not a child any more. (मैं समझता हूँ कि हमें उसे अकेले आगरा जाने के लिए अनुमति देनी चाहिए। बरहाल वह सोलह वर्ष का है, अब वह कोई बच्चा नहीं है।)

s) Referring to other person's expections – दूसरे व्यक्ति की उम्मीदों को इंगित करते हुए

- Actually/ in fact – वास्तव में
- As a matter of fact – वास्तव में
- To tell the truth – वास्तविकता तो यह है

  ➢ 'Hello, Hari!' Actually my name is Hitesh. (अरे, हरि! गलती पर हो मेरा नाम तो हितेश है।)

t) Summering up – संक्षिप्तीकरण

- In conclusion/ briefly/ in short/ to sum up – संक्षेप में

  ➢ To sum up most of the members supported the idea but a few were against it. (अधिकाँश सदस्यों ने योजना का पक्ष लिया कुछ ने विरोध किया।)

22) अभ्यासों का समाधान

अभ्यास–1

(A) (1)Subhash goes to his village on foot. (2)They go to their college on cycles. (3)We obey our elders. (4)Mr Gupta teaches us Hindi. (5)Radha teaches Sanskrit to her brother. (6)Monika always speaks the truth. (7)A hunter chases a deer in the forest. (8)Those boys do not do their home work. (9)I never take tea. (10)Mohan and Vipin do not go to college together. (11)Does Gargi not invite you? (12)Which girl goes to Haridwar by bus? (13)Which boy of you lives at Rishikesh? (14)Whose father works in this factory? (15)Who makes a noise in your class?

(B) (1)श्री खान कार से अपने कार्यालय जाते हैं। (2)वे अपना काम नहीं करते हैं। (3)हम अपने मित्रों को निमंत्रण नहीं देते हैं। (4)श्रीमती यादव हमें भौतिक विज्ञान नहीं पढ़ाती हैं। (5)अप्रैल में तेज वर्षा नहीं होती है। (6)वह धोबी कपड़ों को अच्छी तरह नहीं धोता है। (7)तुम किसे सबसे ज्यादा चाहते हो? (8)तुममें से कौनसी लड़की अच्छी तरह खेलती है? (9)तुम्हारे पिता कौनसी गाड़ी से सीतापुर जाते हैं? (10)तुममें से कितने लड़के अंग्रेजी बोलते हैं? (11)उनमें से कितनी लड़कियाँ संस्कृत नहीं बोलती हैं? (12)उनमें से कौनसा लड़का तुम्हें परेशान करता है? (13)भारत एक पारी से जीतता है। (14)कुत्ते रात को भौंका करते हैं। (15)मैं सदैव जरूरतमंदो की सहायता करता हूँ।

अभ्यास–2

(A) (1)Geeta is washing her clothes this time. (2)That boy is waiting for his bus. (3)All of those girls are sitting in the class. (4)Mr Sharma is studying Indian Philosophy these days. (5)That player is not playing well in the field. (6)We are not waiting for our friends. (7)Is your youngest sister not going to Allahabad by the Link Express today? (8)Is Mohan's eldest brother not studying in your college? (9)Which boy is teasing him? (10)How much wheat is he buying from the market today? (11)Which student of you is going to France next year? (12)Whose father is waiting for you? (13)Is it not blowing hard? (14)The city of Delhi is enlarging day by day. (15)I am seeing your sister to the college.

(B) (1)दिनेश अपना काम कर रहा है। (2)उसकी माँ तुम्हारे भाई को पढ़ा रही है। (3)वे सब लड़के कक्षा में खड़े हुये हैं। (4)श्री सक्सेना कक्षा में दर्शन शास्त्र पढ़ा रहे हैं। (5)हवा बहुत तेज नहीं चल रही है। (6)तुम किसकी प्रतीक्षा कर रहे हो? (7)क्या तुम्हारी सबसे बड़ी बहिन आज खन्डवा से नहीं लौट रही है? (8)किसकी माँ कपड़े नहीं सीं रही है? (9)कौनसा लड़का अपने पिता की प्रतीक्षा कर रहा है? (10)तुममें से कितनी लड़कियाँ वाद–विवाद में भाग ले रही हैं? (11)मैं तुम्हारे अध्यापक से आगामी सोमवार को भेंट कर रहा हूँ। (12)क्या कानपुर दिनों–दिन नहीं बढ़ रहा है? (13)मैं तुम्हारी छोटी बहिन को स्टेशन छोड़ रहा हूँ। (14)वह कौनसी गाड़ी से हरिद्वार जा रही है? (15)वह मुझ पर विश्वास कर रही है। या वह मुझ पर विश्वास करती है।

अभ्यास–3

(A) (1)Your elder sister has bought a car today. (2)Those pilgrims have bathed in the Ganga. (3)Sudhir has bought a quintal of sugar today. (4)Those villagers have killed a wolf today. (5)I have already invited him. (6)Why has Sheela not washed those clothes as yet? (7)Where have they stayed in Lucknow? (8)How much of the money has he paid for this book? (9)We have walked ten kilometres. (10)How many boys have not completed their home work? (11)Has it not rained heavily today? (12)Which examination has your younger sister, Sangita passed this year? (13)Which student has not come back from Trivendrum as yet? (14)She has gone out just now. (15)Those boys haven't gone to college as yet.

(B) (1)यह सबसे सुन्दर इमारत है जिसे मैंने देखा है। (2)क्या कभी तुम मुम्बई गये हो? (3)वह उत्तराखण्ड में कब से है? (4)उन्होंने अपने वस्त्रों को अच्छी तरह नहीं धोया है। (5)मैं काले दस्ताने खो चुका हूँ। (6)क्या तुमने उन्हें कहीं देखा है? (7)क्या तुमने आज का समाचार पत्र पढ़ा है? (8)क्या कुछ रुचिकर घटित हुआ है? (9)तुम मेरे पिता से कब से परिचित हो? (10)मैं उस से दस वर्ष से परिचित हूँ (11)क्या नलसाज यहाँ आ चुका है? (12)उनमें से कौनसे आदमी ने तुम्हारी सहायता की है? (13)उसने अपना घर तीन लाख रुपये में बेच दिया है। (14)वह अब तक कितनी गायों को दुह चुका है? (15)दुर्घटना हो गई है।

अभ्यास–4

(A) (1)Your Geography teacher has been teaching in the class for ten minutes. (2)Kanta has been writing a novel since ten o'clock. (3)Those students have been playing cricket in the field since this morning. (4)I have been living in Nagpur for two days. (5) That girl has been absent since the day before yesterday. (6)We have been waiting for him since one o'clock. (7)Mr Shankar has been telling the children a story for half an hour. (8)We have not been well for four days. (9)Has your mother been worshiping the Lord Shankar for half an hour? (10)Which girl of you has not been doing her work for two days? (11)Since when have they been taking a bath in the Ganga? (12)Has Vinod been teasing you since last period? (13)Since when have they been here? (14) Have the lions not been roaring in the forest? (15)Whose mother has been standing outside the class for half an hour?

(B) (1)सुधीर बीस मिनट से ताश खेल रहा है। (2)वे कक्षा में चिल्लाते रहे हैं। (3)वह दूसरे कालाँश से अनुपस्थित है। (4)हम उन व्यक्तियों की पिछले पाँच वर्षों से सहायता नहीं कर रहे हैं। (5)क्या ज्योति परसों से अपना गृह कार्य नहीं कर रही है? (6)क्या वे अध्यापक पिछले दो वर्षों से इस कॉलेज में हिन्दी नहीं पढ़ा रहे हैं? (7)किसके पिता पिछले माह से इस कारखाने में काम नहीं कर रहे हैं? (8)क्या पक्षी आकाश में उड़ते नहीं रहे हैं? (9)कौनसा लड़का पहले कालाँश से मैदान में खेलता रहा है? (10)मैं काफी समय से अपने बैग की तलाश कर रहा हूँ। (11)वह तीन वर्ष से संस्कृत का अध्ययन कर रहा है। (12)तुम कब से मेरी प्रतीक्षा कर रहे हो? (13)रेडियो सुबह के आठ बजे से बज रहा है। (14)वह कब से गाड़ी चला रही है? (15)बर्फ तीन दिन से गिर रही है।

अभ्यास–5

(A) (1)A sweater is knit by Sunita. (2)Cricket is not played by those students in the field this time. (3)Hindi is spoken in Madhya Pradesh, Rajasthan, Uttarakhand, UP, Bihar, Jharkhand, Chhattisgarh and Haryana. (4)Drafts are issued from window No 3. (5)It is said the train is late by thirty minutes. (6)Are ten letters typed by Sarita daily? (7)By which student is a song being sung? (8)Is the school being decorated? (9)How many cups of tea have been taken by him so for? (10)By how many girls have you been helped? (11)Have all those clothes been washed by the washerman? (12)By how many students of you has the zoo been seen? (13)The clothes are being ironed. (14)The chief guest is being welcomed. (15)Are the prizes being distributed by Mr Sharma?

(B) (1)कमरे पर सफेदी की जा रही है। (2)उस खेत को एक किसान द्वारा सींचा जाता है। (3)क्या उन कुर्सियों को चपरासियों द्वारा ले जाया जा रहा है? (4)किसके द्वारा तुम्हें कॉलेज में अंग्रेजी पढ़ाई जाती है? (5)कानपुर के टिकट बिक रहे हैं। (6)क्या उस जंजीर को नहीं तोड़ा गया है? (7)किसकी माँ के द्वारा उसे भौतिक शास्त्र पढ़ाया जाता है? (8)कौनसे छात्रों द्वारा इस कक्ष को प्रतिदिन साफ किया जाता है? (9)उनमें से कितनी लड़कियों द्वारा काली मंदिर को देखा गया है? (10)उस कार्य को कैसे किया गया है? (11)किसके द्वारा तुम्हारे कमरे में सफेदी की जा रही है? (12)तुम्हें हिन्दी किसके द्वारा पढ़ाई जाती है? (13)कम से कम पाँच सौ व्यक्ति रेल दुर्घटना में मारे गये हैं। (14)क्या छत की मरम्मत कर दी गयी है? (15)पुस्तक प्रकाशित कर दी गई है।

अभ्यास–6

(A) (1)He passed B.Sc. from Agra University. (2)Your sister did not go to Coimbtore yesterday. (3)Did Sarita ever help you? (4)How many cups of tea did he take yesterday? (5)Where did those students stay in Gorakhpur? (6)She never stood first in the examination. (7)The king, Harish Chandra never told a lie in his life. (8)He burnt himself. (9)It did not rain heavily in Varanasi yesterday. (10)What did he buy from Firozabad yesterday? (11) Which girl student took part in the cultural programme? (12) Which boy of you saw Sunil in Itarsi yesterday? (13)Whose brother taught him Mathematics? (14)When did the Amritsar Mail arrive at the station? (15)What did she see in Delhi?

(B) (1)उसने अपने कमरे में सफेदी की। (2)उन्होंने हम सब को निमंत्रण दिया। (3)पिछली रात तेज हवा नहीं चली। (4)वह बिना निमंत्रण के ही दावत में सम्मिलित हो गया। (5)घंटी को किसने बजाया? (6)कितने व्यक्तियों ने यमुना में स्नान किया? (7)तुम्हारी

दादी ने मुझे एक सुन्दर कहानी सुनाई। (8)उस भेड़िये ने जंगल में पाँच बच्चों को मार डाला। (9)आज मैंने मोहन के स्थान पर भोजन बनाया। (10)किसके पिता ने इस उपन्यास को लिखा? (11)उनमें से कितने अध्यापकों ने चिड़िया घर देखा? (12)तुममें से कौनसे लड़के ने उसकी आज्ञा का पालन नहीं किया? (13)उसने उस कार्य को इतनी शीघ्रता से कैसे किया? (14)मैंने ही अपने कपड़ों को धोया। (15)भारतीय टीम पाँच विकेट से मैच जीती।

अभ्यास–7

(A) (1)Meera was going to Barabanki yesterday. (2)Those students were waiting for you at the bus station. (3)Was Subodh going to Mathura by the morning train? (4)Why was she teasing you? (5) Was she making the buffaloes drink water? (6)When were they returning from Satna? (7)Which woman was walking slowly? (8)Why was he limping? (9)When Ravi was watering the field, I was travelling by train. (10)It was blowing hard all day long. (11) Whose father was making a speech in the meeting yesterday? (12)Which girl of you was not going to her college in time? (13) Why was he laughing at the lame man? (14)Why were those boys sitting in the class? (15)When he was reading, his mother was quarrelling with her neighbour.

(B) (1)वे कल ताश नहीं खेल रहे थे। (2)विनीता पिछले वर्ष इस विद्यालय में गणित पढ़ा रही थी। (3)क्या वे लड़कियाँ अपना गृह कार्य नहीं कर रहीं थीं? (4)तुम किसकी प्रतीक्षा कर रहे थे? (5)कल किसकी माँ तुम्हारा स्वेटर बुन रही थी? (6)वे छात्र समय पर विद्यालय क्यों नहीं जा रहे थे? (7)वह अपने बालों को क्यों रंग रही थी? (8)वह तुम्हारा मूर्ख क्यों बना रहा था? (9)क्या वह गाड़ी 100 किलोमीटर प्रति घंटे की रफ्तार से दौड़ रही थी? (10)वह पिछली रात कैसा महसूस कर रहा था? (11)मैं पूरे दिन क्रिकेट नहीं खेल रहा था। (12)सुरुचि एक मधुर गीत गा रही थी। (13)क्या मोर जंगल में नहीं नाच रहे थे? (14)कल अध्यापक विद्यालय में कौनसी परीक्षा ले रहे थे? (15)क्या वह बांसुरी बजा रही थी?

अभ्यास–8

(A) (1)Mamta had gone to Bareilly before Kavita went to Alwar. (2) She had already reached the station. (3)Megha returned from

Kanpur after he had gone to Delhi. (4)Why did Mohan not take food after Rita had gone? (5)Hari had not taken tea before Pushpa washed the clothes. (6)Why had you not learnt the lesson before I went to bed? (7)How many students had gone to college before the bell rang? (8)Why did she not go to college after the bell had rung? (9)Had the farmers watered their fields before it rained? (10)How many lessons had you learnt before the sun rose? (11) How many teachers had gone in to the Sammelan before the Education Minister arrived? (12)Santosh had not returned from Barabanki before Sudhir went to Meerut. (13)Did Mohan not go to school after Usha had cooked food? (14)How many students reached the station after the train had left? (15)Did she not wash the clothes after the sun had set?

(B) (1)वह पहले ही चंडीगढ़ पहुँच चुकी थी। (2)क्या उसके घर जाने से पूर्व वह मसूरी पहुँच चुका था? (3)क्या अध्यापक के कक्षा छोड़ने के बाद उन्होंने कार्य पूरा नहीं किया? (4)वर्षा होने से पूर्व कितने छात्र कॉलेज पहुँच चुके थे? (5)वर्षा होने के बाद उनमें से कितनी लड़कियाँ कॉलेज नहीं गईं? (6)मेरे आने से पूर्व वह कानपुर नहीं जा चुकी थी। (7)मेरे आने से पूर्व किसकी माँ उसे इतिहास पढ़ा चुकी थी? (8)रात्रि होने से पूर्व वे कितने पाठ याद कर चुके थे? (9)वर्षा होने से पूर्व उनमें से कितनी लड़कियाँ स्टेशन पहुँच चुकी थीं? (10)अध्यापक के कक्षा में आने से पूर्व कौन अपना काम नहीं कर चुका था? (11)अध्यापक के जाने के बाद उन्होंने ताश क्यों खेले? (12)क्या शान्ता के इटारसी जाने से पूर्व सुनील जबलपुर जा चुका था? (13)वे अपने कपड़े क्यों नहीं धो चुके थे? (14)क्या पुलिस के आने से पूर्व चोर भाग चुके थे? (15)बारह बजे से पूर्व गणेश कहाँ चला गया था?

अभ्यास–9

(A) (1)The farmers had been ploughing their fields since morning. (2)Since when had the goldsmith been making a ring? (3)How many boys had been playing in the field since morning? (4)His mother had not been sewing since morning. (5)Had Babita been playing on harmonium for two hours? (6)Which novel had Hari been reading since noon? (7)Why had those girls been laughing in the class? (8)Had Neelam been cooking food for two hours?

(9)Which student of them had been reading in this college for two years? (10)Since when had Radha been in Aligarh? (11) Had it been raining non-stop for half an hour? (12)When Mohan reached home, he saw that his father had been reading a novel. (13)He had been trying to see Mr Sharma. (14)Had the English not been ruling before India became free? (15)They had been singing a song.

(B) (1)सौरभ दस मिनट से भाषण दे रहा था। (2)किसके पिता पिछले तीस वर्ष से इस कॉलेज में पढ़ा रहे थे? (3)क्या वह कल सुबह से अपना गृह कार्य नहीं कर रही थी? (4)वे इस काम को कैसे करते रहे थे? (5)मैं इस कॉलेज में पाँच वर्षों से नहीं पढ़ा रहा था। (6)क्या कृष्णा द्वितीय कालाँश से तुम्हारे भाई की सहायता नहीं कर रही थी? (7) शोभना पाँच दिन से बीमार नहीं थी। (8)क्या उसकी माँ कपड़ों को अच्छी तरह नहीं सींती रही थी? (9)क्या मेरे घर आने से पूर्व वह ताश खेलता रहा था? (10)मेरे वहाँ जाने से पूर्व वह कब से लिख रहा था? (11)कौनसा छात्र पूरे समय शोर करता रहा था? (12)वे लड़कियाँ कब से ताश खेल रहीं थीं? (13)क्या तुम गुरुवार से स्वस्थ नहीं थे? (14)वह उन बच्चों को नहीं डाँटता रहा था। (15)मैं उस आदमी की लम्बे समय से सहायता कर रहा था।

अभ्यास–10

(A) (1)The Radha Krishna Temple was seen by Sita yesterday. (2) Mohan's pocket was picked in the bus. (3)Were the cards being played by those students in the class? (4)Which book was read by Madhu yesterday? (5)A story was being told us by Mr Verma yesterday. (6)When were you taught Hindi by Mr Pandey? (7) Which book had been read by Madhuri before I went to Indore? (8)Was the food not cooked by Sushma after it had rained? (9)By how many students was that zoo seen? (10)How was this work done by you? (11)That suit case was being carried by him. (12) Why was that chair broken by Lalita? (13)Had that house not been bought by Dhirendra? (14)When was tea taken by these girls? (15)By whose brother was a car given to him?

(B) (1)क्या सुनीता को निमंत्रण नहीं दिया गया? (2)क्या वे अध्यापक द्वारा दंडित नहीं हुये? (3)उसे अध्यापक के द्वारा क्यों दंडित किया जा रहा था? (4)मोहन के द्वारा उन्हें निमंत्रण

कब नहीं दिया जा चुका था? (5)उसे जंगल में लूट लिया गया। (6)मेरे गुना जाने के बाद तुम्हारे पिता के द्वारा कितनी पुस्तकें पढ़ी गयीं? (7)अध्यापक द्वारा किसका भाई दंडित किया गया? (8)मंत्री की आलोचना की गई। (9)उस शीशे को किसके द्वारा तोड़ा गया? (10)कौनसे लड़के के द्वारा उस पुस्तक को खरीदा जा चुका था? (11)मुझे हरीश के द्वारा नहीं पुकारा गया। (12)क्या उसे पत्थरों से मार डाला गया? (13)उन कपड़ों को संगीता के द्वारा क्यों नहीं धोया जा चुका था? (14)चाय मेहमानों को आठ बजे परोसी गई। (15)उसे कॉलेज से क्यों निकाल दिया गया?

अभ्यास–11

(A) (1)Sunita will go to Bangalore by train tomorrow. (2)Will it rain tomorrow? (3)If you run fast, you will catch the train. (4)Do you think that they will go to Bareilly tomorrow? (5)Which student of you will go to Hyderabad next month? (6)Why will he not go to college in time? (7)When he comes here, I will go. (8)The bus is on the point of leaving. (9)You had better buy a house. (10)I am going to Fatehpur tomorrow. (11)Is it likely that the market will remain closed tomorrow? (12)He shall have to pay the rent. (13)Will Babita knit a sweater for you? (14)Shall I buy a car or a scooter? (15)This medicine is to be taken once a day.

(B) (1)क्या मैं उसे निमंत्रण दूँ या नहीं? (2)क्या ऐसी सम्भावना है कि आज वर्षा तेज होगी? (3)क्या ऐसी सम्भावना है कि वह चुनाव जीत जायेगी? (4)किसके पिता आज नागपुर जायेंगे? (5)उनमें से कौनसा छात्र उत्सव में भाग लेगा? (6)जब उसकी माँ खाना बनायेगी, तो वह ताश खेलेगी। (7)यात्रियों की संख्या अगले पाँच दिनों में बढ़ जायेगी। (8)वह किसी भी हालत में मेरी सहायता नहीं करेगा। (9)वर्षा होने वाली है। (10)अच्छा रहेगा कि तुम उसे निमंत्रण न दो।

अभ्यास–12

(A) (1)Sunil will be playing cards this time. (2)When you come, I shall be reading a book. (3)Within few hours I shall be travelling by train. (4)When he reaches home, his son sitting at the door will be waiting for him. (5)Within few years all of us shall be living in solar energized houses. (6)Will they be sitting in the class this time? (7)The sun will be rising in a minute. (8)This time she will be living in Haridwar next month. (9)Within fifty years all of us will be living on medicines. (10)When you meet me next time, I shall be wearing my new dress.

(B) (1)सौ वर्षों के अन्दर व्यक्ति अपनी छुट्टियाँ मनाने हेतु मंगल ग्रह पर जा रहे होंगे। (2)वह मुझ से दोबारा मिल रही होगी। (3)जब तुम घर पहुँचोगे तो सम्भवतः बच्चे क्या कर रहे होंगे? (4)बगीचा अगले सप्ताह अपने में सर्वोत्तम लग रहा होगा। (5)ऐयर होस्टेजः कृपया अपनी सेफ्टी बेल्ट्स बांधें। कुछ मिनटों में विमान जमीन छोड़ रहा होगा। (6)उस फुटबाल क्लब ने अपने कुछ खिलाड़ियों को गवाँ दिया है, वे नये खिलाड़ियों की तलाश कर रहे होंगे। (7)मैं हेमराज को तुम्हारा संदेश दे दूँगा। मैं इसे बड़े आराम से कर सकता हूँ क्योंकि मैं कल उससे मिल रहा हूँ। (8)यह गम्भीर चोट है लेकिन वह छः सप्ताह के अन्दर पुनः चल रहा होगा। (9)अच्छा होगा कि कल हम बाहर जायें क्योंकि ऋचा पियानो पर पूरे दिन अभ्यास करेगी। (10)मेरा पुत्र अगले वर्ष से कक्षा छः में होगा। जिसका तात्पर्य है कि श्री बघेला उसे गणित पढ़ायेंगे।

अभ्यास–13

(A) (1)She will have reached Trivendrum by the day after tomorrow morning. (2)Will your sister have knit that sweater by tomorrow morning? (3)How many girls will have done their home work by tonight? (4)The train will have left before I reach the station. (5)I shall have bought that house by the coming year. (6)In one month's period these students will have taken the examination. (7)Why will she not have come from Bulandshahar before you go to Meerut? (8)Will the bell have rung before Saurabh goes to college? (9)When will she have returned from Hathras? (10)I shall have read that novel by tomorrow morning.

(B) (1)मैं इस कार्य को बीस मिनट में पूरा कर चुकूँगा। (2)उस समय तक जब हम दावत में पहुँचेंगे तब तक प्रत्येक वस्तु उपभोग की जा चुकेगी। (3)सायंकाल तक पुलिस चोरी के विषय में सुन चुकेगी। (4)अगले महीने की चार तारीख तक उसे जेल मे रहते हुये पाँच वर्ष हो जायेंगे। (5)यदि तुम शीघ्रता नहीं करोगे तो सूर्य हमारे शिखर पर पहुँचने से पूर्व निकल चुकेगा। (6)जब हम नागपुर पहुँचेंगे, तब तक हम अपनी आधी यात्रा समाप्त कर चुकेंगे। (7)आधी रात तक उसे अचेत हुये अड़तालीस घन्टे हो जायेंगे। (8)पच्चीस नवम्बर तक उन्हें विवाहित हुये तीस वर्ष हो जायेंगे। (9)वर्तमान अनुपात में तुम महीने के

अन्त तक उस सारे कोयले को जला चुकोगे। (10)उस समय तक जब तुम वहाँ पहुँचोगे, वे अपना भाषण समाप्त कर चुके होंगे और प्रत्येक व्यक्ति अपने घर पहुँच चुकेगा।

अभ्यास–14

(A) (1)By tomorrow morning he will have been travelling for 54 hours. (2)By tonight it will have been raining for 22 hours. (3) By tonight I shall have been reading that novel for 63 hours. (4) By tomorrow noon Sunita will have been knitting that sweater for 21 hours.

(B) (1)वर्ष की समाप्ति तक मुझे यहाँ रहते हुये बीस वर्ष हो जायेंगे। (2)अगले सप्ताह इस समय तक मुझे कम्पनी में काम करते हुये चौबीस वर्ष हो जायेंगे। (3)इक्कीस जून तक उन्हें विवाहित हुये दस वर्ष हो जायेंगे। (4)अगले माह तक उसे यहाँ रहते हुये सात महीने हो जायेंगे। (5)इस सताह के अन्त तक मेरे भाई को कानपुर में रहते हुये पाँच महीने हो जायेंगे।

अभ्यास–15

(A) (1)कल वह अपनी माँ को देखने जा रही थी। (2)मैं अपने मित्रों को निमंत्रण देने वाला था। (3)वह मृत्यु के कगार पर थी। (4)वह दस मिनट मे जाने वाला था। (5)मैं जाने वाला ही था कि वर्षा होने लगी।

अभ्यास–16

(A) (1)A book will be given you by me tomorrow. (2)You will not be helped by them tomorrow. (3)By whom will he be taught Mathematics? (4)Why will those clothes not be washed by the washer man? (5)By what time will that work have been completed by them? (6)By which girl will the food have been cooked till ten o'clock? (7)Will the Jantra-Mantra have been seen by all those students till tomorrow? (8)A car will be bought for Gita by him the day after tomorrow. (9)Will that bridge be inaugurated by Mr Reddy today? (10)By which girl of them will a car be bought tomorrow?

(B) (1)अध्यापक द्वारा किसे दंडित किया जायेगा? (2)इन लड़कों के द्वारा कार्य कैसे पूरा किया जा चुकेगा? (3)कौनसे छात्र के द्वारा उस कार्य को पूरा नहीं किया जायेगा?

(4)क्या तुम्हें हरीश के द्वारा निमंत्रण नहीं दिया जा चुकेगा? (5)क्या उस आदमी को दावत का निमंत्रण दिया जायेगा। (6)क्या उसके साथ अच्छा व्यवहार नहीं किया जायेगा? (7)कौनसी टीम द्वारा मैच जीता जायेगा? (8)किस समय तक वे कपड़े धोये जा चुकेंगे? (9)क्या मृदुला के द्वारा एक मधुर गीत गाया जायेगा? (10)किस समय तक घर पर सफेदी की जा चुकेगी?

अभ्यास–17

(A) (1)His elder sister is a doctor. (2)His father is an engineer. (3) Spartan soldiers were brave. (4)Kabirdas was a social reformer. (5)It is four hundred kilometres to Kanpur. (6)It was I who helped you. (7)Mohit is seventeen years old. (8)There have been many rail accidents this year. (9)This book is one hundred and thirty five rupees. (10)This umbrella belongs to Madhu.

(B) (1)बंगलौर देखने लायक नगर है। (2)सीता ही थी जिसने दौड़ जीती। (3)भोपाल 150 किलामीटर दूर है। (4)इस शब्दकोष का मूल्य चार सौ रुपये है। (5)वह पुस्तक मेरी है। (6)वह गुजरात में कितने समय से है? (7)मैं यहाँ बीस मिनट से हूँ। (8)मार्च के अन्त तक उसे अध्यापक के पद पर काम करते हुये बीस वर्ष हो जायेंगे। (9)वह नम्रता जैसा व्यवहार कर रही है। (10)अगले माह चुनाव होंगे।

अभ्यास–18

(A) (1)He has an expensive watch. (2)How many brothers do you have? (3)The city of Delhi has beautiful markets. (4)He had fever last night. (5)How many pencils were there in Mohan's bag? (6)Is he making his house white washed? (7)He had his clothes ironed. (8)Mr Mishra will have Sarita speaking Sanskrit in one year. (9)I do not let you go to the station. (10)Hari has a good lawyer.

(B) (1)क्या तुम्हारे पास कलम है? (2)क्या वह प्रतिदिन दूध लेती है? (3)उसके कितने भाई हैं? (4)कल मैं अपने बगीचे में पानी दिलवा रहा था। (5)मैं उसे इस तरह बोलने की अनुमति नहीं दूँगा। (6)कल रात उसे तेज ज्वर था। (7)उसके कितने मित्र हैं? (8)यदि वह शोर करेगी, तो मॉनिटर उसकी अध्यापक से शिकायत करेगा। (9)वह आराम करना चाहती है। (10)कल इस समय मैं बहुत ही आनन्द ले रहा होऊँगा।

अभ्यास–19

(A) (1)Madhuri can speak and write five languages. (2)Do you think that it will rain today? (3)He might have gone to Delhi tomorrow. (4)He might be an engineer. (5)She must be in Nagpur this time. (6)He could not/ can't be at home. (7)He must have been thirsty. (8)He must have seen Ajmer. (9)You need not go to college tomorrow. (10)You must see him.

(B) (1)उसे कल इन्दौर जाना पड़ा। (2)आप क्या खाना चाहेंगे? (3)क्या आपको खिड़की बन्द करने पर कोई ऐतराज तो नहीं है? (4)तुम्हें अपने माता–पिता का कहना मानना चाहिये। (5)सीता दो वर्ष में अंग्रेजी बोल सकेगी। (6)गत वर्ष वह हैदराबाद में रहा करती थी। (7)मैं चाय पीने का अभ्यस्त नहीं हूँ। (8)सम्भवतः दुर्घटना रही होगी। (9)कोई तुम्हारी बाहर प्रतीक्षा कर रहा है। (10)तुम्हें उसे भुगतान करना पड़ेगा। (11)उसे घर जाने की अनुमति नहीं दी गई। (12)क्या कोई दुर्घटना नहीं रही होगी? (13)वह सर्वोत्तम समाधान प्रतीत होता है। (14)उसने किसी भी दशा में उस कार को नहीं खरीदा होगा।

अभ्यास–20

(A) (1)Always help the poor. (2)Let us play. (3)Do take tea. (4)Shall I call him? (5)Children, you wait here. (6)Don't sit here. (7)Go and give him one hundred rupees. (8)Would you please tell me the way to D.A.V. college? (9)You had better go to Jaipur today. (10)It is high time you prepared for the examination.

(B) (1)यदि मैं तुम्हारे स्थान पर होता, तो उसकी सहायता करता। (2)अच्छा रहेगा कि तुम उसे निमंत्रण न दो। (3)क्या आपको खिड़की खोलने में कोई आपत्ति तो नहीं होगी? (4)क्या कृपया आप मेरी सहायता कर सकते हैं? (5)तुम्हें मोहन से हरेक बात कहनी है जो मैने तुम्हें बताई है। (6)उन्हें किसी भी दशा में बस से नहीं जाना चाहिए। (7)एक ग्लास दूध और लो तो सही। (8)कमजोरों को कभी मत सताओ। (9)आओ स्टेशन चलें। (10)कृपया उन्हें जाने दें।

अभ्यास–21

(A) (1)If he works hard, he will pass. (2)If she does not run fast, she will miss the train. (3)If you had obeyed me, you would be a rich man now. (4)I will forgive on the condition, if you do not tell a lie again. (5)If Geeta had lived in Kerala, she would have learnt Malayalam. (6)Had he gone to Delhi, he would have seen the Red Fort. (7)If the weather clears tomorrow, we might go to Haridwar. (8)Should you see Harish, give him this book. (9)If you do not reach the class in time, the class teacher will mark you absent. (10)If I were he, I would have helped you.

(B) (1)यदि मैं दिल्ली जाऊँगा, तो तुम्हारे लिये पुस्तकें खरीदूँगा। (2)यदि वह मेरी सहायता न करती, तो मैं वहाँ न जाता। (3)यदि वह यहाँ होती, तो वह मेरी सहायता करती। (4)यदि वह पुरी जाता, तो वह सूर्य मंदिर देखता। (5)जब तक तुम तेज नहीं दौड़ोगे, तुम गाड़ी नहीं पकड़ सकते। (6)यदि वह थोड़ा और परिश्रम करता, तो वह परीक्षा में सर्वप्रथम स्थान पाता। (7)यदि वह विवाहित न होता, तो वह अभी भी कॉलेज में पढ़ रहा होता। (8)मानो तुमसे बस छूट जाये, तो क्या करोगे? (9)चाहे वह स्वस्थ रहे या अस्वस्थ, वह कक्षा में अवश्य ही सम्मिलित होगा। (10)यदि वह मेरी सहायता न करता, तो मैं अपना अध्ययन जारी न रख पाता।